中经"精品课程"系列

中级财务会计实务 I

主　编：肖永军　郭小燕　罗晓霞
副主编：王春楠　毛雪莲　刘　一　于泽琪　朱若兰

中国经济出版社　中国石化出版社

·北京·

图书在版编目（CIP）数据

中级财务会计实务. Ⅰ / 肖永军，郭小燕，罗晓霞主编. -- 北京：中国经济出版社：中国石化出版社，2025.2. -- ISBN 978-7-5136-8059-2

Ⅰ. F234.4

中国国家版本馆 CIP 数据核字第 2025Y8H756 号

选题策划　雷　生
责任编辑　彭　欣
责任印制　李　伟
封面设计　任燕飞

出版发行	中国经济出版社
印 刷 者	宝蕾元仁浩（天津）印刷有限公司
经 销 者	各地新华书店
开　　本	889mm×1194mm　1/16
印　　张	18
字　　数	450 千字
版　　次	2025 年 2 月第 1 版
印　　次	2025 年 2 月第 1 次
定　　价	56.00 元

广告经营许可证　京西工商广字第 8179 号

中国经济出版社 网址 http://epc.sinopec.com/epc/　社址 北京市东城区安定门外大街 58 号　邮编 100011
本版图书如存在印装质量问题，请与本社销售中心联系调换（联系电话：010-57512564）

版权所有　盗版必究（举报电话：010-57512600）
国家版权局反盗版举报中心（举报电话：12390）　服务热线：010-57512564

PREFACE 序言

当今全球经济一体化、经济快速发展的背景下，财务会计作为商业语言的核心，重要性越发凸显。它不仅承载着对企业经济活动的详细记录与准确反映功能，更成为企业决策、管理、监督的重要基石。随着市场经济的深入发展和企业竞争的日益激烈，对财务会计人才的需求也在不断提高，财务会计人才不仅要具备扎实的理论知识，还要具备丰富的实践经验和出色的操作能力。本书的编写正是基于这一背景，旨在满足新时代对财务会计人才的迫切需求，注重理论与实践的紧密结合，突出培养高素质、高应用能力的应用型人才。

近十年来，我国企业会计准则与国际财务报告准则持续趋同，使财务报表列报、金融工具、收入、租赁等会计准则发生了根本性变化。这些变革不仅深刻影响了企业的会计实务操作，也对财务会计的教学与教材编写提出了新的挑战和更高的要求。为了适应这一变革，我们紧跟时代步伐，依据财政部最新发布的企业会计准则及相关法规，精心编写了这本《中级财务会计实务Ⅰ》。

本书在内容设计上，充分考虑了应用型本科教育的特点，力求做到既符合财会专业培养目标，又贴近企业实际需求。我们以企业的资金运动为研究对象，围绕会计信息系统的四大核心环节——会计要素的确认、计量、记录和报告，全面系统地阐述了企业财务会计的基本理论和方法。同时，紧密结合企业的基本经济业务，如采购与付款、存货管理、销售与收款、长期资产投资等，详细讲解了财务会计核算的一般过程，旨在培养学生的实际操作能力和解决实际问题的能力。

在编写过程中，我们特别注重教材的实用性与适用性。一方面，通过引入大量实务操作案例和详细解析，将复杂的会计理论转化为易于理解和掌握的内容，使学生能轻松掌握会计实务处理方法，并能在实际工作中灵活运用；另一方面，密切关注企业会计准则和法规的最新动态，及时更新教材内容，确保学生所学知识与实际工作需求同步，为学生未来的职业发展奠定坚实基础。此外，我们还注重培养学生的综合素质和创新能力。在本书中，我们不仅介绍了传统的财务会计理论和实务操作方法，还引导学生关注会计领域的前沿动态和热点问题，鼓励学生进行独立思考和创新实践，培养学生的创新意识和批判性思维能力。

本书共12章，内容丰富且系统。第一章为总论，主要介绍财务会计概念、会计基本假设与会计基础、会计信息的质量要求、会计确认与计量；第二章为货币资金及应收款项，主要介绍了货币资金、应收及预付款项等内容；第三章为金融资产，主要介绍了金融资产的确认和分类以及计量等内容；第四章为存货，主要介绍了存货的确认和初始计量、存货发出时的计量、存货的会计核算以及存货的期末计量等内容；第五章为固定资产，主要介绍了固定资产的确认及初始计量、后续计量、后续计量以及处置等内容；第六章为无形资产，主要介绍了无形资产的确认以及初始计量、无形资产的后续计量以及处置和报废等内容；第七章为长期股权投资，主要介绍了长期股权投资的初始计量、后续计量及处置等内容；第八章为负债，包括负债的概念和分类，并详细介绍了流动负债和非流动负债；第九章为所有者权益，主要介绍了所有者权益概念、实收资本（或股本）、资本公积、留存收益等内容；第十章为收入、费用、利润对收入、费用与利润进行详细介绍；第十一章为财务报告，主要介绍了财务报告的概念、资产负债表、利润表、现金流量表、所有者权益变动表、附注等内容；第十二章为数字化会计基础，主要介绍了数字化会计的概念、理论框架以及应用等内容。

本书由肖永军、郭小燕、罗晓霞三位老师担任主编，负责全书的整体规划、编写大纲的拟定、内容的审核与统稿工作，确保教材结构严谨、逻辑连贯、内容准确；由王春楠、毛雪莲、刘一、于泽琪、朱若兰担任副主编。

在此，我们向提供文献资料的专家学者和企业财务人员致以诚挚的谢意，他们无私分享的研究成果、实践经验和案例资料，为教材注入了丰富的内涵和实用价值。

然而，鉴于财务会计领域的动态变化以及编者自身能力的局限，本书可能存在一些不足之处。我们真诚地希望广大读者，尤其是使用本书的教师和学生，能够不吝赐教，提出宝贵的意见和建议。

编者

CONTENTS 目录

第一章　总论　001

第一节　财务会计概述……001
第二节　会计基本假设与会计基础……004
第三节　会计信息质量要求……007
第四节　会计确认与计量……011

第二章　货币资金及应收、预付款项　021

第一节　货币资金……021
第二节　应收及预付款项……043

第三章　金融资产　057

第一节　金融资产的确认和分类……057
第二节　金融资产的计量……059

第四章　存货　076

第一节　存货的确认和初始计量……076
第二节　存货发出时的计量……078
第三节　存货的会计核算……084
第四节　存货的期末计量……101

第五章　固定资产　107

第一节　固定资产的确认及初始计量……107
第二节　固定资产的后续计量……113
第三节　固定资产的处置……119

第六章　无形资产　127

第一节　无形资产的确认及初始计量……127
第二节　无形资产的后续计量……132
第三节　无形资产的处置和报废……135

第七章　长期股权投资　141

第一节　长期股权投资的初始计量……141
第二节　长期股权投资的后续计量……147
第三节　长期股权投资的处置……153

第八章　负债　159

第一节　负债的概述……159
第二节　流动负债……161
第三节　非流动负债……177

第九章　所有者权益　184

第一节　所有者权益概述……184
第二节　实收资本（或股本）……187
第三节　资本公积……191
第四节　留存收益……193

第十章　收入、费用和利润　202

第一节　收入 …………………………………… 202
第二节　费用 …………………………………… 216
第三节　利润 …………………………………… 221

第十一章　财务报告　232

第一节　财务报告概述 …………………………… 232
第二节　资产负债表 ……………………………… 233
第三节　利润表 …………………………………… 244
第四节　现金流量表 ……………………………… 249
第五节　所有者权益变动表 ……………………… 253
第六节　附注 ……………………………………… 257

第十二章　数字化会计基础　266

第一节　数字化会计概述 ………………………… 266
第二节　数字化会计理论框架 …………………… 269
第三节　数字化会计应用 ………………………… 274

第一章 总论

第一节 财务会计概述

一、财务会计的定义和特征

（一）财务会计的定义

财务会计是现代企业会计的一个重要分支，是以通用的会计原则为指导，采用一定的程序和方法，对企业经济活动进行反映和监督，旨在为有关各方提供会计信息的对外报告会计。财务会计的主要目标是向外部信息使用者提供企业的经营成果、财务状况等会计信息，发挥会计信息的社会职能。财务会计实质上是一套信息系统，也是一种管理活动，信息为管理提供资料，管理是信息提供的目的。

（二）财务会计的特征

财务会计与旨在为企业内部管理当局提供经营决策所需信息的管理会计相配合，共同服务于市场经济条件下的现代企业。与管理会计相比，财务会计具有以下特征。

1. 财务会计以计量和传送信息为主要目标

财务会计不同于管理会计的特点之一是财务会计的目标主要是向企业的投资者、债权人、政府部门及社会公众提供会计信息。从信息的性质来看，主要是反映企业的整体情况，并着重反映企业的历史信息；从信息的使用者来看，主要是外部使用者，包括投资人、债权人、社会公众和政府部门等；从信息的用途来看，主要是利用信息了解企业的财务状况和经营成果。管理会计的目标则侧重规划未来，对企业的重大经营活动进行预测和决策，以及加强事中控制。

2. 财务会计以会计报告为工作核心

财务会计作为一个会计信息系统，以会计报告作为最终成果，会计信息最终是通过会计报告反映出来的，因此会计报告是会计工作的核心。现代财务会计以公认会计原则为指导编制通用会计报表，并将编制会计报表放在工作最突出的位置。管理会计的主要目标不是编制会计报表，而是为企业的经营决策提供有选择的或特定的管理信息，其业绩报告也不对外公开发表。

3. 财务会计以传统会计模式作为数据处理和信息加工的基本方法

为了提供通用的会计报表，财务会计必须运用较为成熟的传统会计模式作为处理和加工信息的方法。传统会计模式是历史成本模式，具有以下特点。

（1）会计信息反映依据复式簿记系统。复式簿记系统以账户和复式记账为核心，以凭证和账簿组织为形式，包括序时记录、分类记录、试算平衡、调整分录和对账结账等一系列内容。

（2）收入与费用的确认以权责发生制为基础。财务会计对收入和费用的确认遵照实现原则，而不是等到企业收入或付出现金时才确认和记录。

（3）会计计量遵循历史成本原则。历史成本原则的核心是资产、负债等要素应按照交易或事项发生时确认的交换价格作为最初入账的计量标准。

4. 财务会计以公认会计原则和行业会计制度为指导

公认会计原则是指导财务会计工作的基本原理和准则，是组织会计活动、处理会计业务的规范。公认会计原则由基本会计准则和具体会计准则组成。我国根据不同行业的特点，又制定了不同的行业会计制度作为补充，这些也是我国财务会计必须遵循的规范。管理会计则不必严格遵守公认会计原则。

二、财务会计的目标

财务会计的目标就是财务会计要达到的目的和要求。财务会计是一个生产和加工会计信息的系统，提供的会计信息主要服务于企业外部的信息使用者。财务会计信息的使用者主要有：投资者或潜在的投资者、债权人、客户（供应商和销售商）、政府部门、企业管理当局、企业职工，以及同企业有利害关系的单位与个人。

（一）帮助投资者和债权人做出合理的决策

财务会计最主要的目标是帮助投资者和债权人做出合理的投资和信贷决策。一般认为，最关注企业会计信息的莫过于投资者和债权人，而这类使用者的决策对于资源的分配具有重大影响。此外，符合投资者和债权人需要的会计信息，一般对其他使用者也是有用的。因此，财务会计把服务投资者和债权人作为主要目标。投资者和债权人需要的会计信息包括企业某一时日的财务状况、某一期间的经营绩效和财务状况的变动情况等。但从决策有用性的观点来看，无论是投资者，还是债权人，抑或是企业职工，其经济利益都同企业未来的现金流动密切相关。例如，确定投资者应分得的股利、债权人应得的贷款本金及利息、职工应得的工资和奖金等，都需要预期现金流量的信息。

（二）为国家提供宏观调控需要的特殊信息

国家为了组织与管理国民经济，需要从企业编制的财务报告中获取进行宏观调控的特殊信息。国家不仅是通用报告的使用者，也是特殊报告的使用者。在我国，国务院国有资产监督管理委员会、中国证券监督管理委员会和税务部门，作为企业的管理型投资人和管理者，更关心企业真实可靠的财务会计信息。

(三) 考评企业管理当局受托责任的履行情况

企业的经济资源均由投资者及债权人提供，委托企业经营者保管和经营，投资者、债权人与经营者之间存在着委托—代理关系。投资者和债权人要随时了解、掌握企业经营者管理及运用其资源的情况，以便考评经营者的经营绩效，适时改变投资方向或更换经营者。这就要求企业财务报告提供相关信息，说明企业的经营者怎样管理和使用资源，以及经营管理情况，以便明确经营责任。

(四) 为企业经营者提供经营管理需要的各种信息

企业各级管理人员都要利用会计信息对企业的生产经营进行管理。例如，通过对企业财务状况、收入与成本费用的分析，可以发现企业在生产经营上存在的问题，以便及时采取措施改进经营方法或目标。财务会计信息系统应怎样处理数据和加工信息，最后提供什么样的财务报告，在很大程度上取决于会计目标，会计目标指引着财务会计信息系统的运行方向。

三、财务报告使用者

在市场经济条件下，企业的利益相关者在做出决策之前，通常会利用企业财务报告提供的会计信息，对企业的财务状况、经营成果及未来的发展前景进行分析判断。企业的利益相关者包括财务报告外部使用者和财务报告内部使用者。

(一) 财务报告外部使用者

1. 投资者（股东）

投资者（股东）是指公司的权益投资者，包括公司现有股东和潜在投资者。由于现代公司的所有者与经营者分离，股东不直接参与公司的经营管理活动，所以股东只能依靠公司财务报告提供的会计信息了解公司的经营情况，以便对公司的经营管理和未来发展情况进行评价，决定是否保留投资或者向公司追加投资。公司的潜在投资者也需要利用财务报告提供的会计信息决定是否投资入股。

2. 债权人

与投资者（股东）一样，银行、供应商等债权人也需要通过企业财务报告提供的会计信息了解企业的盈利能力及偿债能力，从而确定贷出资金是否安全，决定是否保有债权或是否继续为企业提供新的信贷资金。银行在决定发放贷款前，需要了解企业的财务状况和经营情况，以确定是否发放贷款；供应商等债权人则需要了解企业的经营状况，以评估货款收回的可能性，以及决定其信用政策等。

3. 客户

客户关心的是企业连续提供商品或者劳务的能力，因此客户需要通过企业财务报告提供的会计信息分析企业是否具有保持与客户长期合作所需要的雄厚经济实力和持续发展能力。

4. 基金经理和证券分析师

基金经理需要对上市公司的财务报告提供的会计信息进行分析，以决定其投资组合；证券分析师则需要通过对上市公司的财务报告提供的会计信息进行分析，推荐有价值的股票或者提供投资建议。

5. 竞争对手

竞争对手可以通过企业财务报告提供的会计信息了解企业的竞争优势和劣势，据此调整自己的竞争策略，或者通过对会计信息的分析，决定是否进行企业并购。

6. 政府管理部门

税务部门需要通过企业财务报告提供的会计信息了解企业的财务报告是否真实有效、企业是否依法纳税，立法机构需要通过企业财务报告提供的会计信息了解社会财富或者利益分配是否公正，证券监管机构需要通过企业财务报告提供的会计信息了解企业是否如实、充分地披露相关信息。

（二）财务报告内部使用者

财务报告内部使用者主要包括董事会、监事会、经理人及公司员工。董事会需要利用企业财务报告提供的会计信息制定战略，评估经理人的受托责任履行情况；监事会在监督董事会和经理人时，需要利用企业财务报告提供的会计信息；经理人在进行经营管理决策、评价企业财务状况和面临的风险、评估企业经营成效时，需要充分利用会计信息；公司员工需要利用企业财务报告提供的会计信息评估企业的经营状况和可持续发展能力，从而确定工作岗位的稳定性及工资福利待遇的未来前景。

第二节 会计基本假设与会计基础

一、会计基本假设

会计所处的环境极为复杂，面对的是变化不定的社会经济环境，因此会计人员在会计核算过程中，不得不做出一些合理的假设，以对会计核算的对象及环境做出一些基本规定，这些是建立会计核算的基本前提，称为"会计假设"。

会计假设不是毫无根据的虚构设想，而是人们在长期的会计实践中逐步认识和总结形成的，是对客观情况合乎事理的推断。会计假设规定了会计核算工作赖以存在的一些基本前提条件，是企业设计和选择会计方法的重要依据。只有规定了这些会计假设，会计核算工作才能正常进行。所以，会计假设既是会计核算的基本依据，又是制定会计准则和会计核算制度的重要指导思想。会计基本假设通常包括以下四个方面。

（一）会计主体

会计主体又称"会计实体"，是指会计工作为之服务的特定单位。会计主体可以是一家特定的企业，可以是一家企业的某一特定部分（如分厂、分公司、门市部等），可以是由若干家企业通过控股关系组成的集团公司，甚至可以是一个具有经济业务的特定非营利组织。

会计主体这一假设认为，一个会计主体不仅和其他主体相对独立，而且独立于所有者之外。会计服务的对象是一个独立的特定经济实体，这一假设包含了三个方面的意思：第一，对于企业会计来说，核算的只能是企业本身的生产经营活动，企业的会计核算只能站在自身的角度反映核算的经济活动。第二，确定会计主体就是要明确为谁核算、核算谁的经济业务。为此，我国企业会计准则明确指出，会计核算应当以企业发生的各项经济业务为对象，记录和反映企业本身的各项生产经营活动。这是因为，企业的生产经营活动是由各项具体的经济活动构成的，每项经济活动都与其他经济活动相联系，企业本身的经济活动也总是与其他企业或单位的经济活动相联系。第三，为了正确计量和确认资产、负债和所有者权益，以及企业的收益，必须以会计为之服务的特定实体的权利和义务为界限，相对独立于其他主体。因此，企业的经济活动独立于企业的投资者。

会计主体主要规定会计核算的范围，它要求会计核算不仅区分自身的经济活动与其他企业单位的经济活动，而且要区分企业的经济活动与投资者的经济活动。企业会计记录和会计报表涉及的只是企业主体的活动。例如，当企业所有者与经营者为同一人时，由于会计服务的对象是企业，所以需要把业主的个人消费与企业开支分开，及时结算企业与业主之间的往来，否则无法计量企业的费用和利润，也无法进行经济效益的分析和比较。因此，从根本上说，将企业作为会计主体进行核算，反映了企业经营者正确计算并严格考核企业盈亏的要求。另外，从进一步记录财产和收支的角度来看，所有者的财产一旦投入某一企业，就应当在账簿上独立记录，分清哪些与企业的生产经营无关，属于所有者本人的财产收支或其他经济往来。会计主体与法律主体（法人）是有区别的。会计主体可以是法人，如企事业单位；也可以是非法人，如独资企业或合伙企业。独资企业与合伙企业通常不具有法人资格，它们所拥有的财产和所负担的债务，在法律上仍被视为业主或合伙人的财产与债务，但在会计核算中，则把它们作为独立的会计主体处理。集团公司由若干具有法人地位的企业组成，但在编制集团公司合并报表时，只能将其看作一个独立的会计主体，需要采用特定的方法将其所属企业之间的债权、债务相互抵销，并扣除由于所属企业之间的销售活动而产生的利润。

（二）持续经营

持续经营是指企业或会计主体的生产经营活动将无限期地延续下去，也就是说，在可预见的未来不会进行清算。从企业经营的存续时间来看，存在两种可能：一种是企业在近期可能面临破产清算；另一种是在可预见的将来，企业会持续经营下去。不同的可能性决定了企业采用不同的方法进行核算。为了使会计核算中使用的会计处理方法保持稳定，保证企业会计记录和会计报表真实可靠，我国企业会计准则规定会计核算应当以企业持续、正常的生产经营活动为前提。也就是说，企业可以在持续经营的基础上，使用其拥有的各种资源，依照原来的偿还条件偿还其负担的各种债务。会计核算上使用的一系列会计处理方法都是建立在持续经营的基础上的，从而解决了很多常见的财产计价和收益确认问题。例如，由于假定企业可以持续地经营下去，企业的资产价值将以历史成本计价，而不是采用现行市价或清算价格。正因为企业以持续经营为假设前提，企业才可以采用权责发生制作为确认收入或费用的标志，而不以是否收入或付出货币资金为依据；正是由于企业持续经营前提的存在，才产生了企业资本保全的问题，从而产生了会计核算中正确区分资本性支出与收益性支出的必要。

（三）会计分期

会计分期是指将企业持续的生产经营活动分割为一定的期间，据以结算账目和编制会计报表，从而及时地提供有关财务状况和经营成果的会计信息。持续经营的假定，意味着企业经营活动在时间的长河中会无休止地运行，那么在会计实践活动中，会计人员提供的会计信息应从何时开始，又到何时终止呢？显然，到企业的经营活动全部结束时，再进行盈亏核算和编制报表是不可能的。所以，会计核算应当划分会计期间，即人为地将持续的企业生产经营活动划分为一个个首尾相接、等间距的会计期间，这一期间通常为一年，可以是日历年，也可以是营业年。我国规定以日历年作为企业的会计年度，即以公历1月1日至12月31日为一个会计年度。此外，企业还需要按半年、季度、月编制报表，即把半年、季度、月也作为会计期间。

会计期间的划分对于确定会计核算程序和方法具有极为重要的作用。有了会计期间，才产生了本期与非本期的区别；有了本期与非本期的区别，才产生了权责发生制和收付实现制，使不同类型的会计主体有了记账的基准。例如，划分会计期间后，产生了某些成本要在不同的会计期间进行摊销，分别列为当期费用和下期费用的问题。采用权责发生制后，对于一些收入和费用，需要按照权责关系在本期和以后会计期间进行分配，确定其归属的会计期间。为此，需要在会计处理上运用预收、应收、应付等会计方法。

（四）货币计量

货币计量是指企业在会计核算过程中以货币为计量单位，记录、反映企业的经营情况。由于企业在日常的经营活动中，有大量错综复杂的经济业务，而在企业的生产经营活动中涉及的业务又表现为一定的实物形态，如厂房、机器设备、现金、各种存货等，它们的实物形态不同，可采用的计量方式也多种多样，所以为了全面反映企业的生产经营活动，会计核算客观上需要由统一的计量单位作为计量尺度。因此，会计核算必然选择货币作为计量单位，以货币形式反映企业的生产经营活动全过程，这就产生了货币计量这一会计核算前提。我国企业会计准则规定，会计核算应以人民币为记账本位币。

二、会计基础

《企业会计准则——基本准则》第九条指出："企业应当以权责发生制为基础进行会计确认、计量和报告。"这是对会计基础的规定。

企业会计的确认、计量和报告应当以权责发生制为基础。权责发生制要求，凡是当期已经实现的收入和已经发生或应当负担的费用，无论款项是否收付，都应当作为当期的收入和费用，计入利润表；凡是不属于当期的收入和费用，即使款项已在当期收付，也不应该作为当期的收入和费用。

在实务中，企业交易或者事项的发生时间与相关货币收支时间有时并不完全一致。例如，款项已经收到，但销售并未实现；或者款项已经支付，但并不是本期生产经营活动发生的。为了更加真实、公允地反映特定会计期间的财务状况和经营成果，《企业会计准则——基本准则》明确规定，企业在会计确认、计量和报告中应当以权责发生制为基础。

收付实现制是与权责发生制相对应的一种会计基础，以收到或支付的现金作为确认收入和费用等的依据。目前，我国的行政单位会计采用收付实现制，事业单位会计除经营业务可以采用权责发生制外，其他大部分业务均采用收付实现制。

第三节　会计信息质量要求

会计信息质量要求是对企业财务报告提供的会计信息的基本要求，是使财务报告提供的会计信息有助于投资者等使用者进行决策应具备的基本特征。根据《企业会计准则——基本准则》规定，会计信息质量要求包括可靠性、相关性、可理解性、可比性、实质重于形式、重要性、谨慎性和及时性等。

一、可靠性

可靠性要求企业以实际发生的交易或者事项为依据进行确认、计量和报告，如实反映符合确认和计量要求的各项会计要素及其他相关信息，保证会计信息真实可靠、内容完整。

会计信息要有用，必须以可靠为基础，如果财务报告提供的会计信息不可靠，就会对投资者等使用者做出决策时造成误导，甚至造成损失。为了贯彻可靠性要求，企业应当做到以下几点。

（1）以实际发生的交易或者事项为依据进行确认、计量，将符合会计要素定义及其确认条件的资产、负债、所有者权益、收入、费用和利润等如实反映在财务报表中，不得根据虚构的、没有发生的或者尚未发生的交易或者事项进行确认、计量和报告。

（2）在符合重要性和成本效益原则的前提下，应保证会计信息的完整性，包括应当编报的报表及其附注内容等的完整，不能随意遗漏或者减少应予以披露的信息，与使用者决策相关的有用信息等都应当充分披露。

（3）财务报告中的会计信息应当是中立的、无偏的。如果企业为了达到事先设定的结果，通过在财务报告中选择或列示有关会计信息来影响决策和判断，则财务报告信息就不是中立的。

【例1-1】　甲公司于2023年末发现公司销售业绩萎缩，无法实现年初确定的销售收入目标，但考虑到2024年春节前后，公司销售可能会出现较大幅度的增长，便提前预测库存商品销售，在2023年末制作了若干存货出库凭证，并确认销售收入实现。

【分析】

甲公司的会计处理不是以其实际发生的交易事项，而是虚构的交易事项为依据，不仅违背了会计信息质量要求的可靠性原则，也违背了我国会计法的规定。

二、相关性

相关性要求企业提供的会计信息与投资者等财务报告使用者的经济决策需要相关，有助于其对企业过去、现在或者未来的情况做出评价或者预测。

会计信息是否有用、是否有价值，关键看其与使用者的决策需要是否相关，是否有助于做出决策或者提高决策水平。相关的会计信息应当有助于使用者评价企业过去的决策，证实或者修正过去的有关预测，因而具有反馈价值；还应当具有预测价值，有助于使用者根据财务报告提供的会计信息预测企业未来的财务状况、经营成果和现金流量，如区分收入和利得、费用和损失，流动资产和非流动资产、流动负债和非流动负债，以及适度引入公允价值等，这些都可以提高会计信息的预测价值，进而提升会计信息的相关性。

会计信息质量的相关性要求，需要企业在确认、计量和报告会计信息的过程中，充分考虑使用者的决策模式和信息需要。相关性是以可靠性为基础的，两者之间并不矛盾，不应将两者对立起来。也就是说，会计信息应在可靠性前提下，尽可能地做到相关性，以满足投资者等财务报告使用者的决策需要。

三、可理解性

可理解性要求企业提供的会计信息清晰明了，便于投资者等财务报告使用者的理解和使用。

企业编制财务报告、提供会计信息的目的在于使用，而要使使用者有效利用会计信息，应当能让其了解会计信息的内涵，明确会计信息的内容。这就要求财务报告提供的会计信息必须清晰明了，易于理解。只有这样，才能提高会计信息的有用性，实现财务报告的目标，满足向投资者等财务报告使用者提供对决策有用信息的要求。

会计信息毕竟是一种专业性较强的信息产品，在强调会计信息可理解性要求的同时，还应假定使用者具有一定的企业经营活动和会计方面的知识，并且愿意付出努力研究这些信息。对于某些复杂的信息，如交易本身较为复杂或者会计处理较为复杂，但其与使用者的经济决策相关，企业就应当在财务报告中予以充分披露。

四、可比性

可比性要求企业提供的会计信息相互间可比，主要包括以下两层含义。

一是同一企业不同时期纵向可比。同一企业不同时期发生的相同或相似的交易或者事项，应当采用一致的会计政策，不得随意变更。确需变更的，应当在附注中加以说明。

企业发生的交易或者事项具有复杂性和多样化的特点，而某些交易或者事项可采用多种不同的会计政策。例如，存货有不同的计价，固定资产有不同的折旧计算方法，产品有不同的成本计算方法，等等。对于相同的交易或者事项存在的不同会计政策，企业可以在会计准则允许的范围内选择运用，并在各个会计期间保持一致。

会计信息使用者要了解企业的经营情况和发展趋势，主要采用对连续几个会计期间的财务报告进行比较分析的方法。人为变更会计政策会影响各期会计报告信息的可比性，因为选用不同的会计方法和政策，会产生不同的结果。可比性要求可以防止会计主体通过人为变更会计政策来粉饰会计报表，损害会计信息使用者的利益。

在会计核算工作中，要求同一企业不同时期发生的相同或者相似的交易或者事项，采用一致的会计政策，不得随意变更，但这并不意味着对采用的会计政策不能做出任何变更。在符合一定条件的情况下，如法律或会计准则等行政法规、规章要求企业变更会计政策，或这种变更能够提供有关企业财务状况、经营成果和现金流量等更可靠、更相关的会计信息，企业可以变更会计政策，不过应将变更内容、变更理由、变更对企业财务状况和经营成果的累计影响数额，在财务会计报告附注中加以说明。

二是不同企业相同会计期间横向可比。会计政策是生成会计信息的基础，而会计政策的统一是不同企业会计信息具有可比性的基础。由于不同企业可能处于不同行业、不同地区，其交易或者事项可能发生在不同时点，为了便于财务报告使用者评价不同企业的财务状况、经营成果和现金流量及其变动情况，满足其经济决策的需要，所以会计信息质量的可比性要求不同企业在同一会计期间发生的相同或者相似的交易或者事项，应当采用规定的会计政策，确保会计信息口径一致、相互可比，以使不同企业按照一致的确认、计量和报告要求提供有关会计信息。这样便于会计信息使用者从横向上对同一期间不同企业的会计信息进行比较和分析，有利于提高会计信息的有用性。

需要说明的是，可比性以可靠性为基础，应当服务和服从于可靠性的要求。强调会计信息的可比性，并不意味着强制所有企业采用绝对一致的会计政策，企业在一定范围内也有选择会计政策的权利，但企业在选择会计政策时，应当保证其可靠性的实现，不能为了追求可比性，过分强调使用统一的会计政策，从而损害会计信息的可靠性。

五、实质重于形式

实质重于形式要求企业按照交易或者事项的经济实质进行会计确认、计量和报告，而不仅仅以交易或者事项的法律形式为依据。

在多数情况下，企业发生的交易或事项的经济实质和法律形式是一致的，但在有些情况下，二者并不一致。比如，以融资租赁方式租入的资产，虽然从法律形式来说，企业并不拥有其所有权，但是由于租赁合同中规定的租赁期相当长，接近该资产的使用寿命，租赁期结束时承租企业有优先购买该资产的选择权，在租赁期内承租企业有权支配资产并从中受益等。因此，从其经济实质来看，企业能够控制以融资租赁方式租入资产创造的未来经济利益，在会计确认、计量和报告上，应将该资产视为企业的资产，列入企业的资产负债表。又如，企业按照销售合同销售商品，又签订了售后回购协议，虽然从法律形式上实现了收入，但是如果企业没有将商品所有权上的主要风险和报酬转移给购货方，未能满足收入确认的各项条件，那么即使签订了商品销售合同或者已将商品交付给购货方，也不应当确认销售收入。遵守该要求体现了对经济实质的尊重，能够保证企业提供的会计信息与客观经济事实相符。

这个要求清楚地说明了经济实质重于法律形式。大多数情况下，经济业务的法律形式反映了经济实质，但有些情况下，经济实质与法律形式不同，我们应该以经济实质为标准进行会计核算，如合并报表、售后回租等。

六、重要性

重要性要求企业提供的会计信息应反映与企业财务状况、经营成果和现金流量有关的所有重要交易或者事项。

重要性与会计信息的成本效益直接相关。如果企业对交易或者事项的处理一律不分轻重、主次和繁简详略，采取完全相同的处理方法和程序，就会增加许多不必要的工作量，耗费过多的人力、财力和物力，使提供会计信息的成本大于收益；而遵循重要性的要求，能够使会计核算在全面的基础上突出重点，有助于简化核算、提高会计工作效率，并使提供会计信息的收益大于成本。

需要注意的是，衡量交易或者事项重要与否无统一标准。一般来说，如果会计信息的省略或者错报会影响财务报告使用者据此做出决策，则该会计信息就具有重要性。在会计实务中，是否具有重要性在很大程度上取决于会计人员的职业判断。会计人员应当根据企业所处的环境和实际情况，从项目的性质和金额大小两个方面加以判断。从性质来说，若某一会计事项有可能对经济决策产生一定影响，这一会计事项就属于重要事项；从金额来说，若某一会计事项的金额达到一定规模，可能对经济决策产生影响，这一会计事项就属于重要事项。

七、谨慎性

谨慎性要求企业对交易或者事项进行会计确认、计量和报告时须保持应有的谨慎，不应高估资产或者收益，也不应低估负债或者费用。

在市场经济环境下，企业的生产经营活动面临着许多风险和不确定性，如应收款项的可收回性、固定资产的使用寿命、无形资产的使用寿命、售出存货可能发生的退货或者返修等。会计信息质量的谨慎性要求，需要企业在面临不确定性因素情况下做出职业判断时保持应有的谨慎，充分估计到各种风险和损失，既不高估资产或者收益，也不低估负债或者费用。例如，要求企业对可能发生的资产减值损失计提资产减值准备、对售出商品可能发生的保修义务等确认预计负债等，就体现了会计信息质量的谨慎性要求。

谨慎性要求不允许企业设置秘密准备。企业故意低估资产或收益，或者故意高估负债或费用，都不符合会计信息的可靠性和相关性要求，将会损害会计信息质量，扭曲企业实际的财务状况和经营成果，从而误导使用者做出决策，这是不符合会计准则要求的。

八、及时性

及时性要求企业对于已经发生的交易或者事项及时进行确认、计量和报告，不得提前或者延后。

会计信息的价值在于帮助所有者或者其他使用者（投资者等财务报告使用者）做出经济决策，并具有时效性。即使是可靠、相关的会计信息，如果不及时提供，也会失去时效性，对于使用者的效用会大大降低，甚至不再具有实际意义。在会计确认、计量和报告过程中贯彻及时性，一是要求及时收集会计信息，即在经济交易或者事项发生后，及时收集整理各种原始单据或者凭证；二是要求及时处理会计信息，即按照会计准则的规定，及时对经济交易或者事项进行确认或计量，并编制财务报告；三是要求及时传递会计信息，即按照国家规定的有关时限，及时将编制的财务报告传递给财务报告使用者，便于其及时使用和做出决策。

在实务中，为了及时提取会计信息，可能需要在获得有关交易或者事项的全部信息之前进行会计处理，这样虽然满足了会计信息的及时性要求，但可能会影响会计信息的可靠性；反之，企业若等到获得全部信息之后再进行会计处理，则可能会由于时效问题，对投资者等财务报告使用者决策的有用性大大降低，这就需要在及时性和可靠性之间做相应选择，以更好地满足投资者等财务报告使用者的经济决策需要。

第四节　会计确认与计量

为了实现财务会计目标，必须使用财务会计特有的技术，即会计确认与计量。财务会计的主要工作内容就是对会计六大要素的确认与计量和财务报告的编制。因此，会计确认与计量是财务会计的核心内容。在现代会计中，会计确认与计量既有区别又有联系。

一、会计要素

财务报告的构成要素称为"会计要素"，是根据交易或事项的经济特征确定的财务会计对象的基本分类。会计要素按性质可分为反映企业某一时点财务状况的要素，如资产、负债和所有者权益，以及反映企业在某一时期经营成果的要素，如收入、费用和利润。会计要素既是会计确认与计量的依据，也是确定财务报表内容和结构的基础。

应该注意的是，不同的会计准则制定机构对会计要素的规定，在名称、数量及定义等方面均有所不同。例如，国际会计准则定义的会计要素分为5类，包括资产、负债、所有者权益、收益和费用；美国会计准则定义的会计要素分为10类，包括资产、负债、业主权益、业主投资、业主分派、收入、费用、利得、损失和综合收益；我国《企业会计准则——基本准则》将会计要素分为6类，包括资产、负债、所有者权益、收入、费用和利润。

（一）资产

1. 资产的定义和特征

资产是指由企业过去的交易或事项形成的、由企业拥有或者控制的、预期会给企业带来经济利益的资源。

根据上述定义，资产具有以下几个方面的特征。

（1）资产是由过去的交易或事项形成的。资产应当由过去的交易或事项形成，因此能否形成资产，首先应判断形成该资产的交易或事项是否已经发生。企业不能根据未发生的交易或事项（如未履行的合同）确认资产。

（2）资产应该为企业所拥有或者控制。作为资产，企业要拥有该项资源的所有权，或者虽然没有拥有该项资源的所有权，但能够控制该项资源。由此可见，拥有所有权并不是确认资产的绝对标准，即使企业不享有某项资源的所有权，但能够控制该项资源，享有与该项资源所有权有关的经济利益，并承担相应的风险，也应该将其作为企业的资产予以确认、计量和报告，如企业非短期和非低价值租入的固定资产（作为使用权资产）。

（3）资产预期会给企业带来经济利益。资产预期会给企业带来经济利益，是指资产具有直接或者间接导致现金或现金等价物流入企业的潜力。这种潜力既可以直接增加企业未来的现金流入，也可以表现为现金流出的减少。

资产预期能为企业带来经济利益是资产的一项重要特征。如果一项经济资源不能为企业带来未来的经济利益，就不应该再将其列为企业的资产。例如，企业已报废的存货等。

2. 资产的确认条件

将一项资源确认为资产，除应当符合资产的定义之外，还需要同时满足以下两个条件。

（1）与该资源有关的经济利益很可能流入企业。资产的本质特征是能够为企业带来经济利益。但是，由于经济环境瞬息万变，与资产有关的经济利益能否流入企业或者能够流入多少具有不确定性，因此资产的确认应与判断经济利益流入的不确定性程度结合起来。如果根据编制财务报表时所取得的证据表明，与该资源有关的经济利益很可能流入企业，就可以将其确认为资产；反之，就不应该将其确认为资产。

（2）该资源的成本或者价值能够可靠地计量。可计量性是所有会计要素确认的重要前提，资产的确认也是如此。只有当有关资产的成本或者价值能够可靠地计量时，资产才能被确认。

3. 资产的分类

在资产负债表中，通常按流动性将资产划分为流动资产和非流动资产。所谓流动性，是指资产变现或耗用时间的长短。

流动资产是指预计在一个营业周期或者自资产负债表日起一年（两者孰长）内变现、出售或耗用的资产，主要包括货币资金、应收及预付账款、存货等。

非流动资产是指除上述流动资产之外的所有其他资产，主要包括以摊余成本计量的金融资产、以公允价值计量且其变动计入其他综合收益的金融资产、长期股权投资、固定资产、使用权资产、无形资产、投资性房地产等。

（二）负债

1. 负债的定义和特征

负债是指企业过去的交易或事项形成的、预期会导致经济利益流出企业的现时义务。负债具有如下基本特征。

（1）负债是企业承担的现时义务，这是负债的一个基本特征。现时义务是指企业在现行条件下已承担的义务，未来发生的交易或事项形成的义务不属于现时义务，不应被确认为负债。

（2）负债预期会导致经济利益流出企业。负债作为企业的一项现时义务，最终的履行会导致经济利益流出企业。如果不会导致经济利益流出企业，就不符合负债的定义。企业履行义务导致经济利益流出企业的方式具体可表现为交付资产、提供劳务或者将负债转为资本等。

（3）负债是由企业过去的交易或事项形成的，即只有过去的交易或事项才形成负债，企业未来发生的承诺、签订的合同等交易不形成负债。

2. 负债的确认条件

企业要将一项现时义务确认为负债，则该现时义务首先要符合负债的定义。除此之外，还要同时满足以下两个条件：

（1）与该义务有关的经济利益很可能流出企业。

（2）未来流出企业的经济利益的金额能够可靠地计量。

3. 负债的分类

负债按偿还期限的长短可分为流动负债和非流动负债。流动负债是指需要在一年或者超过一年的一个营业周期内偿还的负债,主要包括短期借款、应付或预收账款、应付职工薪酬、应交税费、应付股利、应付利息等。非流动负债是指不满足上述条件的其他负债,主要包括长期借款、长期应付款、租赁负债、应付债券等。

(三) 所有者权益

所有者权益是指企业资产扣除负债后,由所有者享有的剩余权益,即所有者对企业净资产的要求权。按照我国企业会计准则的规定,所有者权益主要分为几个部分:实收资本(或股本)、其他权益工具、资本公积、其他综合收益、盈余公积和未分配利润。

(1) 实收资本(或股本)是指投资者按照公司章程或合同、协议的约定,认缴或实际投入企业的资本,也是企业在注册登记时的注册资本。所有者在该部分的占资比例是其参与股东大会表决和利润分配的主要依据。

(2) 其他权益工具是指企业发行的除普通股以外的归类为权益工具的各类金融工具,如优先股、永续债等。

(3) 资本公积包括资本溢价(或股本溢价)及其他资本公积。资本溢价(或股本溢价)是指企业收到投资者投入资本超出其在企业注册资本(或股本)中所占份额的部分;其他资本公积是指除资本溢价(或股本溢价)以外的资本公积,如以权益结算的股份支付中产生的资本公积。

(4) 其他综合收益是指企业根据会计准则规定未在当期损益中确认的各项利得和损失,如以公允价值计量且其变动计入其他综合收益的金融资产公允价值变动等。其他综合收益具体可分为两类:①以后会计期间不能重分类进损益的其他综合收益项目;②以后会计期间在满足规定条件时重分类进损益的其他综合收益项目。

(5) 盈余公积是指企业按照规定从净利润中提取的各种积累资金,包括法定盈余公积和任意盈余公积。

(6) 未分配利润是指企业尚未分配、留待以后年度分配的结存利润。

盈余公积和未分配利润又合称为"留存收益"。

从来源看,所有者权益包括所有者投入的资本、直接计入所有者权益的利得和损失、留存收益。在所有者权益的上述分类中,实收资本(或股本)、资本溢价(或股本溢价)及其他权益工具是所有者投入的资本,而资本公积、其他综合收益、盈余公积和未分配利润是企业在生产经营过程中形成的。

从数量上看,所有者权益=资产-负债,因此所有者权益只是数学运算的结果。也就是说,所有者权益的金额取决于资产和负债的计量,它不需要像资产和负债一样进行专门的计量,而是通过资产和负债的计量间接进行。

(四) 收入

1. 收入的定义和特征

收入是指企业在日常活动中形成的、会导致所有者权益增加的、与所有者投入资本无关的经济利益的总流入。收入具有以下特征。

(1) 收入是企业在日常活动中产生的。企业日常活动是指企业为完成经营目标所从事的经常性活动及与之相关的活动,如工业企业制造并销售商品、商业企业销售商品等。企业非日常活动形成的经济利益流入不能确认为收入,而应当作为利得。

收入和利得都属于企业的收益,但收入是从企业日常活动中取得的,而利得是从偶发的经济业务中取得的,属于不经过经营过程就能取得或不曾期望获得的收益,如企业接受捐赠取得的收益等。

(2) 收入是与所有者投入资本无关的经济利益的总流入。收入会导致经济利益流入,这种流入可能表现为资产的增加,如银行存款的增加、应收账款的增加;也可能导致企业负债的减少,如预收账款或合同负债的减少,或者两者兼而有之。但是,所有者投入资本也会导致企业经济利益的流入,而其不应被确认为收入,应当直接被确认为所有者权益。

(3) 收入最终导致所有者权益的增加。与收入相关的经济利益的流入最终导致所有者权益增加,不会导致所有者权益增加的经济利益的流入(如借入款项)不符合收入的定义,不应被确认为收入。

2. 收入的确认条件

企业应当在履行了合同中的约定义务,即在客户取得相关商品或服务控制权时确认收入。取得相关商品控制权,是指能够主导该商品的使用并从中获得几乎全部的经济利益。

(五) 费用

1. 费用的定义和特征

费用是指企业在日常活动中发生的、会导致所有者权益减少、与投资者分配利润无关的经济利益的总流出。费用具有以下特征。

(1) 费用是企业在日常活动中发生的,如工业企业生产商品发生的各种耗费等。非日常活动中形成的经济利益的流出不能被确认为费用,而应当作为损失。

(2) 费用是与所有者分配利润无关的经济利益的总流出。费用的发生最终导致经济利益的流出,从而导致资产的减少或者负债的增加。但是,向所有者分配利润导致的经济利益的流出属于所有者权益的抵减项目,不应被确认为费用。

(3) 费用最终导致所有者权益的减少。与费用相关的经济利益的流出最终导致所有者权益的减少,不会导致所有者权益减少的经济利益的流出不符合费用的定义,不应被确认为费用。

2. 费用的确认条件

费用的确认除了必须符合费用的定义以外,还应当至少同时满足下列条件:

(1) 与费用有关的经济利益很可能流出企业。

(2) 经济利益流出企业的结果可能导致企业资产的减少或负债的增加。

(3) 经济利益流出的金额能够可靠地计量。

(六) 利润

利润是企业在一定会计期间的经营成果,反映了企业在一定期间的经营业绩。因此,利润通常是评价企业管理者的一项重要指标,也是投资者、债权人做出经济决策的重要参考指标。

利润在数量上等于收入减去费用后的净额,以及直接计入当期利润的利得和损失。因此,利润金额的确定主要取决于收入、费用、利得和损失的计量。其中,收入减去费用后的净额反映的是企业日常活动的业绩，直接计入当期利润的利得和损失反映的是企业非日常活动的业绩。企业应该严格区分收入和利得、费用和损失，不能相互混淆，以便更全面地反映企业的经营业绩。

二、会计确认

会计确认是指把一个事项作为资产、负债、收入和费用等正式加以记录并列入财务报表的过程。会计确认包括用文字和数字描述一个项目，其数额包括在财务报表的合计数之内。会计确认还包括对项目嗣后发生变动或清除的确认。会计确认实际上是分两次进行的，第一次解决会计的记录问题，称为"初始确认"；第二次解决财务报表的披露问题，称为"再确认"。

（一）初始确认与再确认

初始确认是将某个项目或业务记为某个会计要素或项目。企业在经营过程中产生的经济数据并不都是会计信息，如企业职工和干部素质的变化、设备利用率的高低、经济合同的履行情况等，这些都不能直接用货币形式加以计量，即不符合会计要素的定义，不能作为会计信息系统的处理对象。所以，会计的初始确认要解决的第一个问题是，从众多经济数据中，筛选出哪些是会计信息，并将这些会计信息从经济数据中分离出来。

初始确认要解决的第二个问题是，记入会计信息系统的经济数据，在何时、记入何种会计科目。也就是说，要对这些会计信息进行重新分类，将这些经济数据转化为会计语言，记录到会计账簿中。在这个过程中，最重要的是确认的时点，即何时确认。所谓何时，是指哪一个会计期间。凡是本期购买的资产、承担的负债、发生的收入、应付的费用都必须在本期记录，既不能提前，也不能推迟，否则就会扭曲当期的财务状况和经营业绩。从会计程序上看，初始确认主要是对原始凭证的审核、记账凭证的编制、账户的设置和账簿的登记等。

这些会计信息通过初始确认，被记录到各个账户中，如企业取得的机器设备、建成的厂房建筑物都被记入了"固定资产"账户，企业采购的钢材被记入了"原材料"账户，企业收到的货款被记入了"银行存款"账户，等等。但这些会计信息还是比较分散、凌乱，不能成为有用的指标体系，会计信息的使用者不能直接使用，因此需要进一步整理加工：在初始确认的基础上，对数据进行筛选、浓缩，最终列示在财务报表中。反映在财务报表中的信息，不是单个账簿信息的移位和简单地相加合并，而是把这些信息进行了重新分类和组合，丰富了信息的内涵，增加了信息的使用价值，形成了一套科学的指标体系。

从会计账簿的会计信息到财务报告信息，是财务会计加工信息的第二阶段，也就是会计的再确认。会计再确认的主要任务是编制和分析财务报表。会计再确认有四个特点：第一，数据来自日常记录；第二，对会计要素既用数字表述，也用文字表述；第三，把账簿记录转化为报表的要素，有一个挑选、分类、汇总或细化的加工过程；第四，在财务报表中的表述，如资产负债表和利润表以权责发生制为基础，现金流量表以收付实现制为基础。

（二）会计确认的标准

为了做好会计的初始确认和再确认，应当遵循确认标准。会计确认的标准是对会计确认行为的基本约束，指明了解决各种会计确认问题的方向。会计确认的标准是从会计信息质量的特征推导得出的，同时有助于形成财务报告要素的定义，解决编制财务报告的各种问题。美国财务会计准则委员会（Financial Accounting Standards Board，FASB）在1984年发表的第5号财务会计概念公告《企业财务报表项目的确认和计量》中提出了会计确认的四个标准，即可定义性、可计量性、相关性和可靠性。

1. 可定义性

所谓可定义性，是指被确认的项目应符合财务报表某个要素的定义。如确认的资产必须符合资产的定义，确认的债务必须符合负债的定义，确认的收入、费用必须符合相关要素的定义。

2. 可计量性

所谓可计量性，是指被确认的项目应具有一个相关的计量属性，足以充分可靠地予以计量。具体来说，就是被确认的会计要素必须能用货币进行计量，凡是不能可靠地用货币计量的要素都不能加以确认。

3. 相关性

这里所说的相关性与前面会计信息质量要求中提到的相关性是一个概念。也就是说，被确认的会计要素应当对信息的使用者有用，确认会计信息必须与使用者的信息需求密切联系起来，不同使用者的决策可能需要不同的会计信息，所以应根据相关性进行会计确认。

4. 可靠性

这里所说的可靠性与前面会计信息质量要求中提到的可靠性是一个概念。也就是说，被确认的会计信息应是真实的、可验证的和不偏不倚的，不可靠的会计信息在会计上是不能予以确认的。

（三）会计确认的时间基础

会计确认的时间基础是指对会计要素确认的时间，对资产负债来说，是否即期确认；对收入费用来说，是否在发生的当期确认。确认的时间基础对于收入和费用比资产和负债更重要，因为收入和费用的确认更复杂。资产和负债通常是单项交易，属于时点概念，所以只要交易成立，符合资产要素和负债要素的确认标准，就可以进行确认。收入和费用则不同，它们是反映企业经营业绩的期间概念。在一个会计期间内会发生许多笔收入和费用，其起点和结束时间参差不齐，发生的收入和费用同其实现的期间经常出现跨期。因此，有两种确认的基础可供选择：一是收付实现制，二是权责发生制。现代财务会计的确认基础选择了权责发生制，即收取收入的权利发生时确认收入、支付费用的义务发生时确认费用。收入以实现为原则，费用以配比为原则。

权责发生制不仅是收入和费用的确认基础，也是资产和负债的确认基础，每当确认一项收入时，必然同时以相同的金额确认一项资产的增加或一项负债的减少；而确认费用时，又必然同时以相同的金额确认一项资产的减少或一项负债的增加。

三、会计计量

会计计量与会计确认是密不可分的，没有纯粹的会计确认，也没有纯粹的会计计量，因此必须将两者结合起来才有意义。所谓会计计量，是指将符合确认条件的会计要素登记入账，并列报于财务报表且确定其金额的过程。计量是一种模式，由两个要素构成，即计量单位和计量属性。

（一）计量单位

任何计量都必须首先确定所采用的计量单位。对会计计量来说，必须以货币为计量单位。作为计量单位的货币通常是指某国、某地区的法定货币，如人民币、美元、日元等。在不存在恶性通货膨胀的情况下，一般都以名义货币作为会计的计量单位，其特点是，无论各个时期货币的实际购买力如何发生变动，会计计量都采用固定的货币单位，即不调整不同时期货币的购买力。

(二) 计量属性

计量属性是指被计量对象的特性或外在表现形式，即对被计量对象予以数量化的特征。从某种意义上说，一种计量模式区别于另一种计量模式的标准就是计量属性。会计的计量属性主要包括历史成本、重置成本、可变现净值、现值和公允价值等。

1. 历史成本

历史成本又称"实际成本"，是指企业取得或建造某项财产物资时实际支付的现金及现金等价物。在历史成本计量模式下，资产按照其购置时支付的现金或现金等价物的金额，或者是按照购置资产时付出的对价的公允价值计量。负债按照其因承担现时义务而实际收到的款项或者资产的金额，或者承担现时义务的合同金额，或者按照日常活动中为偿还负债而预期支付的现金或现金等价物的金额计量。

2. 重置成本

重置成本是指如果在现时重新取得相同的资产或与其相当的资产将支付的现金或现金等价物，或者说，是指在本期重购或重置持有资产的成本，也叫"现行成本"。重置成本更具有相关性，有利于资本保全。在重置成本计量模式下，资产按照其正常对外销售所能收到现金或现金等价物的金额计量，负债按照现在偿付该项债务所需支付的现金或现金等价物的金额计量。

3. 可变现净值

可变现净值是指资产在正常经营状态下可以带来的未来现金流入或将要支付的现金流出，又称为"预期脱手价格"。在可变现净值计量模式下，资产按照正常对外销售所能收到现金或现金等价物的金额扣减该资产至完工时将要发生的成本、销售费用及相关税金后的金额计量。

4. 现值

现值是指在正常经营状态下资产带来的未来现金流入量的现值，减去为取得现金流入所需的现金流出量现值。在现值计量模式下，资产按照从其持续使用和最终处置中产生的未来净现金流入量的折现金额计量，负债按照期限内需要偿还的未来净现金流出量的折现金额计量。该计量属性考虑了货币的时间价值，最能反映资产的经济价值，与经济决策更具有相关性，但其可靠性较差。

5. 公允价值

公允价值是指市场参与者在计量日发生的有序交易中，出售一项资产所能收到的或者转移一项负债所需支付的价格。市场参与者是指在相关资产或负债的主要市场（或最有利市场）中，同时具备下列特征的买方和卖方：①市场参与者应当相互独立，不存在《企业会计准则第36号——关联方披露》所述的关联方关系；②市场参与者应当熟悉情况，能够根据可取得的信息对相关资产或负债及交易具备合理认知；③市场参与者应当有能力并自愿进行相关资产或负债的交易。

有序交易是指在计量日前一段时期内相关资产或负债具有惯常市场活动的交易。企业以公允价值计量相关资产或负债，应当考虑该资产或负债的特征。相关资产或负债的特征是指市场参与者在计量日对该资产或负债进行定价时应考虑的特征，包括资产状况及所在位置、对资产出售或者使用的限制等。

企业以公允价值计量相关资产或负债，应当假定出售资产或者转移负债的有序交易在相关资产或负债的主要市场进行。不存在主要市场的，企业应当假定该交易在相关资产或负债的最有利市场进行。

主要市场是指相关资产或负债的交易量最大和交易活跃程度最高的市场。最有利市场是指在考虑交易费用和运输费用后，能够以最高金额出售相关资产或者以最低金额转移相关负债的市场。其中，交易费用是指在相关资产或负债的主要市场（或最有利市场）中发生的，可直接归属于资产出售或者负债转移的费用。交易费用是直接由交易引起的、交易必需的，而且不出售资产或者不转移负债就不会发生的费用。

（三）各种计量属性之间的关系

在各种会计计量属性中，历史成本通常反映的是资产或负债过去的价值，而重置成本、可变现净值、现值和公允价值通常反映的是资产或者负债的现时成本或者现时价值，是与历史成本相对应的计量属性。这些会计计量属性之间具有密切联系，一般来说，历史成本可能是过去环境下某项资产或负债的公允价值，而在当前环境下某项资产或负债的公允价值也许就是未来环境下某项资产或负债的历史成本。公允价值既可以是重置成本，也可以是可变现净值和以公允价值为计量目的的现值，但必须同时满足公允价值的三个条件。

章节练习题

一、单项选择题

1. 会计信息必须是客观的和可验证的信息质量要求是（　　）。
   A. 可理解性　　　　B. 相关性　　　　C. 可靠性　　　　D. 可比性
2. 明确会计工作为之服务的特定单位，规定会计核算范围的基本假设是（　　）。
   A. 会计主体　　　　B. 持续经营　　　　C. 会计分期　　　　D. 货币计量
3. 我国企业进行会计确认、计量和报告的基础是（　　）。
   A. 收付实现制　　　B. 集中核算制　　　C. 分散核算制　　　D. 权责发生制
4. 下列各项不属于会计计量属性的是（　　）。
   A. 重置成本　　　　B. 历史成本　　　　C. 未来成本　　　　D. 可变现净值
5. 下列各项体现谨慎性会计信息质量要求的是（　　）。
   A. 无形资产摊销　　　　　　　　　B. 应收账款计提坏账准备
   C. 存货采用历史成本计价　　　　　D. 当期销售收入与费用配比
6. 会计信息在对用户失效之前就提供给用户的信息质量要求是（　　）。
   A. 可比性　　　　B. 明晰性　　　　C. 及时性　　　　D. 重要性
7. 下列各项不属于企业收入要素范畴的是（　　）。
   A. 主营业务收入　　　　　　　　　B. 提供劳务取得的收入
   C. 销售材料取得的收入　　　　　　D. 出售无形资产取得的收益

8. 下列各项关于会计要素表述正确的是（　　）。
A. 负债的特征之一是企业承担的潜在义务
B. 利润只包括企业一定期间内收入减去费用后的净额
C. 资产的特征之一是预期能给企业带来经济利益
D. 收入是导致所有者权益增加的经济利益的总流入

9. 存货采用成本与可变现净值孰低法进行期末计价，所体现的会计信息质量要求是（　　）。
A. 重要性　　　　B. 谨慎性　　　　C. 相关性　　　　D. 可比性

10. 下列各项没有运用谨慎性会计信息质量要求的是（　　）。
A. 对应收账款计提坏账准备　　　　B. 固定资产采用年数总和法计提折旧
C. 物价下降时存货采用先进先出法核算　　　　D. 售后回购通常不确认收入

二、多项选择题

1. 一项信息是否具有相关性其取决因素包括（　　）。
A. 预测价值　　　　B. 反馈价值　　　　C. 可核性　　　　D. 中立性

2. 会计信息的外部使用者包括（　　）。
A. 债权人　　　　B. 顾客　　　　C. 信用代理人　　　　D. 工商业协会

3. 会计的政治环境包括（　　）。
A. 监督制度　　　　B. 政治体制　　　　C. 政治路线　　　　D. 政治思想

4. 会计的基本假设包括（　　）。
A. 会计主体　　　　B. 持续经营　　　　C. 历史成本　　　　D. 会计分期

5. 反映财务状况的会计要素有（　　）。
A. 收入　　　　B. 费用　　　　C. 所有者权益　　　　D. 资产

6. 所有者权益项目通常包括（　　）。
A. 实收资本　　　　B. 资本公积　　　　C. 其他权益工具　　　　D. 其他综合收益

7. 下列各项属于资产要素特点的有（　　）。
A. 必须是企业拥有所有权
B. 必须是经济资源
C. 必须是有形的
D. 必须是企业拥有或控制的

8. 下列各项属于资产范畴的有（　　）。
A. 融资租入的设备　　　　B. 经营租入的设备　　　　C. 委托加工商品　　　　D. 土地使用权

9. 会计的计量属性包括（　　）。
A. 历史成本　　　　B. 重置成本　　　　C. 可变现净值　　　　D. 现值

10. 下列各项不属于损失范畴的有（　　）。
A. 公允价值模式计量投资性房地产期末公允价值下降
B. 处置固定资产带来的损失
C. 结转出售产品成本
D. 结转提供劳务成本

三、判断题

1. 我国的财务会计报告目标是向财务会计报告内部使用者提供与企业财务状况、经营成果和现

金流量等有关的会计信息，反映企业管理层受托责任履行情况，有助于财务会计报告内部使用者做出经济决策。（　　）

2. 一项信息是否可靠取决于三个因素，即真实性、可核性和中立性。（　　）

3. 向企业内部使用者提供的会计信息，绝大部分属于"强制性的"或是"必需的"。（　　）

4. 财务会计的目标就是财务会计信息系统要达到的目的和要求。（　　）

5. 某一财产物资要成为企业的资产，其所有权必须属于企业。（　　）

6. 谨慎性要求企业允许计提秘密准备。（　　）

7. 重要性要求企业在会计确认、计量过程中对交易或事项应当区别其重要程度，采用不同的核算方式。（　　）

8. 负债是指企业过去的交易或事项形成的、预期会导致经济利益流出企业的潜在义务。（　　）

9. 法律主体必定是会计主体，会计主体也必定是法律主体。（　　）

10. 可理解性是指会计信息与信息使用者要解决的问题相关联，即与使用者的决策有关，并具有影响决策的能力。（　　）

四、案例分析题

张军是一家规模较小的企业所有者，他一直采用收付实现制记账。最近，他准备向银行申请一笔贷款，银行要求他提供按照权责发生制编制的会计报表，他不清楚银行为什么这么做。

要求：

（1）解释收付实现制和权责发生制的含义，以及二者在业绩计量方面的差异。

（2）你认为收付实现制和权责发生制在评价业绩方面哪一个更合理？

（3）简要说明在权责发生制下计算的会计利润和现金流量产生差异的原因。

（4）银行为什么要张军提供按照权责发生制编制的会计报表？

第二章 货币资金及应收、预付款项

第一节 货币资金

一、货币资金概述

(一) 货币资金的特点与内容

1. 货币资金的特点

货币资金是指可以立即投入流通，用以购买商品或劳务或用以偿还债务的交换媒介物。在流动资产中，货币资金的流动性最强，并且是唯一能够直接转化为其他任何资产形态的流动性资产，也是唯一能够代表企业现实购买力水平的资产。货币资金构成资产负债表中流动资产项目的主要内容，也是现金流量的主体。为了确保生产经营活动正常进行，企业必须拥有一定数量的货币资金，以便购买材料、缴纳税金、发放工资、支付利息及股利或进行投资等。企业拥有的货币资金量是分析判断企业偿债能力与支付能力的重要指标。

2. 货币资金的内容

货币资金一般包括现金、存放于银行或其他金融机构的活期存款，以及本票存款、汇票存款等可以立即支付使用的交换媒介物。不能立即支付使用的（如银行冻结存款等），一般不能被视为货币资金。

从内容上看，货币资金包括库存现金、银行存款和其他货币资金。

(二) 货币资金内部控制制度

内部控制制度是指企业内部制定的关于各项经济业务活动之间相互联系、相互制约的措施、方法和规章制度。货币资金内部控制制度是根据内部控制的基本要求设计的，保证货币资金安全和有效运用的制度。货币资金内部控制制度要求货币资金收支与记录的岗位分离、收支凭证经过有效复核或核准、收支及时入账且收支分开处理、建立严密的清查和核对制度、做到账实相符、制定严格的现金管理及检查制度等。

根据企业内部控制相关规定，货币资金的内部控制一般应包括以下 6 项主要内容。

（1）建立货币资金业务的岗位责任制，明确职责权限，确保不相容岗位相互分离、制约和监督。例如，出纳人员不得兼任稽核、会计档案保管和收入费用、债权债务账目的登记工作，单位不得由一人办理货币资金业务的全过程。

（2）办理货币资金业务的岗位应配备合格的人员，并进行岗位轮换。办理货币资金业务的人员应当具备良好的职业道德，忠于职守、廉洁奉公、遵纪守法、客观公正，不断提高会计业务素质和职业道德水平。

（3）建立严格的授权批准制度。明确审批人对货币资金业务的授权批准方式、权限、程序、责任和相关控制措施，规定经办人办理货币资金业务的职责范围和工作要求。

（4）加强与货币资金相关的票据管理。明确各种票据的购买、保管、领用、背书转让、注销等环节的职责权限和程序，并专设登记簿进行记录，防止空白票据的遗失和被盗用。

（5）加强银行预留印鉴的管理。财务专用章应由专人保管，个人名章必须由本人或其授权人员保管，严禁一人保管支付款项所需的全部印章。

（6）建立对货币资金业务的监督检查制度。明确监督检查机构或人员的职责权限，定期和不定期进行检查。

【例 2-1】 甲公司原出纳会计王某为满足自己购物、旅游等消费需求，自 2014 年起采取"蚂蚁搬家、分次渐进"的方式，在 10 年间将 278 万余元公款一点点挪进了个人口袋。直到 2023 年 6 月，上级单位决定对该公司进行改制，在对公司账目进行清理并前往银行对账时，才发现公司的实际现金金额与账面差额达 278 万余元。王某知道自己侵占公款的行为会在这次清查中暴露，无奈之下选择投案自首。

据王某交代，这些款项是她在 10 年间每月一次一点一点拿走的，因为公司财务账面被她屡次做平，所以总能躲过公司对财务工作的例行检查。由于甲公司由她一个人管钱、管账、管对账，所以给了她侵占公款的机会。

2023 年 12 月 22 日，北京市西城区人民检察院以涉嫌职务侵占罪对王某提起公诉。2024 年 3 月 19 日，北京市西城区人民法院以职务侵占罪判处王某有期徒刑 10 年。

（1）分析导致王某犯罪的主要原因。

（2）思考作为一名会计人员，怎样才能守住底线，面对诱惑不为所动？

【分析】

（1）主观原因：王某贪图享受，三观不正，公私不分；法律意识淡薄，不懂法、不守法；廉洁自律的会计职业道德和职业操守低下，自我约束力不强。

客观原因：甲公司的货币资金内部控制制度不健全，执行不到位。

（2）从客观层面来看，作为直接与钱款打交道的会计人员，需要按照职业要求，认真参加定期的财务方面的专业培训，在专业素养上保证达到行业要求。

从主观层面来看，第一，需要培养良好的职业道德，公私分明、严守职业要求的道德规范。第二，深刻理解辩证法中量变质变规律，"千里之堤，溃于蚁穴"，"勿以善小而不为，勿以恶小而为之"。第三，不断完善自身的世界观、人生观和价值观，三者虽相互独立，却又相辅相成，是辩证统一的关系。人生的意义不仅有物质需求，还应有精神追求，个人只有将自身的职业理想融入社会需求，将个人奋斗融于社会进步，才能真正实现积极正向的自我价值。第四，在提升道德素养的同时，还要不断提升法律素养。法律是道德的底线，也是国家和社会对个人道德的最低要求，是会计人员最基本的职业素养之一。所以，作为会计人员，应认真学习相关法律法规，知法、懂法、守法，形成良好的职业操守和法律素养。

二、现金

（一）现金的管理

1. 现金的定义及特征

现金是通用的交换媒介，也是对其他资产计量的一般尺度。现金转化为企业其他形式的资产一般是没有难度的。会计上的现金有狭义和广义之分：狭义的现金仅指库存现金，即企业金库中存放的现金，包括人们经常接触的纸币和硬币等；广义的现金包括库存现金、银行存款，以及其他可以普遍接受的流通手段。这些流通手段主要包括：

（1）银行本票，即银行开具并支付的票据。

（2）银行汇票，即银行开具的指示另一银行支付给客户指定收款人的票据。

（3）保付支票，即由银行存款户出具并由银行担保付款的支票。

（4）个人支票，即在银行立有户头的个人所开具的支票。

（5）邮政汇票，即邮局在办理汇兑业务时出具并承付的票据。

（6）旅行支票，即银行发行的具有固定面额供持票人在旅途中支付使用的支票。

企业持有的金融市场的各种基金、存款证及其他类似的短期有价证券等项目不被包括在现金内。因为，这些项目有时难以即时转化为现金，往往需要一定的时间间隔，或者因为一定条件的限制不能作为现金使用。诸如此类项目包括：

（1）欠款客户出具的远期支票（作为企业的应收票据）。

（2）因出票人存款不足而被银行退回，或出票人通知银行停止付款的支票（企业对此应从现金账户中划出，作为应收账款）。

（3）各种借据和职工借支的差旅费（属于企业的应收账款或其他应收款）。

（4）邮票（企业应作为库存办公用品）等。

目前，国际惯例中的现金概念是指广义的现金。在我国的会计惯例中，狭义的现金概念与广义的现金概念并存。在企业处理的日常交易业务中，引用的是狭义的现金概念，如企业的零星销售业务收到的现金、日常支出业务支付的现金等；在企业提供的财务报告（现金流量表）及金融资产中涉及的是广义现金概念。而且与国际流行的广义现金概念相比，我国的现金概念包括的内容更加广泛一些，它还包括现金等价物。关于这个问题本书在财务报告中会详细解释。本章采用的为狭义的现金概念。

现金作为货币资金的重要组成部分，具有如下特征：

（1）货币性，即现金具有的货币属性，它起着交易的媒介、价值衡量的尺度、会计记录货币单位的作用。

（2）通用性，即现金可以被企业直接用来支付各项费用或者偿还各项债务。

（3）流动性，即现金的使用一般不受任何约定的限制，可以在一定范围内自由流动。现金是企业资产中流动性最强的货币性资产。流动性主要是指资产转换成现金或负债到期清偿所需的时间，也指企业资源及负债接近现金的程度。

2. 现金的使用范围与库存现金限额

企业日常的支出业务既多又复杂，现金的通用性并不是指现金可以被用来支付企业的任何费用。现金的使用要遵循其使用范围的规定，这是现金管理的一项重要内容。我国颁布的《现金管理暂行条例》（自 2025 年 1 月 20 日起废止）对现金的使用范围有明确规定，并规定了在银行开立账户的企业可以用现金办理结算的具体经济业务。这些经济业务包括以下几个方面：

（1）职工工资、津贴。

（2）个人劳动报酬。

（3）根据国家规定颁发给个人的科学技术、文化艺术、体育等各种奖金。

（4）各种劳保、福利费用及国家规定的对个人的其他支出。

（5）向个人收购农副产品和其他物资的价款。

（6）出差人员必须随身携带的差旅费。

（7）结算起点以下的零星支出（结算起点为 1 000 元）。

（8）中国人民银行确定需要支付现金的其他支出。

按照我国关于《内部会计控制规范——货币资金（试行）》的规定，企业必须根据《现金管理暂行条例》规定，结合本单位的实际情况，确定本单位现金的使用范围。不属于现金开支范围的业务应当通过银行办理转账结算。

为了满足企业日常零星开支所需的现金，企业的库存现金要由银行根据企业的实际需要核定一个最高限额。这个最高限额一般要满足企业 3~5 天日常零星开支所需；边远地区和交通不便地区的企业库存现金可多于 5 天，但最多不能超过 15 天。企业每日的现金结存数额不得超过核定的限额，超过部分应当及时送存银行，企业需要增加或减少库存限额的，应当向开户银行提出申请，由开户银行核定。

3. 现金的内部控制

现金的流动性决定了现金内部控制的必要性。除个人的道德与法治观念的建立之外，企业必须强调其现金内部控制，要严格执行现金内部控制的措施与手段，建立健全现金的内部控制制度，才能防止现金的丢失、被盗，以及其他违法乱纪行为的发生，以保持现金流动的合理性、安全性，提高现金的使用效率与获利能力。现金的内部控制包括如下几个方面内容。

（1）实行职能分开原则。要求库存现金实物的管理与账务的记录分开进行，不能由一个人兼任。企业库存现金收支与保管应由出纳人员负责。经管现金的出纳人员不得兼管收入、费用、债权、债务等账簿的登记工作，以及会计稽核和会计档案保管工作；填写银行结算凭证的有关印鉴，不能集中由出纳人员保管，应实行印鉴分管制度。这样做的目的是便于分清责任，形成互相牵制的控制机制，防止挪用现金及隐藏流入的现金。

（2）现金收付的交易必须有合法的原始凭证。企业收到现金时，要有现金收入的原始凭证，以保证其来源合法；企业支付现金时，要按规定的授权程序进行，除小额零星支出须用库存现金外，其他应尽可能少用现钞，而用支票付款，同时要有确凿的原始凭证，以保证支付的有效性。对涉及现金收付交易的经济业务要根据原始凭证编制收付款凭证，并在原始凭证与收付款凭证上加盖"现金收讫"与"现金付讫"印章。

（3）建立收据和发票的领用制度。领用的收据和发票必须登记数量与起讫编号，由领用人员签字，收回收据和发票存根，并由保管人员办理签收手续。对空白收据和发票应定期检查，以防止短缺。

（4）加强监督与检查。对企业的库存现金，除要求出纳人员做到日清月结之外，企业的审计部门及会计部门的领导对现金的管理工作要进行经常性与突击性的监督和检查，包括现金收入与支出的所有记录。对发现的现金溢余与短缺现象必须认真及时查明原因，并按规定的要求进行处理。

（5）企业的出纳人员应定期轮换，不得由一人长期从事出纳工作。一人长期从事一项工作会形成惰性，不利于提高工作效率，同时可能会隐藏工作中的问题和不足。出纳工作每日都与资金打交道，时间长了容易产生麻痹和侥幸心理，增加犯罪的机会和可能性。通过人员的及时轮换，不仅可以避免上述情况的出现，而且对工作人员本身是一种保护，所以这样做是非常必要的。

（二）现金的序时核算

现金的序时核算是指根据现金的收支业务，逐日逐笔地记录现金的增减及结存情况，其方法是设置与登记库存现金日记账。库存现金日记账是核算和监督现金日常收付结存情况的序时账簿。通过库存现金日记账，可以全面、连续地了解和掌握企业每日现金的收支动态与库存余额，为日常分析、检查企业的现金收支活动提供资料。

库存现金日记账一般采用收入、付出及结存三栏式格式，见表2-1。

表2-1 库存现金日记账　　　　　　　　　　　　　　　　单位：元

2024年		凭证种类及号数	摘要	对方科目	收入	付出	结存
月	日						
5	31		本月合计				650
6	1	现收601	零星销售收入	主营业务收入	702		
	1	现收602	李华差旅费	备用金		500	
	1	银收601	提取现金	银行存款	1 000		
	1	现收602	购买办公用品	管理费用		200	
			本日合计		1 702	700	1 652

库存现金日记账的收入栏和付出栏，是根据审核签字后的现金收付款凭证和从银行提取现金时填制的银行存付款凭证，按照经济业务发生的时间顺序，由出纳人员逐日逐笔登记的。为了简化库存现金日记账的登记手续，对于同一天发生的相同经济业务，也可以汇总一笔登记。每日终了时，出纳人员应做好以下各项工作。

（1）在库存现金日记账上结出"本日收入"合计和"本日付出"合计，然后计算出本日余额，记入"结存"栏。本日余额的计算公式如下：

本日余额 = 昨日余额 + 本日收入合计 - 本日付出合计

1 652 = 650 +（702 + 1 000）－（500 + 200）

（2）以库存现金日记账上的本日余额与库存现金的实有额进行核对，二者应一致；若不一致，则及时查明原因，进行调整，以做到账实相符。

（3）以库存现金日记账上的本日余额与库存现金的限额相比较，超过限额数部分，要及时送存银行；不足限额部分，应向银行提取，以保证日常开支的需要。在每月终了时，还应在库存现金日记账上结出月末余额，并同库存现金总账科目的月末余额核对是否相符。

库存现金日记账也可以采用多栏式。在此种格式下，每月月末要结出与"库存现金"科目相对应各科目的发生额合计数，并据以登记有关总账科目。由于采用多栏式库存现金日记账时涉及的栏目很多，对库存现金的收入和支出一般都分别设置日记账予以核算，即库存现金收入日记账和库存现金支出日记账。多栏式库存现金日记账能够如实反映收入现金的来源和支出现金的用途，简化凭证编制手续。库存现金收入日记账是按照现金收入对方科目设置专栏的。每日终了时，为了计算库存现金的结存额、核对账款，需要把库存现金支出日记账中的本日贷方合计数额过入库存现金收入日记账。有外币现金的企业，应分别按人民币现金、各种外币现金设置"库存现金日记账"进行序时核算。

（三）现金的总分类核算

1. 现金核算的凭证

企业发生现金的收付业务必须取得或填制原始凭证，作为收付款的书面证明。例如，企业从银行提取现金时要签发现金支票，以支票存根作为提取现金的证明；将现金存入银行时要填写进账单，以银行加盖印章后退回的进账单回单作为存入现金的证明；收进零星小额销售款时应以销售部门开出的发票副本作为收款证明；支付职工差旅费的借款时要取得经有关领导批准的借款单，作为付款的证明；等等。对于这些作为收付款证明的原始凭证，财会部门要认真审核。审核时，财会部门应注意每笔款项收支是否符合现金管理制度的规定、是否符合开支标准、是否有批准的计划，原始凭证中规定的项目是否填写齐全、数字是否正确、手续是否完备等。经过审核无误的原始凭证，可据以填制收款凭证或付款凭证，办理现金收支业务。出纳人员在收付现金以后，应在记账凭证或原始凭证上加盖"收讫"或"付讫"的戳记以表示款项已经收付。经过审核签证后的收付款凭证，即可据以登记账簿。

收款凭证和付款凭证是用于现金与银行存款收付业务核算的依据。为了避免填制凭证和记账的重复，在实际工作中，无论从银行提取现金，还是将现金存入银行，都应按照收付款业务涉及的贷方科目填制记账凭证。例如，从银行提取现金时只填制银行存款付款凭证，作为借记"库存现金"科目和贷记"银行存款"科目的依据，不再填制现金收款凭证；将现金存入银行时，只填制现金付款凭证，作为借记"银行存款"科目和贷记"库存现金"科目的依据，不再填制银行存款收款凭证。

2. 科目设置及账务处理

为了总括地反映和监督企业库存现金的收支结存情况，需要设置"库存现金"科目。该科目借方登记现金的收入数，贷方登记现金的付出数，余额在借方，反映库存现金的实有数。库存现金总账科目的登记，可以根据现金收付款凭证和从银行提取现金时填制的银行存付款凭证逐笔登记。但是，在现金收付款业务较多的情况下，这样登记必然会增加工作量。所以，在实际工作中，一般是把现金收付款凭证按照对方科目进行归类，定期（10天或半月）填制汇总收付款凭证，据以登记库存现金总账科目。

【例2-2】 2024年6月5日，甲公司发生如下现金收入业务：收到零星销售收入565元（其中，应交增值税65元），收到职工王刚应交款项300元。现金汇总收款凭证编制如下。

借：库存现金　　　　　　　　　　　　　　　　　　　　　　　　　　865
　　贷：主营业务收入　　　　　　　　　　　　　　　　　　　　　　500
　　　　应交税费——应交增值税（销项税额）　　　　　　　　　　　 65
　　　　其他应收款　　　　　　　　　　　　　　　　　　　　　　　300

【例2-3】 2024年6月8日，甲公司发生如下现金支出业务：支付职工李强差旅费600元，购买办公用品支出现金200元，发放职工工资65 800元，现金送存银行1 200元。现金汇总付款凭证编制如下。

借：备用金　　　　　　　　　　　　　　　　　　　　　　　　　　　600
　　管理费用　　　　　　　　　　　　　　　　　　　　　　　　　　200
　　应付职工薪酬　　　　　　　　　　　　　　　　　　　　　　　65 800
　　银行存款　　　　　　　　　　　　　　　　　　　　　　　　　1 200
　　贷：库存现金　　　　　　　　　　　　　　　　　　　　　　　67 800

3. 备用金的核算

备用金是指企业预付给职工和内部有关单位用作差旅费、零星采购和零星开支等，事后需要报销的款项。备用金业务在企业日常的现金收支业务中占有很大的比重，因此对于备用金的预借和报销，既要有利于企业各项经济业务的正常进行，又要建立必要的手续制度，并认真执行。有关备用金预借、使用和报销的手续制度基本内容如下。

（1）职工预借备用金时，要填写一式三联的借款单，说明借款的用途和金额，经本部门和有关领导批准后，方可领取。

（2）职工预借备用金的数额应根据实际需要确定，数额较大的借款，应使用信汇和电汇的方式，防止携带过多的现金，预借的备用金应严格按照规定的用途使用，不得购买私人物品。

（3）职工使用备用金要在规定期限内到财会部门报销，剩余备用金要及时交回，不得拖欠。报销时，应由报销人填写报销单并附有关原始凭证，经有关领导审批。

企业的财会部门对于备用金的预借、使用和报销负有重要责任，要严格掌握，认真审核；执行国家有关财经制度，不得任意提高开支标准，对于违反国家规定的开支，应坚持原则，拒绝支付或不予报销。

对于备用金的总分类核算，应设置"其他应收款"科目。这是一个资产类科目，用来核算企业除应收票据、应收账款、预付账款以外的其他各种应收、暂付款项，包括各种赔款、罚款、存储保证金、备用金、应向职工收取的各种垫付款项等。在备用金数额较大或业务较多的企业中，可以将备用金业务从"其他应收款"科目中划分出来，单独设置"备用金"科目核算。

备用金的明细分类核算：一般是按领取备用金的单位或个人设置三栏式明细账，根据预借和报销凭证登记。有的企业为了简化核算手续，用借款单的第三联代替明细账（借款单第一联是存根，第二联是出纳据以付款），报销和交回现金时，予以注销。

备用金的管理制度一般有两种：一是随借随用、用后报销制度，适用于不经常使用备用金的单位和个人；二是定额备用金制度，适用于经常使用备用金的单位和个人。定额备用金制度的特点是，对经常使用备用金的部门或车间，分别规定一个备用金定额。在按定额拨付现金时，记入"其他应收款"或"备用金"科目的借方和"库存现金"科目的贷方。报销时，财会部门根据报销单据付给现金，补足用掉的数额，使备用金仍保持原有的定额数。报销的金额直接记入"库存现金"科目的贷方和有关科目的借方，不需要通过"其他应收款"或"备用金"科目核算。

①随借随用、用后报销制度业务示例。

【例2-4】 2024年6月8日，甲公司行政管理部门职工王刚因公出差预借备用金350元，实际支出200元，经审核应予以报销，剩余现金150元交回财会部门。

预借时，应根据审核的借款单填制现金付款凭证，会计分录如下。

借：备用金——王刚　　　　　　　　　　　　　　　　　　　　　　　　350
　　贷：库存现金　　　　　　　　　　　　　　　　　　　　　　　　　　　350

报销时，应根据审核的报销单填制转账凭证，会计分录如下。

借：管理费用　　　　　　　　　　　　　　　　　　　　　　　　　　　200
　　贷：备用金——王刚　　　　　　　　　　　　　　　　　　　　　　　　200

剩余现金交回财会部门时，应填制现金收款凭证，会计分录如下。

借：库存现金　　　　　　　　　　　　　　　　　　　　　　　　　　　150
　　贷：备用金——王刚　　　　　　　　　　　　　　　　　　　　　　　　150

【例2-5】 2024年7月9日，甲公司行政管理部门职工李庆因公出差预借备用金800元，实际支出960元，经审核应予以报销。

预借时，应根据审核的借款单填制现金付款凭证，会计分录如下。

借：备用金——李庆　　　　　　　　　　　　　　　　　　　　　　　　800
　　贷：库存现金　　　　　　　　　　　　　　　　　　　　　　　　　　　800

报销时，应根据审核的报销单填制转账凭证，会计分录如下。

借：管理费用　　　　　　　　　　　　　　　　　　　　　　　　　　　960
　　贷：备用金——李庆　　　　　　　　　　　　　　　　　　　　　　　　960

付出现金160元，填制现金付款凭证，会计分录如下。

借：备用金——李庆　　　　　　　　　　　　　　　　　　　　　　　　160
　　贷：库存现金　　　　　　　　　　　　　　　　　　　　　　　　　　　160

②定额备用金制度业务示例。

【例2-6】 甲公司会计部门对供应部门实行定额备用金制度。根据核定的定额，付给定额备用金2 000元。

借：备用金——供应部门　　　　　　　　　　　　　　　　　　　　　2 000
　　贷：库存现金　　　　　　　　　　　　　　　　　　　　　　　　　　2 000

【例2-7】 供应部门在一段时间内共发生备用金支出1 600元，持开支凭证到会计部门报销。会计部门审核以后付给现金，补足定额。

借：管理费用 1 600
　　贷：库存现金 1 600

【例2-8】 会计部门因管理需要决定取消定额备用金制度。供应部门持尚未报销的开支凭证800元和余款1 200元，到会计部门办理报销和交回备用金的手续。

借：管理费用 800
　　库存现金 1 200
　　贷：备用金——供应部门 2 000

随借随用、用后报销制度与定额备用金制度的业务处理方法比较见表2-2。

表2-2　随借随用、用后报销制度与定额备用金制度业务处理方法比较

制度分类	预借	报销	注销备用金或其他应收款
随借随用、用后报销	借：备用金 　　贷：库存现金	借：管理费用 　　库存现金 　　贷：备用金 　　（或贷：库存现金）	报销时已注销
定额备用金	借：备用金 　　贷：库存现金	借：管理费用 　　贷：库存现金	取消定额备用金时注销 会计分录为： 借：管理费用 　　库存现金 　　贷：备用金

(四) 现金的清查

为了保护现金的安全和完整，做到账实相符，必须做好现金的清查工作。

现金清查的基本方法是清点库存现金，并将现金实存数与库存现金日记账上的余额进行核对。实存数是指企业金库内实有的现款额，清查时不能用借条等单据抵充现金。每日终了应查对库存现金实存数与其账面余额是否相符。

定期、不定期清查时，应组成清查小组负责现金清查工作，清查人员应在出纳人员在场时清点现金，核对账实，并根据清查结果填制"现金盘点报告单"，注明实存数与账面余额。如发现现金账实不符或存在其他问题，则应查明原因，报告主管负责人或上级领导部门处理。对于预付给职工或内部单位尚未使用的备用金或剩余备用金，应及时催促其报销或交回。采用定额备用金制度的企业，一般是在年终时进行一次清理，收回拨付的现金；下一年度再根据实际需要重新规定定额，拨付现金。

为了防止挪用现金，各部门必须配备备用金负责人进行管理，财会部门应进行抽查。对于现金清查中发现的账实不符，即现金溢缺情况，通过"待处理财产损溢——待处理流动资产损溢"科目进行核算。现金清查中发现短缺的现金，应按短缺的金额，借记"待处理财产损溢——待处理流动资产损溢"科目，贷记"库存现金"科目；现金清查中发现溢余的现金，应按溢余的金额，借记"库存现金"科目，贷记"待处理财产损溢——待处理流动资产损溢"科目，待查明原因后按如下要求处理。

(1) 如为现金短缺，属于应由责任人赔偿的部分，借记"其他应收款——应收现金短缺款"或"库存现金"等科目，贷记"待处理财产损溢——待处理流动资产损溢"科目；属于应由保险公

司赔偿的部分，借记"其他应收款——应收保险赔款"科目，贷记"待处理财产损溢——待处理流动资产损溢"科目；属于无法查明的其他原因，根据管理权限，经批准后作为盘亏损失处理，借记"管理费用"科目，贷记"待处理财产损溢——待处理流动资产损溢"科目。

（2）如为现金溢余，属于应支付给有关人员或单位的，借记"待处理财产损溢——待处理流动资产损溢"科目，贷记"其他应付款——应付现金溢余"科目；属于无法查明原因的，经批准后作为盘盈利得处理，借记"待处理财产损溢——待处理流动资产损溢"科目，贷记"营业外收入——盘盈利得"科目。

【例2-9】 2024年5月10日，甲公司在对现金进行清查时，发现短缺60元。

借：待处理财产损溢——待处理流动资产损溢　　　　　　60
　　贷：库存现金　　　　　　　　　　　　　　　　　　　　60

【例2-10】 上述现金短缺，无法查明原因，转入管理费用。

借：管理费用　　　　　　　　　　　　　　　　　　　　60
　　贷：待处理财产损溢——待处理流动资产损溢　　　　　　60

【例2-11】 2024年6月15日，甲公司在对现金进行清查时，发生溢余80元。

借：库存现金　　　　　　　　　　　　　　　　　　　　80
　　贷：待处理财产损溢——待处理流动资产损溢　　　　　　80

【例2-12】 上述现金溢余原因不明，经批准记入"营业外收入"科目。

借：待处理财产损溢——待处理流动资产损溢　　　　　　80
　　贷：营业外收入——盘盈利得　　　　　　　　　　　　　80

三、银行存款

（一）开立和使用银行存款账户的规定

银行存款，是指企业存放在本地银行的货币资金。企业收入的一切款项，除留存限额内的现金之外，都必须送存银行。企业的一切支出除规定可用现金支付之外，都必须遵守《人民币银行结算账户管理办法》的有关规定，通过银行办理转账结算。

银行是全国的结算中心，各企业必须在银行开设账户，以办理存款、取款和转账等业务。企业在银行开户时，应填制开户申请书，并出具下列开户证明文件：①营业执照；②法定代表人或单位负责人有效身份证件；③法定代表人或单位负责人授权他人办理的，还应出具法定代表人或单位负责人的授权书及被授权人的有效身份证件；④《人民币银行结算账户管理办法》等规定的其他开户证明文件。企业应当对开户申请书所列事项及相关开户证明文件的真实性、有效性负责。

为了维护金融秩序，规范全国银行账户的开立与使用，中国人民银行制定的《人民币银行结算账户管理办法》规定，一个企业可以根据需要在银行开立4种账户，包括基本存款账户、一般存款账户、临时存款账户和专用存款账户。

（1）基本存款账户是存款人办理日常转账结算和现金收付时需要开立的银行结算账户，企业职工薪酬等现金的支取只能通过本账户办理。

（2）一般存款账户是存款人因借款或其他结算需要，在基本存款账户开户银行以外的银行营业机构开立的银行结算账户。

（3）临时存款账户是存款人因临时需要并在规定期限内使用而开立的银行结算账户。企业设立临时机构、异地临时经营活动、注册验资，可以申请开立临时存款账户。

（4）专用存款账户是存款人按照法律、行政法规和规章，对其特定用途资金进行专项管理和使用而开立的银行结算账户。企业的基本建设资金，更新改造资金，党、团、工会设在单位的组织机构经费等，可以申请开立专用存款账户。

一个企业只能在一家银行开立一个基本存款账户，不得在同一家银行的几个分支机构开立一般存款账户。企业在办理存款账户以后，在使用账户时，应严格执行银行结算纪律的规定。具体内容包括：合法使用银行账户，不得转借给其他单位或个人使用；不得利用银行账户进行非法活动；不得签发没有资金保证的票据和远期支票，套取银行信用；不得签发、取得和转让没有真实交易和债权债务的票据，套取银行和他人的资金；不准无理拒绝付款、任意占用他人资金；不准违反规定开立和使用账户。

（二）银行存款的序时核算

银行存款的序时核算是指根据银行存款的收支业务，逐日逐笔地记录银行存款的增减及结存情况，其方法是设置与登记银行存款日记账。

银行存款日记账是核算和监督银行存款日常收付结存情况的序时账簿。通过银行存款日记账，可以全面、连续地了解和掌握企业每日银行存款的收支动态及余额，为日常分析、检查企业的银行存款收支活动提供资料。

银行存款日记账一般采用收入、付出及结存三栏式格式，见表2-3。

表2-3　银行存款日记账

单位：元

2024年		凭证种类及号数	摘要	对方科目	收入	付出	结存
月	日						
5	31		本月合计				78 600
6	1	银付1	提取现金	库存现金		10 000	
	1	银付2	支付大地公司货款	应付款项		20 000	
	1	银收1	支付M公司款	应收款项	15 000		
	1	银付3	支付差旅费	备用金		800	
			本日合计		15 000	30 800	62 800

银行存款日记账应由财会部门的出纳人员根据银行存款收付款凭证及存入银行现金时的现金付款凭证，按照经济业务发生的先后顺序逐日逐笔登记，同时要逐日加计收入合计、付出合计和结存数，月末时还应结出本月收入、付出的合计数和月末结存数。

（三）银行存款的总分类核算

银行存款的总分类核算是为了总括地反映和监督企业在银行开立结算账户的收支结存情况。在核算时，应设置"银行存款"科目。这是一个资产类科目，用来核算企业存入银行的各种存款。企业存入其他金融机构的存款，也在本科目内核算。企业的外埠存款、银行本票存款、银行汇票存款等在"其他货币资金"科目核算，不在本科目内核算。"银行存款"科目可以根据银行存款的收付款凭证等登记。为了减少登记的工作量，在实际工作中，一般都是把各自的收付款凭证按照对方科目进行归类。定期（10天或半月）填制汇总收付款凭证，据以登记银行存款总账科目。企业收入银行存款时，借记"银行存款"科目，贷记"库存现金""应收账款"等科目；企业提取现金或支出存款时，借记"库存现金""应付账款"等科目，贷记"银行存款"科目。

【例 2-13】 2024 年 7 月 2 日，甲公司发生如下收入银行存款业务：销售商品收到销售货款 56 500 元，其中增值税销项税额 6 500 元；收到购货单位预交的购货款 30 000 元。

银行存款汇总收款凭证编制会计分录如下：

借：银行存款 86 500
　　贷：主营业务收入 50 000
　　　　应交税费——应交增值税（销项税额） 6 500
　　　　预收账款 30 000

【例 2-14】 2024 年 7 月 2 日，甲公司发生如下支付银行存款业务：采购生产产品用材料支付银行存款 67 800 元，其中增值税进项税额 7 800 元；购买不需要安装的设备支付银行存款 33 900 元，其中增值税进项税额 3 900 元，设备已运达企业；预付购买材料货款 80 000 元。

银行存款汇总付款凭证编制会计分录如下：

借：材料采购 60 000
　　应交税费——应交增值税（进项税额） 11 700
　　固定资产 30 000
　　预付账款 80 000
　　贷：银行存款 181 700

（四）银行存款余额调节表

企业的往来结算业务大部分通过银行办理，为了正确掌握企业银行存款的实有数，需要定期将企业银行存款日记账的记录与银行转来的对账单进行核对，每月至少核对一次，如二者不符，则应查明原因，予以调整。企业银行存款日记账按时间的先后顺序记录了引起银行存款增减变动的每一笔经济业务，银行转给企业的对账单列示了从上次对账到本次对账之间，银行对引起企业银行存款增减变动的经济业务所作的全部记录。一般情况下，二者是能够核对相符的，但也有核对不符的情况。造成不符的原因有两个：一是企业和银行存在一方或双方同时记账错误，如银行将企业支票存款串户记账，或者银行、企业记账时发生数字书写错误，如将数字 501 元记为 510 元等。二是存在未达账项。未达账项是指由于企业间交易采用的结算方式涉及的收付款结算凭证在企业和银行之间的传递存在时间差，造成一方收到凭证并已入账，而另一方尚未接到凭证仍未入账的款项。很显然，未达账项会使银行对账单上的存款余额同企业银行存款日记账的余额不一致。未达账项归纳起来，一般有如下四种情况。

（1）企业已收款记账，而银行尚未收款记账。如企业将收到的转账支票存入银行，但银行尚未转账。

（2）企业已付款记账，而银行尚未付款记账。如企业开出支票并已根据支票存根记账，而持票人尚未到银行取款或转账。

（3）银行已收款记账，而企业尚未收款记账。如托收货款，银行已经入账，而企业尚未收到收款通知。

（4）银行已付款记账，而企业尚未付款记账。如借款利息，银行已经划款入账，而企业尚未收到付款通知。

上述（1）、（4）种情况会使企业银行存款日记账余额大于银行对账单存款余额，（2）、（3）种情况会使企业银行存款日记账余额小于银行对账单存款余额。

如上所述，由于记账错误和存在未达账项，银行存款日记账的余额与银行对账单的余额是不相符的。此时，银行存款日记账的余额与银行对账单的余额有可能都不能代表企业银行存款的实有数。为了掌握企业银行存款的实有数，企业在收到银行转来的对账单以后，要仔细将企业银行存款日记账的记录与对账单的记录进行核对，判明企业和银行双方是否有记账错误，同时确定所有未达账项。完成上述工作以后，可以通过编制银行存款余额调节表的方法确定企业银行存款的实有数。

银行存款余额调节表的编制方法有以下三种。

第一，根据错记金额和未达账项，将银行存款日记账余额和对账单余额同时调整到银行存款实有数。计算公式如下：

银行对账单余额＋企业已收银行未收款项－企业已付银行未付款项＋（或－）银行错减或错增金额＝企业银行存款日记账余额＋银行已收企业未收款项－银行已付企业未付款项＋（或－）企业错减或错增金额

第二，根据错记金额和未达账项，以银行存款日记账余额为准，将对账单余额调整到银行存款日记账余额。计算公式如下：

企业银行存款日记账余额＝银行对账单余额＋企业已收银行未收款项－企业已付银行未付款项＋（或－）银行错减或错增金额－（银行已收企业未收款项－银行已付企业未付款项）＋（或－）企业错减或错增金额

第三，根据错记金额和未达账项，以银行对账单余额为准，将银行存款日记账余额调整到银行对账单余额。计算公式如下：

银行对账单余额＝企业银行存款日记账金额＋银行已收企业未收款项－银行已付企业未付款项＋（或－）企业错减或错增金额－（企业已收银行未收款项－企业已付银行未付款项）＋（或－）银行错减或错增金额

从上述第二、第三种方法的计算公式可以看出，它们的计算程序正好相反，但其共同点是计算的过程只能检验企业或银行的错记金额及未达账项是否准确，而不能确定企业银行存款的实有数。第一种方法不仅能检验企业或银行的错记金额及未达账项是否准确，而且能确定企业银行存款的实有数。因此，实务上经常采用第一种方法。下面举例说明第一种方法的应用过程。

【例2－15】 甲公司2024年12月31日的银行存款日记账余额为42 060元，银行对账单的余额为46 500元，经过对银行存款日记账和银行对账单的核对，发现的未达账项及错误记账情况如下。

（1）12月20日，委托银行收款2 000元，银行已收妥入账，但企业尚未收到收款通知。

（2）12月公司开出的转账支票共有3张，持票人尚未到银行办理转账手续，金额合计6 700元。

（3）12月22日，公司本月一笔销售货款2 600元存入银行，公司出纳误记为2 060元。

（4）12月25日，银行将本公司存入的一笔款项串记至另一家公司账户中，金额1 200元。

（5）12月29日，存入银行支票1张，金额1 500元，银行已承办，企业已凭回单记账，银行尚未记账。

(6) 12月31日，银行代付电费2 100元，企业尚未收到付款通知。

根据上述资料编制银行存款余额调节表，见表2-4。

表2-4 银行存款余额调节表

2024年12月31日　　　　　　　　　　　　　　　　　　　　　　单位：元

项目	金额	项目	金额
银行对账单余额	46 500	企业银行存款日记账的余额	42 060
加：		加：	
已存入银行，但银行尚未入账的款项	1 500	银行已收款入账，但收款通知企业尚未收到，而未入账的款项	2 000
银行串记金额	1 200	公司误记金额	540
减：		减：	
支票已开出，但持票人尚未到银行转账的款项	6 700	银行已付款入账，但付款通知尚未到达企业，而未入账的款项	2 100
调整后的余额	42 500	调整后的余额	42 500

由表2-4可以看出，左右两方调整后的余额相等，说明该公司银行存款的实有数既不是46 500元，也不是42 060元，而是42 500元；同时，说明对未达账项及企业与银行双方记账错误的认定也是正确的。值得注意的是，对于银行已经入账，而企业尚未入账的未达账项，应在收到有关收付款原始凭证后进行账务处理，不能直接以银行转来的对账单作为原始凭证记账。

（五）银行转账结算

转账结算是指企业之间的款项收付不是使用现金，而是由银行从付款单位的存款账户划转到收款单位的存款账户的货币清算行为。为了规范全国的银行结算工作及方便各企业间的国内与国际交易业务，中国人民银行规定了各种银行转账结算方式。这些银行转账结算方式有的适用于企业在国内进行的各种交易及往来业务，有的适用于国内企业与国外企业间的各种交易及往来业务。

1. 国内转账结算方式

适用于国内转账的结算方式包括票据结算方式、信用卡及其他结算方式。票据结算方式包括银行汇票、银行本票、支票和商业汇票等。其他结算方式包括汇兑、托收承付、委托收款等。下面对这几种结算方式进行介绍。

（1）票据结算方式。

①银行汇票是指由出票银行签发的，由出票银行在见票时按照实际结算金额无条件支付给收款人或者持票人的票据。银行汇票的出票银行为其付款人。企业与异地单位和个人的各种款项结算，均可以使用银行汇票。银行汇票可以用于转账，填明"现金"字样的银行汇票也可以用于支取现金，其中现金银行汇票的申请人与收款人必须为个人。银行汇票的提示付款期限为自出票日起1个月内，持票人超过付款期限提示付款的，代理付款人不予受理。

收款人受理申请人交付的银行汇票时，应在出票金额以内，根据实际需要的款项办理结算，并将实际结算金额和多余金额准确、清晰地填入银行汇票和解讫通知栏内。未填明实际结算金额和多余金额或实际结算金额超过出票金额的，银行不予受理。银行汇票的实际结算金额不得更改，更改实际结算金额的银行汇票无效。银行汇票的实际结算金额低于出票金额的，其多余金额由出票银行退交申请人。

银行汇票可以背书转让给被背书人。银行汇票的背书转让以不超过出票金额的实际结算金额为准。未填写实际结算金额或实际结算金额超过出票金额的银行汇票不得背书转让。

申请人因银行汇票超过付款提示期限或其他原因要求退款时，应将银行汇票和解讫通知同时提交到出票银行。申请人缺少解讫通知要求退款的，出票银行应于银行汇票提示付款期满 1 个月后办理。

银行汇票丢失，失票人可以凭人民法院出具的享有票据权利的证明，向出票银行请求付款或退款。

②银行本票是指由银行签发的，承诺签发银行在见票时无条件支付确定的金额给收款人或者持票人的票据。银行本票适用于单位和个人在同一票据交换区域需要支付各种款项的结算。银行本票可以用于转账，也可以用于支取现金。申请人或收款人为单位的，不得申请签发现金银行本票。银行本票分为不定额本票和定额本票两种，其中定额本票分为 1 000 元、5 000 元、10 000 元和 50 000 元 4 种面额。银行本票的提示付款期限自出票日起最长不得超过 2 个月。持票人超过付款期限提示付款的，代理付款人不予受理。持票人在票据权利时效内向出票银行做出说明，并提供本人身份证件或单位证明，可持银行本票向出票银行请求付款。银行本票的代理付款人是代理出票银行审核支付银行本票款项的银行。银行本票可以背书转让给被背书人。

申请人使用银行本票时，应向银行填写"银行本票申请书"，填明收款人名称、申请人名称、支付金额、申请日期等事项并签章。申请人和收款人均为个人需要支取现金的，应在"支付金额"栏先填写"现金"字样，后填写支付金额。

银行本票若丢失，失票人可以凭人民法院出具的享有票据权利的证明，向出票银行请求付款或退款。

③支票是指出票人签发的，委托办理支票存款业务的银行在见票时无条件支付确定的金额给收款人或者持票人的票据。支票分为现金支票、转账支票和普通支票三种。在支票上印有"现金"字样的支票为现金支票，只能用于支取现金；在支票上印有"转账"字样的支票为转账支票，只能用于转账；在支票上未印有"现金"或"转账"字样的支票为普通支票，可以用于支取现金，也可以用于转账。在普通支票左上角划两条平行线的，为划线支票，只能用于转账，不得支取现金。支票适用于单位和个人在同一票据交换区域各种款项的结算。

支票的出票人，为在经中国人民银行当地分支行批准办理支票业务的银行机构开立了可以使用支票的存款账户的单位和个人。支票的提示付款期限为自出票日起 10 日内，中国人民银行另有规定的除外。持票人超过付款期限提示付款的，持票人开户银行不予受理，付款人不予付款。

单位和个人签发支票的金额不得超过付款时在付款人处实有的存款额，同时不得签发空头支票、与预留银行签章不符的支票及支付密码错误的支票。否则，银行应予以退票，并按票面金额处以 5% 但不低于 1 000 元的罚款；持票人有权要求出票人支付支票金额 2% 的赔偿金。对屡次签发的，银行应停止其签发支票。另外，单位和个人在签发支票时应使用碳素墨水或墨汁填写，中国人民银行另有规定的除外。

④商业汇票是指由出票人签发的，委托付款人在指定日期无条件支付确定的金额给收款人或者持票人的票据。这种结算方式要求在银行开立账户的法人及其他组织之间，必须具有真实的交易关系或债权债务关系，如购买材料、销售商品等业务。这种结算方式同城和异地均可使用。

商业汇票的付款期限可由交易双方自行约定，但最长不得超过 6 个月。商业汇票的提示付款期限为自汇票到期日起 10 日内。持票人应在提示付款期限内通过开户银行委托收款或直接向付款人提示付款。对异地委托收款的，持票人可匡算邮程，提前通过开户银行委托收款。持票人超过付款期限提示付款的，持票人开户银行不予受理。商业汇票可以背书转让，符合条件的商业汇票在尚未到期前可以向银行申请贴现，并按银行规定的贴现率向银行支付贴现息。

按承兑人不同，商业汇票可分为商业承兑汇票和银行承兑汇票两种。

商业承兑汇票由银行以外的付款人承兑，属于商业信用范畴。商业承兑汇票可以由付款人签发并承兑，也可以由收款人签发交由付款人承兑。收款人或者持票人在提示付款期限内应填写委托收款凭证，并连同商业承兑汇票送交银行办理收款。在收到银行转来的收款通知后，即可办理收款的账务处理。付款人收到开户银行转来的付款通知，应在当日通知银行付款。付款人在接到通知日的次日起 3 日内（遇法定休假日顺延）未通知银行付款的，银行视同付款人承诺付款，并应于付款人接到通知日的次日起第 4 日（遇法定休假日顺延）上午开始营业时，将票款支付给持票人。银行在办理划款时，付款人存款账户不足支付的，应填制付款人未付票款通知书，连同商业承兑汇票邮寄持票人开户银行转交持票人。

银行承兑汇票由银行承兑，属于银行信用。银行承兑汇票应由在承兑银行开立存款账户的存款人签发。存款人应与承兑银行具有真实的委托付款关系，而且资信状况良好，具有支付汇票金额的可靠资金来源。银行承兑汇票的出票人应于汇票到期前将票款足额交存其开户银行。承兑银行应在汇票到期日或到期日后的见票当日支付票款。承兑银行如存在合法抗辩事由拒绝支付的，应自接到商业汇票的次日起 3 日内，将拒绝付款证明连同银行承兑汇票邮寄持票人开户银行转交持票人。如出票人于汇票到期日未能足额交存票款，承兑银行除凭票向持票人无条件付款外，对出票人尚未支付的汇票金额按照每日 5‰ 计收利息。

（2）信用卡是指商业银行向个人和单位发行的，凭其向特约单位购物、消费和向银行存取现金，且具有消费信用的特制载体卡片。信用卡按使用对象分为单位卡和个人卡，按信誉等级分为金卡和普通卡。

凡在中国境内金融机构开立基本存款账户的单位均可申领单位卡。单位卡可申领若干张，持卡人资格由申领单位法定代表人或其委托代理人书面指定和注销。单位申领使用信用卡时，应按照规定填制申请表，连同有关资料一并送交发卡银行。符合条件的单位应按照银行要求交存一定金额的备用金后，银行才能为申领人开立信用卡存款账户，并发放信用卡。信用卡备用金存款利息，按照活期存款利率及计息办法计算。单位卡账户的资金一律从其基本存款账户转账存入，不得交存现金，不得将销货收入的款项存入。单位卡销户时，账户余额要转入其基本存款账户，不能提取现金。

利用单位卡进行结算的商品交易、劳务供应款项的金额不能高于 10 万元。信用卡可以透支，但不能恶意透支，而且透支金额有明确规定，金卡不能超过 1 万元，普通卡不能超过 5 000 元。信用卡透支期限最长为60日。

（3）其他结算方式。

①汇兑是指汇款人委托银行将其款项支付给收款人的结算方式。企业与异地单位和个人的各种款项结算，均可使用汇兑结算方式。汇兑分为信汇、电汇两种，由汇款人选择使用。

②托收承付是指根据购销合同由收款人发货后委托银行向异地付款人收取款项，由付款人向银行承诺付款的结算方式。这种结算方式适用于商品交易，以及因商品交易产生的劳务供应的款项。但有些交易，如代销、寄销、赊销商品的款项，不得办理托收承付结算。

采用托收承付进行结算的交易双方必须签订符合《中华人民共和国民法典》要求的购销合同，并在合同上约定使用托收承付结算方式结算。收付双方办理托收承付结算，必须坚持重合同、守信用的原则。收款人对同一付款人发货托收累计3次收不回货款的，收款人开户银行应暂停收款人向该付款人办理托收；付款人累计3次提出无理拒付的，付款人开户银行应暂停其向外办理托收。

在托收承付结算方式下，销货单位在按合同规定向购货单位发货以后，应填写一式五联的托收承付结算凭证，连同合同及货物确实发出的发运证明送交银行办理托收。银行经审查同意办理托收以后，根据回单联进行销售货物的账务处理，待收到开户银行转来的收款通知后，可编制收款凭证，将款项入账。购货单位收到银行转来的付款通知后，应在承付期内及时组织审查核对，安排资金，支付货款。

承付货款分为验单付款和验货付款两种方式，由收付双方选择使用，并在合同中明确规定。验单付款的承付期很短，仅为3日，从付款人开户银行发出承付通知的次日算起（承付期内遇法定休假日顺延）。付款人在承付期内未向银行表示拒绝付款的，银行即视作承付，并在承付期满的次日（遇法定休假日顺延）上午银行开始营业时，按照收款人指定的划款方式支付给收款人。验货付款的承付期长一些，为10日，从运输部门向付款人发出提货通知的次日算起。对于收付双方在合同中明确规定，并在托收凭证上注明验货付款期限的，银行从其规定。付款人收到提货通知后，应立即向银行交验提货通知。付款人在银行发出承付通知的次日起10日内，未收到提货通知的，应在第10日将货物尚未到达的情况通知银行。在第10日付款人没有通知银行的，银行即视作已经验货，于10日期满的次日上午银行开始营业时，将款项支付给收款人；在第10日付款人通知银行货物未到，而以后收到提货通知没有及时送交银行的，银行仍按10日期满的次日作为划款日期，并按超过的天数计扣逾期付款赔偿金。

无论验单付款还是验货付款，付款人都可以在承付期内提前向银行表示承付，并通知银行提前付款，银行应立即办理付款；因商品的价格、数量或金额变动，付款人须多承付款项的，应在承付期内向银行提出书面通知，银行据以随同当次托收款项支付给收款人。付款人不得在承付货款中，扣抵其他款项或以前托收的货款。在承付期满日银行营业终了时，付款人如无足够资金支付，则不足部分即为逾期未付款项。对付款人逾期未付的款项，银行根据逾期付款金额和逾期天数按照每日5‰ 计算逾期付款赔偿金。

如果付款人在承付期内有完整的拒付手续和充足的理由，就可以向银行提出拒付。下列情况下，付款人在承付期内，可以向银行提出全部或部分拒绝付款：

a. 没有签订购销合同或购销合同未约定托收承付结算方式的款项；

b. 未经双方事先达成协议，收款人提前交货或因逾期交货付款人不再需要该项货物的款项；

c. 未按合同规定的到货地址发货的款项；

d. 代销、寄销、赊销商品的款项；

e. 验单付款时发现所列货物的品种、规格、数量、价格与合同规定不符，或货物已到，经查验货物与合同规定或发货清单不符的款项；

f. 验货付款时经查验货物与合同规定或与发货清单不符的款项；

g. 货款已经支付或计算有错误的款项。

不属于上述情况的，付款人不得向银行提出拒绝付款。对于付款人提出拒绝付款的手续不全、依据不足、理由不符合规定和不属于上述七种拒绝付款情况的，以及超过承付期拒付和应当部分拒付却提升为全部拒付的，银行均不得受理，并应实行强制扣款。

③委托收款是指收款人委托银行向付款人收取款项的结算方式。按照《人民币银行结算账户管理办法》的规定，单位和个人凭已承兑商业汇票、债券、存单等付款人债务证明办理款项的结算，均可以使用委托收款结算方式。这种结算方式在同城、异地均可以使用。

收款人委托银行向付款人收取款项时，应填写一式五联的委托收款结算凭证，连同有关债务证明送交银行办理委托收款手续，收款人开户银行受理后，应将有关凭证寄交付款单位开户银行并由其审核后通知付款单位。付款人应于接到通知的当日书面通知银行付款。按照规定，付款人未在接到通知日的次日起3日内通知银行付款的，视同付款人同意付款，银行应于付款人接到通知日的次日起第4日上午开始营业时，将款项支付给收款人。银行在办理划款时，付款人存款账户不足支付应付金额时，应通过被委托银行向收款人发出未付款项通知书。按照规定，债务证明留存付款人开户银行的，付款人开户银行应将其债务证明连同未付款项通知书邮寄被委托银行并转交收款人。付款人审查有关债务证明后，对收款人委托收取的款项产生异议，需要拒绝付款的，应在付款期内出具拒付理由书连同有关凭证向银行办理拒绝付款。

2. 国际结算方式

国际结算方式有信用证、托收和汇付三种。

（1）信用证是一种由银行依照客户要求和指示开立的有条件承诺付款的书面文件。一般为不可撤销的跟单信用证。不可撤销是指信用证已经开出，在有效期内未经收益人及有关当事人的同意，开证行不能片面修改和撤销，只要收益人提供的单据符合信用证的规定，开证行就要履行付款的义务。跟单是指信用证项下的汇票必须附有货运单据。目前，国际贸易普遍遵循《跟单信用证统一惯例》。《跟单信用证统一惯例》是确保在世界范围内将信用证作为可靠支付手段的准则，已被大多数国家和地区接受与使用。信用证属于银行信用，供销双方的权利和义务都会得到保障，因此只要双方有合作的意愿，交易是很容易促成的。我国国内企业与国外企业间的贸易基本上都是采用这一结算方式结算的。至于国内企业间的贸易，虽然我国制定了《国内信用证结算办法》，但基于国内贸易的特点，利用这种结算方式结算的业务很少。

信用证业务涉及六个方面的当事人：①开证申请人是指向银行申请开立信用证的人，又称"开证人"；②开证行是指接受开证申请人的委托开立信用证的银行，其承担保证付款的责任；③通知行是指受开证行的委托，将信用证转交出口人的银行，其只证明信用证的真实性，而不承担其他义务；④收益人是指信用证上指定的有权使用该证的人，即出口人或实际供货人；⑤议付银行是指愿意买入收益人交来跟单汇票的银行；⑥付款银行是指信用证上指定付款的银行，在多数情况下，付款银行就是开证行。

信用证结算方式的一般收付款程序是：①开证申请人根据合同填写开证申请书并交纳押金或提供其他保证，请开证行开证；②开证行根据申请书内容，向收益人开出信用证并寄交出口人所在地通知行；③通知行核对印鉴无误后，将信用证交给收益人；④收益人审核信用证内容与合同规定相符后，按信用证规定装运货物、备妥单据并开出汇票，在信用证有效期内送议付行议付；⑤议付行按信用证条款审核无误后，将货款垫付给收益人；⑥议付行将汇票和货运单据寄给开证行或其特定的付款行索偿；⑦开证行审核单据无误后，付款给议付行；⑧开证行通知开证人付款赎单。

（2）托收是指出口商开立汇票连同货运单据委托出口地银行通过进口地代收银行向进口企业收款的结算方式。托收也称跟单托收，根据交单条件不同分为付款交单和承兑交单。付款交单是指进口商付清货款后才能取得单据。承兑交单是指进口商在承兑汇票后就能取得单据。

（3）汇付是指交款人按照约定的条件和时间通过银行把款项交付收款人的结算方式。汇付分为信汇、电汇和票汇。汇付一般可用于预付货款，也可用于支付佣金、赔款和样品费等。

四、其他货币资金

（一）其他货币资金的内容

其他货币资金是指除现金、银行存款之外的货币资金，具体内容包括外埠存款、银行汇票存款、银行本票存款、信用卡存款、信用证保证金存款及存出投资款等。近几年，随着我国互联网科技的发展，出现了新的第三方支付平台，如微信、支付宝等，丰富了支付和销售业务结算手段，促进了经济发展，企业通过微信、支付宝平台转入的款项也包括在其他货币资金中。

（1）外埠存款是指企业到外地进行临时或零星采购时，汇往采购地银行开立采购专户的款项。

（2）银行汇票存款是指企业为取得银行汇票，按照规定存入银行的款项。

（3）银行本票存款是指企业为取得银行本票，按照规定存入银行的款项。

（4）信用卡存款是指企业为取得信用卡，按照规定存入银行的款项。

（5）信用证保证金存款是指企业为取得信用证，按照规定存入银行的保证金。

（6）存出投资款是指企业已存入证券公司，但尚未购买股票、基金等投资对象的款项。

（7）微信、支付宝存款是指企业发生有关收款业务时，通过微信、支付宝平台收入的款项。

（二）其他货币资金的核算

为了总括地反映企业其他货币资金的增减变动和结存情况，企业应设置"其他货币资金"科目，以进行其他货币资金的总分类核算。同时，为了详细反映企业各项其他货币资金的增减变动及结存情况，企业还应在"其他货币资金"总账科目下按其他货币资金的组成内容分设明细科目，并且按外埠存款的开户银行、银行汇票或银行本票的收款单位等设置明细账。

1. 外埠存款的核算

为满足企业临时或零星采购的需要，将款项委托当地银行汇往采购地银行开立采购专户时，借记"其他货币资金"科目，贷记"银行存款"科目；会计部门在收到采购员交来的供应单位的材料账单、货物运单等报销凭证时，借记"材料采购""应交税费"等科目，贷记"其他货币资金"科目；采购员在离开采购地时，采购专户如有余款，应将剩余的外埠存款转回企业当地银行结算户，会计部门根据银行的收账通知，借记"银行存款"科目，贷记"其他货币资金"科目。

【例 2-16】 2024 年 5 月 8 日，甲公司因零星采购需要，将款项 50 000 元汇往上海并开立采购专户，会计部门应根据银行转来的回单联，填制记账凭证。

借：其他货币资金——外埠存款　　　　　　　　　　　　　　　　　　　50 000
　　贷：银行存款　　　　　　　　　　　　　　　　　　　　　　　　　　50 000

【例 2-17】 2024 年 5 月 18 日，甲公司会计部门收到采购员寄来的采购材料发票等凭证，货物价款 45 200 元，其中应交增值税 5 200 元。

借：材料采购　　　　　　　　　　　　　　　　　　　　　　　　　　　40 000
　　应交税费——应交增值税（进项税额）　　　　　　　　　　　　　　　5 200
　　贷：其他货币资金——外埠存款　　　　　　　　　　　　　　　　　　45 200

【例 2-18】 2024 年 5 月 20 日，甲公司外地采购业务结束，采购员将剩余采购资金 4 800 元转回本地银行，会计部门根据银行转来的收账通知填制记账凭证。

借：银行存款　　　　　　　　　　　　　　　　　　　　　　　　　　　4 800
　　贷：其他货币资金——外埠存款　　　　　　　　　　　　　　　　　　4 800

2. 银行汇票的核算

企业在使用银行汇票办理结算时，应填写"银行汇票委托书"，并将相应款项交存银行，取得银行汇票后，根据银行盖章退回的委托书存根联，借记"其他货币资金"科目，贷记"银行存款"科目。企业使用银行汇票后，应根据发票账单及开户银行转来的银行汇票第四联等有关凭证，借记"材料采购""应交税费"等科目，贷记"其他货币资金"科目。银行汇票如有多余款项或因超过付款期等原因退回款项时，借记"银行存款"科目，贷记"其他货币资金"科目。

【例 2-19】 2024 年 6 月 10 日，甲公司向银行提交"银行汇票委托书"，并交存款项 25 000 元，银行受理后签发银行汇票和解讫通知，根据"银行汇票委托书"存根联记账。

借：其他货币资金——银行汇票　　　　　　　　　　　　　　　　　　　25 000
　　贷：银行存款　　　　　　　　　　　　　　　　　　　　　　　　　　25 000

【例 2-20】 2024 年 6 月 11 日，甲公司用银行签发的银行汇票支付采购材料货款 22 600 元，其中应交增值税 2 600 元，企业记账的原始凭证是银行转来的银行汇票第四联及所附发票等。

借：材料采购　　　　　　　　　　　　　　　　　　　　　　　　　　　20 000
　　应交税费——应交增值税（进项税额）　　　　　　　　　　　　　　　2 600
　　贷：其他货币资金——银行汇票　　　　　　　　　　　　　　　　　　22 600

【例 2-21】 2024 年 6 月 12 日，甲公司收到银行退回的多余款项收账通知。

借：银行存款　　　　　　　　　　　　　　　　　　　　　　　　　　　2 400
　　贷：其他货币资金——银行汇票　　　　　　　　　　　　　　　　　　2 400

3. 银行本票的核算

企业使用银行本票办理结算时，应填写"银行本票申请书"，并将相应款项交存银行，取得银行本票后，根据银行盖章退回的申请书存根联，借记"其他货币资金"科目，贷记"银行存款"科目。企业付出银行本票后,应根据发票账单等有关凭证,借记"材料采购""应交税费"等科目,贷记"其他货币资金"科目。企业因本票超过付款期等原因要求退款时,应填制一式两联的进账单,连同本票一并交存银行,根据银行盖章退回的进账单第一联,借记"银行存款"科目,贷记"其他货币资金"科目。银行本票核算的账务处理程序与银行汇票基本相同,不同的是二者涉及的明细科目不一样。

4. 信用卡存款的核算

企业申请使用信用卡时,应按照规定填制申请表,并连同支票和有关资料一并送交发卡银行,根据银行盖章退回的进账单第一联,借记"其他货币资金"科目,贷记"银行存款"科目。企业用信用卡购物或支付有关费用,借记有关科目,如"管理费用""材料采购"等,贷记"其他货币资金"科目。企业信用卡在使用过程中,需要向其账户续存资金的,借记"其他货币资金"科目,贷记"银行存款"科目。

【例2-22】 2024年5月2日,甲公司因开展经济业务需要向银行申请办理信用卡,开出一张转账支票,金额100 000元,收到进账单第一联和信用卡。

借:其他货币资金——信用卡　　　　　　　　　　　　　　　　　　100 000
　　贷:银行存款　　　　　　　　　　　　　　　　　　　　　　　　　　100 000

【例2-23】 2024年5月15日,甲公司用信用卡购买办公用品,支付价款60 000元,增值税专用发票注明应交增值税4 800元,共支付款项64 800元。

借:管理费用　　　　　　　　　　　　　　　　　　　　　　　　　60 000
　　应交税费——应交增值税(进项税额)　　　　　　　　　　　　　4 800
　　贷:其他货币资金——信用卡　　　　　　　　　　　　　　　　　64 800

【例2-24】 2024年6月8日,甲公司因信用卡账户资金不足,开出一张转账支票以续存资金,金额30 000元。

借:其他货币资金——信用卡　　　　　　　　　　　　　　　　　　30 000
　　贷:银行存款　　　　　　　　　　　　　　　　　　　　　　　　　　30 000

5. 信用证保证金存款的核算

企业申请使用信用证办理结算时,应向银行交纳保证金,根据银行退回的进账单,借记"其他货币资金"科目,贷记"银行存款"科目。根据开证银行交来的信用证来单通知书及有关单据列明的金额,借记"材料采购""原材料""库存商品""应交税费——应交增值税"等科目,贷记"其他货币资金"科目。

【例2-25】 2024年6月5日,甲公司因从国外进口货物向银行申请使用信用证结算,并按规定开出转账支票向银行交纳保证金1 000 000元,收到盖章退回的进账单第一联。

借:其他货币资金——信用证保证金　　　　　　　　　　　　　　1 000 000
　　贷:银行存款　　　　　　　　　　　　　　　　　　　　　　　　　1 000 000

【例2-26】 2024年6月20日,甲公司收到银行转来的进口货物信用证通知书,根据海关出具的完税凭证,进口货物的成本1 100 000元,应交增值税143 000元,货物已验收入库。

借:原材料　　　　　　　　　　　　　　　　　　　　　　　　　1 100 000

       应交税费——应交增值税（进项税额）　　　　　　　　　　　　　143 000
    贷：其他货币资金——信用证保证金　　　　　　　　　　　　　　1 000 000
       银行存款　　　　　　　　　　　　　　　　　　　　　　　　　243 000

6. 存出投资款的核算

企业在向证券市场进行股票、债券投资时，应向证券公司申请资金账号并划出资金。会计部门应按实际划出的金额，借记"其他货币资金"科目，贷记"银行存款"科目；购买股票、债券时，应按实际支付的金额，借记"交易性金融资产"等科目，贷记"其他货币资金"科目。

【例 2-27】 2024 年 4 月 8 日，甲公司拟利用闲置资金进行证券投资，向某证券公司申请资金账号，并开出转账支票划出资金 3 000 000 元存入，以便购买股票、债券等。

    借：其他货币资金——存出投资款　　　　　　　　　　　　　　　3 000 000
    　　贷：银行存款　　　　　　　　　　　　　　　　　　　　　　　3 000 000

【例 2-28】 2024 年 4 月 15 日，甲公司利用证券投资账户从二级市场购买兴业银行股票 100 000 股，每股市价 13.50 元，发生交易费用 2 460 元，分类为以公允价值计量且将其变动计入当期损益的金融资产。

    借：交易性金融资产　　　　　　　　　　　　　　　　　　　　　1 350 000
       投资收益　　　　　　　　　　　　　　　　　　　　　　　　　2 460
    　　贷：其他货币资金——存出投资款　　　　　　　　　　　　　　1 352 460

7. 微信、支付宝存款的核算

企业以单位名义开通微信、支付宝后，发生收款业务收入款项时，借记"其他货币资金——微信（或支付宝）"科目，贷记"主营业务收入""应交税费——应交增值税（销项税额）"等科目；发生购货业务支付款项时，借记"管理费用""原材料""应交税费——应交增值税（进项税额）"等科目，贷记"其他货币资金——微信（或支付宝）"科目；提取现金时，借记"银行存款"科目，贷记"其他货币资金——微信（或支付宝）"科目。

【例 2-29】 2024 年 8 月 10 日，甲公司销售商品，商品价款 8 000 元，增值税销项税额 1 040 元，通过微信收款 9 040 元。

    借：其他货币资金——微信　　　　　　　　　　　　　　　　　　9 040
    　　贷：主营业务收入　　　　　　　　　　　　　　　　　　　　　8 000
    　　　　应交税费——应交增值税（销项税额）　　　　　　　　　　1 040

【例 2-30】 2024 年 8 月 25 日，甲公司购买一批商品，增值税专用发票注明商品价款 3 000 元，应交增值税 390 元。商品已到达企业，并验收入库，款项已通过微信支付。

    借：库存商品　　　　　　　　　　　　　　　　　　　　　　　　3 000
       应交税费——应交增值税（进项税额）　　　　　　　　　　　　390
    　　贷：其他货币资金——微信　　　　　　　　　　　　　　　　　3 390

【例 2-31】 2024 年 9 月 7 日，甲公司通过微信提取现金 5 000 元。

    借：银行存款　　　　　　　　　　　　　　　　　　　　　　　　5 000
    　　贷：其他货币资金——微信　　　　　　　　　　　　　　　　　5 000

第二节　应收及预付款项

一、应收票据

（一）应收票据的性质与分类

应收票据是指企业因销售商品、产品和提供劳务等持有的尚未到期兑现的票据。该票据有的在销售商品或产品时直接收到，有的在抵付应收账款时收到。由于在我国的会计实务中，支票、银行本票及银行汇票均为见票即付的票据，无须将其列入应收票据处理，所以我国的应收票据仅指尚未到期兑现的商业汇票。商业汇票的分类方法主要有以下两种。

1. 按承兑人分类

按承兑人不同，商业汇票可分为商业承兑汇票和银行承兑汇票两种。

（1）商业承兑汇票是指由收款人签发，经付款人承兑，或由付款人签发并承兑的汇票。商业承兑汇票必须经由付款人承兑，在汇票上签署"承兑"字样并加盖与银行预留印鉴相符的印章，才具有法律效力。对其承兑的汇票，付款人负有到期无条件支付票款的责任。而银行只负责在汇票到期日凭票将款项从付款人账户划转给收款人或贴现银行，而不承担付款责任。如果付款人的银行存款余额不足以支付票款，银行则直接将汇票退还收款人，由双方自行处理。

（2）银行承兑汇票是指由收款人或承兑申请人签发，并由承兑申请人向开户银行申请，经银行审查同意承兑的票据。银行根据有关政策规定对承兑申请人所持汇票和购销合同进行审查，符合承兑条件的，即与承兑申请人签订承兑协议，并在汇票上签章，同时向承兑申请人收取一定比例的承兑手续费。汇票到期时，无论承兑申请人是否将票款足额缴存至开户银行，承兑银行都应向收款人或贴现银行无条件履行付款责任。

2. 按是否计息分类

按是否计息，商业汇票可分为不带息商业汇票和带息商业汇票两种。

不带息商业汇票是指票据到期时，承兑人只按票面金额（面值）向收款人或被背书人支付款项的汇票，票据到期值等于其票面金额。带息商业汇票是指票据到期时，承兑人按票面金额加上按票据规定利率计算的到期利息向收款人或被背书人支付款项的汇票。带息票据的到期值等于其票面金额加上到期应计利息。我国会计实务中主要使用不带息商业汇票。

（二）应收票据的计价

应收票据的计价是指确定其入账价值的标准。应收票据的计价方法一般有两种：一种是按票据到期值的现值计价，这种方法在理论上更为可取；另一种是按票据的票面金额计价，对于期限较短的票据，一般采用这种计价方法。我国目前允许使用的商业汇票最长期限为 6 个月，利息金额相对来说不大，用现值记账不但计算麻烦，而且折价的逐期摊销过于烦琐，因而在会计实务中都是按面值计价。不带息票据和带息票据的会计处理方式不尽相同。

1. 不带息票据

不带息票据的到期值为其票面金额。企业因销售商品等收到商业汇票时,应根据票面金额,借记"应收票据"科目,贷记"主营业务收入""应交税费"等科目。票据到期收到票据款时,借记"银行存款"科目,贷记"应收票据"科目。收到用于抵付以往应收账款的票据时,借记"应收票据"科目,贷记"应收账款"科目。

【例 2–32】 2024 年 3 月,甲公司销售一批产品给乙公司,甲公司开具的增值税专用发票上注明的商品价款为 80 000 元,增值税销项税额为 10 400 元。当日,甲公司收到乙公司签发的不带息商业承兑汇票一张,该票据的期限为 3 个月。假定符合收入的确认条件,则甲公司的账务处理如下。

(1) 确认收入并记录债权。

借:应收票据　　　　　　　　　　　　　　　　　　　　　　　　　　90 400
　　贷:主营业务收入　　　　　　　　　　　　　　　　　　　　　　80 000
　　　　应交税费——应交增值税(销项税额)　　　　　　　　　　　 10 400

(2) 票据到期时,收回款项并存入银行。

借:银行存款　　　　　　　　　　　　　　　　　　　　　　　　　　90 400
　　贷:应收票据　　　　　　　　　　　　　　　　　　　　　　　　90 400

2. 带息票据

带息票据的到期值为票面价值加上到期应计利息,即

带息票据到期值 = 应收票据面值 × (1 + 利率 × 期限)

式中,利率为票面规定的利率,一般以年利率表示;期限为从票据生效之日起到票据到期日止的时间间隔。

带息票据到期,收到承兑人兑付的到期值票款时,按实际收到的款项借记"银行存款"科目,按票据面值贷记"应收票据"科目;实际收款额大于票据面值的差额即票据利息额时,作冲减财务费用处理。

当企业应收票据到期,承兑人无力兑付票款而退票(一般发生在采用商业承兑汇票的结算方式中),且付款人不再签发新票据时,应将票据面值与应计未收利息之和一并转为应收账款,借记"应收账款"科目,贷记"应收票据"科目和"财务费用"科目。

【例 2–33】 2024 年 12 月 1 日,乙公司收到客户为偿付当年 11 月购货款 64 000 元交来的当日签发、60 日到期的商业承兑票据,利率为 9%,在年末应确认该票据 30 日的应计利息为 480 元。其账务处理如下。

(1) 收到票据时:

借:应收票据　　　　　　　　　　　　　　　　　　　　　　　　　　64 000
　　贷:应收账款　　　　　　　　　　　　　　　　　　　　　　　　64 000

(2) 2024 年末确认应计利息时:

借:应收票据　　　　　　　　　　　　　　　　　　　　　　　　　　　　480
　　贷:财务费用　　　　　　　　　　　　　　　　　　　　　　　　　　480

(3) 票据在到期日如数兑现时：

借：银行存款 64 960
　　贷：应收票据 64 480
　　　　财务费用 480

（三）应收票据的背书转让

应收票据的背书转让是指应收票据到期前，持票人将其作为其他交易如购买商品或偿还债务等的结算凭证，可在票据上背书转让给他人。凡票据转让都需要经过背书手续，如果付款人到期不能兑付，背书人就负有连带的付款责任。在会计上，对此类业务通常作冲减应收票据处理，但由此产生的或有负债需要在报表中加以说明。

【例2-34】 甲公司向乙公司购买一批原材料，价款为50 000元，税款为8 500元。甲公司将一张面值为58 500元的未到期商业汇票背书后转让给乙公司，其账务处理如下。

借：原材料 50 000
　　应交税费——增值税（进项税额） 8 500
　　贷：应收票据 58 500

二、应收账款

（一）应收账款的确认

应收账款是指企业在正常经营活动中，由于销售商品或提供劳务等应向购货或接受劳务单位收取的款项，主要包括企业出售商品、材料，提供劳务等应向有关债务人收取的价款及代购货方垫付的运杂费等。应收账款是应收项目的重要组成部分。

应收账款的确认与收入的确认密切相关，当企业赊销的商品满足收入的确认条件后，由于现金尚未流入企业，意味着赊销已经成立，企业应确认与此相关的应收账款。

（二）应收账款的计价

应收账款通常按实际发生额计价入账。实际发生额包括：销售商品或提供劳务的价款、增值税，以及代购货方垫付的包装费、运杂费等。在确认应收账款的入账金额时，应当考虑折扣因素。

1. 正常赊销

正常赊销是指在没有任何销货折扣条件下的销售。企业在正常赊销情况下，应按应收款项的全部金额入账。

【例2-35】 甲公司对外赊销一批商品，货款总计90 000元，适用的增值税税率为13%，代垫运杂费1 800元已通过银行转账支付，符合收入确认条件。甲公司的账务处理如下。

(1) 记录应收账款并确认收入。

借：应收账款 103 500
　　贷：主营业务收入 90 000
　　　　应交税费——应交增值税（销项税额） 11 700
　　　　银行存款 1 800

(2) 收到货款。

借：银行存款　　　　　　　　　　　　　　　　　　　　　　　　103 500
　　贷：应收账款　　　　　　　　　　　　　　　　　　　　　　　　103 500

2. 商业折扣

商业折扣是指企业为促进销售，在商品标价上给予的价格扣除。企业对客户提供商业折扣，往往出于多种原因，如为不同客户或不同购货数量提供不同价格，向竞争对手隐瞒真实的开票价格，等等。商业折扣通常用百分比表示，如5%、10%等。

商业折扣一般在交易发生时即已确定，它仅仅是确定实际销售价格的一种手段，不需要在买卖双方任何一方的账上反映。因此，在存在商业折扣的情况下，企业应收账款入账金额应按扣除商业折扣以后的实际售价确定。

【例2-36】　甲公司赊销一批商品给乙公司，按商品价目表的价格计算，货款金额总计60 000元，给乙公司的商业折扣为10%，适用的增值税税率为13%，代垫运杂费3 000元，款项通过银行转账支付，符合收入确认条件。甲公司的账务处理如下。

(1) 按扣除商业折扣后的金额记录应收账款并确认收入。

借：应收账款　　　　　　　　　　　　　　　　　　　　　　　　64 020
　　贷：主营业务收入　　　　　　　　　　　　　　　　　　　　　　54 000
　　　　应交税费——应交增值税（销项税额）　　　　　　　　　　　 7 020
　　　　银行存款　　　　　　　　　　　　　　　　　　　　　　　　 3 000

(2) 收到货款。

借：银行存款　　　　　　　　　　　　　　　　　　　　　　　　64 020
　　贷：应收账款　　　　　　　　　　　　　　　　　　　　　　　　64 020

3. 现金折扣

现金折扣是指债权人为鼓励债务人在规定的期限内付款，而向债务人提供的债务扣除，即销货方为了鼓励客户在一定期限内及早偿还货款而从销售价格中让渡给客户的一定数额的款项，现金折扣通常用一定的术语表示，如"2/10，n/30"（付款期30日，如果在10日内付款可享受2%的现金折扣）。

销货方提供现金折扣，有利于早日收回货款、加速资金周转；而对于购货方来说，接受现金折扣无异于得到一笔可观的理财收入。

从理论上讲，在现金折扣条件下，对应收账款的入账价值有两种不同的确认方法，即总价法和净价法。

(1) 总价法是将未减去现金折扣前的金额作为应收账款的入账价值。现金折扣只有当客户在折扣期内支付货款时才能予以确认。在这种方法下，销货方将给予客户的现金折扣作为理财费用处理，增加"财务费用"科目。总价法虽然可以较好地反映企业销售的总过程，但可能因客户享受现金折扣而高估应收账款。

【例2-37】　甲公司赊销一批商品，增值税发票上注明的不含税价款为40 000元，增值税额为5 200元，付款条件为"2/10，n/30"。假设折扣时不考虑增值税，采用总价法时，其账务处理如下。

(1) 确认营业收入和应收账款时：

借：应收账款　　　　　　　　　　　　　　　　　　　　　　　　　45 200
　　贷：主营业务收入　　　　　　　　　　　　　　　　　　　　　　40 000
　　　　应交税费——应交增值税（销项税额）　　　　　　　　　　　5 200

(2) 假如客户于 10 日内付款，享受现金折扣时：

现金折扣额 = 40 000 × 2% = 800（元）

借：银行存款　　　　　　　　　　　　　　　　　　　　　　　　　44 400
　　财务费用　　　　　　　　　　　　　　　　　　　　　　　　　　 800
　　贷：应收账款　　　　　　　　　　　　　　　　　　　　　　　 45 200

(3) 假如客户超过 10 日付款，未享受现金折扣时：

借：银行存款　　　　　　　　　　　　　　　　　　　　　　　　　45 200
　　贷：应收账款　　　　　　　　　　　　　　　　　　　　　　　 45 200

(2) 净价法是指将扣减最大现金折扣后的金额作为应收账款的入账价值。这种方法将客户取得折扣视为正常现象，认为客户一般都会提前付款，由于客户超过折扣期限而多收入的金额于收到账款时冲作财务费用，净价法可以弥补总价法的不足，但在客户没有享受现金折扣而全额付款时，必须再次查对原销售总额。

【例 2-38】 承【例 2-35】，甲公司采用净价法时，其账务处理如下。

(1) 确认营业收入和应收账款时：

借：应收账款　　　　　　　　　　　　　　　　　　　　　　　　　44 400
　　贷：主营业务收入　　　　　　　　　　　　　　　　　　　　　　39 200
　　　　应交税费——应交增值税（销项税额）　　　　　　　　　　　5 200

(2) 假如客户于 10 日内付款，享受现金折扣 800 元时：

借：银行存款　　　　　　　　　　　　　　　　　　　　　　　　　44 400
　　贷：应收账款　　　　　　　　　　　　　　　　　　　　　　　 44 400

(3) 假如客户超过 10 日付款，未享受现金折扣时：

借：银行存款　　　　　　　　　　　　　　　　　　　　　　　　　45 200
　　贷：应收账款　　　　　　　　　　　　　　　　　　　　　　　 44 400
　　　　财务费用　　　　　　　　　　　　　　　　　　　　　　　　 800

(3) 应收账款的让售是指企业将按照销售商品、提供劳务的销售合同产生的应收账款出售给银行等金融机构的一种交易。企业应按照实质重于形式的原则，充分考虑交易的经济实质。当与应收账款有关的风险和报酬实质上已经发生转移时，让售方应将出售所得与让售应收账款的差额确认为让售损益；否则，应以质押取得借款的方式进行账务处理，将被质押应收账款保留在企业账上。

【例 2-39】 2024 年 5 月 17 日，甲公司销售一批商品给乙公司，开出的增值税专用发票上注明的销售价款为 240 000 元，增值税销项税额为 31 200 元，款项尚未收到，双方约定的付款日期为 2024 年 8 月 31 日。甲公司因资金周转困难，2024 年 5 月 25 日经与中国银行协商后约定：将应收乙公司的货款出售给中国银行，价款为 210 600 元；在应收乙公司货款到期无法收回时，中国银行不能向甲公司追偿。根据以往经验，甲公司预计该批商品将发生的销售退回金额为 19 210 元，其中增值税销项税额为 2 210 元；退货成本为 10 400 元，实际发生的销售退回由甲公司承担。2024 年 7 月 7 日，甲公司收到乙公司退回的商品，假定不考虑其他因素，甲公司的账务处理如下。

(1) 5 月 17 日，销售成立时：

借：应收账款　　　　　　　　　　　　　　　　　　　　　　271 200
　　贷：主营业务收入　　　　　　　　　　　　　　　　　　240 000
　　　　应交税费——应交增值税（销项税额）　　　　　　　 31 200

(2) 5 月 25 日，出售应收债权时：

借：银行存款　　　　　　　　　　　　　　　　　　　　　　210 600
　　营业外支出　　　　　　　　　　　　　　　　　　　　　 41 390
　　其他应收款　　　　　　　　　　　　　　　　　　　　　 19 210
　　贷：应收账款　　　　　　　　　　　　　　　　　　　　271 200

(3) 7 月 7 日，收到退回的商品时：

借：主营业务收入　　　　　　　　　　　　　　　　　　　　 17 000
　　应交税费——应交增值税（销项税额抵减）　　　　　　　　2 210
　　贷：其他应收款　　　　　　　　　　　　　　　　　　　 19 210

借：库存商品　　　　　　　　　　　　　　　　　　　　　　 10 400
　　贷：主营业务成本　　　　　　　　　　　　　　　　　　 10 400

（三）坏账与应收账款减值

1. 坏账与坏账损失的含义

坏账是指企业无法收回或收回可能性极小的应收款项。坏账损失是指由于坏账产生的损失。可见，坏账的实质是无法收回的应收款项，坏账产生的基础是存在应收款项，只要存在应收款项就会有收不回的风险，就可能产生坏账损失。

企业的应收账款在何时被确认为坏账、确认多少坏账，必然涉及坏账及其损失的确认与计量。确认与计量坏账的条件通常是由会计准则或制度给出的，不论会计准则或制度如何变化，在会计实务中，坏账及其损失的确认都要遵循财务报告的目标和会计信息的质量要求，企业应尽量做到真实、准确，切合自身的实际情况。

2. 应收账款减值测试

按照企业会计准则的规定，在应收账款发生减值时，应将其账面价值减记为预计未来现金流量的现值，但由于应收账款属于短期债权，预计未来现金流量与其现值相差很小，所以在确定相关减值金额时，可不对预计未来现金流量折现。

企业应当定期或者至少于每年年度终了时，对应收账款进行减值测试，分析各项应收账款的可收回性，预计可能发生的减值损失。应收账款单项金额重大的，应当单独进行减值测试，有客观证据表明应收账款发生减值的，应当以其未来现金流量低于账面价值的差额作为减值金额，据以计提坏账准备；应收账款单项金额非重大的，可以单独进行减值测试，也可以与经单独测试后未减值的应收账款一起按类似信用风险特征划分为若干组合，再按这些应收账款组合在资产负债表日余额的一定比例预计减值金额,据以计提坏账准备。

表明应收账款发生减值的客观证据是指应收账款初始确认后实际发生的、对该应收账款的预计未来现金流量有影响,且企业能够对该影响进行可靠计量的事项。应收账款发生减值的客观证据主要包括下列三项:

(1) 债务人发生严重财务困难。

(2) 企业出于经济或法律等方面的考虑,对发生财务困难的债务人作出让步。

(3) 债务人很可能倒闭或进行债务重组。

3. 坏账的估计与账务处理

企业应当在期末对应收账款进行检查,并预计可能产生的预期信用损失。应收款项的预期信用损失应当按照应收取的合同现金流量与预期收取的现金流量二者之间的差额计量,即按照预期不能收回的应收款项金额计量。在会计实务中,常用的确定应收款项预期信用损失的具体方法有应收款项余额百分比法和账龄分析法。

(1) 应收款项余额百分比法是指按应收款项的期末余额和预期信用损失率计算确定应收款项预期信用损失,据以计提坏账准备的一种方法。预期信用损失率是指应收款项的预期信用损失金额占应收款项账面余额的比例。

企业应在资产负债表日,按下列公式计算确定当期应计提的坏账准备金额:

本期应计提的坏账准备金额 = 本期预期信用损失金额 − "坏账准备"科目原有贷方余额

式中,本期预期信用损失金额 = 本期应收款项期末余额 × 预期信用损失率。

根据上式,在计提坏账准备前,"坏账准备"科目无余额,应按本期预期信用损失金额计提坏账准备,借记"信用减值损失"科目,贷记"坏账准备"科目。计提坏账准备前,"坏账准备"科目已有贷方余额,应按本期预期信用损失金额大于"坏账准备"科目原有贷方余额的差额补提坏账准备,借记"信用减值损失"科目,贷记"坏账准备"科目;按本期预期信用损失金额小于"坏账准备"科目原有贷方余额的差额冲减已计提的坏账准备,借记"坏账准备"科目,贷记"信用减值损失"科目;本期预期信用损失金额等于"坏账准备"科目原有贷方余额,不计提坏账准备。

对于有确凿证据表明确实无法收回或收回可能性不大的应收款项,如债务单位已撤销、破产、资不抵债、现金流量严重不足等,应根据企业的管理权限报经批准后,转销该应收款项账面余额,并按相同金额转销坏账准备。

【例2-40】 乙公司根据以往的营业经验、债务单位的财务状况和现金流量情况,并结合当前的市场状况、企业的赊销政策等,确定应收账款预期信用损失率为5%。乙公司各年应收账款期末余额、坏账转销、坏账收回的有关资料及相应的账务处理如下(会计分录中的金额单位为万元)。

(1) 2019年12月31日,应收账款余额为2 400万元,"坏账准备"科目无余额。

本年计提的坏账准备 = 2 400 × 5% = 120(万元)

借:信用减值损失   120

    贷:坏账准备   120

(2) 2020年6月20日,确认应收A公司的账款96万元已无法收回,予以转销。

借:坏账准备   96

    贷:应收账款——A公司   96

（3）2020 年 12 月 31 日，应收账款余额为 2 240 万元。

"坏账准备"科目原有贷方余额 = 120 − 96 = 24（万元）

本年计提的坏账准备 = 2 240 × 5% − 24 = 88（万元）

借：信用减值损失　　　　　　　　　　　　　　　　　　88
　　贷：坏账准备　　　　　　　　　　　　　　　　　　　　88

"坏账准备"科目年末贷方余额 = 88 + 24 = 112（万元）

（4）2021 年 9 月 30 日，确认应收 B 公司的账款 40 万元已无法收回，予以转销。

借：坏账准备　　　　　　　　　　　　　　　　　　　　40
　　贷：应收账款——B 公司　　　　　　　　　　　　　　40

（5）2021 年 12 月 31 日，应收账款余额为 1 200 万元。

"坏账准备"科目原有贷方余额 = 112 − 40 = 72（万元）

本年计提的坏账准备 = 1 200 × 5% − 72 = −12（万元）

借：坏账准备　　　　　　　　　　　　　　　　　　　　12
　　贷：信用减值损失　　　　　　　　　　　　　　　　　　12

"坏账准备"科目年末贷方余额 = 72 − 12 = 60（万元）

（6）2022 年 7 月 5 日，确认应收 C 公司的账款 64 万元已无法收回，予以转销。

借：坏账准备　　　　　　　　　　　　　　　　　　　　64
　　贷：应收账款——C 公司　　　　　　　　　　　　　　64

（7）2022 年 12 月 31 日，应收账款余额为 1 600 万元。

"坏账准备"科目原有贷方余额 = 60 − 64 = −4（万元）

本年计提的坏账准备 = 1 600 × 5% + 4 = 84（万元）

借：信用减值损失　　　　　　　　　　　　　　　　　　84
　　贷：坏账准备　　　　　　　　　　　　　　　　　　　　84

"坏账准备"科目年末贷方余额 = 84 − 4 = 80（万元）

（8）2023 年 4 月 30 日，确认应收 D 公司的账款 48 万元已无法收回，予以转销。

借：坏账准备　　　　　　　　　　　　　　　　　　　　48
　　贷：应收账款——D 公司　　　　　　　　　　　　　　48

（9）2023 年 10 月 15 日，公司于 2021 年 6 月 20 日已作为坏账予以转销的 A 公司账款 96 万元又全部收回。

已作为坏账予以转销的应收账款，以后又有部分或全部收回的，应先做一笔与原来转销应收账款相反的会计分录，以示对以前判断失误的更正，然后按正常的方式记录应收账款的收回。乙公司的账务处理如下。

借：应收账款——A 公司　　　　　　　　　　　　　　96
　　贷：坏账准备　　　　　　　　　　　　　　　　　　　　96
借：银行存款　　　　　　　　　　　　　　　　　　　　96
　　贷：应收账款——A 公司　　　　　　　　　　　　　　96

（10）2023 年 12 月 31 日，应收账款余额为 1 600 万元。

"坏账准备"科目原有贷方余额 = 80 - 48 + 96 = 128（万元）

本年计提的坏账准备 = 1 600 × 5% - 128 = -48（万元）

借：坏账准备 48
  贷：信用减值损失 48

"坏账准备"科目年末贷方余额 = 128 - 48 = 80（万元）

(2) 账龄分析法是指对应收账款按账龄的长短进行分组并分别确定预期信用损失率，据以计算确定预期信用损失金额、计提坏账准备的一种方法。账龄是指客户所欠账款时间的长短。企业为了加强应收账款的管理，一般都要在期末编制应收账款账龄分析表。将账龄分析表中各账龄段应收账款的余额乘以相应的预期信用损失率，计算出期末应计提的坏账准备。

【例 2-41】 某企业通过分析 2023 年 12 月 31 日客户的应收账款明细账，编制应收账款账龄分析表，同时根据历史资料和有关变化条件，为不同账龄的应收账款分别估计预期信用损失率，并编制应收账款账龄分析及估计信用损失表，见表 2-5。

表 2-5 应收账款账龄分析及估计信用损失表

客户名称	账龄	2023 年 12 月 31 日		
		应收账款金额（元）	估计信用损失率（%）	估计信用损失金额（元）
A	未到期	61 200	1	612
B	逾期 1 个月	24 000	2	480
C	逾期 2 个月	14 400	4	576
D	逾期 3 个月	9 600	6	576
E	逾期 4 个月	7 200	25	1 800
F	逾期 6 个月	2 400	50	1 200
G	破产或追诉中	1 200	80	960
合计		120 000	—	6 204

假定 2023 年 12 月 31 日，该企业计提本年坏账准备前，"坏账准备"科目已有贷方余额 1 784 元，则应计入当期信用减值损失的金额为 4 420（6 204 - 1 784）元。其账务处理如下。

借：信用减值损失 4 420
  贷：坏账准备 4 420

应收款项余额百分比法和账龄分析法的实质都是百分比法，只是估计的基础不同而已。前者不考虑账龄结构，将全部应收账款按一个比率计提坏账准备；而后者按不同账龄分不同的比率计提坏账准备，没有考虑同一账龄的应收账款也会存在不同的风险。

从账务处理的特点看，两种方法采用的都是备抵法，即要求每期按一定的方法估计信用减值损失，计入当期损益，同时形成坏账准备。待实际核销坏账时，再冲销坏账准备和应收账款，对当期损益一般不产生影响。在备抵法下，每期确认的信用减值损失都只是一个估计数，而信用减值损失的估计必须切合实际，这是恰当运用备抵法的关键。当然，企业发生信用减值损失具有很大的不确定性，企业只能以过去的经验为基础，参照当前的信用政策、市场情况和行业惯例，特别是赊销金额巨大的客户支付能力等因素，尽可能准确地估计每期的信用减值损失。

三、预付账款

预付账款是指企业按照销售合同的规定预付给供货单位的款项,是企业暂时被供货单位占用的资金。企业预付货款后,有权要求对方按照销售合同的规定发货。预付账款必须以购销双方签订的合同为条件,按照规定的程序和方法核算。

在会计处理中,一般应设置"预付账款"账户对其反映。但当企业的预付账款不多,或与供货单位往来以赊购为主时,也可以不设"预付账款"账户,而将预付账款直接记入"应付账款"账户的借方。

企业根据销售合同的规定向供货单位预付货款时,借记"预付账款"科目,贷记"银行存款"科目。企业收到所购货物时,根据有关发票金额,借记"原材料""应交税费——应交增值税(进项税额)"等科目,贷记"预付账款"科目。当预付货款小于采购货物所需支付的款项时,应补付不足部分货款,借记"预付账款"科目,贷记"银行存款"科目;当预付货款大于采购货物所需支付的款项时,对收回的多余货款应借记"银行存款"科目,贷记"预付账款"科目。

【例 2-42】 甲公司按合同规定预付给供货单位部分货款 17 600 元,实际收到供货单位发来的价款为 41 600 元的材料,增值税额为 5 408 元,并补付其余欠款。其账务处理如下。

(1)预付货款时:

借:预付账款　　　　　　　　　　　　　　　　　　　　　　　　　17 600
　　贷:银行存款　　　　　　　　　　　　　　　　　　　　　　　　17 600

(2)收到商品并验收入库时:

借:原材料　　　　　　　　　　　　　　　　　　　　　　　　　　41 600
　　应交税费——应交增值税(进项税额)　　　　　　　　　　　　　 5 408
　　贷:预付账款　　　　　　　　　　　　　　　　　　　　　　　　47 008

(3)补付采购货款时:

借:预付账款　　　　　　　　　　　　　　　　　　　　　　　　　29 408
　　贷:银行存款　　　　　　　　　　　　　　　　　　　　　　　　29 408

四、其他应收款

其他应收款是指除应收票据、应收账款、预付账款以外的其他各种应收、暂付款项。其他应收款的主要内容包括:应收的各种赔款、罚款,如因企业财产等遭受意外损失而应向有关保险公司收取的赔款等;应收的出租包装物租金;应向职工收取的各种垫付款项,如为职工垫付的水电费等;应由职工负担的房租费等;存出保证金,如租入包装物支付的押金及其他各种应收、暂付款项等。

企业应设置"其他应收款"账户对以上业务进行反映。"其他应收款"账户应按各种应收、暂付项目设置明细账户,并为每项应收款的不同债务人设置明细账,实行会计控制。

【例 2-43】 某企业应收甲公司罚款 3 200 元,应收出租给乙公司包装箱租金 9 600 元。其账务处理如下。

(1)记录应收的罚款、租金时:

借:其他应收款——甲公司(罚款收入)　　　　　　　　　　　　　 3 200

贷：营业外收入——罚款收入　　　　　　　　　　　　　　　　　　　3 200
　　借：其他应收款——乙公司（包装箱租金）　　　　　　　　　　　　9 600
　　　贷：其他业务收入——租金收入　　　　　　　　　　　　　　　　　9 600
（2）企业收到上述款项时：
　　借：银行存款　　　　　　　　　　　　　　　　　　　　　　　　12 800
　　　贷：其他应收款——罚款收入　　　　　　　　　　　　　　　　　3 200
　　　　　　　　　　——租金收入　　　　　　　　　　　　　　　　　9 600

章节练习题

一、单项选择题

1. 下列各项中不在现金使用范围的是（　　）。
   A. 支付职工福利费　　　　　　　　　B. 结算起点以下的零星支出
   C. 向个人收购农副产品　　　　　　　D. 支付银行借款利息

2. "结算起点以下的零星支出"中的结算起点是（　　）元。
   A. 1 500　　　　B. 500　　　　C. 1 000　　　　D. 2 000

3. 下列各项中不在广义现金范围的是（　　）。
   A. 银行存款　　B. 定期储蓄存单　　C. 保付支票　　D. 职工借款欠条

4. 实行定额备用金制度，报销时的会计分录是（　　）。
   A. 借记"管理费用"，贷记"库存现金"　　B. 借记"备用金"，贷记"库存现金"
   C. 借记"管理费用"，贷记"备用金"　　　D. 借记"库存现金"，贷记"备用金"

5. 确定企业库存现金限额时，考虑的天数最多不能超过（　　）。
   A. 5 天　　　　B. 10 天　　　　C. 15 天　　　　D. 8 天

6. 在企业开立的诸多账户中，可以办理提取现金以发放工资的是（　　）。
   A. 专用存款账户　　B. 一般存款账户　　C. 临时存款账户　　D. 基本存款账户

7. 在企业的银行账户中，不能办理现金支取的是（　　）。
   A. 基本存款账户　　B. 临时存款账户　　C. 专用存款账户　　D. 一般存款账户

8. 预付账款不多的企业，可以不设"预付账款"账户，而将预付账款记入（　　）。
   A. "应收账款"账户的借方　　　　　　B. "应收账款"账户的贷方
   C. "应付账款"账户的借方　　　　　　D. "应付账款"账户的贷方

9. 某企业销售产品，每件单价为120元。若客户购买100件（含100件）以上，每件可得到20元的商业折扣。某客户于2021年9月10日购买该产品100件，按规定现金折扣条件为"2/10，1/20，n/30"（假定计算现金折扣时不考虑增值税），适用的增值税税率为13%。该企业预计客户将在20日内付款，在确定交易价格时应扣除给予客户的现金折扣为（　　）元。
   A. 0　　　　B. 100　　　　C. 113　　　　D. 1 100

10. 下列各项中不通过"其他应收款"账户核算的是（　　）。
    A. 为购货方代垫的运费　　　　　　B. 应收保险公司的各项赔款
    C. 为职工代垫的房租　　　　　　　D. 存出保证金

二、多项选择题

1. 现金具有的特征包括（　　）。
   A. 货币性　　　　B. 通用性　　　　C. 流动性　　　　D. 收益性
2. 下列各项中在广义现金范围内的是（　　）。
   A. 银行汇票　　　B. 个人支票　　　C. 旅行支票　　　D. 银行存款
3. 下列各项中可以支出现金的是（　　）。
   A. 向个人收购农副产品　　　　　　B. 各种劳保支出
   C. 差旅费支出　　　　　　　　　　D. 缴纳税金
4. 现金溢缺的核算涉及的会计科目有"（　　）"。
   A. 其他应收款　　B. 财务费用　　　C. 营业外收入　　D. 营业外支出
5. 现金管理必须做到（　　）。
   A. 出纳员兼管会计档案　　　　　　B. 日清月结
   C. 出纳人员定期轮换　　　　　　　D. 当日收到现金可以直接当日支出
6. 下列各项中不符合银行结算纪律要求的是（　　）。
   A. 在不影响企业自身业务时，可暂时将账户借给他人使用
   B. 考虑到未来的现金收入，可以签发远期支票
   C. 不论账户是否有足够的资金，是否付款都由企业决定
   D. 支票必须由指定人员签发，其他人员一律不准签发
7. 下列各项中应计入"坏账准备"账户借方的有（　　）。
   A. 提取坏账准备　　　　　　　　　B. 冲回多提坏账准备
   C. 收回以前确认并转销的坏账　　　D. 备抵法下实际发生的坏账
8. 下列关于现金折扣与商业折扣的说法中正确的有（　　）。
   A. 商业折扣是指在商品标价上给予的价格扣除
   B. 现金折扣是指债权人为鼓励债务人早日付款而向债务人提供的债务扣除
   C. 存在商业折扣的情况下，应收账款入账金额应按扣除商业折扣后的实际售价确认
   D. 我国会计实务中现金折扣应作为可变对价进行会计处理
9. 下列各项中应在"其他应收款"账户核算的有（　　）。
   A. 应收保险公司的赔款　　　　　　B. 应向职工收取的各种垫付款
   C. 应收出租包装物的租金　　　　　D. 向外单位借用包装物支付的押金
10. 下列各项中应计提坏账准备的有（　　）。
    A. 应收账款　　　B. 应收票据　　　C. 其他应收款　　D. 预付账款

三、判断题

1. 应收票据有发生坏账的风险，一般企业应对其计提坏账准备。（　　）
2. 商业折扣是债权人为鼓励债务人在规定期限内付款而向其提供的债务扣除。（　　）
3. 不带息商业汇票的贴现能同时引起企业资产和利润的减少。（　　）
4. 企业年度终了计提应收票据利息时，应增加应收票据的账面价值，并冲减当期财务费用。（　　）

5. 在企业的货币性资产中，现金的流动性是最强的。（ ）
6. 填写银行结算凭证的有关印鉴，应集中由出纳人员保管。（ ）
7. 出纳人员可以兼管会计稽核工作。（ ）
8. 临时存款账户不能提取现金。（ ）
9. 企业有一笔交易经确认在未来能够带来大量现金收入时，可以签发远期支票。（ ）
10. 企业在银行转来的对账单上发现未入账业务，可以账单为依据进行记账。（ ）

四、案例分析题

1. 2024 年 8 月，诚信公司发生部分经济业务如下。

（1）8 月 1 日，出纳员开出现金支票一张，金额 3 000 元，以补充库存现金。

（2）8 月 2 日，购买办公用纸张，支付现金 320 元。

（3）8 月 5 日，采购员李民出差预借差旅费 1 000 元，以现金支付。

（4）8 月 7 日，开出现金支票，提取现金 46 000 元，备发工资。

（5）8 月 8 日，为职工发放困难补助 600 元。

（6）8 月 10 日，收到零星销售商品货款 565 元，其中价款 500 元、应交增值税 65 元。

（7）8 月 13 日，发放职工工资 45 200 元。

（8）8 月 16 日，企业行政管理部门一次性领取定额备用金 5 000 元。

（9）8 月 17 日，收到银行的收款通知，应收大通公司的货款 30 000 元已经收到，并存入结算账户。

（10）8 月 18 日，采购员李民出差归来，按规定报销差旅费 1 060 元。

（11）8 月 21 日，开出转账支票一张，偿付兴华公司货款 6 200 元。

（12）8 月 23 日，用现金支付董事会费 1 500 元。

（13）8 月 25 日，收到采购人员交来采购材料的发票账单，货款总额 6 780 元，其中价款 6 000 元、应交增值税 780 元。

（14）8 月 27 日，开出转账支票一张，上缴增值税 41 200 元。

（15）8 月 29 日，销售产品一批，价款 20 000 元，应交增值税 2 600 元，货款已经收到并存入银行。

（16）8 月 31 日，企业行政管理部门报销差旅费 2 300 元。

要求：根据上述经济业务编制会计分录。

2. 甲企业自 2023 年度起，按照应收账款账面余额的 1% 计提坏账准备。2023 年末，甲公司应收账款账面余额为 240 000 元；2024 年 6 月，确认应收 A 公司的账款 2 800 元已无法收回；2024 年末，应收账款账面余额为 256 000 元。

要求：根据上述资料，对该企业下列有关坏账准备的业务进行账务处理。

（1）2023 年末，计提坏账准备。

（2）2024 年 6 月，转销应收 A 公司的账款。

（3）2024 年末，计提坏账准备。

3. 甲企业自 2022 年度起采用备抵法核算坏账损失，按照应收账款账面余额的 1% 计提坏账准备。2022 年末，甲公司应收账款账面余额为 240 000 元；2023 年 6 月，甲公司确认应收 A 公司的账款 160 元已无法收回；2023 年末，甲公司应收账款账面余额为 200 000 元。

要求：根据上述资料，对该企业下列有关坏账准备的业务进行账务处理。

（1）2022 年末，计提坏账准备。

（2）2023 年 6 月，转销应收 A 公司的账款。

（3）2023 年末，计提坏账准备。

4. 甲公司根据购货合同规定，预付丙公司货款 30 000 元，用于购买原材料。丙公司提供所购原材料后，开来发票账单，增值税专用发票上所列的货款金额为 27 000 元，增值税额为 3 510 元，甲公司向丙公司补付货款 510 元。

要求：根据上述资料，编制该企业下列有关预付账款业务的会计分录。

（1）向丙公司预付货款。

（2）丙公司提供所购原材料并开来发票账单。

（3）向丙公司补付货款。

第三章

金融资产

第一节 金融资产的确认和分类

金融工具是指形成一方的金融资产并形成其他方的金融负债或权益工具的合同。一般来说，金融工具包括金融资产、金融负债和权益工具，也包括一些尚未确认的项目。企业在成为金融工具合同的一方时，应当确认一项金融资产或金融负债。当企业尚未成为合同的一方时，即使企业已有计划在未来交易，不管其发生的可能性有多大，也不是企业的金融资产或金融负债。

一、金融资产的确认

企业的金融资产主要包括库存现金、银行存款、应收账款、应收票据、其他应收款、贷款、垫款、债权投资、股权投资、基金投资、衍生金融资产等。

企业应当根据管理金融资产的业务模式和金融资产的合同现金流量特征，将金融资产划分为以下三类：①以摊余成本计量的金融资产；②以公允价值计量且其变动计入其他综合收益的金融资产；③以公允价值计量且变动计入当期损益的金融资产。上述分类一经确定，就不得随意变更。此外，在初始确认时，如果能够消除或显著减少会计错配，企业就可以将金融资产指定为以公允价值计量且其变动计入当期损益的金融资产。该指定一经作出，就不得撤销。

（一）企业管理金融资产的业务模式

1. 业务模式评估

企业管理金融资产的业务模式是指企业如何管理金融资产以产生现金流量。业务模式决定了企业管理金融资产现金流量的来源是收取合同现金流量、出售金融资产，还是两者兼有。

2. 以收取合同现金流量为目标的业务模式

在以收取合同现金流量为目标的业务模式下，企业管理金融资产的目的是通过在金融资产存续期内收取合同付款来取得现金流量，而不是通过持有并出售金融资产产生整体回报。

3. 以收取合同现金流量和出售金融资产为目标的业务模式

在同时以收取合同现金流量和出售金融资产为目标的业务模式下，企业的关键管理人员认为二者对于实现其管理目标来说都是不可或缺的。与以收取合同现金流量为目标的业务模式相比，此业务模式涉及的出售行为通常频率更高、金额更大。因为，出售金融资产是此业务模式的目标之一，在该业务模式下不存在出售金融资产的频率或者价值的明确界限。

4. 其他业务模式

如果企业管理金融资产的业务模式不是上述两种，则该企业管理金融资产的业务模式是其他业务模式。例如，企业持有金融资产的目的是交易或者基于金融资产的公允价值做出决策并对其进行管理。在这种情况下，企业管理金融资产的目标是通过出售金融资产取得现金流量。即使企业在持有金融资产的过程中会收取合同现金流量，其业务模式也不是以收取合同现金流量和出售金融资产为目标的，因为收取合同现金流量对实现该业务模式目标来说只是附带性质的活动。

（二）金融资产的合同现金流量特征

金融资产的合同现金流量特征是指金融工具合同约定的、反映相关金融资产经济特征的现金流量属性。金融资产的合同现金流量特征与基本借贷安排一致，是指金融资产在特定日期产生的合同现金流量仅为支付的本金和以未偿付本金金额为基础的利息。无论金融资产的法律形式是否为一项贷款，都可能是一项基本借贷安排。

二、金融资产的分类

（一）以摊余成本计量的金融资产

金融资产同时符合下列条件的，应当分类为以摊余成本计量的金融资产：

（1）企业管理该金融资产的业务模式以收取合同现金流量为目标。

（2）该金融资产的合同条款规定，在特定日期产生的现金流量，仅为支付的本金和以未偿付本金金额为基础的利息。

比如，银行向企业客户发放的固定利率贷款，在没有其他特殊安排的情况下，贷款通常可能符合本金加利息的合同现金流量特征。如果银行管理该贷款的业务模式以收取合同现金流量为目标，则该贷款可以分类为以摊余成本计量的金融资产。又如，普通债券的合同现金流量是到期收回本金及按约定利率在合同期间按时收取固定或浮动利息。在没有其他特殊安排的情况下，普通债券通常符合本金加利息的合同现金流量特征。如果企业管理该债券的业务模式以收取合同现金流量为目标，则该债券可以分类为以摊余成本计量的金融资产。再如，企业正常商业往来形成的具有一定信用期限的应收账款，如果企业拟根据应收账款的合同现金流量收取现金，且不打算提前处置应收账款，则该应收账款可以分类为以摊余成本计量的金融资产。

（二）以公允价值计量且其变动计入其他综合收益的金融资产

金融资产同时符合下列条件的，应当分类为以公允价值计量且其变动计入其他综合收益的金融资产：

（1）企业管理该金融资产的业务模式，既以收取合同现金流量为目标又以出售该金融资产为目标。

（2）该金融资产的合同条款规定，在特定日期产生的现金流量，仅为支付的本金和以未偿付本金金额为基础的利息。

（三）以公允价值计量且其变动计入当期损益的金融资产

企业分类为以摊余成本计量的金融资产和以公允价值计量且其变动计入其他综合收益的金融资产之外的金融资产，应当分类为以公允价值计量且其变动计入当期损益的金融资产。如企业常见的下列投资产品通常应当分为此类。

（1）股票。股票的合同现金流量包括源自收取被投资企业未来股利分配及其清算时获得剩余权益的权利。由于股利及获得剩余权益的权利均不符合本章关于本金和利息的定义，因此股票不符合本金加利息的合同现金流量特征。在不考虑特殊指定的情况下，企业持有的股票应当分类为以公允价值计量且其变动计入当期损益的金融资产。

（2）基金。常见的开放式股票型基金、债券型基金、货币基金或混合基金，通常投资于动态管理的资产组合，投资者从该类投资中取得的现金流量既包括投资期间基础资产产生的合同现金流量，也包括处置基础资产产生的现金流量。一般情况下，基金不符合本金加利息的合同现金流量特征。企业持有的基金通常应当分类为以公允价值计量且其变动计入当期损益的金融资产。

（3）可转换债券。可转换债券除按一般债权类投资的特性到期收回本金、获取约定利息或收益外，还嵌入了一项转股权。通过嵌入衍生工具，企业获得的收益在基本借贷安排的基础上，会产生基于其他因素变动的不确定性。可转换债券作为一个整体进行评估，由于其不符合本金加利息的合同现金流量特征，企业持有的可转换债券投资应当分类为以公允价值计量且其变动计入当期损益的金融资产。

第二节　金融资产的计量

一、金融资产的初始计量

企业初始确认金融资产，应当按照公允价值计量。对于以公允价值计量且其变动计入当期损益的金融资产，相关交易费用应当直接计入当期损益；对于其他类别的金融资产，相关交易费用应当计入初始确认金额。但是，企业初始确认的应收账款未包含重大融资成分或不考虑不超过1年合同中的融资成分的，应当按照交易价格进行初始计量。

交易费用是指可直接归属于购买、发行或处置金融工具的增量费用。增量费用是指企业没有发生购买、发行或处置相关金融工具的情形就不会发生的费用，包括支付给代理机构、券商、证券交易所、政府有关部门等的手续费、佣金、相关税费及其他必要支出，不包括债券溢价、折价、融资费用、内部管理成本和持有成本等与交易不直接相关的费用。

企业取得金融资产所支付的价款中包含的已宣告但尚未发放的现金股利，或已到付息期但尚未领取的利息，应当单独确认为应收项目处理。

二、金融资产的后续计量

金融资产的后续计量与其分类密切相关。企业应当对不同类别的金融资产,分别以摊余成本、以公允价值计量且其变动计入其他综合收益,或以公允价值计量且其变动计入当期损益进行后续计量。

(一) 以摊余成本计量的金融资产后续计量

债权投资是反映企业以摊余成本计量的金融资产。它是企业准备持有至到期的金融资产,目的是获取固定的投资收益,主要表现为各种债券。

1. 会计科目的设置

为了反映和监督债权投资的取得、持有期间计提利息、出售或到期收回等情况,企业应当设置"债券投资""投资收益"等科目进行核算。

(1) "债权投资——成本"科目核算企业购入债券的票面金额。该科目的借方登记购入债券的面值,贷方登记企业出售或到期收回债券投资的面值。

(2) "债权投资——利息调整"科目核算企业债权投资取得时产生的交易费用,以及购入债券产生的溢价差额和折价差额。该科目的借方登记购入债券产生的交易费用和债券溢价差额,以及摊销的折价差额;贷方登记购入债券产生的折价差额,以及摊销的溢价差额。债券到期时,"债权投资——利息调整"明细科目不能有余额,应当摊销完毕。

(3) "债权投资——应计利息"科目核算企业一次还本付息债券各期计提的利息。该科目的借方登记各期计提的利息,贷方登记债券到期收回的全部利息。

(4) "应收利息"科目核算企业分期付息、一次还本债券各期计提的利息。该科目的借方登记各期计提的利息,贷方登记债券分期收回的各期利息。

(5) "投资收益"科目核算企业持有债权投资等投资类资产取得的投资收益,以及出售债权投资等实现的投资收益或投资损失。该科目的借方登记企业出售该项金融资产等发生的投资损失;贷方登记企业持有该项金融资产等在持有期间取得的投资收益,以及出售该项金融资产等实现的投资收益。"投资收益"科目应当按照投资项目设置明细科目进行核算。

2. 摊余成本和实际利率法

金融资产的摊余成本,应当以该金融资产的初始确认金额经下列调整后确定:

(1) 扣除已偿还的本金。

(2) 加上或减去采用实际利率法将该初始确认金额与到期日金额之间的差额进行摊销形成的累计摊销额。

(3) 扣除计提的累计信用减值准备。

实际利率法是指计算金融资产的摊余成本,以及将利息收入或利息费用分摊计入各会计期间的方法。实际利率是指将金融资产在预计存续期的估计未来现金流量,折现为该金融资产账面余额(不考虑减值)所使用的利率。在确定实际利率时,应当在考虑金融资产所有合同条款(如提前还款、展期、看涨期权或其他类似期权等)的基础上估计预期现金流量,但不考虑预期信用损失。

合同各方之间支付或收取的属于实际利率组成部分的各项费用、交易费用及溢价或折价等,应当在确定实际利率时予以考虑。

3. 具体会计处理

以摊余成本计量的金融资产的会计处理，主要包括该金融资产实际利率的计算、摊余成本的确定、持有期间的收益确认及将其处置时损益的处理。以摊余成本计量的金融资产产生的利得或损失，应当在终止确认、按照规定重分类、按照实际利率法摊销或确认减值时，计入当期损益。

以摊余成本计量的债权投资相关账务处理如下。

（1）企业取得的以摊余成本计量的债权投资，应按该投资的面值借记"债权投资——成本"科目；按支付的价款中包含的已到付息期但尚未领取的利息，借记"应收利息"科目；按实际支付的金额，贷记"银行存款"等科目；按其差额，借记或贷记"债权投资——利息调整"科目。

（2）资产负债表日，以摊余成本计量的债权投资为分期付息、一次还本债券投资的，应按票面利率计算确定的应收未收利息，借记"应收利息"科目；按该金融资产摊余成本和实际利率计算确定的利息收入，贷记"投资收益"等科目；按其差额，借记或贷记"债权投资——利息调整"科目。

资产负债表日，以摊余成本计量的债权投资为一次还本付息债券投资的，应按票面利率计算确定的应收未收利息，借记"债权投资——应计利息"科目；按该金融资产摊余成本和实际利率计算确定的利息收入，贷记"投资收益"等科目；按其差额，借记或贷记"债权投资——利息调整"科目。

（3）出售以摊余成本计量的债权投资，应按实际收到的金额，借记"银行存款"等科目；按其账面余额，贷记"债权投资——成本""债权投资——应计利息"科目，贷记或借记"债权投资——利息调整"科目；按其差额，贷记或借记"投资收益"科目。已计提信用减值准备的，还应同时结转信用减值准备。

企业持有的以摊余成本计量的应收款项、贷款等的账务处理原则，与债权投资大致相同，企业可使用"应收账款""贷款"等科目进行核算。

【例 3-1】 2024 年 1 月 1 日，甲公司（制造业企业）支付价款 1 000 万元（含交易费用）从公开市场购入乙公司同日发行的 5 年期公司债券 12 500 份，债券票面价值总额为 1 250 万元，票面年利率为 4.72%，于年末支付本年度债券利息（每年利息为 59 万元），本金在债券到期时一次性偿还。合同约定，该债券的发行方在遇到特定情况时可以将债券赎回，且不需要为提前赎回支付额外款项。甲公司在购买该债券时，预计发行方不会提前赎回。甲公司根据其管理该债券的业务模式和该债券的合同现金流量特征，将该债券分类为以摊余成本计量的金融资产。

情形 1：

假定不考虑所得税、减值损失等因素，计算该债券的实际利率 r：$59 \times (1+r) + 59 \times (1+r)^2 + 59 \times (1+r)^3 + 59 \times (1+r) + (59+1\,250) \times (1+r) = 1\,000$（万元）

采用估值法，计算得出 $r = 10\%$。

据此，相关数据见表 3-1。

表 3-1 实际利率法计算表　　　　　　　　　　　　　　　　　单位：万元

年份	期初摊余成本（A）	实际利息收入 （B = A×10%，四舍五入）	现金流入（C）	期末摊余成本 （D = A + B − C）
2024	1 000	100	59	1 041
2025	1 041	104	59	1 086
2026	1 086	109	59	1 136
2027	1 136	114	59	1 191
2028	1 191	118 *	1 309	0

注：*表示尾数调整：1 250 + 59 − 1 191 = 118（万元）。

根据表 3-1 中的数据，甲公司的有关账务处理如下。

(1) 2024 年 1 月 1 日，购入乙公司债券。

借：债权投资——成本　　　　　　　　　　　　　　　　　　　　　　　12 500 000
　　贷：银行存款　　　　　　　　　　　　　　　　　　　　　　　　　　10 000 000
　　　　债权投资——利息调整　　　　　　　　　　　　　　　　　　　　　2 500 000

(2) 2024 年 12 月 31 日，确认乙公司债券实际利息收入、收到债券利息。

借：应收利息　　　　　　　　　　　　　　　　　　　　　　　　　　　　590 000
　　债权投资——利息调整　　　　　　　　　　　　　　　　　　　　　　　410 000
　　贷：投资收益　　　　　　　　　　　　　　　　　　　　　　　　　　1 000 000
借：银行存款　　　　　　　　　　　　　　　　　　　　　　　　　　　　590 000
　　贷：应收利息　　　　　　　　　　　　　　　　　　　　　　　　　　　590 000

(3) 2025 年 12 月 31 日，确认乙公司债券实际利息收入、收到债券利息。

借：应收利息　　　　　　　　　　　　　　　　　　　　　　　　　　　　590 000
　　债权投资——利息调整　　　　　　　　　　　　　　　　　　　　　　　450 000
　　贷：投资收益　　　　　　　　　　　　　　　　　　　　　　　　　　1 040 000
借：银行存款　　　　　　　　　　　　　　　　　　　　　　　　　　　　590 000
　　贷：应收利息　　　　　　　　　　　　　　　　　　　　　　　　　　　590 000

(4) 2026 年 12 月 31 日，确认乙公司债券实际利息收入、收到债券利息。

借：应收利息　　　　　　　　　　　　　　　　　　　　　　　　　　　　590 000
　　债权投资——利息调整　　　　　　　　　　　　　　　　　　　　　　　500 000
　　贷：投资收益　　　　　　　　　　　　　　　　　　　　　　　　　　1 090 000
借：银行存款　　　　　　　　　　　　　　　　　　　　　　　　　　　　590 000
　　贷：应收利息　　　　　　　　　　　　　　　　　　　　　　　　　　　590 000

(5) 2027 年 12 月 31 日，确认乙公司债券实际利息收入、收到债券利息。

借：应收利息　　　　　　　　　　　　　　　　　　　　　　　　　　　　590 000
　　债权投资——利息调整　　　　　　　　　　　　　　　　　　　　　　　550 000
　　贷：投资收益　　　　　　　　　　　　　　　　　　　　　　　　　　1 140 000
借：银行存款　　　　　　　　　　　　　　　　　　　　　　　　　　　　590 000
　　贷：应收利息　　　　　　　　　　　　　　　　　　　　　　　　　　　590 000

(6) 2028年12月31日，确认乙公司债券实际利息收入、收到债券利息和本金。

借：应收利息 590 000
　　债权投资——利息调整 590 000
　　贷：投资收益 1 180 000
借：银行存款 590 000
　　贷：应收利息 590 000
借：银行存款 12 500 000
　　贷：债权投资——成本 12 500 000

情形2：

假定甲公司购买的乙公司债券不是分次付息，而是到期一次还本付息，且利息不以复利计算。此时，甲公司购买乙公司债券的实际利率 r 计算如下：

$(59+59+59+59+59+1\ 250) \times (1+r)^{-5} = 1\ 000$（万元）

由此计算得出 $r \approx 9.05\%$。

据此，调整表3-1中相关数据，见表3-2。

表3-2　实际利率法计算表　　　　　　　　　　　　　　　　单位：万元

年份	期初摊余成本 (A)	实际利息收入 ($B = A \times 9.05\%$，四舍五入)	现金流入 (C)	期末摊余成本 ($D = A + B - C$)
2023	1 000	90.5	0	1 090.5
2024	1 090.5	98.69	0	1 189.19
2025	1 189.19	107.62	0	1 296.81
2026	1 296.81	117.36	0	1 414.17
2027	1 414.17	130.83*	1 545	0

注：*表示尾数调整：1 250 + 295 - 1 414.17 = 130.83（万元）。

根据表3-2中的数据，甲公司的有关账务处理如下。

(1) 2024年1月1日，购入乙公司债券。

借：债权投资——成本 12 500 000
　　贷：银行存款 10 000 000
　　　　债权投资——利息调整 2 500 000

(2) 2024年12月31日，确认乙公司债券实际利息收入。

借：债权投资——应计利息 590 000
　　　　　　　——利息调整 315 000
　　贷：投资收益 905 000

(3) 2025年12月31日，确认乙公司债券实际利息收入。

借：债权投资——应计利息 590 000
　　　　　　　——利息调整 396 900
　　贷：投资收益 986 900

（4）2026年12月31日，确认乙公司债券实际利息收入。

借：债权投资——应计利息　　　　　　　　　　　　　　590 000
　　　　　　——利息调整　　　　　　　　　　　　　　486 200
　　贷：投资收益　　　　　　　　　　　　　　　　　1 076 200

（5）2027年12月31日，确认乙公司债券实际利息收入。

借：债权投资——应计利息　　　　　　　　　　　　　　590 000
　　　　　　——利息调整　　　　　　　　　　　　　　583 600
　　贷：投资收益　　　　　　　　　　　　　　　　　1 173 600

（6）2028年12月31日，确认乙公司债券实际利息收入、收回债券本金和票面利息。

借：债权投资——应计利息　　　　　　　　　　　　　　590 000
　　　　　　——利息调整　　　　　　　　　　　　　　718 300
　　贷：投资收益　　　　　　　　　　　　　　　　　1 308 300
借：银行存款　　　　　　　　　　　　　　　　　　15 450 000
　　贷：债权投资——成本　　　　　　　　　　　　　12 500 000
　　　　　　　——应计利息　　　　　　　　　　　　 2 950 000

（二）以公允价值计量且其变动计入其他综合收益的金融资产后续计量

其他债权投资是反映企业以公允价值计量且其变动计入其他综合收益的金融资产，企业持有期限不固定，目的是获取一定投资收益的债权投资，主要表现为各种债券。

1. 会计科目的设置

为了反映和监督其他债权投资的取得、收取债券利息、出售等情况，企业应当设置"其他债权投资""其他综合收益""投资收益"等科目进行核算。

（1）"其他债权投资"科目核算以公允价值计量且其变动计入其他综合收益的金融资产。该科目的借方登记其他债权投资取得成本、资产负债表日其公允价值高于账面价值的差额，以及出售其他债权投资时结转公允价值低于账面价值的变动金额；贷方登记资产负债表日其公允价值低于账面价值的差额，以及企业出售其他债权投资时结转公允价值高于账面价值的变动金额。企业应当按照其他债权投资的类别和品种，分别设置"成本""公允价值变动""应计利息""利息调整"等明细科目进行核算。

（2）"其他综合收益"科目核算企业持有其他债权投资等的公允价值变动形成的应计入其他综合收益的利得或损失。该科目的借方登记资产负债表日企业持有的其他债权投资等的公允价值低于账面价值的差额，贷方登记资产负债表日企业持有的其他债权投资等的公允价值高于账面价值的差额。

（3）"投资收益"科目核算企业持有其他债权投资等的期间内取得的投资收益，以及出售其他债权投资等实现的投资收益或投资损失。该科目的借方登记企业出售其他债权投资和其他综合收益结转等发生的投资损失；贷方登记企业持有其他债权投资等的期间内取得的投资收益，以及出售其他债权投资和其他综合收益结转等实现的投资收益。"投资收益"科目应当按照投资项目设置明细科目进行核算。

以公允价值计量且其变动计入其他综合收益的金融资产的会计处理，与以公允价值计量且其变动计入当期损益的金融资产的会计处理存在相似之处，如均要求按公允价值进行后续计量。但是，也有一些不同之处，以公允价值计量且其变动计入其他综合收益的金融资产产生的利得或损失，除减值损失或利得和汇兑损益外，均应当计入其他综合收益，直至该金融资产终止确认或被重分类。但是，采用实际利率法计算的该金融资产的利息应当计入当期损益。终止确认时，之前计入其他综合收益的累计利得或损失应当从其他综合收益中转出，计入当期损益。

2. 具体会计处理

（1）企业取得以公允价值计量且其变动计入其他综合收益的金融资产，应按照该金融资产投资的面值，借记"其他债权投资——成本"科目；按支付价款中包含的已到付息期但尚未领取的利息，借记"应收利息"科目；按实际支付的金额，贷记"银行存款"等科目；按其差额，借记或贷记"其他债权投资——利息调整"科目。

（2）资产负债表日，以公允价值计量的其他债权投资为分期付息、一次还本债券投资的，应按照票面利率计算确定的应收未收利息，借记"应收利息"科目；按该金融资产摊余成本和实际利率计算确定的利息收入，贷记"投资收益"等科目；按其差额，借记或贷记"债权投资——利息调整"科目。

资产负债表日，以公允价值计量的其他债权投资为到期一次还本付息债券投资的，应按票面利率计算确定的应收未收利息，借记"其他债权投资——应计利息"科目；按债券的摊余成本和实际利率计算确定的利息收入，贷记"投资收益"等科目；按其差额，借记或贷记"其他债权投资——利息调整"科目。

（3）资产负债表日，以公允价值计量且其变动计入其他综合收益的金融资产的公允价值高于其账面价值的差额，借记"其他债权投资——公允价值变动"科目，贷记"其他综合收益——其他债权投资公允价值变动"科目；公允价值低于其账面价值的差额做相反的会计分录。

确定以公允价值计量且其变动计入其他综合收益的金融资产发生减值的，应按减记的金额，借记"信用减值损失"科目，贷记"其他综合收益——信用减值准备"科目。

（4）出售以公允价值计量且其变动计入其他综合收益的金融资产，应按实际收到的金额，借记"银行存款"等科目；按其账面价值，贷记"其他债权投资——成本""其他债权投资——应计利息"科目，贷记或借记"其他债权投资——公允价值变动""其他债权投资——利息调整"科目，借记或贷记"其他综合收益——其他债权投资公允价值变动"科目，借记"其他综合收益——信用减值准备"科目；按其差额，贷记或借记"投资收益"科目。

【例3-2】 2024年1月1日，甲公司（制造业企业）支付价款1 000万元（含交易费用）从公开市场购入乙公司同日发行的5年期公司债券12 500份，债券票面价值总额为1 250万元，票面年利率为4.72%，于年末支付本年度债券利息（每年利息为59万元），本金在债券到期时一次性偿还。合同约定，该债券的发行方在遇到特定情况时可以将债券赎回，且不需要为提前赎回支付额外款项。甲公司在购买该债券时，预计发行方不会提前赎回。甲公司根据其管理该债券的业务模式和该债券的合同现金流量特征，将该债券分类为以公允价值计量且其变动计入其他综合收益的金融资产。其他资料如下：

（1）2024年12月31日，乙公司债券的公允价值为1 200万元（不含利息）。

(2) 2025年12月31日,乙公司债券的公允价值为1 300万元(不含利息)。

(3) 2026年12月31日,乙公司债券的公允价值为1 250万元(不含利息)。

(4) 2027年12月31日,乙公司债券的公允价值为1 200万元(不含利息)。

(5) 2028年1月20日,通过公开市场出售了乙公司债券12 500份,取得价款1 260万元。

假定不考虑所得税、减值等因素,计算该债券的实际利率r:

$$59 \times (1+r)^1 + 59 \times (1+r)^2 + 59 \times (1+r)^3 + 59 \times (1+r)^4 + (59+1\,250) \times (1+r)^5 = 1\,000(万元)$$

采用插值法,计算得出$r=10\%$。

表3-3 实际利率法计算表　　　　　　　　　　　　　　　　　　单位:万元

日期	现金流入 (A)	实际利息收入 (B = 期初D × 10%,四舍五入)	已收回的本金 (C = A - B)	摊余成本余额 (D = 期初 D - C)	公允价值 (E)	公允价值变动额 (F = E - D - 期初G)	公允价值变动累计金额 (G = 期初G + F)
2024年1月1日				1 000	1 000	0	0
2024年12月31日	59	100	-41	1 041	1 200	159	159
2025年12月31日	59	104	-45	1 085	1 300	55	214
2026年12月31日	59	109	-50	1 140	1 250	-100	114
2027年12月31日	59	113	-54	1 184	1 200	-104	10

根据表3-3中的数据,甲公司的有关账务处理如下。

(1) 2024年1月1日,购入乙公司债券。

借:其他债权投资——成本　　　　　　　　　　　　　　　　　　　　　12 500 000
　　贷:银行存款　　　　　　　　　　　　　　　　　　　　　　　　　　10 000 000
　　　　其他债权投资——利息调整　　　　　　　　　　　　　　　　　　 2 500 000

(2) 2024年12月31日,确认乙公司债券实际利息收入、公允价值变动和收到债券利息。

借:应收利息　　　　　　　　　　　　　　　　　　　　　　　　　　　　　590 000
　　其他债权投资——利息调整　　　　　　　　　　　　　　　　　　　　　410 000
　　贷:投资收益　　　　　　　　　　　　　　　　　　　　　　　　　　 1 000 000
借:银行存款　　　　　　　　　　　　　　　　　　　　　　　　　　　　　590 000
　　贷:应收利息　　　　　　　　　　　　　　　　　　　　　　　　　　　 590 000
借:其他债权投资——公允价值变动　　　　　　　　　　　　　　　　　　 1 590 000
　　贷:其他综合收益——其他债权投资公允价值变动　　　　　　　　　　 1 590 000

(3) 2025年12月31日,确认乙公司债券实际利息收入、公允价值变动和收到债券利息。

借:应收利息　　　　　　　　　　　　　　　　　　　　　　　　　　　　　590 000
　　其他债权投资——利息调整　　　　　　　　　　　　　　　　　　　　　450 000
　　贷:投资收益　　　　　　　　　　　　　　　　　　　　　　　　　　 1 040 000
借:银行存款　　　　　　　　　　　　　　　　　　　　　　　　　　　　　590 000
　　贷:应收利息　　　　　　　　　　　　　　　　　　　　　　　　　　　 590 000
借:其他债权投资——公允价值变动　　　　　　　　　　　　　　　　　　　550 000

贷：其他综合收益——其他债权投资公允价值变动　　　　　　　　　　　550 000

（4）2026年12月31日，确认乙公司债券实际利息收入、公允价值变动和收到债券利息。

　　借：应收利息　　　　　　　　　　　　　　　　　　　　　　　　　590 000
　　　　其他债权投资——利息调整　　　　　　　　　　　　　　　　　 500 000
　　　　贷：投资收益　　　　　　　　　　　　　　　　　　　　　　　1 090 000
　　借：银行存款　　　　　　　　　　　　　　　　　　　　　　　　　590 000
　　　　贷：应收利息　　　　　　　　　　　　　　　　　　　　　　　590 000
　　借：其他综合收益——其他债权投资公允价值变动　　　　　　　　　1 000 000
　　　　贷：其他债权投资——公允价值变动　　　　　　　　　　　　　1 000 000

（5）2027年12月31日，确认乙公司债券实际利息收入、公允价值变动和收到债券利息。

　　借：应收利息　　　　　　　　　　　　　　　　　　　　　　　　　590 000
　　　　其他债权投资——利息调整　　　　　　　　　　　　　　　　　 540 000
　　　　贷：投资收益　　　　　　　　　　　　　　　　　　　　　　　1 130 000
　　借：银行存款　　　　　　　　　　　　　　　　　　　　　　　　　590 000
　　　　贷：应收利息　　　　　　　　　　　　　　　　　　　　　　　590 000
　　借：其他综合收益——其他债权投资公允价值变动　　　　　　　　　1 040 000
　　　　贷：其他债权投资——公允价值变动　　　　　　　　　　　　　1 040 000

（6）2028年1月20日，确认出售乙公司债券实现的损益。

　　借：银行存款　　　　　　　　　　　　　　　　　　　　　　　　　12 600 000
　　　　其他综合收益——其他债权投资公允价值变动　　　　　　　　　100 000
　　　　其他债权投资——利息调整　　　　　　　　　　　　　　　　　600 000
　　　　贷：其他债权投资——成本　　　　　　　　　　　　　　　　　12 500 000
　　　　　　　　　　　　——公允价值变动　　　　　　　　　　　　　100 000
　　　　　　投资收益　　　　　　　　　　　　　　　　　　　　　　　700 000

（三）以公允价值计量且其变动计入当期损益的金融资产后续计量

交易性金融资产是反映企业以公允价值计量且其变动计入当期损益的金融资产。它是企业为了近期出售而持有的金融资产，如企业以赚取差价为目的从二级市场购入的股票、债券、基金等；或者在初始确认时属于集中管理的可辨认金融工具组合的一部分，且有客观证据表明近期实际存在短期获利模式的金融资产等，如企业管理的以公允价值进行业绩考核的某项投资组合。

交易性金融资产预期能在短期内变现以满足日常经营的需要，因此在资产负债表中作为流动资产列示。

需要说明的是，从金融资产的合同现金流量特征来看，尽管交易性金融资产仍将收取合同现金流量，但只是偶尔为之，并非为了实现业务模式目标（收取合同现金流量）而不可或缺。

1. 会计科目的设置

为了反映和监督交易性金融资产的取得、收取现金股利或利息、出售等情况，企业应当设置"交易性金融资产""公允价值变动损益""投资收益"等科目进行核算。

（1）"交易性金融资产"科目核算以公允价值计量且其变动计入当期损益的金融资产。该科目的借方登记交易性金融资产的取得成本、资产负债表日其公允价值高于账面价值的差额，以及企业出售交易性金融资产时结转公允价值低于账面价值的变动金额；贷方登记资产负债表日其公允价值低于账面价值的差额，以及企业出售交易性金融资产时结转的成本和公允价值高于账面价值的变动金额。企业应当按照交易性金融资产的类别和品种，分别设置"成本""公允价值变动"等明细科目进行核算。

（2）"公允价值变动损益"科目核算企业持有交易性金融资产等的公允价值变动形成的应计入当期损益的利得或损失。该科目的借方登记资产负债表日企业持有交易性金融资产等的公允价值低于账面价值的差额，贷方登记资产负债表日企业持有交易性金融资产等的公允价值高于账面价值的差额。

（3）"投资收益"科目核算企业持有交易性金融资产等的期间取得的投资收益，以及出售交易性金融资产等实现的投资收益或投资损失。该科目的借方登记企业取得交易性金融资产时支付的交易费用、出售交易性金融资产等发生的投资损失；贷方登记企业持有交易性金融资产等的期间内取得的投资收益，以及出售交易性金融资产等实现的投资收益。"投资收益"科目应当按照投资项目设置明细科目进行核算。

2. 具体会计处理

以公允价值计量且其变动计入当期损益的金融资产的会计处理，着重反映该类金融资产公允价值的变化，以及对企业财务状况和经营成果的影响。

相关的会计处理如下。

（1）企业取得以公允价值计量且其变动计入当期损益的金融资产，按其公允价值，借记"交易性金融资产——成本"科目；按发生的交易费用，借记"投资收益"科目；按已到付息期但尚未领取的利息或已宣告但尚未发放的现金股利，借记"应收利息"或"应收股利"科目；按实际支付的金额，贷记"银行存款"等科目。

（2）以公允价值计量且其变动计入当期损益的金融资产持有期间被投资单位宣告发放现金股利，或在资产负债表日按分期付息、一次还本债券投资的票面利率计算的利息，或上述股利已宣告但尚未发放或利息已到付息期但尚未领取，借记"库存现金""银行存款""应收股利""应收利息"等科目，贷记"投资收益"科目。

（3）资产负债表日，以公允价值计量且其变动计入当期损益的金融资产的公允价值高于其账面价值的差额，借记"交易性金融资产——公允价值变动"科目，贷记"公允价值变动损益"科目；以公允价值计量且其变动计入当期损益的金融资产的公允价值低于其账面价值的差额作相反的会计分录。

（4）出售以公允价值计量且其变动计入当期损益的金融资产，应按实际收到的金额，借记"银行存款"等科目；按该金融资产的账面价值，贷记"交易性金融资产——成本"科目，贷记或借记"交易性金融资产——公允价值变动"等科目；按其差额，贷记或借记"投资收益"科目。

【例3-3】 2024年1月1日，甲公司从二级市场购入丙公司债券，支付价款合计1 020 000元（含已到付息期但尚未领取的利息20 000元），另发生交易费用20 000元。该债券面值1 000 000元，剩余期限为2年，票面年利率为4%，每半年末付息一次。其合同现金流量特征满足仅对本金和以偿付本金金额为基础的利息的支付。甲公司根据管理该债券的业务模式和该债券的合同现金流量特征，将其分类为以公允价值计量且其变动计入当期损益的金融资产。其他资料如下。

(1) 2024年1月5日，收到丙公司债券2023年下半年利息20 000元。

(2) 2024年6月30日，丙公司债券的公允价值为1 150 000元（不含利息）。

(3) 2024年7月5日，收到丙公司债券2024年上半年利息。

(4) 2024年12月31日，丙公司债券的公允价值为1 100 000元（不含利息）。

(5) 2025年1月5日，收到丙公司债券2024年下半年利息。

(6) 2025年6月20日，通过二级市场出售丙公司债券，取得价款1 180 000元（含第一季度利息10 000元）。

假定不考虑其他因素，甲公司的账务处理如下。

(1) 2024年1月1日，从二级市场购入丙公司债券。

借：交易性金融资产——成本　　　　　　　　　　　　　　　　1 000 000
　　应收利息　　　　　　　　　　　　　　　　　　　　　　　　　20 000
　　投资收益　　　　　　　　　　　　　　　　　　　　　　　　　20 000
　　贷：银行存款　　　　　　　　　　　　　　　　　　　　　　1 040 000

(2) 2024年1月5日，收到丙公司债券2023年下半年利息。

借：银行存款　　　　　　　　　　　　　　　　　　　　　　　　20 000
　　贷：应收利息　　　　　　　　　　　　　　　　　　　　　　　20 000

(3) 2024年6月30日，确认丙公司债券公允价值变动和投资收益。

借：交易性金融资产——公允价值变动　　　　　　　　　　　　150 000
　　贷：公允价值变动损益　　　　　　　　　　　　　　　　　　150 000

借：应收利息　　　　　　　　　　　　　　　　　　　　　　　　20 000
　　贷：投资收益　　　　　　　　　　　　　　　　　　　　　　　20 000

(4) 2024年7月5日，收到丙公司债券2024年上半年利息。

借：银行存款　　　　　　　　　　　　　　　　　　　　　　　　20 000
　　贷：应收利息　　　　　　　　　　　　　　　　　　　　　　　20 000

(5) 2024年12月31日，确认丙公司债券公允价值变动和投资收益。

借：公允价值变动损益　　　　　　　　　　　　　　　　　　　　50 000
　　贷：交易性金融资产——公允价值变动　　　　　　　　　　　　50 000

借：应收利息　　　　　　　　　　　　　　　　　　　　　　　　20 000
　　贷：投资收益　　　　　　　　　　　　　　　　　　　　　　　20 000

(6) 2025年1月5日，收到丙公司债券2024年下半年利息。

借：银行存款　　　　　　　　　　　　　　　　　　　　　　　　20 000
　　贷：应收利息　　　　　　　　　　　　　　　　　　　　　　　20 000

(7) 2025年6月20日，通过二级市场出售丙公司债券。

借：银行存款　　　　　　　　　　　　　　　　　　　　　　　1 180 000
　　贷：交易性金融资产——成本　　　　　　　　　　　　　　　1 000 000

    ——公允价值变动 100 000
  投资收益 80 000

【例 3-4】 2024 年 5 月 6 日，甲公司支付价款 10 160 000 元（含交易费用 10 000 元和已宣告发放现金股利 150 000 元），购入乙公司发行的股票 2 000 000 股，占乙公司有表决权股份的 0.5%。甲公司根据管理乙公司股票的业务模式和乙公司股票的合同现金流量特征，将其划分为以公允价值计量且其变动计入当期损益的金融资产。

2024 年 5 月 10 日，甲公司收到乙公司发放的现金股利 150 000 元。

2024 年 6 月 30 日，该股票市价为每股 5.2 元。

2024 年 12 月 31 日，甲公司仍持有该股票；当日，该股票市价为每股 4.8 元。

2025 年 5 月 9 日，乙公司宣告发放现金股利 40 000 000 元。

2025 年 5 月 13 日，甲公司收到乙公司发放的现金股利。

2025 年 5 月 20 日，甲公司由于某种特殊原因，以每股 4.9 元的价格将股票全部转让。假定不考虑其他因素，则甲公司的账务处理如下。

（1）2024 年 5 月 6 日，购入股票。

借：交易性金融资产——成本 10 000 000
  应收股利 150 000
  投资收益 10 000
  贷：银行存款 10 160 000

（2）2024 年 5 月 10 日，收到现金股利。

借：银行存款 150 000
  贷：应收股利 150 000

（3）2024 年 6 月 30 日，确认股票价格变动。

借：交易性金融资产——公允价值变动 400 000
  贷：公允价值变动损益 400 000

（4）2024 年 12 月 31 日，确认股票价格变动。

借：公允价值变动损益 800 000
  贷：交易性金融资产——公允价值变动 800 000

注：公允价值变动 = 2 000 000 × (4.8 - 5.2) = -800 000（元）

（5）2025 年 5 月 9 日，确认应收现金股利。

借：应收股利 200 000
  贷：投资收益 200 000

（6）2024 年 5 月 13 日，收到现金股利。

借：银行存款 200 000
  贷：应收股利 200 000

（7）2024 年 5 月 20 日，出售股票。

借：银行存款 9 800 000
  交易性金融资产——公允价值变动 400 000

贷：交易性金融资产——成本　　　　　　　　　　　　　　　　　　10 000 000
　　　　投资收益　　　　　　　　　　　　　　　　　　　　　　　　　200 000

章节练习题

一、单项选择题

1. 下列各项中不属于金融资产的是（　　）。
   A. 无形资产　　　　B. 债权投资　　　　C. 库存现金　　　　D. 应收账款

2. 甲公司取得债务工具，采用以收取合同现金流量和出售债务工具为目标的业务模式，应划分的金融资产类别为（　　）。
   A. 以公允价值计量且其变动计入当期损益的金融资产
   B. 以摊余成本计量的金融资产
   C. 以公允价值计量且其变动计入其他综合收益的金融资产
   D. 流动资产

3. 2024年2月2日，甲公司支付500万元取得一项股权投资并作为交易性金融资产核算，支付价款中包括已宣告尚未发放的现金股利20万元，另支付交易费用5万元。甲公司该项交易性金融资产的入账价值为（　　）万元。
   A. 480　　　　　　B. 500　　　　　　C. 485　　　　　　D. 505

4. 甲公司于2024年1月1日以19 800万元购入一项3年期到期还本、按年付息的公司债券，每年12月31日支付利息。该公司债券票面年利率为5%，实际利率为5.38%，面值总额为20 000万元。甲公司将其分类为以摊余成本计量的金融资产，按实际利率法采用摊余成本进行后续计量。假设不考虑其他因素，该债券2025年12月31日应确认的投资收益为（　　）万元。
   A. 1 000　　　　　B. 1 068.75　　　　C. 1 076　　　　　D. 1 065.24

5. 取得交易性金融资产发生的相关交易费用应当在发生时计入（　　）。
   A. 交易性金融资产　　B. 投资收益　　　C. 营业外支出　　　D. 公允价值变动损益

6. 根据《企业会计准则第22号——金融工具确认和计量》规定，下列各项中关于交易性金融资产的后续计量表述正确的是（　　）。
   A. 按照公允价值进行后续计量，公允价值变动计入当期投资收益
   B. 按照公允价值进行后续计量，公允价值变动计入当期公允价值变动损益
   C. 按照公允价值进行后续计量，公允价值变动计入资本公积
   D. 按照摊余成本进行后续计量

7. 关于交易性金融资产的计量，下列说法中正确的是（　　）。
   A. 应当按取得该金融资产的公允价值和相关交易费用之和作为初始确认金额
   B. 应当按取得该金融资产的公允价值作为初始确认金额，相关交易费用在发生时计入当期损益
   C. 资产负债表日，企业应将金融资产的公允价值变动计入当期所有者权益
   D. 处置该金融资产时，其公允价值与初始入账金额之间的差额应确认为投资收益，调整公允价值变动损益

8. 甲公司于2024年4月5日从证券市场上购入B公司发行在外的股票100万股并作为交易性金融资产，每股支付价款5元（含已宣告但尚未发放的现金股利1元），另支付相关费用8万元。甲公司交易性金融资产取得时的入账价值为（　　）万元。

　　A. 408　　　　　　B. 400　　　　　　C. 500　　　　　　D. 508

9. 甲公司于2024年1月2日从证券市场上购入乙公司于2023年1月1日发行的债券，该债券3年期，票面年利率为5%，每年1月5日支付上年度的利息，到期日为2026年1月1日，到期日一次归还本金和最后一次利息。甲公司购入债券的面值为2 000万元，实际支付价款为2 200万元，另支付相关费用30万元。甲公司购入债券后将其划分为债权投资。2024年1月2日，该债权投资的成本为（　　）万元。

　　A. 2 100　　　　　B. 2 130　　　　　C. 2 230　　　　　D. 2 200

10. 关于金融资产的初始计量，下列说法中不正确的是（　　）。

　　A. 交易性金融资产应当按照取得时的公允价值作为初始确认金额，相关的交易费用在发生时计入当期损益

　　B. 债权投资应当按取得时的公允价值和相关交易费用之和作为初始确认金额

　　C. 其他债权投资应当按取得该金融资产的公允价值和相关交易费用之和作为初始确认金额

　　D. 其他债权投资应当按取得时的公允价值作为初始确认金额，相关的交易费用在发生时计入当期损益

二、多项选择题

1. 关于金融资产的分类，下列表述正确的有（　　）。

　　A. 企业管理金融资产的业务模式是以收取合同现金流量为目标，则应分类为以摊余成本计量的金融资产

　　B. 企业管理金融资产的业务模式是以短期内出售为目标，则应分类为以公允价值计量且其变动计入当期损益的金融资产

　　C. 企业管理金融资产的业务模式既以收取合同现金流量为目标又以出售该金融资产为目标，并且该金融资产的合同条款规定，在特定日期产生的现金流量，仅为对本金和以未偿付本金金额为基础的利息支付，则应分类为以公允价值计量且其变动计入其他综合收益的金融资产

　　D. 对债务工具投资，分类为以摊余成本计量的金融资产和分类为以公允价值计量且其变动计入当期损益的金融资产之外的金融资产，企业应当将其分类为以公允价值计量且其变动计入其他综合收益的金融资产

2. 企业发生的下列事项中影响"投资收益"金额的有（　　）。

　　A. 取得交易性金融资产时发生的交易费用

　　B. 交易性金融资产持有期间收到的包含在买价中的债券利息

　　C. 交易性金融资产持有期间取得的现金股利

　　D. 交易性金融资产期末公允价值大于账面价值的差额

3. 下列各项中影响债权投资摊余成本的有（　　）。

　　A. 已偿还的本金　　　　　　　　　　B. 利息调整的累计摊销额

　　C. 已计提的减值准备　　　　　　　　D. 到期一次还本付息债券确认的票面利息

4. 下列与其他债权投资相关的交易或事项，不应计入当期损益的有（　　）。

　　A. 其他债权投资发生的减值损失　　　　B. 其他债权投资持有期间确认的利息收入

　　C. 取得其他债权投资发生的相关交易费用　　D. 其他债权投资发生的公允价值变动

5. 2024年1月1日，甲公司支付价款2 040万元（与公允价值相等）购入乙公司同日发行的3年期公司债券，另支付交易费用16.48万元，该公司债券的面值为2 000万元，票面年利率为4%，实际年利率为3%，每年12月31日支付上年利息，到期支付本金。甲公司将该公司债券划分为以公允价值计量且其变动计入其他综合收益的金融资产。2024年12月31日，甲公司收到债券利息80万元，该债券的公允价值为1 800万元，因债务人发生重大财务困难，该金融资产发生信用减值，甲公司由此确认预期信用损失准备200万元。不考虑其他因素，甲公司下列会计处理中正确的有（　　）。

　　A. 2024年1月1日，该项金融资产的初始确认金额为2 056.48万元

　　B. 2024年，应确认资产减值损失238.17万元

　　C. 2024年12月31日，资产负债表中其他综合收益余额为-38.17万元

　　D. 2025年，应确认投资收益55.15万元

6. 甲公司于2024年1月1日以3 060万元（与公允价值相等）购入面值为3 000万元的5年期，到期还本按年付息的一般公司债券，该债券票面年利率为5%，实际年利率为4.28%，甲公司管理层将其作为以摊余成本计量的金融资产核算。2024年12月31日，甲公司认为该债券投资预期信用损失显著增加，但未发生信用减值，由此确认预期信用损失准备50万元。不考虑其他因素，甲公司下列会计处理中正确的有（　　）。

　　A. 2024年1月1日，该债券投资的初始计量金额为3 060万元

　　B. 2024年末，摊余成本为3 040.97万元

　　C. 2025年，应确认投资收益128.01万元

　　D. 2025年，应确认投资收益130.15万元

7. 下列有关其他债权投资会计处理的说法中正确的有（　　）。

　　A. 初始确认时，应按公允价值和相关交易费用之和作为初始确认金额

　　B. 资产负债表日，应按账面余额进行后续计量

　　C. 资产负债表日，确认的其他债权投资公允价值变动应计入当期损益

　　D. 其他债权投资持有期间发生减值的，应当计入其他综合收益，同时确认信用减值损失

8. 下列各项中属于金融资产的有（　　）。

　　A. 库存现金　　　　B. 其他债权投资　　　　C. 应收款项　　　　D. 应付款项

9. 下列各项中可作为交易性金融资产的有（　　）。

　　A. 企业以赚取差价为目的从二级市场购入的股票

　　B. 企业以赚取差价为目的从二级市场购入的债券

　　C. 企业以赚取差价为目的从二级市场购入的基金

　　D. 到期日固定、回收金额固定或可确认，且企业有明确意图和能力持有至到期的非衍生金融资产

10. 下列各项中可作为债权投资的有（　　）。

A. 企业从二级市场上购入的固定利率国债　　B. 企业从二级市场上购入的浮动利率公司债券
C. 购入的股权投资　　D. 期限较短（1 年以内）的债券投资

三、判断题

1. 企业购入金融资产时支付的价款中包含的已到付息期但尚未领取的利息，或已宣告但尚未发放的现金股利，应当单独确认为应收项目。（　　）
2. 企业取得的债券投资确认为交易性金融资产的，资产负债表日应采用实际利率法确认利息收入并计入投资收益。（　　）
3. 企业购入债权投资时，应按该投资的公允价值加上支付的交易费用，借记"债权投资——成本"科目。（　　）
4. 债权投资以摊余成本进行后续计量，其发生减值时，借方应计入"信用减值损失"科目。（　　）
5. 金融资产的分类一经确定，就不得变更。（　　）
6. 如果企业管理金融资产的业务模式不是以收取合同现金流量为目标，也不是既以收取合同现金流量又出售为目标，则该金融资产应分类为以公允价值计量且其变动计入其他综合收益的金融资产。（　　）
7. 投资方持有的被投资方债券作为以公允价值计量且其变动计入当期损益的金融资产，对于被投资方实现的净利润，投资方相应地确认享有的份额。（　　）
8. 为取得以公允价值计量且其变动计入其他综合收益的金融资产发生的交易费用，应单独计入损益类科目。（　　）
9. 取得交易性金融资产时支付的交易费用，应计入交易性金融资产的初始入账成本。（　　）
10. 债权投资在持有期间应当按照公允价值计量，公允价值与账面价值的差额计入公允价值变动损益。（　　）

四、案例分析题

1. 甲公司系上市公司，对外提供半年度财务报表，其有关交易性金融资产投资资料如下。

（1）2024 年 3 月 6 日，甲公司从二级市场购入乙公司股票 1 000 万股。甲公司按照管理该资产的业务模式及合同现金流量特征，将其分类为以公允价值计量且其变动计入当期损益的金融资产。取得时公允价值为每股 8.6 元，每股含已宣告但尚未发放的现金股利为 0.6 元，另支付交易费用 5 万元，全部价款以银行存款支付。其他资料如下。

（2）2024 年 3 月 16 日，收到购买价款中所含现金股利。

（3）2024 年 6 月 30 日，该股票公允价值为每股 7 元。

（4）2024 年 7 月 1 日，乙公司宣告每股发放现金股利 0.55 元。

（5）2024 年 7 月 16 日，收到现金股利。

（6）2024 年 12 月 31 日，该股票公允价值为每股 8.5 元。

（7）2025 年 3 月 16 日，将该股票的一半处置，每股售价 9.8 元，交易费用为 3 万元。

假定不考虑相关税费及其他因素的影响。

要求：编制甲公司有关交易性金融资产的会计分录（答案中的金额单位以万元表示）。

2.2023年1月1日，甲公司从市场购入丙公司债券，支付价款合计2 060 000元，其中已到付息期但尚未领取的利息为40 000元，交易费用20 000元。该债券面值为2 000 000元，剩余期限为3年，票面年利率为4%，每半年末付息一次。甲公司将其划分为交易性金融资产。其他资料如下。

(1) 2023年1月10日，收到丙公司债券2022年下半年利息40 000元。

(2) 2023年6月30日，丙公司债券的公允价值为2 300 000元。

(3) 2023年7月10日，收到丙公司债券2023年上半年利息。

(4) 2023年12月31日，丙公司债券的公允价值为2 200 000元。

(5) 2024年1月10日，收到丙公司债券2023年下半年利息。

(6) 2024年6月20日，通过出售丙公司债券，取得价款2 360 000元。

假定不考虑其他因素的影响。

要求：编制甲公司上述业务的会计分录（"交易性金融资产"科目要求写出明细科目，答案中的金额单位以元表示）。

3.2024年1月2日，甲公司从证券市场上购入A公司于2024年1月1日发行的债券，该债券3年期，票面年利率为4%，到期日为2027年1月1日，到期日一次归还本金和利息。甲公司购入债券的面值为1 000万元，实际支付价款为947.5万元，另支付相关费用20万元。甲公司购入债券后将其划分为债权投资。购入债券的实际年利率为5%。假定按年计提利息，利息不是以复利计算。

要求：编制甲公司从2024年1月1日至2027年1月1日上述有关业务的会计分录。

4.2024年1月1日，甲公司以105 242元的价格（包括买价和交易费用）购入乙公司当日发行的3年期债券，面值100 000元，票面利率10%。该债券每年1月1日和7月1日各付息一次，金额5 000元。合同约定，该债券的发行方在遇到特定情况时可以将债券赎回，且不需要为提前赎回支付额外款项。甲公司在购买该债券时，预计发行方不会提前赎回。甲公司根据管理该债券的业务模式和该债券的合同现金流量特征，将该债券分类为以公允价值计量且其变动计入其他综合收益的金融资产。其他资料如下。

(1) 2024年6月30日，乙公司债券的公允价值为120 000元（不含利息）。

(2) 2024年12月31日，乙公司债券的公允价值为130 000元（不含利息）。

(3) 2025年6月30日，乙公司债券的公允价值为125 000元（不含利息）。

(4) 2025年12月31日，乙公司债券的公允价值为110 000元（不含利息）。

(5) 2026年1月20日，通过上海证券交易所将持有的乙公司债券全部出售，取得价款117 500元。假设该债券的实际利率为8%。

假定不考虑所得税、减值损失等因素的影响。

要求：编制甲公司上述业务的会计分录。

第四章 存货

存货是指企业在日常活动中持有以备出售的产品或商品、处在生产过程中的在产品、在生产过程或提供劳务过程中储备的材料或物料等。企业持有存货的最终目的是销售,包括可供直接销售的商品和需要经过进一步加工后销售的原材料、在产品等,以及在生产经营管理过程中使用的包装物和低值易耗品等。存货是流动资产中流动性较慢的一项重要资产,具有品种繁多、品质各异、存放方式和地点多样、时效性强、占用资金多、管理难度大且要求高等特点。存货质量高低、周转快慢直接影响,甚至决定企业的盈利能力、偿债能力和资金周转效率,乃至企业经营的成败。在流动资产管理上,人们习惯将减去存货后的流动资产作为速动资产管理。积极做好企业会计与管理的协调与配合,对企业存货的核算和监督管理具有十分重要的作用和意义。

第一节 存货的确认和初始计量

一、存货的确认

存货必须在符合定义的前提下,同时具备与该存货有关的经济利益很可能流入企业和该存货的成本能够可靠地计量两个条件,才能予以确认。

企业的存货通常包括原材料、在产品、半成品、产成品、商品及周转材料等。

(一) 原材料

原材料是指企业在生产过程中经过加工改变其形态或性质并构成产品主要实体的各种原料及主要材料、辅助材料、外购半成品(外购件)、修理用备件(备品备件)、包装材料、燃料等。

(二) 在产品

在产品是指企业正在制造尚未完工的生产物,包括正在各个生产工序加工的产品和已加工完毕但尚未检验,或已检验但尚未办理入库手续的产品。

(三) 半成品

半成品是指经过一定生产过程并已检验合格交付半成品仓库保管，但尚未制造完工，仍需进一步加工的中间产品。

(四) 产成品

产成品是指企业已经完成全部生产过程并已验收入库，可以按照合同规定的条件送交订货单位，或者可以作为商品对外销售的产品。企业接受来料加工制造的代制品和为外单位加工修理的代修品，制造和修理完成并验收入库后，应视同企业的产成品。

(五) 商品

商品是指商品流通企业外购，或委托加工完成并验收入库用于销售的各种产品。

(六) 周转材料

周转材料包括包装物和低值易耗品。包装物是指为了包装本企业的商品而储备的各种包装容器，如桶、箱、瓶、坛、袋等，其主要作用是盛装、装潢产品或商品。低值易耗品是指不能作为固定资产核算的各种用具物品，如各种工具、管理用具、玻璃器皿、劳动保护用品，以及在经营过程中周转使用的容器等。其特点是单位价值较低，或使用期限相对固定资产较短，在使用过程中保持其原有实物形态基本不变。

二、存货的初始计量

企业取得存货应当按照成本计量。存货成本包括采购成本、加工成本、其他成本，以及自制存货成本等。

(一) 采购成本

企业的外购存货主要包括原材料和商品。存货的采购成本包括购买价款、相关税费、运输费、装卸费、保险费，以及其他可归属于存货采购成本的费用。

(1) 存货的购买价款是指企业购入材料或商品发票账单上列明的价款，但不包括按照规定可以抵扣的增值税进项税额。

(2) 存货的相关税费是指企业购买存货发生的进口关税、消费税、资源税和不能抵扣的增值税进项税额，以及相应的教育费附加等应计入存货采购成本的税费。

(3) 其他可归属存货采购成本的费用是指采购成本中除上述各项以外可归属存货采购的费用，如在存货采购过程中发生的仓储费、包装费、运输途中的合理损耗，入库前的挑选整理费用（包括挑选整理中发生的工费支出和数量损耗，并扣除回收的下脚废料价值）等。运输途中的合理损耗是指商品在运输过程中，因商品性质、自然条件及技术设备等因素，发生的自然或不可避免的损耗。例如，汽车在运输煤炭、化肥等过程中的自然散落，以及易挥发产品在运输过程中的自然挥发等。

(4) 商品流通企业在采购商品过程中发生的运输费、装卸费、保险费，以及其他可归属存货采购成本费用等进货费用，应当计入所购商品成本。企业也可以先对这部分成本进行归集，期末再根据所购商品的存、销情况进行分摊。对于已售商品的进货费用，计入当期主营业务成本；对于未售商品的进货费用，计入期末存货成本。企业采购商品的进货费用金额较小的，可以在发生时直接计入当期销售费用。

（二）加工成本

企业通过进一步加工取得的存货，主要包括产成品、在产品、半成品、委托加工物资等，其成本由采购成本、加工成本构成。

存货的加工成本是指在存货加工过程中发生的追加费用，包括直接人工及按照一定方法分配的制造费用。直接人工是指企业在生产过程中发生的直接从事产品生产人员的职工薪酬。制造费用是指企业为生产产品而发生的各项间接费用。

企业委托外单位加工完成的存货，包括加工后的原材料、包装物、低值易耗品、半成品、产成品等，其成本包括实际耗用的原材料或者半成品、加工费、装卸费、保险费、委托加工的往返运输费等费用，以及按规定应计入存货成本的税费。

（三）其他成本

存货的其他成本是指除采购成本、加工成本以外，使存货达到目前场所和状态所发生的其他支出。为特定客户设计产品所发生的、可直接认定的产品设计费用应计入存货的成本，但是企业设计产品发生的设计费用通常计入当期损益。

（四）自制存货成本

企业自制存货，包括自制原材料、自制包装物、自制低值易耗品、自制半成品及库存商品等，其成本包括直接材料、直接人工和制造费用等的各项实际支出。

（五）下列费用不应计入存货成本，而应计入当期损益

（1）非正常消耗的直接材料、直接人工和制造费用，应在发生时计入当期损益，不应计入存货成本。比如，由于自然灾害发生的直接材料、直接人工和制造费用，其发生无助于使该存货达到目前场所和状态，不应计入存货成本，而应确认为当期损益。

（2）仓储费用是指企业在存货采购入库后发生的储存费用，应在发生时计入当期损益。但是，在生产过程中，为达到下一个生产阶段所必需的仓储费用应计入存货成本。例如，某种酒类产品生产企业为使生产的酒达到规定的产品质量标准而必须发生的仓储费用应计入酒的成本，而不应计入当期损益。

（3）不能归属于使存货达到目前场所和状态的其他支出，应在发生时计入当期损益，不得计入存货成本。

第二节 存货发出时的计量

企业存货发出时的计量方法直接影响其发出存货成本、结存存货成本和经营成果的计算结果，选择并采用合理科学的计量方法是合理准确计算成本和经营成果的基础。企业应当根据各类存货的实物流转方式、存货的性质、企业管理的要求等实际情况，合理地选择发出存货成本的计量方法，以合理确定当期发出存货的成本。对于性质和用途相同的存货，应当采用相同的成本计量方法确定

发出存货的成本。

实务中,企业发出的存货可以按计划成本核算,也可以按实际成本核算。如采用计划成本核算,则会计期末应调整为实际成本。在实际成本核算方式下,企业应当采用的发出存货成本的计量方法有个别计价法、先进先出法、月末一次加权平均法和移动加权平均法。

一、个别计价法

个别计价法是假设存货具体项目的实物流转与成本流转一致,按照各种存货逐一辨认各批发出存货和期末存货所属的购进批别或生产批别,分别按其购入或生产时确定的单位成本计算各批发出存货和期末存货成本的方法。在这种方法下,把每一种存货的实际成本作为计算发出存货成本和期末存货成本的基础。

个别计价法的成本计算准确,符合实际情况,但在存货收发频繁的情况下,其发出成本分辨的工作量较大。因此,这种方法通常适用于一般不能替代使用的存货、为特定项目专门购入或制造的存货及提供的劳务,如珠宝、名画等贵重物品。

【例 4-1】 2024 年 5 月,甲公司 D 商品的收入、发出及购进单位成本见表 4-1。

表 4-1 D 商品购销明细账

日期		摘要	收入			发出			结存		
月	日		数量(件)	单价(元)	金额(元)	数量(件)	单价(元)	金额(元)	数量(件)	单价(元)	金额(元)
5	1	期初余额							150	10	1 500
	5	购入	100	12	1 200				250		
	11	销售				200			50		
	16	购入	200	14	2 800				250		
	20	销售				100			150		
	23	购入	100	15	1 500				250		
	27	销售				100			150		
	35	本期合计	400	—	5 500	400	—		150		

假设经过具体辨认,本期发出存货的单位成本如下:5 月 11 日发出的 200 件存货中,100 件系期初结存存货,单位成本为 10 元;100 件为 5 月 5 日购入存货,单位成本为 12 元。5 月 20 日发出的 100 件存货系 5 月 16 日购入,单位成本为 14 元。5 月 27 日发出的 100 件存货中,50 件为期初结存,单位成本为 10 元;50 件为 5 月 23 日购入,单位成本为 15 元。按照个别计价法,甲公司 5 月 D 商品收入、发出与结存情况见表 4-2。

表 4-2 D 商品购销明细账(个别计价法)

日期		摘要	收入			发出			结存		
月	日		数量(件)	单价(元)	金额(元)	数量(件)	单价(元)	金额(元)	数量(件)	单价(元)	金额(元)
5	1	期初余额							150	10	1 500
	5	购入	100	12	1 200				150	10	1 500
									100	12	1 200

续表

日期		摘要	收入			发出			结存		
月	日		数量(件)	单价(元)	金额(元)	数量(件)	单价(元)	金额(元)	数量(件)	单价(元)	金额(元)
	11	销售				100 100	10 12	1 000 1 200	50	10	500
	16	购入	200	14	2 800				50 200	10 14	500 2 800
	20	销售				100	14	1 400	50 100	10 14	500 1 400
	23	购入	100	15	1 500				50 100 100	10 14 15	500 1 400 1 500
	27	销售				50 50	10 15	500 750	100 50	14 15	1 400 750
	31	本期合计	400	—	5 500	400	—	4 850	100 50	14 15	1 400 750

由表 4-2 可知，甲公司本期发出存货成本及期末结存存货成本如下：

本期发出存货成本 =（100×10+100×12）+（100×14）+（50×10+50×15）= 4 850（元）

期末结存存货成本 = 100×14+50×15 = 2 150（元）

或

期末结存存货成本 = 期初结存存货成本 + 本期收入存货成本 – 本期发出存货成本 = 150×10+（100×12+200×14+100×15）– 4 850 = 1 500+5 500 – 4 850 = 2 150（元）

二、先进先出法

先进先出法是指以先购入的存货应先发出（销售或耗用）的存货实物流动假设为前提，对发出存货进行计量的方法。这种方法是先购入的存货成本在后购入的存货成本之前转出，据此确定发出存货和期末存货的成本。具体操作是：收入存货时，逐笔登记收入存货的数量、单价和金额；发出存货时，按照先进先出原则逐笔登记存货的发出成本和结存金额。

先进先出法可以随时结转存货发出成本，但比较烦琐。当存货收发业务较多，且存货单价不稳定时，其工作量较大。在物价持续上升时，期末存货成本接近市价，而发出成本偏低，会高估企业当期利润和库存存货价值；反之，在物价持续下降时，会低估企业存货价值和当期利润。

【例 4-2】 沿用【例 4-1】，假设甲公司 D 商品本期收入、发出和结存情况见表 4-3。从表 4-3 可以看出存货成本的计价顺序，如 5 月 11 日发出的 200 件存货，按先进先出法的流转顺序，应首先发出期初库存存货 1 500（150×10）元；其次发出 5 月 5 日购入的 50 件，即 600（50×12）元，其他依此类推。从表 4-3 可以看出，使用先进先出法得出的发出存货成本和期末结存存货成本分别为 4 800 元和 2 200 元。

表4-3 D商品购销明细账（先进先出法）

日期		摘要	收入			发出			结存		
月	日		数量(件)	单价(元)	金额(元)	数量(件)	单价(元)	金额(元)	数量(件)	单价(元)	金额(元)
5	1	期初余额							150	10	1 500
	5	购入	100	12	1 200				150 100	10 12	1 500 1 200
	11	销售				150 50	10 12	1 500 600	50	12	600
	16	购入	200	14	2 800				50 200	12 14	600 2 800
	20	销售				50 50	12 14	600 700	150	14	2 100
	23	购入	100	15	1 500				150 100	14 15	2 100 1 500
	27	销售				100	14	1 400	50 100	14 15	700 1 500
	31	本期合计	400	—	5 500	400	—	4 800	50 100	14 15	700 1 500

甲公司日常账面记录显示，D商品期初结存存货为 1 500（150×10）元，本期购入存货3批，按先后顺序分别为：1 200（100×12）元、2 800（200×14）元、1 500（100×15）元。假设经过盘点，发现期末库存150件，则本期发出存货为400件。

本期发出存货成本和期末结存存货成本分别为

本期发出存货成本 =（150×10+50×12）+（50×12+50×14）+（100×14）= 4 800（元）

期末结存存货成本 = 50×14+100×15 = 2 200（元）

或

期末结存存货成本 = 期初结存存货成本 + 本期收入存货成本 − 本期发出存货成本 = 150×10 +（100×12+200×14+100×15）− 4 800 = 1 500+5 500−4 800 = 2 200（元）

三、月末一次加权平均法

月末一次加权平均法是指以本月全部进货数量加上月初存货数量作为权数，去除本月全部进货成本加上月初存货成本，计算存货的加权平均单位成本，以此为基础计算本月发出存货的成本和期末结存存货成本的方法。计算公式如下：

存货单位成本 =［月初结存存货成本 + ∑（本月各批进货的实际单位成本 × 本月各批进货的数量）］÷（月初结存存货的数量 + 本月各批进货数量之和）

本月发出存货的成本 = 本月发出存货的数量 × 存货单位成本

本月月末结存存货成本 = 月末结存存货的数量 × 存货单位成本

或

本月月末结存存货成本 = 月初结存存货成本 + 本月收入存货成本 − 本月发出存货成本

采用月末一次加权平均法只在月末进行一次加权平均单价计算，可以简化成本计算工作，但月末一次的加权平均单价和发出存货成本计算，不便于存货成本的日常管理与控制。

【例4-3】 承【例4-1】，假设甲公司采用月末一次加权平均法核算存货，根据表4-1，5

月 D 商品的平均单位成本计算如下：

5 月 D 商品的平均单位成本 =（月初结存存货成本 + 本月收入存货成本之和）÷（月初结存存货数量 + 本月收入存货数量之和）=（150×10 + 100×12 + 200×14 + 100×15）÷（150 + 100 + 200 + 100）≈12.727（元）

则 5 月 D 商品的发出成本与期末结存存货成本分别为

5 月 D 商品的发出成本 = 400×12.727 = 5 090.8（元）

5 月 D 商品的期末结存存货成本 = 月初结存存货成本 + 本月收入存货成本 − 本月发出存货成本 = [150×10 +（100×12 + 200×14 + 100×15）] − 5 090.8 = 7 000 − 5 090.8 = 1 909.2（元）

5 月 D 商品本期收入、发出和结存情况见表 4−4。

表 4−4　D 商品购销明细账（月末一次加权平均法）

日期		摘要	收入			发出			结存		
月	日		数量(件)	单价(元)	金额(元)	数量(件)	单价(元)	金额(元)	数量(件)	单价(元)	金额(元)
5	1	期初余额							150	10	1 500
	5	购入	100	12	1 200				250	—	—
	11	销售				200	—		50	—	—
	16	购入	200	14	2 800				250	—	—
	20	销售				100	—		150	—	—
	23	购入	100	15	1 500				250	—	—
	27	销售				100	—		150	—	—
	31	本期合计	400	—	5 500	400	12.727	5 090.8	150	12.728**	1 909.2*

注：1 909.2* 系采用"月末结存存货成本 = 月初结存存货成本 + 本月收入存货成本 − 本月发出存货成本"计算确定的金额；12.728** = 1 909.2 ÷ 150，与月末一次加权平均法计算的平均单位成本理论上应完全一致，实务中有时出现不一致，系四舍五入所致。

从表 4−4 可以看出，采用月末一次加权平均法，D 商品的平均单位成本从期初的 10 元变为期末的 12.728 元；采用月末一次加权平均法得出的本期发出存货成本和期末结存存货成本分别为 5 090.80 元和 1 909.2 元。

四、移动加权平均法

移动加权平均法是指以每次进货成本加上原有结存存货成本的合计额，除以每次进货数量加上原有结存存货数量的合计数，据以计算加权平均单位成本，作为在下次进货前计算各次发出存货成本依据的方法。计算公式如下：

存货单位成本 =（原有结存存货成本 + 本次进货成本）÷（原有结存存货数量 + 本次进货数量）

本次发出存货成本 = 本次发出存货数量 × 本次发货前存货的单位成本

本月月末结存存货成本 = 月末结存存货数量 × 本月月末存货单位成本

或

本月月末结存存货成本 = 月初结存存货成本 + 本月收入存货成本 − 本月发出存货成本

采用移动加权平均法能够使企业管理层及时了解存货的结存情况，计算的平均单位成本及发出和结存的存货成本比较客观。但由于每次收货都要计算一次平均单位成本，计算工作量较大，对收发货较频繁的企业不太适用。

【例4-4】 沿用【例4-1】,假设甲公司采用移动加权平均法核算存货,根据表4-1,5月D商品各平均单位成本计算如下:

5月5日购入存货后的平均单位成本=(150×10+100×12)÷(150+100)=10.8(元)

5月16日购入存货后的平均单位成本=(50×10.8+200×14)÷(50+200)=13.36(元)

5月23日购入存货后的平均单位成本=(150×13.36+100×15)÷(150+100)=14.016(元)

本次发出存货成本=本次发出存货数量×本次发货前存货的单位成本

5月11日销售存货的成本=200×10.8=2 160(元)

5月20日销售存货的成本=100×13.36=1 336(元)

5月27日销售存货的成本=100×14.016=1 401.6(元)

本月月末库存存货成本=月末库存存货数量×本月月末存货单位成本=150×14.016=2 102.4(元)

或

本月月末结存存货成本=月初结存存货成本+本月收入存货成本-本月发出存货成本=150×10+[(100×12)+(200×14)+(100×15)]-[(200×10.8)+(100×13.36)+(100×14.016)]=1 500+[1 200+2 800+1 500]-[2 160+1 336+1 401.6]=1 500+5 500-4 897.6=2 102.4(元)

则5月D商品本期收入、发出和结存情况见表4-5。

表4-5 D商品购销明细账(移动加权平均法)

日期		摘要	收入			发出			结存		
月	日		数量(件)	单价(元)	金额(元)	数量(件)	单价(元)	金额(元)	数量(件)	单价(元)	金额(元)
5	1	期初余额							150	10	1 500
	5	购入	100	12	1 200				250	10.8	2 700
	11	销售				200	10.8	2 160	50	10.8	540
	16	购入	200	14	2 800				250	13.36	3 340
	20	销售				100	13.36	1 336	150	13.36	2 004
	23	购入	100	15	1 500				250	14.016	3 504
	27	销售				100	14.016	1 401.6	150	14.016	2 102.4
	31	本期合计	400	—	5 500	400	—	4 897.6	150	14.016	2 102.4

从表4-5可以看出,采用移动加权平均法,D商品的平均单位成本从期初的10元/件变为期中的10.8元/件、13.36元/件,再变成期末的14.016元/件;采用移动加权平均法得出的本期发出存货成本和期末结存存货成本分别为4 897.6元和2 102.4元。

从【例4-1】至【例4-4】的计算结果可以发现,采用不同发出存货的计价方法计算结果各不相同。采用个别计价法、先进先出法、月末一次加权平均法和移动加权平均法依次计算的结果4 850元、4 800元、5 090.8元和4 897.6元。其中,受存货实际单价波动影响,最高的为采用月末一次加权平均法计算的结果5 090.8元,最低的为采用先进先出法计算的结果为4 800元,二者相差290.8元，差异率约为6.06%。这说明，在企业进货单价不断上升的情况下，不考虑其他影响利润的因素，采用先进先出法计算的利润额最高，采用月末一次加权平均法计算的利润额最低，这对准确评价企业盈利能力产生一定影响；若发出存货成本高则期末存货成本低，对存货周转率、资产负债率等财务指标造成一定影响，进而对评价企业营运能力和偿债能力产生一定影响。可见，不同存货计价方法的经济后果可能存在差异。因此，企业应在国家统一会计制度规定范围内尽可能选择发出存货成本偏高的计价方法，以使企业利益相关者特别是股东做出谨慎的经济决策。

第三节　存货的会计核算

一、原材料的会计核算

原材料的日常收入、发出及结存既可以采用实际成本核算，也可以采用计划成本核算。采用实际成本核算材料的收入、发出及结存，无论总分类核算还是明细分类核算，都按照实际成本计价，不存在成本差异的计算与结转等问题，具有方法简单、核算程序简便易行等优点。但是，采用实际成本核算，日常不能直接反映材料成本的节约或超支情况，不便于对材料等及时实施监督管理，以及反映和考核材料物资采购、储存及其耗用等业务对经营成果的影响。因此，采用实际成本核算通常适用于材料收发业务较少、监督管理要求不高的企业。在会计实务工作中，对于材料收发业务较多，监督管理复杂且要求较高，计划成本资料较为健全、准确的企业，一般可以采用计划成本核算材料的收入、发出及结存。

（一）采用实际成本核算

1. 会计科目的设置

企业采用实际成本核算，主要设置的会计科目有"原材料""在途物资""应付账款"等。

（1）"原材料"科目核算企业库存各种材料的收入、发出与结存情况，借方登记入库材料的实际成本，贷方登记发出材料的实际成本；期末余额在借方，反映企业库存材料的实际成本。"原材料"科目应按照材料的保管地点（仓库）、类别、品种和规格等设置明细科目核算。

（2）"在途物资"科目核算企业采用实际成本（进价）进行材料、商品等物资的日常核算，价款已付尚未验收入库的各种物资（在途物资）的采购成本，借方登记企业购入的在途物资的实际成本，贷方登记验收入库的在途物资的实际成本；期末余额在借方，反映企业在途物资的采购成本。"在途物资"科目应按照供应单位和物资品种设置明细科目核算。

（3）"应付账款"科目核算企业因购入材料、商品或接受劳务等经营活动应支付的款项，借方登记支付的应付账款，贷方登记企业因购入材料、商品或接受劳务等尚未支付的款项；期末余额一般在贷方，反映企业尚未支付的应付账款。"应付账款"科目应按照债权人设置明细科目核算。

2. 原材料的账务处理

（1）购入材料。

①材料已验收入库，货款已经支付或已开出并承兑商业汇票。

【例 4-5】 甲公司购入 C 材料一批，取得的增值税专用发票上注明的价款为 500 000 元，增值税税额为 65 000 元，款项已用转账支票付讫，材料已验收入库。甲公司为增值税一般纳税人，采用实际成本进行材料日常核算，应编制如下会计分录。

借：原材料——C 材料　　　　　　　　　　　　　　　　　　　　500 000
　　应交税费——应交增值税（进项税额）　　　　　　　　　　　　 65 000
　　贷：银行存款　　　　　　　　　　　　　　　　　　　　　　　565 000

【分析】

本例属于发票账单与材料同时到达的采购业务，企业材料已验收入库，因此应通过"原材料"科目核算，对于增值税专用发票上注明的可抵扣的进项税额，应借记"应交税费——应交增值税（进项税额）"科目。

【例 4-6】 甲公司持银行汇票 1 808 000 元购入 D 材料一批，取得的增值税专用发票上注明的价款为 1 600 000 元，增值税税额为 208 000 元，材料已验收入库。甲公司为增值税一般纳税人，采用实际成本进行材料日常核算，应编制如下会计分录。

借：原材料——D 材料　　　　　　　　　　　　　　　　　　　　1 600 000
　　应交税费——应交增值税（进项税额）　　　　　　　　　　　　 208 000
　　贷：其他货币资金——银行汇票　　　　　　　　　　　　　　　1 808 000

【例 4-7】 甲公司采用托收承付结算方式购入 E 材料一批，取得的增值税专用发票上注明的价款为 40 000 元，增值税税额为 5 200 元，款项在承付期内以银行存款支付，材料已验收入库。甲公司为增值税一般纳税人，采用实际成本进行材料日常核算，应编制如下会计分录。

借：原材料——E 材料　　　　　　　　　　　　　　　　　　　　 40 000
　　应交税费——应交增值税（进项税额）　　　　　　　　　　　　 5 200
　　贷：银行存款　　　　　　　　　　　　　　　　　　　　　　　 45 200

②货款已经支付或已开出、承兑商业汇票，材料尚未到达或尚未验收入库。

【例 4-8】 甲公司采用汇兑结算方式购入 F 材料一批，发票及账单已收到，取得的增值税专用发票上注明的价款为 20 000 元，增值税税额为 2 600 元，材料尚未到达。甲公司为增值税一般纳税人，采用实际成本进行材料日常核算，应编制如下会计分录。

借：在途物资　　　　　　　　　　　　　　　　　　　　　　　　 20 000
　　应交税费——应交增值税（进项税额）　　　　　　　　　　　　 2 600
　　贷：银行存款　　　　　　　　　　　　　　　　　　　　　　　 22 600

【分析】

本例属于已经支付或已开出并承兑商业汇票，但材料尚未到达或尚未验收入库的采购业务，应通过"在途物资"科目核算；待材料验收入库后，根据收料单，由"在途物资"科目转入"原材料"科目核算。

【例 4-9】 承【例 4-8】，上述购入的 F 材料已收到，并验收入库，甲公司应编制如下会计分录。

借：原材料——F 材料　　　　　　　　　　　　　　　　　　　　 20 000
　　贷：在途物资　　　　　　　　　　　　　　　　　　　　　　　 20 000

③材料已经验收入库，货款尚未支付。

【例 4-10】 甲公司采用托收承付结算方式购入 G 材料一批，取得的增值税专用发票上注明的价款为 50 000 元，增值税税额为 6 500 元。银行转来的结算凭证已到，款项尚未支付，材料已验收入库。甲公司为增值税一般纳税人，采用实际成本进行材料日常核算，应编制如下会计分录。

借：原材料——G 材料　　　　　　　　　　　　　　　　　　　　　50 000
　　应交税费——应交增值税（进项税额）　　　　　　　　　　　　　6 500
　　贷：应付账款　　　　　　　　　　　　　　　　　　　　　　　　　56 500

【例 4-11】 甲公司购入 H 材料一批，材料已验收入库，月末发票账单尚未收到，也无法确定其实际成本，暂估价值为 30 000 元。甲公司为增值税一般纳税人，采用实际成本进行材料日常核算，应编制如下会计分录。

借：原材料——H 材料　　　　　　　　　　　　　　　　　　　　　30 000
　　贷：应付账款——暂估应付账款　　　　　　　　　　　　　　　　30 000

下月初，用红字冲销原暂估入账金额。

借：原材料——H 材料　　　　　　　　　　　　　　　　　　　　　-30 000
　　贷：应付账款——暂估应付账款　　　　　　　　　　　　　　　　-30 000

【分析】

在这种情况下，发票账单未到难以确定实际成本，期末应按照暂估价值先入账；下月初，用红字冲销原暂估入账金额，待收到发票账单后再按照实际金额记账。也就是说，对于材料已到达并已验收入库，但发票账单等结算凭证未到，货款尚未支付的采购业务，应于期末按材料的暂估价值，借记"原材料"科目，贷记"应付账款——暂估应付账款"科目。下月初，用红字冲销原暂估入账金额，以便下月付款或开出、承兑商业汇票后，按照正常程序，借记"原材料""应交税费——应交增值税（进项税额）"科目，贷记"银行存款""应付票据"等科目。

【例 4-12】 承【例 4-11】，上述购入的 H 材料于次月收到发票账单，增值税专用发票上注明的价款为 31 000 元，增值税税额为 4 030 元，已用银行存款付讫。甲公司应编制如下会计分录。

借：原材料——H 材料　　　　　　　　　　　　　　　　　　　　　31 000
　　应交税费——应交增值税（进项税额）　　　　　　　　　　　　　4 030
　　贷：银行存款　　　　　　　　　　　　　　　　　　　　　　　　　35 030

④货款已经预付，材料尚未验收入库。

【例 4-13】 甲公司为增值税一般纳税人，根据与××钢厂（增值税一般纳税人）签订的购销合同规定，为购买 J 材料向该钢厂预付 100 000 元价款的 80%，计 80 000 元，已通过汇兑方式汇出。甲公司采用实际成本进行材料日常核算，应编制如下会计分录。

借：预付账款——××钢厂　　　　　　　　　　　　　　　　　　　　80 000
　　贷：银行存款　　　　　　　　　　　　　　　　　　　　　　　　　80 000

【例 4-14】 承【例 4-13】，甲公司收到该钢厂发运来的 J 材料，已验收入库。取得的增值税专用发票上注明的价款为 100 000 元，增值税税额为 13 000 元，所欠款项以银行存款付讫。甲公司应编制如下会计分录。

（1）材料入库时：

借：原材料——J 材料	100 000	
应交税费——应交增值税（进项税额）	13 000	
贷：预付账款		113 000

（2）补付货款时：

借：预付账款	33 000	
贷：银行存款		33 000

（2）发出材料。企业采用实际成本核算发出材料的成本，主要有以下几种情形：①生产、经营管理领用材料，企业按照领用材料的用途和实际成本，借记"生产成本""制造费用""销售费用""管理费用"等科目，贷记"原材料"科目；②出售材料结转成本，按出售材料的实际成本，借记"其他业务成本"科目，贷记"原材料"科目；③发出委托外单位加工的材料，按发出材料的实际成本，借记"委托加工物资"科目，贷记"原材料"科目。

企业采用实际成本进行材料日常核算的，对于发出材料的实际成本，可以采用先进先出法、月末一次加权平均法、移动加权平均法或个别计价法计算确定。

【例 4 – 15】 甲公司库存材料采用实际成本法核算，按先进先出法计算发出材料成本。

2024 年 3 月 1 日，结存 B 材料 3 000 千克，每千克实际成本为 10 元；3 月 4 日和 3 月 20 日分别购入该材料 9 000 千克和 6 000 千克，每千克实际成本分别为 11 元和 12 元；3 月 10 日和 3 月 25 日分别发出 B 材料 10 500 千克和 6 000 千克，全部用于生产车间生产产品。3 月，B 材料发出和结存成本计算结果如下：

3 月 10 日发出 B 材料成本 = 3 000 × 10 + 7 500 × 11 = 112 500（元）

3 月 25 日发出 B 材料成本 = （9 000 – 7 500）× 11 + 4 500 × 12 = 70 500（元）

3 月发出 B 材料成本合计 = 112 500 + 70 500 = 183 000（元）

3 月结存 B 材料成本合计 = （6 000 – 4 500）× 12 = 18 000（元）

根据计算结果，甲公司应编制如下会计分录。

（1）3 月 10 日发出 B 材料时：

借：生产成本——基本生产成本	112 500	
贷：原材料——B 材料		112 500

（2）3 月 25 日发出 B 材料时：

借：生产成本——基本生产成本	70 500	
贷：原材料——B 材料		70 500

【例 4 – 16】 承【例 4 – 15】，假设采用月末一次加权平均法，计算 B 材料的成本如下：

B 材料平均单位成本 = （30 000 + 171 000）÷ （3 000 + 15 000）≈ 11.17（元）

本月发出 B 材料的成本 = 11.17 × 16 500 = 184 305（元）

月末结存 B 材料的成本 = 30 000 + 171 000 – 184 305 = 16 695（元）

甲公司 2024 年 3 月发出 B 材料用于生产产品，采用实际成本进行材料日常核算，3 月 31 日结转 3 月发出 B 材料成本，应编制如下会计分录。

借：生产成本——基本生产成本	184 305	
贷：原材料——B 材料		184 305

【例 4-17】 承【例 4-15】，假设采用移动加权平均法，计算 B 材料的成本如下：

第一批收货后 B 材料的平均单位成本 =（30 000 + 99 000）÷（3 000 + 9 000）= 10.75（元）

第一批发出 B 材料的成本 = 10.75 × 10 500 = 112 875（元）

当时结存的存货成本 = 10.75 × 1 500 = 16 125（元）

第二批收货后 B 材料的平均单位成本 =（16 125 + 72 000）÷（1 500 + 6 000）= 11.75（元）

第二批发出 B 材料的成本 = 11.75 × 6 000 = 70 500（元）

当时结存的存货成本 = 11.75 × 1 500 = 17 625（元）

B 材料月末结存 1 500 千克，月末库存存货成本为 17 625 元；本月发出存货成本合计为 183 375（112 875 + 70 500）元。

甲公司 2024 年 3 月发出 B 材料用于生产车间生产产品，采用实际成本进行材料日常核算，应编制如下会计分录。

（1）3 月 10 日发出 B 材料时：

借：生产成本——基本生产成本　　　　　　　　　　　　　　　　112 875
　　贷：原材料——B 材料　　　　　　　　　　　　　　　　　　　　112 875

（2）3 月 25 日发出 B 材料时：

借：生产成本——基本生产成本　　　　　　　　　　　　　　　　　70 500
　　贷：原材料——B 材料　　　　　　　　　　　　　　　　　　　　 70 500

企业各生产单位及有关部门领用的材料具有种类多、业务频繁等特点。为了简化核算，企业可以在月末根据"领料单"或"限额领料单"中有关领料的单位、部门等加以归类，编制"发料凭证汇总表"，据以编制记账凭证、登记入账。发出材料实际成本的确定，可以由企业从上述个别计价法、先进先出法、月末一次加权平均法、移动加权平均法等方法中选择。计量方法一经确定，就不得随意变更；如需变更，应在附注中予以说明。

【例 4-18】 甲公司为增值税一般纳税人，根据"发料凭证汇总表"的记录，1 月基本生产车间领用 K 材料 500 000 元，辅助生产车间领用 K 材料 40 000 元，车间管理部门领用 K 材料 5 000 元，销售机构领用 K 材料 1 000 元，企业行政管理部门领用 K 材料 4 000 元，合计 550 000 元。甲公司采用实际成本进行材料日常核算，应编制如下会计分录。

借：生产成本——基本生产成本　　　　　　　　　　　　　　　　500 000
　　　　　　——辅助生产成本　　　　　　　　　　　　　　　　　 40 000
　　制造费用　　　　　　　　　　　　　　　　　　　　　　　　　 5 000
　　销售费用　　　　　　　　　　　　　　　　　　　　　　　　　 1 000
　　管理费用　　　　　　　　　　　　　　　　　　　　　　　　　 4 000
　　贷：原材料——K 材料　　　　　　　　　　　　　　　　　　　 550 000

（二）采用计划成本核算

1. 原材料核算应设置的会计科目

采用计划成本核算材料的收入、发出及结存，无论是总分类核算还是明细分类核算，都按照计划成本计价。企业应设置的会计科目有"原材料""材料采购""材料成本差异"等。材料实际成本与计划成本的差异,通过"材料成本差异"科目核算。月末,计算本月发出材料应负担的成本差异并进行分摊,根据领用材料用途计入相关资产的成本或者当期损益,从而将发出材料的计划成本调整为实际成本。

(1)采用计划成本核算材料,"原材料"科目的借方登记入库材料的计划成本,贷方登记发出材料的计划成本;期末余额在借方,反映企业库存材料的计划成本。

(2)"材料采购"科目借方登记采购材料的实际成本,贷方登记入库材料的计划成本。借方金额大于贷方金额表示超支,从"材料采购"科目的贷方转入"材料成本差异"科目的借方;贷方金额大于借方金额表示节约,从"材料采购"科目的借方转入"材料成本差异"科目的贷方。期末为借方余额,反映企业在途材料的实际采购成本。

(3)"材料成本差异"科目反映企业已入库各种材料的实际成本与计划成本的差异,借方登记超支差异及发出材料应负担的节约差异,贷方登记节约差异及发出材料应负担的超支差异。期末为借方余额,反映企业库存材料的实际成本大于计划成本的差异(超支差异);期末为贷方余额,反映企业库存材料的实际成本小于计划成本的差异(节约差异)。

原材料按计划成本核算,设置的主要会计科目及对应关系如图4-1所示。

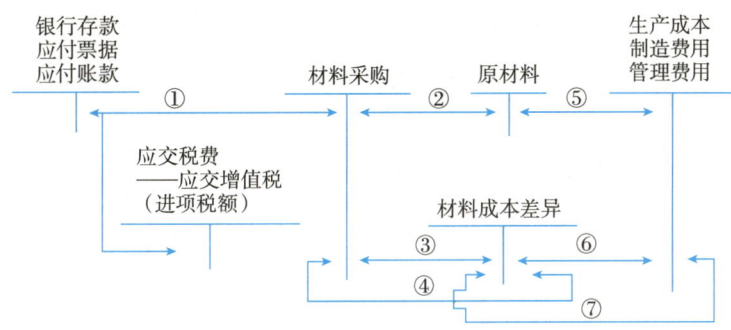

注:①采购材料结算货款和增值税税额;②原材料验收入库按计划成本入账;③超支差异由"材料采购"科目的贷方结转记入"材料成本差异"科目的借方;④节约差异由"材料采购"科目的借方结转记入"材料成本差异"科目的贷方;⑤发出原材料;⑥结转发出原材料的超支差异,将生产成本等调整为实际成本;⑦结转发出原材料的节约差异,将生产成本等调整为实际成本。

图4-1 原材料按计划成本核算设置的主要会计科目及对应关系

2. 原材料的账务处理

(1)购入材料。

①货款已经支付,同时材料验收入库。

【例4-19】 乙公司为增值税一般纳税人,购入L材料一批,增值税专用发票上注明的价款为3 000 000元,增值税税额为390 000元,发票账单已收到,计划成本为3 200 000元,材料已验收入库,全部款项以银行存款支付。乙公司采用计划成本进行材料日常核算,应编制如下会计分录。

借:材料采购——L材料　　　　　　　　　　　　　　　　　　　　　　3 000 000
　　应交税费——应交增值税(进项税额)　　　　　　　　　　　　　　　390 000
　　贷:银行存款　　　　　　　　　　　　　　　　　　　　　　　　　3 390 000

同时：

借：原材料——L材料　　　　　　　　　　　　　　　　　　　　　3 200 000
　　贷：材料采购——L材料　　　　　　　　　　　　　　　　　　　　3 200 000

结转材料成本差异：

借：材料采购——L材料　　　　　　　　　　　　　　　　　　　　200 000
　　贷：材料成本差异——L材料　　　　　　　　　　　　　　　　　　200 000

【分析】

在本例中，L材料的实际成本为3 000 000元，计划成本为3 200 000元，实际成本小于计划成本200 000元（为节约差异），应记入"材料成本差异"科目的贷方。需要说明的是，实务中"材料成本差异"科目既可以逐笔结转，也可以月末一次结转。

在计划成本法下，购入的材料无论是否验收入库，都要先通过"材料采购"科目进行核算，以反映企业所购材料的实际成本，从而与"原材料"科目相比较，计算确定材料成本差异。

②货款已经支付，材料尚未验收入库。

【例4-20】　乙公司为增值税一般纳税人，采用汇兑结算方式购入M1材料一批，增值税专用发票上注明的价款为200 000元，增值税税额为26 000元，发票账单已收到，计划成本为180 000元，材料尚未入库，款项已用银行存款支付。乙公司采用计划成本进行材料日常核算，应编制如下会计分录。

借：材料采购——M1材料　　　　　　　　　　　　　　　　　　　200 000
　　应交税费——应交增值税（进项税额）　　　　　　　　　　　　　26 000
　　贷：银行存款　　　　　　　　　　　　　　　　　　　　　　　　226 000

③货款尚未支付，材料已经验收入库。

【例4-21】　乙公司为增值税一般纳税人，采用商业承兑汇票支付方式购入M2材料一批，增值税专用发票上注明的价款为500 000元，增值税税额为65 000元，发票账单已收到，计划成本为490 000元，材料已验收入库。乙公司采用计划成本进行材料日常核算，应编制如下会计分录。

借：材料采购——M2材料　　　　　　　　　　　　　　　　　　　500 000
　　应交税费——应交增值税（进项税额）　　　　　　　　　　　　　65 000
　　贷：应付票据　　　　　　　　　　　　　　　　　　　　　　　　565 000

同时：

借：原材料——M2材料　　　　　　　　　　　　　　　　　　　　490 000
　　贷：材料采购——M2材料　　　　　　　　　　　　　　　　　　490 000

借：材料成本差异——M2材料　　　　　　　　　　　　　　　　　　10 000
　　贷：材料采购——M2材料　　　　　　　　　　　　　　　　　　　10 000

【分析】

在本例中，M2材料的实际成本为500 000元，计划成本为490 000元，实际成本大于计划成本10 000元（为超支差异），应记入"材料成本差异"科目的借方。

【例4-22】　乙公司为增值税一般纳税人，购入M3材料一批，材料已验收入库，发票账单未到，月末应按照计划成本600 000元估价入账。乙公司采用计划成本进行材料日常核算，应编制如下会计分录。

借：原材料——M3 材料　　　　　　　　　　　　　　　　　　　　　600 000
　　贷：应付账款——暂估应付账款　　　　　　　　　　　　　　　　600 000

下月初，用红字冲销原暂估入账金额：

借：原材料——M3 材料　　　　　　　　　　　　　　　　　　　　　-600 000
　　贷：应付账款——暂估应付账款　　　　　　　　　　　　　　　　-600 000

【分析】

在这种情况下，对于尚未收到发票账单的收料凭证，月末应按计划成本暂估入账，借记"原材料"等科目，贷记"应付账款——暂估应付账款"科目。下月初，用红字予以冲回，借记"原材料"科目（红字），贷记"应付账款——暂估应付账款"科目（红字）。

企业购入验收入库的材料，按计划成本，借记"原材料"科目，贷记"材料采购"科目。按实际成本大于计划成本的差异，借记"材料成本差异"科目，贷记"材料采购"科目；按实际成本小于计划成本的差异，借记"材料采购"科目，贷记"材料成本差异"科目。在实务中，企业也可以集中在月末一次性对本月已付款或已开出并承兑商业汇票的入库材料进行汇总核算，记入"原材料"科目，同时结转材料成本差异。

【例 4-23】　承【例 4-19】和【例 4-21】，假设月末，乙公司汇总本月已付款或已开出并承兑商业汇票的入库材料的计划成本为 3 690 000（3 200 000 + 490 000）元。乙公司应编制如下会计分录。

（1）结转原材料成本时：

借：原材料——L 材料　　　　　　　　　　　　　　　　　　　　　3 200 000
　　　　　——M2 材料　　　　　　　　　　　　　　　　　　　　　490 000
　　贷：材料采购——L 材料　　　　　　　　　　　　　　　　　　　3 200 000
　　　　　　　　——M2 材料　　　　　　　　　　　　　　　　　　490 000

（2）结转材料成本差异时：

上述入库材料的实际成本为 3 500 000（3 000 000 + 500 000）元，入库材料的成本差异为节约 190 000（3 500 000 - 3 690 000）元。

借：材料采购——L 材料　　　　　　　　　　　　　　　　　　　　200 000
　　材料成本差异——M2 材料　　　　　　　　　　　　　　　　　　10 000
　　贷：材料成本差异——L 材料　　　　　　　　　　　　　　　　　200 000
　　　　材料采购——M2 材料　　　　　　　　　　　　　　　　　　10 000

或将上述会计分录（1）和分录（2）合并为一个。

借：原材料——L 材料　　　　　　　　　　　　　　　　　　　　　3 200 000
　　　　　——M2 材料　　　　　　　　　　　　　　　　　　　　　490 000
　　材料成本差异——M2 材料　　　　　　　　　　　　　　　　　　10 000
　　贷：材料采购——L 材料　　　　　　　　　　　　　　　　　　　3 000 000
　　　　　　　　——M2 材料　　　　　　　　　　　　　　　　　　500 000
　　　　材料成本差异——L 材料　　　　　　　　　　　　　　　　　200 000

（2）发出材料。在企业采用计划成本对材料进行日常核算的情况下，企业发出材料主要有以下几种情形：①生产、经营管理领用材料，按照领用材料的用途和计划成本，借记"生产成本""制造费用""销售费用""管理费用"等科目，贷记"原材料"科目；②出售材料结转成本，按照出售材料计划成本，借记"其他业务成本"科目，贷记"原材料"科目；③发出委托外单位加工的材料，按发出委托加工材料计划成本，借记"委托加工物资"科目，贷记"原材料"科目。

在实务中，为了简化核算，企业日常发出原材料不编制会计分录，通常在月末，根据领料单等编制"发料凭证汇总表"结转发出材料的计划成本，按计划成本分别记入"生产成本""制造费用""销售费用""管理费用""其他业务成本""委托加工物资"等科目，贷记"原材料"科目，同时结转材料成本差异。

【例4-24】 乙公司为增值税一般纳税人，根据"发料凭证汇总表"的记录，某月L材料的消耗（计划成本）为：基本生产车间领用2 000 000元，辅助生产车间领用600 000元，车间管理部门领用250 000元，企业行政管理部门领用50 000元。乙公司采用计划成本进行材料日常核算，应编制如下会计分录。

借：生产成本——基本生产成本　　　　　　　　　　　　　　　2 000 000
　　　　　　——辅助生产成本　　　　　　　　　　　　　　　　600 000
　　制造费用　　　　　　　　　　　　　　　　　　　　　　　　250 000
　　管理费用　　　　　　　　　　　　　　　　　　　　　　　　 50 000
　　贷：原材料——L材料　　　　　　　　　　　　　　　　　　　　　2 900 000

根据《企业会计准则第1号——存货》规定，企业日常采用计划成本核算的，发出的材料成本应由计划成本调整为实际成本，通过"材料成本差异"科目进行结转，按照发出材料的用途，分别记入"生产成本""制造费用""销售费用""管理费用""其他业务成本""委托加工物资"等科目。发出材料应负担的成本差异应当按期（月）分摊、不得在季末或年末一次计算。年度终了，企业应对材料成本差异率进行核实调整。

材料成本差异率的计算公式如下：

本月材料成本差异率 =（月初结存材料的成本差异 + 本月验收入库材料的成本差异）÷
（月初结存材料的计划成本 + 本月验收入库材料的计划成本）×100%

本月发出材料应负担的成本差异 = 本月发出材料的计划成本 × 本月材料成本差异率

如果企业的材料成本差异率各期之间比较均衡，也可以采用期初材料成本差异率分摊本期的材料成本差异。

期初材料成本差异率 = 期初结存材料的成本差异 ÷ 期初结存材料的计划成本 ×100%

发出材料应负担的成本差异 = 发出材料的计划成本 × 期初材料成本差异率

【例4-25】 承【例4-19】和【例4-24】，乙公司为增值税一般纳税人，某月初结存L材料的计划成本为1 000 000元，成本差异为超支30 740元；当月入库L材料的计划成本为3 200 000元，成本差异为节约200 000元，则

材料成本差异率 =（30 740 - 200 000）÷（1 000 000 + 3 200 000）×100% = -4.03%

结转发出材料的成本差异，乙公司应编制如下会计分录。

借：材料成本差异——L材料　　　　　　　　　　　　　　　　　116 870

贷：生产成本——基本生产成本	80 600
——辅助生产成本	24 180
制造费用	10 075
管理费用	2 015

【分析】

本例中，基本生产成本应分摊的材料成本差异节约额为 80 600（2 000 000×4.03%）元，辅助生产成本应分摊的材料成本差异节约额为 24 180（600 000×4.03%）元，制造费用应分摊的材料成本差异节约额为 10 075（250 000×4.03%）元，管理费用应分摊的材料成本差异节约额为 2 015（50 000×4.03%）元。

二、周转材料的会计核算

周转材料是指企业能够多次使用，不符合固定资产定义，逐渐转移其价值但仍保持原有形态的材料物品。企业的周转材料包括包装物和低值易耗品。

（一）包装物

1. 包装物类型

（1）生产过程中作为产品组成部分的包装物。

（2）随同商品出售而不单独计价的包装物。

（3）随同商品出售并单独计价的包装物。

（4）出租或出借给购买单位使用的包装物。

2. 包装物的账务处理

为了反映和监督包装物的增减变动及其价值损耗、结存等情况，企业应当设置"周转材料——包装物"科目进行核算，借方登记包装物的增加，贷方登记包装物的减少；期末余额在借方，反映企业期末结存包装物的金额。

对于生产领用包装物，应根据领用包装物的实际成本或计划成本，借记"生产成本"科目，贷记"周转材料——包装物""材料成本差异"（采用计划成本核算时使用该科目）等科目。随同商品出售而不单独计价的包装物，应于包装物发出时，按其实际成本计入销售费用，借记"销售费用"科目，贷记"周转材料——包装物"等科目。随同商品出售并单独计价的包装物，一方面应反映其销售收入，记入"其他业务收入"科目的贷方；另一方面应反映其实际销售成本，记入"其他业务成本"科目的借方。多次使用的包装物应当根据预计使用次数分次进行摊销。

（1）生产领用包装物应按照领用包装物的实际成本，借记"生产成本"科目；按照领用包装物的计划成本，贷记"周转材料——包装物"科目；按照其差额，借记或贷记"材料成本差异"科目。

【例4-26】 甲公司为增值税一般纳税人，对包装物采用计划成本核算。某月生产产品领用包装物的计划成本为100 000元，材料成本差异率为-3%。甲公司应编制如下会计分录。

领用包装物时：

|　借：生产成本 | 97 000 |

材料成本差异　　　　　　　　　　　　　　　　　　　　　　　　　　　　3 000
　　贷：周转材料——包装物　　　　　　　　　　　　　　　　　　　　　　　100 000

（2）随同商品出售包装物具体包括两种情形，其账务处理不尽相同。

①随同商品出售而不单独计价的包装物，应按其实际成本计入销售费用，借记"销售费用"科目；按其计划成本，贷记"周转材料——包装物"科目；按其差额，借记或贷记"材料成本差异"科目。

【例4–27】 甲公司为增值税一般纳税人，对包装物采用计划成本核算，某月销售商品领用不单独计价包装物的计划成本为50 000元，材料成本差异率为3%。甲公司应编制如下会计分录。

　　借：销售费用　　　　　　　　　　　　　　　　　　　　　　　　　　　　51 500
　　　　贷：周转材料——包装物　　　　　　　　　　　　　　　　　　　　　50 000
　　　　　　材料成本差异　　　　　　　　　　　　　　　　　　　　　　　　1 500

【分析】

在本例中，借记"销售费用"科目反映由于销售商品领用不单独计价包装物而增加的销售费用，其金额为领用包装物的实际成本；由于采用计划成本核算包装物，贷记"周转材料"科目反映由于销售商品领用而减少的包装物的计划成本。销售商品领用不单独计价包装物的实际成本与计划成本之间的差异即材料成本差异，通过"材料成本差异"科目反映。本例中，由于是超支差异，所以贷记"材料成本差异"科目。如果采用实际成本核算包装物，则"销售费用"科目和"周转材料"科目均反映包装物的实际成本。

②随同商品出售并单独计价的包装物，按照实际取得的金额，借记"银行存款"等科目；按照其销售收入，贷记"其他业务收入"科目；按照增值税专用发票上注明的增值税销项税额，贷记"应交税费——应交增值税（销项税额）"科目。同时，结转所销售包装物的成本，应按其实际成本计入其他业务成本，借记"其他业务成本"科目；按其计划成本，贷记"周转材料——包装物"科目；按其差额，借记或贷记"材料成本差异"科目。

【例4–28】 甲公司为增值税一般纳税人，对包装物采用计划成本核算。某月销售商品领用单独计价包装物的计划成本为80 000元，销售收入为100 000元，开具的增值税专用发票上注明的增值税税额为13 000元，款项已存入银行。该包装物的材料成本差异率为–3%。甲公司应编制如下会计分录。

（1）出售单独计价包装物时：

　　借：银行存款　　　　　　　　　　　　　　　　　　　　　　　　　　　113 000
　　　　贷：其他业务收入　　　　　　　　　　　　　　　　　　　　　　　100 000
　　　　　　应交税费——应交增值税（销项税额）　　　　　　　　　　　　　13 000

（2）结转所销售单独计价包装物的成本时：

　　借：其他业务成本　　　　　　　　　　　　　　　　　　　　　　　　　77 600
　　　　材料成本差异　　　　　　　　　　　　　　　　　　　　　　　　　2 400
　　　　贷：周转材料——包装物　　　　　　　　　　　　　　　　　　　　80 000

（3）有时企业因销售产品，将包装物以出租或出借的形式，租给或借给客户暂时使用，并与客户约定在一定时间内收回包装物。

①出租或出借包装物的发出。企业出租、出借包装物时，应根据包装物出库等凭证列明的金额，借记"周转材料——包装物——出租包装物（或出借包装物）"科目，贷记"周转材料——包装物——库存包装物"科目。若包装物按计划成本计价，则应同时结转材料成本差异。

②出租或出借包装物的押金和租金。为了保证及时返还和承担妥善保管包装物的经管责任，企业出租或出借包装物时一般应向客户收取一定数额的押金，即存入保证金，归还包装物时将押金退还客户。企业在收取包装物押金时，借记"库存现金""银行存款"等科目，贷记"其他应付款——存入保证金"科目；企业在退还押金时，编制相反的会计分录。

出租包装物是企业（专门经营包装物租赁除外）的一项其他业务活动，为短期租赁和低价值租赁业务。出租期间，企业按约定收取的包装物租金，应计入其他业务收入，借记"库存现金""银行存款""其他应收款"等科目，贷记"其他业务收入"科目。

③出租或出借包装物发生的相关费用包括两个方面：一是包装物的摊销费用，二是包装物的维修费用。

企业按照规定的摊销方法，对包装物进行摊销时，借记"其他业务成本（出租包装物）""销售费用（出借包装物）"科目，贷记"周转材料——包装物——包装物摊销"科目。

企业确认应负担的包装物修理费用等支出时，借记"其他业务成本（出租包装物）""销售费用（出借包装物）"科目，贷记"库存现金""银行存款""原材料""应付职工薪酬"等科目。

（二）低值易耗品

1. 低值易耗品类型

低值易耗品一般分为一般工具、专用工具、替换设备、管理用具、劳动保护用品和其他用具等。

2. 低值易耗品的账务处理

为了反映和监督低值易耗品的增减变动及结存情况，企业应当设置"周转材料——低值易耗品"科目，借方登记低值易耗品的增加，贷方登记低值易耗品的减少；期末余额在借方，通常反映企业期末结存低值易耗品的金额。

低值易耗品等企业周转材料符合存货定义和条件的，按照使用次数分次计入成本费用。金额较小的，可在领用时一次计入成本费用。为加强实物管理，应当在备查簿中登记，以便对使用中的低值易耗品进行监督管理。

采用分次摊销法摊销低值易耗品的，低值易耗品在领用时摊销其账面价值的单次平均摊销额。分次摊销法适用于可供多次反复使用的低值易耗品。在采用分次摊销法的情况下，需要单独设置"周转材料——低值易耗品——在库""周转材料——低值易耗品——在用""周转材料——低值易耗品——摊销"等明细科目。其中，"周转材料——低值易耗品——摊销"明细科目为"周转材料——低值易耗品——在用"明细科目的备抵科目，核算使用中低值易耗品的累计摊销额。设置"在库""在用""摊销"三级明细科目核算，有利于明确低值易耗品的库存保管、领用和耗费等相关部门的经管责任，有利于保护低值易耗品的安全，提高会计核算的真实性、准确性、完整性。

【例4-29】 甲公司为增值税一般纳税人，对低值易耗品采用实际成本核算。某月基本生产车间领用专用工具一批，实际成本为100 000元，不符合固定资产定义，因此采用分次摊销法进行摊销。该专用工具的估计使用次数为4次。甲公司应编制如下会计分录。

（1）领用专用工具时：

借：周转材料——低值易耗品——在用　　　　　　　　　　　　100 000
　　贷：周转材料——低值易耗品——在库　　　　　　　　　　　　100 000

（2）第一次摊销其价值的1/4。

借：制造费用　　　　　　　　　　　　　　　　　　　　　　　25 000
　　贷：周转材料——低值易耗品——摊销　　　　　　　　　　　　25 000

（3）第二次、第三次分别摊销其价值的1/4。

借：制造费用　　　　　　　　　　　　　　　　　　　　　　　25 000
　　贷：周转材料——低值易耗品——摊销　　　　　　　　　　　　25 000

（4）第四次摊销时：

借：制造费用　　　　　　　　　　　　　　　　　　　　　　　25 000
　　贷：周转材料——低值易耗品——摊销　　　　　　　　　　　　25 000

同时，核销在用低值易耗品，注销使用部门的经管责任：

借：周转材料——低值易耗品——摊销　　　　　　　　　　　　100 000
　　贷：周转材料——低值易耗品——在用　　　　　　　　　　　　100 000

【分析】

在本例中，由于采用实际成本核算，需要说明的：一是在领用低值易耗品时，应在"周转材料——低值易耗品"明细科目中进行结转，由"在库"明细科目转为"在用"明细科目；二是在第四次摊销低值易耗品时，由于已经全部摊销完毕，需要将"周转材料——低值易耗品"明细科目中的"摊销"明细科目的贷方余额与"在用"明细科目的借方余额相互抵销，从而结平"周转材料——低值易耗品"明细科目的余额。

【例4-30】　承【例4-29】，假设甲公司对低值易耗品采用计划成本核算，某月基本生产车间领用专用工具一批，实际成本为101 000元，计划成本为100 000元，不符合固定资产定义，因此采用分次摊销法进行摊销。该专用工具的估计使用次数为4次，材料成本差异率为1%。甲公司应编制如下会计分录。

（1）领用专用工具时：

借：周转材料——低值易耗品——在用　　　　　　　　　　　　100 000
　　贷：周转材料——低值易耗品——在库　　　　　　　　　　　　100 000

（2）第一次摊销其价值的1/4。

借：制造费用　　　　　　　　　　　　　　　　　　　　　　　25 000
　　贷：周转材料——低值易耗品——摊销　　　　　　　　　　　　25 000

同时：

借：制造费用　　　　　　　　　　　　　　　　　　　　　　　　　250
　　贷：材料成本差异——低值易耗品　　　　　　　　　　　　　　　250

（3）第二次、第三次分别摊销其价值的1/4。

借：制造费用　　　　　　　　　　　　　　　　　　　　　　　25 000

  贷：周转材料——低值易耗品——摊销 25 000

同时：

借：制造费用 250

  贷：材料成本差异——低值易耗品 250

（4）第四次摊销剩余价值并结转低值易耗品"摊销"和"在用"明细科目。

借：制造费用 25 000

  贷：周转材料——低值易耗品——摊销 25 000

结转材料成本差异：

借：制造费用 250

  贷：材料成本差异——低值易耗品 250

结转低值易耗品"摊销"和"在用"明细科目：

借：周转材料——低值易耗品——摊销 100 000

  贷：周转材料——低值易耗品——在用 100 000

【分析】

在本例中，一是在领用低值易耗品时，应在"周转材料——低值易耗品"明细科目中进行结转，由"在库"明细科目转入"在用"明细科目；二是在每次对低值易耗品按照计划成本进行摊销时，应结转相应的材料成本差异，将领用低值易耗品的计划成本调整为实际成本；三是在最后一次摊销时，"在用"低值易耗品已经全部摊销完毕，需要将"周转材料——低值易耗品"明细科目中的"摊销"明细科目的贷方余额与"在用"明细科目的借方余额相互抵销，从而结平"周转材料——低值易耗品"明细科目的余额。

三、委托加工物资的会计核算

  委托加工物资是指企业委托外单位加工的各种材料、商品等物资。与材料或商品销售不同，委托加工材料发出后，虽然保管地点发生位移，但仍属企业存货范畴。经过加工，材料或商品的实物形态、性能和使用价值发生变化，加工过程中需要消耗其他材料，发生加工费、税费等加工成本。因此，加强委托加工物资的合同管理和准确完整地核算加工成本，是企业委托加工物资会计核算与监督的主要任务。

  企业委托外单位加工物资的成本包括加工过程中实际耗用物资的成本、支付的加工费用及应负担的运杂费、支付的税费等。委托加工物资会计核算内容主要包括拨付加工物资、支付加工费用和税金、收回加工物资和剩余物资等。

  为了反映和监督委托加工物资增减变动及其结存情况，企业应当设置"委托加工物资"科目，借方登记委托加工物资的实际成本，贷方登记加工完成验收入库物资的实际成本和剩余物资的实际成本；期末余额在借方，反映企业尚未完工的委托加工物资的实际成本等。"委托加工物资"科目应按照加工合同、受托加工单位及加工物资的品种等进行明细核算。委托加工物资也可以采用计划成本或售价进行核算，其方法与库存商品相关业务的会计处理基本相同。

（一）发出物资

【例4-31】 甲公司对材料和委托加工物资采用计划成本核算，某月委托某量具厂加工一批量具，发出材料的计划成本为 70 000 元，材料成本差异率为 4%。甲公司应编制如下会计分录。

借：委托加工物资　　　　　　　　　　　　　　　　　　　　72 800
　　贷：原材料　　　　　　　　　　　　　　　　　　　　　　70 000
　　　　材料成本差异——××材料　　　　　　　　　　　　　 2 800

企业向外单位发出加工物资，采用计划成本或售价核算的，应同时结转材料成本差异或商品进销差价，贷记或借记"材料成本差异"科目，或借记"商品进销差价"科目。

（二）支付加工费、运费等

【例4-32】 承【例4-31】，甲公司以银行存款支付加工物资的运费 1 000 元，增值税专用发票上注明的增值税税额为 90 元。甲公司应编制如下会计分录。

借：委托加工物资　　　　　　　　　　　　　　　　　　　　 1 000
　　应交税费——应交增值税（进项税额）　　　　　　　　　　　 90
　　贷：银行存款　　　　　　　　　　　　　　　　　　　　　 1 090

企业向外单位发出加工物资支付的运费，一是计入委托加工物资的成本，借记"委托加工物资"科目；二是将支付的、可抵扣的增值税进项税额，记入"应交税费——应交增值税（进项税额）"科目单独核算。

【例4-33】 承【例4-31】和【例4-32】，甲公司以银行存款支付上述量具的加工费用 20 000元，增值税专用发票上注明的增值税税额为 2 600 元。甲公司应编制如下会计分录。

借：委托加工物资　　　　　　　　　　　　　　　　　　　　20 000
　　应交税费——应交增值税（进项税额）　　　　　　　　　　2 600
　　贷：银行存款　　　　　　　　　　　　　　　　　　　　 2 2600

（三）加工完成验收入库

【例4-34】 承【例4-31】、【例4-32】、【例4-33】，甲公司收回的某量具厂（为增值税一般纳税人）代加工后的量具，以银行存款支付运费 3 000 元，增值税专用发票上注明的增值税税额为 270 元。该量具已验收入库，其计划成本为 98 000 元。

甲公司应编制如下会计分录。

（1）支付运费时：

借：委托加工物资　　　　　　　　　　　　　　　　　　　　 3 000
　　应交税费——应交增值税（进项税额）　　　　　　　　　　　270
　　贷：银行存款　　　　　　　　　　　　　　　　　　　　　 3 270

（2）量具验收入库时：

借：周转材料——低值易耗品　　　　　　　　　　　　　　　 98 000
　　贷：委托加工物资　　　　　　　　　　　　　　　　　　　96 800
　　　　材料成本差异——××量具　　　　　　　　　　　　　 1 200

【分析】

在本例中，加工完成的委托加工物资的实际成本为 96 800［(72 800+1 000)+20 000+3 000］元，计划成本为 98 000 元，成本差异为 -1 200（96 800-98 000）元，记入"材料成本差异"科目的贷方。

需要注意的是，需要交纳消费税的委托加工物资，由受托方代收代缴的，若加工收回后用于直接销售，则按规定计税时不准予扣除，计入加工物资的成本，借记"委托加工物资"科目；若收回后用于继续加工，则按规定计税时准予扣除，借记"应交税费——应交消费税"科目。

四、库存商品的会计核算

（一）库存商品的内容

库存商品是指企业完成全部生产过程并已验收入库、合乎标准规格和技术条件，可以按照合同规定的条件送交订货单位，或可以作为商品对外销售的产品，以及外购或委托加工完成验收入库用于销售的各种商品。

库存商品具体包括库存产成品、外购商品、存放在门市部准备出售的商品、发出展览的商品、寄存在外的商品、接受来料加工制造的代制品和为外单位加工修理的代修品等。已完成销售手续但购买单位在月末未提取的产品，不应作为企业的库存商品，而应作为代管商品处理，单独设置"代管商品"备查簿进行登记。

为了反映和监督库存商品的增减变动及结存情况，企业应当设置"库存商品"科目，借方登记验收入库的库存商品成本，贷方登记发出的库存商品成本；期末余额在借方，反映各种库存商品的实际成本。"库存商品"科目应按库存商品的种类、品种和规格设置明细科目进行核算。

（二）库存商品的账务处理

1. 验收入库商品

对于库存商品采用实际成本核算的企业，当产品完成生产并验收入库时，应按照实际成本，借记"库存商品"科目，贷记"生产成本——基本生产成本"科目。

【例4-35】 甲公司商品入库汇总表记载，某月已验收入库Y产品1 000台，实际单位成本5 000元/台，共计5 000 000元；Z产品2 000台，实际单位成本1 000元/台，共计2 000 000元。甲公司应编制如下会计分录。

借：库存商品——Y产品　　　　　　　　　　　　　　　　　　　　　5 000 000
　　　　　　——Z产品　　　　　　　　　　　　　　　　　　　　　　2 000 000
　　贷：生产成本——基本生产成本——Y产品　　　　　　　　　　　　5 000 000
　　　　　　　　　　　　　　　　——Z产品　　　　　　　　　　　　2 000 000

2. 发出商品

企业销售产成品按规定确认收入的同时，应计算、结转与收入相关的产成品成本。产成品销售成本的计算与结转，通常在期（月）末进行。采用实际成本进行产成品日常核算的，应根据本期（月）销售产品数量及其相应的单位生产成本计算确定本期产品销售成本总额，借记"主营业务成本"科目，贷记"库存商品"科目。

【例4-36】 甲公司月末汇总的发出商品中，当月已实现销售的Y产品500台，Z产品1 500台。该月采用加权平均法计算的Y产品实际单位成本为5 000元/台，Z产品实际单位成本为1 000元/台。结转销售成本应编制如下会计分录。

借：主营业务成本 4 000 000
    贷：库存商品——Y产品 2 500 000
        ——Z产品 1 500 000

除上述方法外，商品流通企业发出商品的核算还可以采用以下方法。

(1) 毛利率法。毛利率法是指根据本期销售净额乘以上期实际（或本期计划）毛利率匡算本期销售毛利，并据以计算发出存货和期末结存存货成本的方法。其计算公式如下：

$$毛利率 = 销售毛利 \div 销售额 \times 100\%$$

$$销售净额 = 商品销售收入 - 销售退回与折让$$

$$销售毛利 = 销售净额 \times 毛利率$$

$$销售成本 = 销售净额 - 销售毛利$$

$$期末结存存货成本 = 期初存货成本 + 本期购货成本 - 本期销售成本$$

毛利率法是商品流通企业，尤其是商业批发企业常用的计算本期商品销售成本和期末库存商品成本的方法。商品流通企业由于经营商品的品种繁多，分品种计算商品成本的工作量较大，所以在企业同类商品毛利率差异不大的情况下，采用毛利率法既能减轻工作量，也能满足销售毛利管理的需要。

【例4-37】 某商场采用毛利率法进行核算。2024年4月1日，针织品库存余额18 000 000元，本月购进30 000 000元，本月销售收入34 000 000元，上季度该类商品毛利率为25%。本月已销商品和月末库存商品的成本计算如下：

销售毛利 = 34 000 000 × 25% = 8 500 000（元）

本月销售成本 = 34 000 000 - 8 500 000 = 25 500 000（元）

月末库存商品成本 = 18 000 000 + 30 000 000 - 25 500 000 = 22 500 000（元）

(2) 售价金额核算法。售价金额核算法是指日常商品的购入、加工收回、销售均按售价记账，售价与进价的差额通过"商品进销差价"科目核算，期末计算进销差价率和本期已销售商品应分摊的进销差价，据以调整本期销售成本的方法。计算公式如下：

商品进销差价率 = （期初库存商品进销差价 + 本期购入商品进销差价）÷（期初库存商品售价 + 本期购入商品售价）× 100%

本期销售商品应分摊商品进销差价 = 本期商品销售收入 × 商品进销差价率

本期销售商品成本 = 本期商品销售收入 - 本期销售商品应分摊商品进销差价

期末结存商品成本 = 期初库存商品进价成本 + 本期购进商品进价成本 - 本期销售商品成本

如果企业的商品进销差价率各期之间比较均衡，则可以采用上期商品进销差价率分摊本期的商品进销差价。在年度终了时，对商品进销差价进行核实调整。

企业购入商品采用售价金额核算，按验收入库商品的售价，借记"库存商品"科目；按商品进价，贷记"银行存款""在途物资""委托加工物资"等科目；按商品售价与进价之间的差额，贷记"商品进销差价"等科目。

对外销售发出商品时，按售价结转销售成本，借记"主营业务成本"科目，贷记"库存商品"科目。期（月）末分摊已销商品的进销差价，借记"商品进销差价"科目，贷记"主营业务成本"科目。

对于从事商业零售业务的企业（如百货公司、超市等），由于经营的商品种类、规格等繁多，对库存和货架陈列商品的管控要求高，采用售价金额核算法既可以满足按商品零售价格明码标价的要求，又便于加强库存和陈列商品的实物负责制管理。因此，在零售实务中，这一方法被广泛采用。

【例 4-38】 某商场为增值税一般纳税人，库存商品采用售价金额核算法核算与管理。2024年7月，期初库存商品的进价成本总额为 1 000 000 元，售价总额为 1 100 000 元；本月购进商品的进价成本总额为 750 000 元，售价总额为 900 000 元；本月实现销售收入共计 1 200 000 元。有关会计处理如下。

(1) 本月购进商品验收入库，按售价总额入账，编制如下会计分录。

借：库存商品　　　　　　　　　　　　　　　　　　　　　　　900 000
　　应交税费——应交增值税（进项税额）　　　　　　　　　　 97 500
　　贷：银行存款　　　　　　　　　　　　　　　　　　　　　847 500
　　　　商品进销差价　　　　　　　　　　　　　　　　　　　150 000

(2) 确认本月商品销售收入，编制如下会计分录。

借：银行存款　　　　　　　　　　　　　　　　　　　　　　1 356 000
　　贷：主营业务收入　　　　　　　　　　　　　　　　　　1 200 000
　　　　应交税费——应交增值税（销项税额）　　　　　　　　156 000

同时，按售价结转销售成本，注销柜台的商品经管责任，编制如下会计分录。

借：主营业务成本　　　　　　　　　　　　　　　　　　　　1 200 000
　　贷：库存商品　　　　　　　　　　　　　　　　　　　　1 200 000

(3) 月末，计算销售商品应分摊商品进销差价。

商品进销差价率 =（100 000 + 150 000）÷（1 100 000 + 900 000）× 100% = 12.5%

已销商品应分摊商品进销差价 = 1 200 000 × 12.5% = 150 000（元）

本期销售商品实际成本 = 1 200 000 - 150 000 = 1 050 000（元）

期末结存商品实际成本 = 1 000 000 + 750 000 - 1 050 000 = 700 000（元）

将平时按售价结转的销售成本调整为实际成本，编制如下会计分录。

借：商品进销差价　　　　　　　　　　　　　　　　　　　　　150 000
　　贷：主营业务成本　　　　　　　　　　　　　　　　　　　150 000

调整后，本月实际商品销售成本为 1 050 000 元。

第四节　存货的期末计量

在会计期末，存货应当按照成本与可变现净值孰低进行计量。

（一）存货跌价准备的计提和转回

资产负债表日，存货应当按照成本与可变现净值孰低进行计量。其中，成本是指期末存货的实际成本，如果企业在存货成本的日常核算中采用计划成本法、售价金额核算法等简化核算方法，则成本应为经调整后的实际成本。可变现净值是指在日常活动中，存货的估计售价减去至完工时估计发生的成本、估计的销售费用，以及估计的相关税费后的金额。可变现净值的特征表现为存货的预计未来净现金流量，而不是存货的售价或合同价。

当存货成本低于可变现净值时，存货按成本计价；当存货成本高于可变现净值时，存货按可变现净值计价，表明存货可能发生跌价损失，并应在存货销售之前确认，计入当期损益，并相应减少存货的账面价值。以前减记存货价值的影响因素已经消失的，减记的金额应当予以恢复，并在原已计提的存货跌价准备金额内转回，转回的金额计入当期损益。

（二）存货跌价准备的账务处理

为了反映和监督存货跌价准备的计提、转回和转销情况，企业应当设置"存货跌价准备"科目，贷方登记计提的存货跌价准备金额，借方登记实际发生的存货跌价损失金额和转回的存货跌价准备金额；期末余额一般在贷方，反映企业已计提但尚未转销的存货跌价准备。

当存货成本高于可变现净值时，企业应当按照存货可变现净值低于账面价值的差额，借记"资产减值损失——计提的存货跌价准备"科目，贷记"存货跌价准备"科目。在转回已计提的存货跌价准备金额时，按企业会计准则允许恢复增加的金额，借记"存货跌价准备"科目，贷记"资产减值损失——计提的存货跌价准备"科目。

企业在结转存货销售成本时，对于已计提存货跌价准备的，应当一并结转，同时调整销售成本，借记"存货跌价准备"科目，贷记"主营业务成本""其他业务成本"等科目。

【例4-39】 2023年12月31日，甲公司A商品的账面余额（成本）为100 000元。由于市场价格下跌，预计可变现净值为80 000元，由此应计提的存货跌价准备为20 000（100 000 - 80 000）元。假定A商品以前未计提存货跌价准备，甲公司应编制如下会计分录。

借：资产减值损失——计提的存货跌价准备　　　　　　　　　　　　　　　20 000
　　贷：存货跌价准备　　　　　　　　　　　　　　　　　　　　　　　　20 000

2024年6月30日，A商品的账面余额（成本）为100 000元，已计提存货跌价准备金额为20 000元。由于市场价格有所上升，A商品的预计可变现净值为95 000元，应转回的存货跌价准备金额为15 000 [（100 000 - 95 000）- 20 000] 元。甲公司应编制如下会计分录。

借：存货跌价准备　　　　　　　　　　　　　　　　　　　　　　　　　　15 000
　　贷：资产减值损失——计提的存货跌价准备　　　　　　　　　　　　　15 000

【分析】

在本例中，2024年6月30日，A商品的账面余额（成本）为100 000元，A商品的预计可变现净值为95 000元，则计提存货跌价准备金额为5 000（100 000 - 95 000）元，即"存货跌价准备"科目的贷方余额应为5 000元，而A商品之前已计提存货跌价准备金额20 000元，因此应转回15 000（5 000 - 20 000）元，从而使"存货跌价准备"科目的贷方余额保持为5 000元。

【例4-40】 承【例4-39】，假设2024年12月31日，A商品的账面余额（成本）为100 000元，已计提存货跌价准备金额5 000元。由于市场价格持续上升，A商品的预计可变现净值为120 000元，则应转回的存货跌价准备金额为5 000 [（120 000 - 95 000）- 5 000 = 20 000 > 5 000] 元。甲公司应编制如下会计分录。

借：存货跌价准备　　　　　　　　　　　　　　　　　　　　　　　　　　5 000
　　贷：资产减值损失——计提的存货跌价准备　　　　　　　　　　　　　　　　5 000

【分析】

在本例中，2024年12月31日，A商品的账面余额（成本）为100 000元，A商品的预计可变现净值为120 000元，则应转回的存货跌价准备金额为5 000 [（120 000 − 100 000）>5 000] 元，即"存货跌价准备"科目的贷方余额应为零，而此时A商品之前已计提存货跌价准备金额5 000元，因此应转回5 000（5 000 − 0）元，从而使"存货跌价准备"科目的贷方余额为零。需要说明的是，尽管在2024年12月31日A商品的账面余额（成本）为100 000元，A商品的预计可变现净值为120 000元，高于成本20 000元，但由于之前（2024年6月30日）已计提的存货跌价准备金额为5 000元，所以应在原已计提的存货跌价准备金额范围内转回，而不得超出该金额。

需要强调的是，根据《企业会计准则第1号——存货》规定，在资产负债表日，为生产而持有的材料等，用其生产的产成品的可变现净值高于成本的，该材料仍然应当按照成本计量；材料价格下降表明，产成品的可变现净值低于成本，该材料应当按照可变现净值计量。也就是说，材料存货在期末通常按照成本计量，除非企业用其生产的产成品发生了跌价，并且该跌价是由材料本身的价格下跌引发的，才需要考虑计算材料存货的可变现净值，然后将该材料的可变现净值与成本进行比较，从而确定材料存货是否发生了跌价现象。

章节练习题

一、单项选择题

1. 以下各项中期末余额不应列示于资产负债表"存货"项目下的科目是"（　　）"。
   A. 在途物资　　　　B. 工程物资　　　　C. 委托加工物资　　　　D. 生产成本

2. 企业购进存货发生短缺，经查属于意外事故造成的存货毁损，扣除保险公司及相关责任人赔款后的净损失应当计入（　　）。
   A. 资产处置损益　　B. 管理费用　　　　C. 营业外支出　　　　　D. 存货成本

3. 企业委托加工存货支付的下列款项中，不可能计入委托加工存货成本的是（　　）。
   A. 支付的加工费　　B. 支付的往返运杂费　C. 支付的增值税　　　　D. 支付的消费税

4. 存货计价采用先进先出法，在存货价格上涨的情况下，将会使企业（　　）。
   A. 高估期末存货、低估当期利润　　　　B. 高估期末存货、高估当期利润
   C. 低估期末存货、低估当期利润　　　　D. 低估期末存货、高估当期利润

5. 企业生产车间领用的管理用低值易耗品的，成本应计入（　　）。
   A. 制造费用　　　　B. 销售费用　　　　C. 管理费用　　　　　　D. 其他业务成本

6. 随同商品出售但不单独计价的包装物成本应计入（　　）。
   A. 制造费用　　　　B. 销售费用　　　　C. 其他业务成本　　　　D. 营业外支出

7. 企业出租周转材料收取的押金，因承租方逾期未退回周转材料而予以没收，对该项没收押金的会计处理是（　　）。
   A. 冲减管理费用　　B. 冲减财务费用　　C. 作为其他业务收入　　D. 作为营业外收入

8. 企业领用的出租包装物，如果金额不大，可将其成本直接计入（　　）。

A. 销售费用　　　　　B. 管理费用　　　　　C. 制造费用　　　　　D. 其他业务成本

9. 甲公司的存货采用计划成本核算。该公司购入一批原材料，实际买价10 000元，增值税专用发票上注明的增值税税额为1 300元，发生超支差异200元。"原材料"科目应记录的存货金额为（　　）元。

A. 11 300　　　　　B. 10 200　　　　　C. 10 000　　　　　D. 9 800

10. 企业的某项存货如果已经计提了跌价准备，则该存货的账面价值是指（　　）。

A. 入账成本　　　　B. 现行市价　　　　C. 公允价值　　　　D. 可变现净值

二、多项选择题

1. 下列资产项目中属于企业存货的有（　　）。

A. 在途物资　　　　B. 工程物资　　　　C. 委托加工物资　　D. 特准储备物资

2. 下列会计科目的期末余额中应在资产负债表"存货"项目下下示的有"（　　）"。

A. 在途物资　　　　B. 委托代销商品　　C. 委托加工物资　　D. 发出商品

3. 增值税一般纳税人购入原材料过程中发生的下列支出中应计入原材料采购成本的有（　　）。

A. 采购人员差旅费　B. 运杂费　　　　　C. 运输途中合理损耗　D. 增值税

4. 企业委托其他单位加工应税消费品，加工完成后直接用于销售，下列各项中应计入该委托加工物资成本的有（　　）。

A. 发出原材料的成本　B. 支付的运杂费　　C. 支付的加工费　　D. 支付的消费税

5. 企业委托其他单位加工应税消费品，加工完成后继续用于生产应税消费品，下列各项中应计入该委托加工物资成本的有（　　）。

A. 发出原材料的成本　B. 支付的运杂费　　C. 支付的加工费　　D. 支付的消费税

6. 根据我国企业会计准则规定，发出存货的计价应当采用（　　）。

A. 个别计价法　　　　　　　　　　　　　B. 先进先出法
C. 月末一次加权平均法　　　　　　　　　D. 移动加权平均法

7. 关于发出存货的计价方法，下列说法正确的有（　　）。

A. 个别计价法的实物流转与价值流转一致　B. 物价上涨时，先进先出法会高估利润
C. 月末一次加权平均法可以随时结转存货成本　D. 移动加权平均法可以随时结转存货成本

8. 企业因下列用途领用的包装物，应将成本计入其他业务成本的有（　　）。

A. 用于出租　　　　B. 用于出借　　　　C. 生产领用　　　　D. 随产品出售并单独计价

9. 在下列情况下领用的周转材料，应将成本计入销售费用的有（　　）。

A. 用于出租　　　　　　　　　　　　　　B. 用于出借
C. 生产领用　　　　　　　　　　　　　　D. 随产品出售但不单独评价

10. 存货采用计划成本核算时，下列说法正确的有（　　）。

A. 超支差异指计划成本超过实际成本的差额　B. 超支差异指计划成本低于实际成本的差额
C. 节约差异指计划成本超过实际成本的差额　D. "材料成本差异"科目借方余额为超支差异

三、判断题

1. 对于生产和销售机器设备的企业来说，机器设备属于存货；对于使用机器设备进行生产的企

业来说，机器设备属于固定资产。（　　）

2. 存货的初始计量应以取得存货的实际成本为基础，实际成本具体指存货的采购成本。（　　）

3. 在存货已运达企业并验收入库但结算凭证尚未到达的情况下，企业在收到存货时可先不进行会计处理。（　　）

4. 企业在存货采购过程中发生了存货短缺，经查属于自然灾害造成的存货毁损，报经批准处理后，应将净损失计入存货成本。（　　）

5. 企业作为合并对价支付的商品，应作为商品销售处理，按该商品的公允价值确认销售收入，同时按该商品的账面价值结转销售成本。（　　）

6. 企业用于出租的周转材料，收取的租金应当作为其他业务收入。（　　）

7. 五五摊销法是指在购入周转材料时先摊销其账面价值的一半，待领用时再摊销其账面价值的另一半的摊销方法。（　　）

8. 存货采用计划成本法核算，企业对取得的存货均应通过"材料采购"科目进行计价对比、确定存货成本差异。（　　）

9. 企业某期计提的存货跌价准备金额，为该期期末存货的可变现净值低于成本的差额。（　　）

10. 可变现净值不是指存货的预计售价或合同价，而是指存货的预计未来净现金流入量。（　　）

四、案例分析题

1. 2024年6月，甲公司购入一批原材料，增值税专用发票上注明的材料价款为10 000元，增值税税额为1 300元。

要求：按照下列不同情况，分别编制甲公司购入原材料的会计分录。

（1）原材料已验收入库，款项也已支付。

（2）款项已经支付，但材料尚在运输途中。

①6月15日，支付款项。

②6月20日，材料运抵企业并验收入库。

（3）材料已验收入库，但发票账单尚未到达企业。

①6月22日，材料运抵企业并验收入库，但发票账单尚未到达。

②6月28日，发票账单到达企业，支付货款。

（4）材料已验收入库，但发票账单尚未到达企业。

①6月25日，材料运抵企业并验收入库，但发票账单尚未到达。

②6月30日，发票账单仍未到达，对该批材料估价10 500元入账。

③7月1日，用红字冲回上月末估价入账分录。

④7月5日，发票账单到达企业，支付货款。

2. 甲公司购入一批包装物，增值税专用发票上注明的包装物价款为50 000元，增值税税额为6 500元。款项已通过银行转账支付，包装物尚未运达。

要求：编制甲公司购入包装物的下列会计分录。

（1）已支付货款但包装物尚未运达企业。

（2）包装物运达企业并验收入库。

3. 2024年7月25日，甲公司购入的一批低值易耗品运达企业并验收入库，但发票账单尚未到达；7月31日，发票账单仍未到达，甲公司对该批低值易耗品估价60 000元入账；8月5日，发票账单到达企业，增值税专用发票上列明的低值易耗品价款为58 000元，增值税税额为7 540元，供货方代垫运杂费300元，其中可抵扣的增值税税额为18元，款项已通过银行转账支付。

要求：编制甲公司购入低值易耗品的下列会计分录。

（1）7月25日，购入的低值易耗品验收入库。

（2）7月31日，对低值易耗品暂估价值入账。

（3）8月1日，编制红字记账凭证冲回估价入账分录。

（4）8月5日，收到结算凭证并支付货款。

第五章 固定资产

第一节 固定资产的确认及初始计量

一、固定资产的确认

(一) 固定资产的定义与特征

固定资产是指同时具有下列特征的有形资产：一是为生产商品、提供劳务、出租或经营管理而持有的；二是使用寿命超过一个会计年度。

使用寿命是指企业使用固定资产的预计期间，或者该固定资产所能生产产品或提供劳务的数量。

(二) 固定资产的确认条件

固定资产只有同时满足下列条件，才能予以确认：一是与该固定资产有关的经济利益很可能流入企业；二是该固定资产的成本能够可靠地计量。

(三) 固定资产的分类

根据不同的管理需要、核算要求、分类标准，可以对固定资产进行不同的分类，主要有以下几种分类方法。

1. 按经济用途分类

按经济用途划分，固定资产可分为生产经营用固定资产和非生产经营用固定资产。

(1) 生产经营用固定资产是指直接服务企业生产与经营过程的各种固定资产，如生产经营用的房屋建筑物、机器、设备、器具、工具等。

(2) 非生产经营用固定资产是指不直接服务企业生产与经营过程的各种固定资产，如职工宿舍等使用的房屋、设备和其他固定资产等。

2. 按使用情况分类

按使用情况划分，固定资产可分为在用固定资产、未使用固定资产和不需用固定资产。

（1）在用固定资产是指正在使用的各种固定资产，包括由于季节性和大修理等原因暂时停用，以及存放在使用部门以备替换使用的机器设备。

（2）未使用固定资产是指尚未投入使用的新增固定资产和经批准停止使用的固定资产。

（3）不需用固定资产是指企业不需要使用、准备处置的固定资产。

3. 按产权归属分类

按产权归属划分，固定资产可分为自有固定资产和租入固定资产。

（1）自有固定资产是指所有权属于企业的固定资产。

（2）租入固定资产是指采用租赁形式取得、使用，所有权不属于企业的固定资产。按租赁方式不同，租入固定资产又分为经营租入固定资产和融资租入固定资产。其中，融资租入固定资产是指企业以融资租赁方式租入的固定资产。在租赁期内，融资租入固定资产应视同自有固定资产进行管理。

4. 按实物形态分类

按实物形态划分，固定资产可分为房屋及建筑物、机器设备、电子设备、运输设备和其他设备等。《中华人民共和国企业所得税法实施条例》对固定资产的分类采用了实物形态分类法，将纳税人的固定资产分为以下五类，并规定了每类固定资产的最低折旧年限。

（1）房屋、建筑物（最低折旧年限为 20 年）。

（2）飞机、火车、轮船、机械和其他生产设备（最低折旧年限为 10 年）。

（3）与生产经营活动有关的器具、工具、家具等（最低折旧年限为 5 年）。

（4）飞机、火车、轮船以外的运输工具（最低折旧年限为 4 年）。

（5）电子设备（最低折旧年限为 3 年）

二、固定资产的初始计量

固定资产应当按照成本进行初始计量。固定资产的成本是指企业为购建某项固定资产，使其达到预定可使用状态前发生的可归属该项固定资产的一切合理必要的支出。

（一）会计科目的设置

为了反映和监督固定资产的取得、折旧、处置等情况，企业应当设置"固定资产""在建工程""固定资产减值准备""工程物资""累计折旧""固定资产清理""资产处置损益"等科目进行核算。

（1）"固定资产"科目属于资产类科目，核算企业持有固定资产的原始入账价值。该科目的借方核算企业取得固定资产的价值，贷方核算企业处置、减少的固定资产价值。"固定资产"科目应按固定资产类别和项目进行明细核算。

（2）"在建工程"科目属于资产类科目，核算企业基建、更新改造等在建工程发生的支出。该科目的借方核算企业自建固定资产时发生的支出，贷方核算企业自建固定资产完工时转入的"固定资产"科目的价值。"在建工程"科目应按工程项目进行明细核算。

（3）"固定资产减值准备"科目属于资产类备抵科目，核算企业固定资产的减值准备。该科目的借方核算企业处置固定资产时转销已计提的固定资产减值准备，贷方核算企业固定资产发生减值时应计提的固定资产减值准备。"固定资产减值准备"科目应按固定资产类别和项目进行明细核算。

（4）"工程物资"科目属于资产类科目，核算企业为在建工程准备的各种物资成本，包括工程用材料、尚未安装的设备及为生产准备的工具器具等。"工程物资"科目的借方核算购入时工程物资的增加额，贷方核算领用时工程物资的减少额。"工程物资"科目应按固定资产类别和项目进行明细核算。

（5）"累计折旧"科目属于资产类备抵科目，核算企业固定资产的累计折旧额。该科目的借方核算固定资产处置时应转销该固定资产已计提的折旧金额，贷方核算每期应该计提的折旧增加额。"累计折旧"科目应按固定资产的类别或项目进行明细核算。

（6）"固定资产清理"科目属于资产类科目，核算企业因出售、报废和毁损等原因转入清理的固定资产净值，以及在清理过程中发生的清理费用和清理收入。该科目的借方核算固定资产处置时转入的固定资产账面价值及发生的清理费用，贷方核算固定资产处置时发生的出售、变卖残值收入等。"固定资产清理"科目应按被清理的固定资产项目进行明细核算。

（7）"资产处置损益"科目属于损益类科目，核算企业出售在建工程、固定资产等相关资产处置利得或者损失。"资产处置损益"借方核算处置资产发生的净损失，贷方核算处置资产发生的净收益。"资产处置损益"科目应按处置资产的类别进行明细核算。

（二）外购固定资产的初始计量

（1）外购固定资产的成本包括购买价款，相关税费（不含可抵扣的增值税），使固定资产达到预定可使用状态前发生的可归属该项资产的运输费、装卸费、安装费和专业人员服务费等。

①外购不需要安装的固定资产，按照支付的价款、使固定资产达到预定可使用状态前发生的必要支出，借记"固定资产"科目；取得增值税专用发票等增值税扣税凭证，应按专用发票上注明的增值税进项税额，借记"应交税费——应交增值税（进项税额）"科目，贷记"银行存款""应付账款"等科目。

【例5-1】 2024年10月1日，甲公司以银行存款购入一台管理用办公设备，取得的增值税专用发票上注明的价款为40万元，增值税税额5.2万元，不考虑其他相关税费。甲公司的账务处理如下。

借：固定资产——办公设备　　　　　　　　　　　　　　　　　　400 000
　　应交税费——应交增值税（进项税额）　　　　　　　　　　　 52 000
　　贷：银行存款　　　　　　　　　　　　　　　　　　　　　　452 000

②外购需要安装的固定资产，按照购入需安装的固定资产的取得成本，借记"在建工程"科目；按照购入固定资产时可抵扣的增值税进项税额，借记"应交税费——应交增值税（进项税额）"科目，贷记"银行存款""应付账款"等科目；按照发生的安装成本，借记"在建工程""应交税费——应交增值税（进项税额）"科目，贷记"银行存款"等科目；耗用了本单位材料或人工的，按照应承担的成本金额，借记"在建工程"科目，贷记"原材料""应付职工薪酬"等科目。安装完成达到预定可使用状态时，由"在建工程"科目转入"固定资产"科目，借记"固定资产"科目，贷记"在建工程"科目。

【例5-2】 2024年10月1日，甲公司以银行存款购入一台需要安装的A设备，设备价款100万元，增值税13万元；10月15日，设备开始安装，产生安装费10万元，增值税0.9万元，款项通过银行存款支付，使用本公司原材料5万元，本单位职工工资2万元；10月31日，A设备达到预定可使用状态。甲公司的账务处理如下。

(1) 购入设备时：

借：在建工程——A设备　　　　　　　　　　　　　　　　　1 000 000
　　应交税费——应交增值税（进项税额）　　　　　　　　　　130 000
　　贷：银行存款　　　　　　　　　　　　　　　　　　　　1 130 000

(2) 安装设备时：

借：在建工程——A设备　　　　　　　　　　　　　　　　　　170 000
　　应交税费——应交增值税（进项税额）　　　　　　　　　　　9 000
　　贷：银行存款　　　　　　　　　　　　　　　　　　　　　109 000
　　　　原材料　　　　　　　　　　　　　　　　　　　　　　 50 000
　　　　应付职工薪酬　　　　　　　　　　　　　　　　　　　 20 000

(3) 安装完毕达到预定可使用状态时：

借：固定资产——A设备　　　　　　　　　　　　　　　　　1 170 000
　　贷：在建工程——A设备　　　　　　　　　　　　　　　1 170 000

(2) 以一笔款项购入多项没有单独标价的固定资产，应当按照各项固定资产公允价值比例对总成本进行分配，分别确定各项固定资产的成本。

【例5-3】　2024年10月1日，甲公司以银行存款购入A、B两种型号的车辆，给管理部门使用，取得的发票中注明两辆车的总价款60万元，并未标明车辆各自的价格，为购入车辆发生车辆购置税共计10万元。目前，与这两辆车相同车型的市场价格分别为A汽车35万元、B汽车30万元，不考虑其他因素。

(1) A、B车辆的入账价值计算。

A汽车的公允价值比例 = 350 000 ÷（350 000 + 300 000）× 100% ≈ 53.85%

B汽车的公允价值比例 = 300 000 ÷（350 000 + 300 000）× 100% ≈ 46.15%

A汽车的入账价值 =（600 000 + 100 000）× 53.85% = 376 950（元）

B汽车的入账价值 =（600 000 + 100 000）× 46.15% = 323 050（元）

(2) 甲公司的账务处理如下。

借：固定资产——A汽车　　　　　　　　　　　　　　　　　　376 950
　　　　　　——B汽车　　　　　　　　　　　　　　　　　　323 050
　　贷：银行存款　　　　　　　　　　　　　　　　　　　　　700 000

（三）自行建造固定资产的初始计量

自行建造固定资产的成本，由建造该项资产达到预定可使用状态前发生的必要支出构成，包括工程用物资成本、人工成本、交纳的相关税费、应予以资本化的借款费用、应分摊的间接费用等。

1. 自营方式建造固定资产

企业以自营方式建造固定资产，即企业自行采购工程物资、自行组织施工人员从事工程施工。购入工程物资时，按增值税专用发票上注明的价款，借记"工程物资"科目；按增值税专用发票上注明的增值税进项税额,借记"应交税费——应交增值税(进项税额)"科目;按应实际支付或应付的金额,贷记"银行存款""应付账款"等科目。领用工程物资时,借记"在建工程"科目,贷记"工程物资"科目。在建工程领用本企业原材料时,借记"在建工程"科目,贷记"原材料"等科目。在建工程领用本企业生产的商品时,借记"在建工程"科目,贷记"库存商品"科目。自营工程发生的其他费用(如分配工程人员薪酬等),借记"在建工程"科目,贷记"银行存款""应付职工薪酬"等科目。自营工程达到预定可使用状态时,按其成本,借记"固定资产"科目,贷记"在建工程"科目。

建造的固定资产已达到预定可使用状态,但尚未办理竣工结算的,应当自达到预定可使用状态之日起,根据工程预算、造价或者工程实际成本等,按照暂估价值转入固定资产,并按有关计提固定资产折旧的规定,计提固定资产折旧。待办理竣工结算手续后再调整原来的暂估价值,但不需要调整原已计提的折旧额。

【例5-4】 2024年10月1日,甲公司开始自行建造一栋办公楼;10月5日,外购工程物资500万元,增值税65万元;10月10日,领用工程物资500万元用于建造办公楼;10月20日,领用外购原材料100万元,领用本公司生产的产品(产品成本)100万元,支付工程人员工资300万元;10月31日,办公楼达到预定可使用状态,验收合格后作为固定资产入账。

甲公司的账务处理如下。

(1) 10月5日,购入工程物资。

借:工程物资　　　　　　　　　　　　　　　　　　　　　　　5 000 000
　　应交税费——应交增值税(进项税额)　　　　　　　　　　　　650 000
　　贷:银行存款　　　　　　　　　　　　　　　　　　　　　　5 650 000

(2) 10月10日,领用工程物资。

借:在建工程　　　　　　　　　　　　　　　　　　　　　　　5 000 000
　　贷:工程物资　　　　　　　　　　　　　　　　　　　　　　5 000 000

(3) 10月20日,领用外购原材料。

借:在建工程　　　　　　　　　　　　　　　　　　　　　　　1 000 000
　　贷:原材料　　　　　　　　　　　　　　　　　　　　　　　1 000 000

(4) 10月20日,领用本公司生产的产品(产品成本)。

借:在建工程　　　　　　　　　　　　　　　　　　　　　　　1 000 000
　　贷:库存商品　　　　　　　　　　　　　　　　　　　　　　1 000 000

(5) 10月20日,支付工程人员工资。

借:在建工程　　　　　　　　　　　　　　　　　　　　　　　3 000 000
　　贷:应付职工薪酬　　　　　　　　　　　　　　　　　　　　3 000 000

(6) 10月31日,达到预定可使用状态。

借:固定资产　　　　　　　　　　　　　　　　　　　　　　　10 000 000
　　贷:在建工程　　　　　　　　　　　　　　　　　　　　　　10 000 000

2. 出包方式建造固定资产

企业以出包方式建造固定资产是指企业通过招标方式将工程项目发包给建造承包商,由建造承包商组织工程项目施工。企业须与建造承包商签订建造合同，企业是建造合同的甲方，负责筹集资金和组织管理工程建设，通常称为"建设单位"；建造承包商是建造合同的乙方，负责建筑安装工程施工任务。

企业以出包方式建造固定资产，成本由建造该项固定资产达到预定可使用状态前发生的必要支出构成，固定资产的入账价值为该工程的不含税合同价款。"在建工程"科目核算企业支付给建造承包商的工程成本。

【例 5-5】 甲公司通过招标的方式，将一栋仓库的建造工程出包给乙公司承建，合同价格为 218 万元（含税）。按照合同规定，甲公司根据工程进度向乙公司支付工程款，乙公司按照工程进度开具增值税专用发票，增值税税率 9%。具体业务发生情况如下。

（1）2024 年 1 月 2 日，支付第一期工程款 98.1 万元（含税）。

（2）2024 年 5 月 10 日，支付第二期工程款 54.5 万元（含税）。

（3）2024 年 10 月 20 日，支付第三期工程款 65.4 万元（含税）。

（4）2024 年 10 月 31 日，仓库工程完工达到预定可使用状态。

甲公司有关账务处理如下。

（1）1 月 2 日，支付第一期工程款。

借：在建工程——仓库　　　　　　　　　　　　　　　　　　　　　900 000
　　应交税费——应交增值税（进项税额）　　　　　　　　　　　　 81 000
　　贷：银行存款　　　　　　　　　　　　　　　　　　　　　　　981 000

（2）5 月 10 日，支付第二期工程款。

借：在建工程——仓库　　　　　　　　　　　　　　　　　　　　　500 000
　　应交税费——应交增值税（进项税额）　　　　　　　　　　　　 45 000
　　贷：银行存款　　　　　　　　　　　　　　　　　　　　　　　545 000

（3）10 月 20 日，支付第三期工程款。

借：在建工程——仓库　　　　　　　　　　　　　　　　　　　　　600 000
　　应交税费——应交增值税（进项税额）　　　　　　　　　　　　 54 000
　　贷：银行存款　　　　　　　　　　　　　　　　　　　　　　　654 000

（4）10 月 31 日，工程完工交付使用。

借：固定资产——仓库　　　　　　　　　　　　　　　　　　　　 2 000 000
　　贷：在建工程——仓库　　　　　　　　　　　　　　　　　　 2 000 000

（四）其他方式取得固定资产的初始计量

1. 投资者投入的固定资产初始计量

投资者投入固定资产的成本，应当按照投资合同或协议约定的价值确定，但合同或协议约定价值不公允的除外。

【例 5-6】 甲公司接受其他投资方投入的一栋生产用仓库，投资合同协议价格为 2 000 万元，取得相应的股份，经评估该仓库的公允价格为 2 100 万元。甲公司的账务处理如下。

借：固定资产——仓库　　　　　　　　　　　　　　　　　　　　21 000 000

贷：实收资本　　　　　　　　　　　　　　　　　　　　　　　　　21 000 000

2. 接受捐赠的固定资产初始计量

接受固定资产捐赠时，捐赠方提供有关凭据的，按凭据上标明的金额加上应当支付的相关税费作为入账价值；捐赠方没有提供有关凭据的，按其公允价值入账。

【例5-7】　甲公司接受固定资产捐赠，根据发票及有关单据，该资产的原值为50万元。甲公司的账务处理如下。

借：固定资产　　　　　　　　　　　　　　　　　　　　　　　　　500 000
　　贷：营业外收入——捐赠利得　　　　　　　　　　　　　　　　　　500 000

3. 盘盈的固定资产初始计量

盘盈的固定资产应作为前期会计差错更正处理，在按管理权限报经批准处理前，应先通过"以前年度损益调整"科目核算。

第二节　固定资产的后续计量

一、固定资产的折旧

（一）固定资产折旧的定义

固定资产折旧是指在固定资产使用寿命内，按照确定的方法对应计折旧金额进行系统分摊。

（二）固定资产折旧的范围

（1）企业应当对所有固定资产计提折旧，但是已提足折旧仍继续使用的固定资产和单独计价入账的土地除外。所谓提足折旧，是指已经提足该项固定资产的应计折旧额。另外，对以下两类固定资产不应继续计提折旧：①未提足折旧而提前报废的固定资产；②已全额计提固定资产减值准备的固定资产。

（2）固定资产应当按月计提折旧，当月增加的固定资产，当月不提折旧，从下月起计提折旧；当月减少的固定资产，当月仍计提折旧，从下月起不再计提折旧。

（3）固定资产提足折旧后，不论是否继续使用，都不再计提折旧；提前报废的固定资产，也不再补提折旧。

（4）已达到预定可使用状态但尚未办理竣工决算的固定资产，应当按照估计价值确认为固定资产，并计提折旧；待办理了竣工决算手续后，再按实际成本调整原来的暂估价值，但不需要调整原已计提的折旧额。

（三）影响固定资产折旧的因素

应计折旧额 = 固定资产原值 – 预计净残值 – 固定资产减值准备

（1）固定资产原值是指固定资产取得时的初始成本。

（2）预计净残值是指固定资产报废时预计可以收回的残余价值扣除预计清理费用后的净额。预计净残值是应计折旧的减项。一项固定资产如果预计净残值较多，应计折旧额就相对较少。

(3) 预计使用年限是指固定资产预计使用寿命。一项固定资产如果预计使用年限较长,分摊到每一年的折旧额就相对较少。企业在确定固定资产使用寿命时,应当考虑下列因素:该项资产预计生产能力或实物产量;该项资产预计有形损耗,如设备使用中发生磨损、房屋建筑物受到自然侵蚀等;该项资产预计无形损耗,如新技术的出现使现有资产技术水平相对落后、市场需求变化使产品过时等;法律或者类似规定对该项资产使用的限制。

(4) 折旧计算方法是指计算每一项固定资产每一年折旧金额的具体方法。同一固定资产采用不同的折旧计算方法,其每期折旧的金额是不一样的。

(5) 固定资产减值准备是指固定资产已计提的固定资产减值准备累计金额。固定资产计提减值准备后,应当在剩余使用寿命内根据调整后的固定资产账面价值(固定资产账面余额扣减累计折旧和累计减值准备后的金额)和预计净残值重新计算确定折旧率和折旧额。

(四) 固定资产的折旧方法

根据《企业会计准则第4号——固定资产》规定,企业应当根据与固定资产有关的经济利益的预期实现方式,合理选择固定资产折旧方法。可选用的折旧方法包括年限平均法、工作量法、双倍余额递减法和年数总和法等。固定资产的折旧方法一经确定,就不得随意变更。固定资产应当按月计提折旧,并根据用途计入相关资产的成本或者当期损益。

1. 年限平均法

年限平均法相关计算公式如下:

$$年折旧率 = (1 - 预计净残值率) \div 预计使用年限 \times 100\%$$

$$月折旧率 = 年折旧率 \div 12$$

$$月折旧额 = 固定资产原值 \times 月折旧率$$

【例5-8】 甲公司有一栋仓库,原值为600万元,预计可使用20年,预计报废时的净残值率为3%。计算该仓库的年折旧率、月折旧率和月折旧额。

年折旧率 = (1 - 3%) ÷ 20 × 100% = 4.85%

月折旧率 = 4.85% ÷ 12 ≈ 0.40%

月折旧额 = 6 000 000 × 0.40% = 24 000 (元)

2. 工作量法

工作量法相关计算公式如下:

$$每一工作量折旧额 = 固定资产原值 \times (1 - 预计净残值率) \div 预计总工作量$$

$$某项固定资产月折旧额 = 该项固定资产当月工作量 \times 每一工作量折旧额$$

【例5-9】 甲公司生产车间有一台生产设备,原值90万元,预计生产产品产量为800万件,预计净残值率为5%,本月生产产品6万件。不考虑其他因素,计算该台设备的本月折旧额。

单件产品折旧额 = 900 000 × (1 - 5%) ÷ 8 000 000 ≈ 0.11 (元/件)

月折旧额 = 60 000 × 0.11 = 6 600 (元)

3. 双倍余额递减法

(1) 双倍:不考虑净残值,是年限平均法折旧率的2倍,即预计使用年限倒数的2倍。

(2) 余额:固定资产原值减去累计折旧。

(3) 递减：改为年限平均法前，折旧率不变，折旧基数递减，因此年折旧额递减。

双倍余额递减法相关计算公式如下：

$$年折旧率 = 2 \div 预计折旧年限 \times 100\%$$

$$月折旧率 = 年折旧率 \div 12$$

$$月折旧额 = 固定资产账面净值 \times 月折旧率$$

由于双倍余额递减法不考虑固定资产的净残值，企业在应用这种方法时必须注意不能使固定资产的账面折余价值降低到预计净残值之下，即实行双倍余额递减法计提折旧的固定资产，应当在其固定资产折旧年限到期以前2年内，将固定资产净值扣除预计净残值后的余额进行平均摊销，即企业在最后2年改为年限平均法。

【例5-10】 甲公司某项设备原值为100万元，预计使用寿命为5年，预计净残值率为4%。不考虑其他因素，甲公司按双倍余额递减法计算折旧。

每年折旧额计算如下。

年折旧率 = 2÷5×100% = 40%

第一年应提的折旧额 = 100×40% = 40（万元）

第二年应提的折旧额 = （100-40）×40% = 24（万元）

第三年应提的折旧额 = （100-40-24）×40% = 14.4（万元）

从第四年起改按年限平均法计提折旧：

第四、第五年应提的折旧额 = （100-40-24-14.4-100×4%）÷2 = 8.8（万元）

4. 年数总和法

年数总和法相关计算公式如下：

$$年折旧率 = 尚可使用年限 \div 预计使用年数总和$$

$$月折旧率 = 年折旧率 \div 12$$

$$月折旧额 = （固定资产原值 - 预计净残值） \times 月折旧率$$

年折旧率用递减分数表示，将逐期年数相加作为递减分数的分母，将逐期年数倒转顺序分别作为各年递减分数的分子。

比如，使用年限为5年，年折旧率分别为5÷（1+2+3+4+5）×100%，4÷（1+2+3+4+5）×100%，3÷（1+2+3+4+5）×100%，2÷（1+2+3+4+5）×100%，1÷（1+2+3+4+5）×100%。

【例5-11】 甲公司某项设备原值为150万元，预计使用寿命为5年，预计净残值率为5%。不考虑其他因素，用年数总和法计算甲公司该项设备的折旧。

应计折旧额 = 1 500 000 - （1 500 000×5%） = 1 425 000（元）

第一年年折旧率 = 5÷（1+2+3+4+5） = 5/15×100% ≈ 33.3%

第二年年折旧率 = 4÷（1+2+3+4+5） = 4/15

第三年年折旧率 = 3÷（1+2+3+4+5） = 3/15

第四年年折旧率 = 2÷（1+2+3+4+5） = 2/15

第五年年折旧率 = 1÷（1+2+3+4+5） = 1/15

采用年数总和法计算的各年折旧情况见表5-1。

表 5-1 设备各年的折旧情况

年份	尚可使用年限/年	原值-净残值/元	年折旧率	每年折旧额/元	累计折旧/元
第一年	5	1 425 000	5/15	475 000	475 000
第二年	4	1 425 000	4/15	380 000	855 000
第三年	3	1 425 000	3/15	285 000	1 140 000
第四年	2	1 425 000	2/15	190 000	1 330 000
第五年	1	1 425 000	1/15	95 000	1 425 000

（五）固定资产折旧的会计分录

固定资产应当按月计提折旧，计提的折旧金额应通过"累计折旧"科目核算，并根据用途计入相关资产的成本或者当期损益。企业计提固定资产折旧时，借记"在建工程""制造费用""管理费用""销售费用""其他业务成本"等科目，贷记"累计折旧"科目。

（1）企业基本生产车间使用的固定资产，其计提的折旧金额应计入"制造费用"科目。

（2）管理部门使用的固定资产，其计提的折旧金额应计入"管理费用"科目。

（3）销售部门使用的固定资产，其计提的折旧金额应计入"销售费用"科目。

（4）自行建造固定资产过程中使用的固定资产，其计提的折旧金额应计入"在建工程"科目。

（5）经营租出的固定资产，其计提的折旧金额应计入"其他业务成本"科目。

（6）未使用的固定资产，其计提的折旧金额应计入"管理费用"科目。

【例 5-12】 2024 年 10 月 31 日，甲公司固定资产计提折旧情况如下：甲车间机器设备计提折旧 13 万元，管理部门用设备计提折旧 15 万元，销售部门用车辆计提折旧 10 万元。10 月 30 日，甲车间新购置生产设备一台，原价为 100 万元，预计使用寿命 8 年，预计净残值 5 万元，按年限平均法计提折旧。

本例中，本月新购置的设备本月不提折旧，应从 2024 年 11 月开始计提折旧。

甲公司 2024 年 10 月计提折旧的账务处理如下。

借：制造费用——甲车间　　　　　　　　　　　　　130 000
　　管理费用　　　　　　　　　　　　　　　　　　150 000
　　销售费用　　　　　　　　　　　　　　　　　　100 000
　　贷：累计折旧　　　　　　　　　　　　　　　　　　　380 000

二、固定资产的后续支出

固定资产的后续支出是指固定资产在使用过程中发生的更新改造支出、修理费用等。

（1）固定资产后续支出的处理原则。企业与固定资产有关的后续支出，同时符合固定资产两个确认条件的，应当计入固定资产成本；不能同时符合固定资产两个确认条件的，应当在发生时计入当期损益。

（2）不得计入固定资产成本的后续支出。固定资产的日常修理费用，不符合固定资产确认条件的，应当在发生时计入当期管理费用，不得采用预提或待摊的方式处理。

（3）可计入固定资产成本的后续支出。固定资产更新改造支出、房屋装修费用，符合固定资产确认条件的，应当计入固定资产成本，同时将被替换部分的账面价值扣除；不符合固定资产确认条件的，应当在发生时计入当期管理费用。在实务操作中，企业应将更新改造支出计入固定资产成本，应修改系统中的固定资产卡片信息。

（4）经营租入固定资产改良支出的处理。企业以经营租赁方式租入的固定资产发生的改良支出应资本化，并作为长期待摊费用合理摊销。

【例5-13】 2024年10月1日，甲公司对生产车间使用的设备进行日常维修，用银行存款支付修理费10万元，增值税1.3万元，取得增值税专用发票。甲公司的账务处理如下。

借：管理费用——修理费　　　　　　　　　　　　　　　　　　　　100 000
　　应交税费——应交增值税（进项税额）　　　　　　　　　　　　 13 000
　　贷：银行存款　　　　　　　　　　　　　　　　　　　　　　　113 000

【例5-14】 2024年10月10日，甲公司对生产用甲设备进行更新改造，以延长设备使用期限，该设备原值100万元，累计折旧60万元；10月20日，拆除设备中落后生产线，其原值40万元，已计提折旧24万元；10月25日，安装新生产线，价值50万元，增值税6.5万元，取得增值税专用发票，款项用银行存款支付；10月31日，更新改造完成交付使用。甲公司的账务处理如下。

（1）10月10日，设备进行更新改造。

借：在建工程——甲设备　　　　　　　　　　　　　　　　　　　　400 000
　　累计折旧——甲设备　　　　　　　　　　　　　　　　　　　　600 000
　　贷：固定资产——甲设备　　　　　　　　　　　　　　　　　1 000 000

（2）10月20日，拆除落后生产线。

拆除落后生产线的账面价值为：400 000 - 240 000 = 160 000（元）

借：营业外支出　　　　　　　　　　　　　　　　　　　　　　　　160 000
　　贷：在建工程——甲设备　　　　　　　　　　　　　　　　　　160 000

（3）10月25日，安装新生产线。

借：在建工程——甲设备　　　　　　　　　　　　　　　　　　　　500 000
　　贷：银行存款　　　　　　　　　　　　　　　　　　　　　　　500 000

（4）10月31日，更新改造完成交付使用。

更新改造完成设备的入账价值为：400 000 - 160 000 + 500 000 = 740 000（元）

借：固定资产——甲设备　　　　　　　　　　　　　　　　　　　　740 000
　　贷：在建工程——甲设备　　　　　　　　　　　　　　　　　　740 000

三、会计期末固定资产的调整

（一）企业应当至少于每年年度终了时，对固定资产的使用寿命、预计净残值和折旧方法进行复核

（1）使用寿命预计数与原先估计数有差异的，应当调整固定资产折旧年限。
（2）预计净残值预计数与原先估计数有差异的，应当调整预计净残值。
（3）固定资产包含的经济利益预期实现方式有重大改变的，应当改变固定资产的折旧方法。

上述内容的改变应当作为会计估计变更处理，采用未来适用法，不需要进行追溯调整。

（二）固定资产减值准备的计提

企业应当在资产负债表日判断固定资产是否存在发生减值的迹象。若固定资产存在减值迹象的，应当估计其可收回金额。如果固定资产的可收回金额低于其账面价值，则应当将固定资产的账面价值减记至可收回金额，减记的金额确认为固定资产减值损失，计入当期损益，同时计提固定资产减值准备，借记"资产减值损失"科目，贷记"固定资产减值准备"科目。企业计提的固定资产减值准备在以后期间不得转回。

（三）固定资产减值准备对折旧的影响

由于"应计折旧额＝固定资产原价－预计净残值－已计提的固定资产减值准备"，在对固定资产计提减值准备后，企业需要重新计算固定资产的应计折旧额，按原先的折旧方法在剩余的折旧年限中继续摊销。

【例 5-15】 2024 年 12 月 31 日，甲公司生产用乙设备，原值 120 万元，累计折旧 28 万元，预计可收回金额为 85 万元。以前未对该设备计提减值准备。

2024 年 12 月 31 日，乙设备应该计提的减值准备为：1 200 000 - 280 000 - 850 000 = 70 000（元）

甲公司的账务处理如下。

借：资产减值损失——固定资产减值损失　　　　　　　　　　　　　　　　70 000
　　贷：固定资产减值准备——乙设备　　　　　　　　　　　　　　　　　　　70 000

【例 5-16】 2024 年 12 月 15 日，甲公司外购一台生产设备，支付价款为 400 万元。该设备使用年限为 20 年，预计净残值为 20 万元，甲公司采用直线法计提折旧。2026 年底，该资产出现减值迹象，经计算可收回金额为 326 万元。2029 年底，该资产再次发生减值，可收回金额估计为 230 万元。甲公司的账务处理如下。

（1）2024 年 12 月，资产入账时：

借：固定资产——生产设备　　　　　　　　　　　　　　　　　　　　　4 000 000
　　贷：银行存款　　　　　　　　　　　　　　　　　　　　　　　　　　4 000 000

（2）2025 年和 2026 年计提折旧时：

2025 年开始计提折旧，每年折旧额 =（4 000 000 - 200 000）÷ 20 = 190 000（元）

借：制造费用——固定资产折旧　　　　　　　　　　　　　　　　　　　　190 000
　　贷：累计折旧——生产设备　　　　　　　　　　　　　　　　　　　　　190 000

（3）2026 年底，发生减值时：

减值金额 = 400 0000 - 190 000 × 2 - 3 260 000 = 360 000（元）

借：资产减值损失——固定资产减值准备　　　　　　　　　　　　　　　　360 000
　　贷：固定资产减值准备——生产设备　　　　　　　　　　　　　　　　　360 000

（4）2027—2029 年，计提折旧时：

重新计算年折旧额 =（3 260 000 - 200 000）÷ 18 = 170 000（元）

借：制造费用——固定资产折旧　　　　　　　　　　　　　　　　　　　　170 000
　　贷：累计折旧——生产设备　　　　　　　　　　　　　　　　　　　　　170 000

(5) 2029 年底，发生减值时：

2029 年底减值金额 = 3 260 000 − 170 000 × 3 − 2 300 000 = 450 000（元）

借：固定资产减值损失——固定资产减值准备　　　　　　　　　　　450 000
　　　贷：固定资产减值准备——生产设备　　　　　　　　　　　　　　450 000

(6) 2030 年，计提折旧时：

重新计算年折旧额 =（2 300 000 − 200 000）÷ 15 = 140 000（元）

借：制造费用——固定资产折旧　　　　　　　　　　　　　　　　　140 000
　　　贷：累计折旧——生产设备　　　　　　　　　　　　　　　　　　140 000

第三节　固定资产的处置

一、固定资产终止确认条件

固定资产满足下列条件之一的，应当予以终止确认：

(1) 该固定资产处于处置状态。
(2) 该固定资产预期通过使用或处置不能产生经济利益。

二、固定资产处置步骤

固定资产出售、报废、损毁的账务处理一般可分为以下几个步骤：

(1) 将固定资产账面价值转入"固定资产清理"科目借方。
(2) 发生的清理费用、税金等记入"固定资产清理"科目借方。
(3) 出售收入、残料变价收入记入"固定资产清理"科目贷方。
(4) 保险赔偿或责任人赔偿记入"固定资产清理"科目贷方。
(5) 清理净损益转入相应的损益科目。

对于清理净损失：

①属于筹建期间的，记入"管理费用——筹建期间资产清理净损失"科目；

②属于生产经营期间由自然灾害等非正常原因造成的损失，记入"营业外支出——非常损失"科目；

③属于生产经营期间正常的处理损失，记入"营业外支出——处置非流动资产损失"科目。

对于清理净收益：

①属于筹建期间的，记入"管理费用——筹建期间资产清理净收益"科目贷方；

②属于生产经营期间的，记入"营业外收入——处置非流动资产利得"科目。

财政部印发的《关于修订印发一般企业财务报表格式的通知》（财会【2017】30 号）将原来在"营业外收入"或"营业外支出"科目核算的部分内容，归集到了"资产处置损益"科目核算，使之另立门户，单独核算。新增的"资产处置损益"科目，主要核算企业出售被划分为持有待售的非流动资产时确认的处置利得或损失，以及处置未被划分为持有待售的固定资产、在建工程、生产性生物资产及无形资产而产生的处置利得或损失。"资产处置损益"科目按照处置的资产类别或处置组进行明细核算。而"营业外支出"科目核算公益性捐赠支出、非常损失、盘亏损失、非流动资产毁损报废损失。

【例 5-17】 2024 年 10 月 30 日，甲公司一台生产用乙设备使用期满经批准报废。乙设备原值 50 万元，已计提折旧 47.5 万元，在拆除过程中用银行存款支付清理费用 1 万元，收到残料变卖收入 0.8 万元。甲公司的账务处理如下。

（1）固定资产转入清理。

借：固定资产清理——甲设备　　　　　　　　　　　　　　　　　　　　　25 000
　　累计折旧——甲设备　　　　　　　　　　　　　　　　　　　　　　　475 000
　　贷：固定资产——甲设备　　　　　　　　　　　　　　　　　　　　　500 000

（2）支付清理费用。

借：固定资产清理——甲设备　　　　　　　　　　　　　　　　　　　　　10 000
　　贷：银行存款　　　　　　　　　　　　　　　　　　　　　　　　　　 10 000

（3）收到残料变卖收入。

借：银行存款　　　　　　　　　　　　　　　　　　　　　　　　　　　　 8 000
　　贷：固定资产清理——甲设备　　　　　　　　　　　　　　　　　　　 8 000

（4）结转固定资产清理净损益。

由于是报废，资产处置后并没有使用价值，记入"营业外支出"科目，固定资产报废净损失 = 25 000 + 10 000 - 8 000 = 27 000（元）。

借：营业外支出——处置非流动资产损失　　　　　　　　　　　　　　　　 27 000
　　贷：固定资产清理——甲设备　　　　　　　　　　　　　　　　　　　 27 000

【例 5-18】 2024 年 10 月 11 日，甲公司出售 2019 年 9 月购入自用设备给乙公司。该设备原值 10 万元，已计提折旧 6 万元，收到出售设备收入 3 万元并开具增值税专用发票，增值税额 0.39 万元。甲公司的账务处理如下。

（1）固定资产转入清理。

借：固定资产清理——甲设备　　　　　　　　　　　　　　　　　　　　　40 000
　　累计折旧——甲设备　　　　　　　　　　　　　　　　　　　　　　　 60 000
　　贷：固定资产——甲设备　　　　　　　　　　　　　　　　　　　　　100 000

（2）出售取得收入。

借：银行存款　　　　　　　　　　　　　　　　　　　　　　　　　　　　33 900
　　贷：固定资产清理——甲设备　　　　　　　　　　　　　　　　　　　30 000
　　　　应交税费——应交增值税（销项税额）　　　　　　　　　　　　　 3 900

（3）结转固定资产清理净损益。

由于是出售处置，相关净损益需要结转至"资产处置损益"科目，年终并入资产处置收益报表项目。

该固定资产出售净损失 = 40 000 - 30 000 = 10 000（元）

借：资产处置损益——非流动资产损失　　　　　　　　　　　　　　　　　　10 000
　　贷：固定资产清理——甲设备　　　　　　　　　　　　　　　　　　　　　　10 000

三、固定资产的盘亏或者盘盈

企业固定资产盘亏造成的损失，首先通过"待处理财产损溢——待处理固定资产损溢"科目核算，待批准核销时，再记入"当期损益"（"营业外支出——资产盘亏损失"）科目；盘盈的固定资产应作为前期差错处理，通过"以前年度损益调整"科目核算。

四、弃置费用的会计分录

特殊行业的特定固定资产会计分录，还应当考虑弃置费用。弃置费用是指根据国家法律和行政法规、国际公约等规定，企业承担的环境保护和生态恢复等义务确定的支出，如油气资产、核电站核设施等的弃置和恢复环境义务。

在初始计量时，企业应当将弃置费用的现值计入相关固定资产的成本，同时确认相应的预计负债。在固定资产的使用寿命内，按照预计负债的摊余成本和实际利率计算确定的利息费用，应当在发生时计入财务费用。由于技术进步、法律要求或市场环境变化等原因，特定固定资产在履行弃置义务时可能发生支出金额、预计弃置时点、折现率等变动引起的预计负债变动，应按照以下原则调整该固定资产的成本。①对于预计负债的减少，以该固定资产账面价值为限扣减固定资产成本。如果预计负债的减少额超过该固定资产账面价值，则超出部分确认为当期损益。②对于预计负债的增加，增加该固定资产的成本。按照上述原则调整的固定资产，在资产剩余使用年限内计提折旧。在该固定资产的使用寿命结束时，预计负债的所有后续变动均应在发生时确认为损益。

【例5-19】　经国家相关部门审批，甲公司计划建造一座核电站，其主体设备核反应堆会对当地的生态环境产生一定影响。根据法律规定，甲公司应在该项设备使用期满后将其拆除，并对造成的污染进行整治。2024年1月1日，该项设备建造完成并交付使用，建造成本共计8 000万元，预计使用寿命为10年，预计弃置费用为100万元。假定折现率（实际利率）为10%。甲公司的账务处理如下。

(1) 计算已完工的固定资产成本时：

核反应堆属于特殊行业的特定固定资产，确定其成本时应考虑弃置费用。

弃置费用的现值 = 1 000 000 × (P/F, 10%, 10) = 1 000 000 × 0.3855 = 385 500（元）

固定资产入账价值 = 80 000 000 + 385 500 = 80 385 500（元）

借：固定资产　　　　　　　　　　　　　　　　　　　　　　　　　　　　80 385 500
　　贷：在建工程　　　　　　　　　　　　　　　　　　　　　　　　　　　80 000 000
　　　　预计负债　　　　　　　　　　　　　　　　　　　　　　　　　　　　　385 500

(2) 计算第一年应负担的利息时：

第一年应负担的利息 = 385 500 × 10% = 38 550（元）

借：财务费用　　　　　　　　　　　　　　　　　　　　　　　　　　　　　　38 550
　　贷：预计负债　　　　　　　　　　　　　　　　　　　　　　　　　　　　　38 550

(3) 计算第二年应负担的利息时（按实际利率法计算）：

第二年应负担的利息 =（385 500 + 38 550）×10% = 42 405（元）

借：财务费用　　　　　　　　　　　　　　　　　　　　　　　　　42 405
　　贷：预计负债　　　　　　　　　　　　　　　　　　　　　　　　　　42 405

以后会计年度的会计分录从上。

章节练习题

一、单项选择题

1. 下列固定资产中，应计提折旧的是（　　）。
   A. 已提足折旧的生产仓库　　　　　　B. 正在改扩建的设备
   C. 未提足折旧而提前报废的车辆　　　D. 上月购入的设备

2. 固定资产预计使用年限为8年，预计净残值率为5%，采用年限平均法计提折旧，该固定资产月折旧率为（　　）。
   A. 0.95%　　　　B. 10%　　　　C. 0.79%　　　　D. 0.99%

3. 购入需要安装的固定资产，应先通过"（　　）"科目核算。
   A. 固定资产　　　B. 固定资产清理　　　C. 在建工程　　　D. 管理费用

4. 下列各项中通过"固定资产清理"科目贷方核算的有（　　）。
   A. 固定资产清理过程中发生的清理费用　　B. 报废固定资产的账面净值
   C. 固定资产清理净损失　　　　　　　　　D. 固定资产清理时残料变现收入

5. 下列各项中企业应作为固定资产核算的有（　　）。
   A. 更新改造过程中的生产线　　　　　　B. 房地产企业建造完工用于销售的房屋
   C. 为自建仓库购入的物资　　　　　　　D. 购入行政部门使用的设备

6. 甲公司购入一台需要安装的设备，款项通过银行支付并取得增值税专用发票，发票上注明价款20万元，安装费用4万元。为使设备达到预定可使用状态，另发生员工培训费用0.5万元，则该固定资产的入账成本为（　　）万元。
   A. 24　　　　B. 24.5　　　　C. 20.5　　　　D. 20

7. 企业已有的固定资产价值820万元，其中上月已提足折旧额仍继续使用的设备为60万元；另一台设备50万元，上月已经达到预定可使用状态但尚未投入使用。采用年限平均法计提折旧，所有设备的月折旧率均为1%。不考虑其他因素，该企业当月应计提的折旧额为（　　）万元。
   A. 8.1　　　　B. 8.2　　　　C. 8.7　　　　D. 7.6

8. 甲公司为增值税一般纳税人，适用的增值税税率为13%。该公司于2024年7月15日购入一台需要安装的设备，取得增值税专用发票上注明的价款为100万元，增值税税额为13万元。为购买该设备发生运输途中保险费10万元；设备安装过程中，领用材料10万元，增值税税额为1.3万元；支付安装工人工资5万元。该设备于2024年12月31日达到预定可使用状态。甲公司对该设备采用双倍余额递减法计提折旧，预计使用年限5年，预计净残值为5万元。假定不考虑其他因素，2024年该设备应计提的折旧额为（　　）万元。
   A. 50　　　　B. 48　　　　C. 25　　　　D. 24

9. 2023年12月20日，某企业购入生产设备一台，原价110万元，预计使用年限5年，预计净残值5万元，按年数总和法计提折旧。不考虑其他因素，该设备2024年应计提的折旧额为（　　）元。

A. 350 000　　　　B. 366 667　　　　C. 210 000　　　　D. 220 000

10. 某企业对其行政管理部门使用的设备进行更新改造，该设备原值为88万元，已计提折旧62.7万元；改造过程中发生满足固定资产确认条件的支出22万元。不考虑其他因素，更新改造后该设备的入账价值为（　　）万元。

A. 110　　　　B. 25.3　　　　C. 88　　　　D. 47.3

二、多项选择题

1. 下列各项中影响固定资产折旧的因素有（　　）。
   A. 固定资产原值
   B. 固定资产使用年限
   C. 固定资产预计净残值
   D. 计提折旧的方法

2. 下列各项中会引起固定资产账面价值减少的有（　　）。
   A. 固定资产计提折旧
   B. 固定资产发生减值
   C. 固定资产发生报废毁损
   D. 日常修理固定资产

3. 下列各项中出售固定资产业务涉及的会计科目有"（　　）"。
   A. 累计折旧　　B. 固定资产清理　　C. 营业外支出　　D. 固定资产

4. 下列各项中企业可选用的折旧计算方法有（　　）。
   A. 年限平均法　　B. 工作量法　　C. 年数总和法　　D. 双倍余额递减法

5. 下列各项中固定资产的确认条件是（　　）。
   A. 与该固定资产有关的经济利益有可能流入企业
   B. 该固定资产的成本能够可靠计量
   C. 为生产产品、提供劳务或者经营管理而持有
   D. 使用寿命超过一个会计年度

6. 下列各项中关于企业固定资产折旧方法表述正确的是（　　）。
   A. 双倍余额递减法计算的固定资产年折旧额每年相等
   B. 年数总和法计算的固定资产年折旧额逐年递减
   C. 工作量法不需要考虑固定资产的预计净残值
   D. 年限平均法需要考虑固定资产的预计净残值

7. 下列各项中表述正确的有（　　）。
   A. 已达到预定可使用状态的固定资产从次月起计提折旧
   B. 日常维修停用的固定资产仍计提折旧
   C. 单独计价入账的土地无须计提折旧
   D. 已提足折旧仍继续使用的固定资产无须计提折旧

8. 下列各项中应通过"固定资产清理"科目核算的有（　　）。
   A. 固定资产出租
   B. 固定资产更新改造
   C. 固定资产报废
   D. 固定资产出售

9. 下列各项中企业应当在当月计提固定资产折旧的有（　　）。

A. 当月出售未提足折旧的自用写字楼   B. 当月达到预定可使用状态的仓库

C. 自本月开始对外经营出租的生产设备   D. 上月已提足折旧本月继续使用的计算机

10. 下列各项中关于企业固定资产会计分录表述不正确的有（   ）。

A. 盘盈的固定资产应计入营业外收入

B. 企业报废的固定资产清理完毕，应将"固定资产清理"科目的余额转入"资产处置损益"科目

C. 企业行政管理部门发生的固定资产日常修理费用，计入管理费用

D. 已确认的固定资产减值损失在以后会计期间不可以转回

三、判断题

1. 固定资产处置中出售收入、残料变价收入记入"固定资产清理"科目借方。（   ）

2. 固定资产应当按月计提折旧，当月增加的固定资产，当月计提折旧；当月减少的固定资产，当月不提折旧。（   ）

3. 企业采用年数总和法计提固定资产折旧不用考虑净残值。（   ）

4. 企业以一笔款项购入多项没有单独标价的固定资产时，应按各项固定资产账面价值的比例对总成本进行分配，分别确定各项固定资产的成本。（   ）

5. 引起固定资产减值的因素消失，可在原已确认的减值损失范围内予以转回。（   ）

6. 企业因经营业务调整出售固定资产而发生的处置净损失，应记入"营业外支出"科目。（   ）

7. 企业应将已达到预定可使用状态但尚未办理竣工决算的固定资产，按照估计价值确定其成本并计提折旧。（   ）

8. 固定资产盘盈应作为前期差错处理，通过"以前年度损益调整"科目核算，最终转入留存收益。（   ）

9. 购入固定资产需要对操作的专业人员进行培训，发生的培训费用构成固定资产入账成本。（   ）

10. 固定资产在资产负债表日存在发生减值的迹象时，可收回金额低于账面价值的，企业应当将该固定资产账面价值减记至可收回金额，减记的金额确认为资产减值损失计入当期损益，同时计提相应的资产减值准备。固定资产减值损失一经确认，在以后会计期间不得转回。（   ）

三、计算分析题

1. 甲公司为增值税一般纳税人，2024 年发生固定资产业务如下。

（1）1 月 1 日，为建造办公楼购入工程物资，全部用于工程建设，取得的增值税专用发票上注明价款为 500 万元，增值税税额为 65 万元，款项用银行存款支付；专职工程人员安装费用 15 万元，用银行存款支付。

（2）6 月 30 日，自建的办公楼完工并达到预定可使用状态，该办公楼预计使用年限为 20 年，预计净残值为 5 万元，采用年限平均法计提折旧。

（3）7 月 5 日，对行政管理部门使用的 M 设备进行日常修理，从仓库领用修理材料 0.5 万元，另支付修理费 1 万元，增值税专用发票上注明的增值税税额为 0.13 万元，全部款项用银行存款

支付。

(4) 12月31日，经减值测试，自建办公楼的可收回金额为530万元。

要求：不考虑其他因素，根据上述资料编制有关会计分录。

2. 甲公司购入生产用设备一台，原值为280万元，已提折旧266万元，因使用期满经批准报废。在清理过程中，甲公司用银行存款支付清理费用4万元。一部分残料变卖收入1.4万元，存入银行，支付相关税费0.07万元。

要求：根据上述资料编制有关会计分录。

3. 2024年12月31日，某股份有限公司购入生产设备一台，入账价值为510万元，预计使用年限为8年，净残值为10万元，采用年限平均法计提折旧。2027年12月31日，由于市场需求大幅减弱，该固定资产发生减值，估计可收回金额为220万元，固定资产价值变化见表5-2。

表5-2 某股份有限公司固定资产价值变化　　　　　　　　　　　　单位：元

时间	内容	金额
2025年1月1日	生产线原值	5 100 000
2025年	折旧	625 000
2025年12月31日	账面价值	4 475 000
2026年	折旧	625 000
2026年12月31日	账面价值	3 850 000
2027年	折旧	625 000
2027年12月31日	减值	1 025 000
	账面价值	2 200 000
2028年	折旧	420 000
2028年12月31日	账面价值	1 780 000

要求：根据上述资料编制有关会计分录。

4. 甲公司为增值税一般纳税人，采用年限平均法计提固定资产折旧。2024年，由于中央冷却系统压缩机老化，甲公司决定给予更新，有关经济业务或事项如下。

(1) 3月3日，停止使用中央冷却系统，更新改造工程开工。该系统原价（含压缩机）为2 400万元，预计使用年限为20年，预计净残值为零，已计提122个月折旧，累计折旧金额为1 220万元（含本月应计提折旧），未计提减值准备。不单独计价核算的压缩机原值为480万元。

(2) 3月10日，购入新压缩机作为工程物资入账，取得的增值税专用发票上注明的价款为600万元，增值税税额为78万元；支付运费，取得的增值税专用发票上注明的运输费为10万元，增值税税额为0.9万元，全部款项以银行存款付讫。3月15日，工程安装新的压缩机，替换的旧压缩机报废无残值收入；工程领用原材料一批，成本为30万元，相关增值税专用发票上注明的增值税税额为3.9万元，该批材料市场价格（不含增值税）为34万元。

(3) 4月2日，以银行存款支付工程安装费，取得的增值税专用发票上注明的安装费为36万元，增值税税额为3.24万元；工程完工达到预定可使用状态并交付使用。

要求：根据上述资料编制有关会计分录。

5. 甲公司为增值税一般纳税人。2024年度，该公司发生的固定资产相关业务如下。

(1) 1月30日，购入一台需要安装的A设备，取得的增值税专用发票上注明的价款为50万元，增值税税额为6.5万元；另支付安装费，取得的增值税专用发票上注明的价款为4万元，增值税税额0.36万元，全部款项以银行存款支付。该设备预计可生产产品500 000件，预计净残值为3万元，每月A设备的产量为6 000件。采用工作量法计提折旧。1月31日，A设备达到预定可使用状态并交付生产车间使用。

(2) 6月30日，对本企业设备进行日常维护修理，其中行政管理部门设备修理费为30万元，销售部门设备修理费为1万元，全部款项以银行存款支付。

(3) 12月5日，报废一台B设备。该设备原值为80万元，已计提折旧76万元，未发生资产减值损失。B设备报废取得残值变价收入2万元，开具的增值税专用发票上注明的增值税税额为0.26万元，报废过程中发生自行清理费用0.6万元，全部款项均已通过银行办理结算。

要求：根据上述资料编制有关会计分录。

第六章 无形资产

第一节 无形资产的确认及初始计量

一、无形资产的确认

(一) 无形资产的定义与特征

无形资产是指企业拥有或者控制的没有实物形态的可辨认非货币性资产。

无形资产具有以下特征。

1. 没有实物形态

无形资产通常表现为某种技术、某种权利或者某种综合能力，所以无形资产一般没有实物形态，而没有实物形态也是无形资产区别于固定资产、存货等实物资产的主要特征之一。这一特征导致无形资产的价值确认相对困难，其价值损耗也主要表现为无形损耗。

2. 具有可辨认性

无形资产一定是能够区别于其他资产可以单独确认的，如企业专利权、非专利技术、特许经营权、商标权等。资产满足下列条件之一时，符合无形资产定义中的可辨认标准：①该资产能够从企业中单独划分出来，并能与相关合同、资产或负债一起被用于出售、转移、租赁或交换；②源自合同权利或其他相关法定权利，无论是否可以从企业或其他权利义务中转移或分离，如企业商誉通常与企业整体价值相联系，无法脱离企业存在，不具有辨认性，所以商誉不能作为无形资产。

3. 属于非货币性资产

非货币性资产是指企业持有货币资金或可收取确定货币金额的资产之外的资产，其与货币性资产最大的区别在于为企业带来的经济利益，即货币金额是不固定或不可确定的。无形资产往往能在超过企业的一个营业周期为企业创造经济利益，但其创造的经济利益具有极大的不确定性，不属于以固定或可确定金额收取的资产。此特征能够使其与应收账款等不具有实物形态的货币性资产区分开来。

（二）无形资产的确认条件

无形资产只有同时满足下列条件，才能予以确认：
(1) 与该无形资产有关的经济利益很可能流入企业。
(2) 该无形资产的成本能够可靠地计量。

（三）无形资产的主要内容

无形资产主要包括专利权、非专利技术、商标权、著作权、土地使用权、特许权等。

1. 专利权

专利权是指经国家专利主管机关依法授予产品、技术的发明创造者，就其研究成果在一定期限内享受制造、使用、出售该项发明的排他权利。专利权是知识产权的一种，包括发明专利权、实用新型专利权和外观设计专利权。

企业可以向外部购买专利权，也可以用自行研究和开发成功的成果申请专利权。企业外购专利权的成本包括买价、法律费用及其他相关费用，购得后以取得成本借记"无形资产——专利权"。企业自行研究和开发成功的成果获得专利权后，其成本应包括直接的法律费用及申请专利权时发生的必要支出，如专利注册费用。而鉴于研究结果难以预测，研究过程中发生的成本费用在发生当期计作期间费用。

2. 非专利技术

非专利技术也称"专有技术"，是指不为外界所知，在生产经营活动中已采用、享有法律保护的各种技术和经验。

非专利技术可以表现为多种形式，包括独特的设计、造型和配方，如某种产品的独特外观设计、内部结构设计或特殊配方；计算公式和软件包，如某种算法、数学模型或专用的计算机软件；制造工艺和技术秘密，如某种特殊的生产工艺流程、操作技巧或质量控制方法。

3. 商标权

商标权又称"商标专用权"，是商标所有人对其商标享有的独占、排他权利。

商标权具有以下特点。

(1) 独占性。商标权是一种独占权，商标注册人对其注册商标享有独占使用权，未经许可，他人不得在同种商品或类似商品上使用与其注册商标相同或近似的商标。

(2) 排他性。商标权具有排他性，即商标注册人有权禁止任何其他人未经许可擅自在同一种或类似商品上使用与其注册商标相同或者近似的商标。

(3) 地域性。商标专用权的保护受地域范围的限制，注册商标专用权仅在商标注册国享受法律保护，非商标注册国没有保护的义务。

(4) 时间性。商标专用权的有效期限一般为 10 年，期满可以续展，续展次数不限。但超过有效期限不办理续展手续的，商标权将不再受到法律的保护。

4. 著作权

著作权是指作者对其创作的文学、科学和艺术作品依法享有的专有权利。著作权有各种创作形式，包括文学作品、音乐作品、艺术作品（如绘画、雕塑等）、戏剧作品、电影作品、软件作品及建筑设计作品等。著作权保护的是具有原创性的表达和创作，而不是简单的想法或概念。

5. 土地使用权

土地使用权是指土地使用者依照法律规定，在一定期间对国有土地享有开发、利用、经营的权利。

6. 特许权

特许权又称"经营特许权""专营权"，是指企业在某一地区经营或销售某种特定商品的权利，或是一家企业接受另一家企业使用其商标、商号、技术秘密等的权利。特许权可以是单一的元素，如商标、专利、商业秘密等；也可以是若干业务元素的组合，如某产品制造方法、销售方法等；还可以是所有业务元素的组合（一套完整的经营模式），如快餐店的经营模式、洗衣店的经营模式等。

二、无形资产的初始计量

无形资产应当按照成本进行初始计量。

（一）会计科目的设置

为了反映和监督无形资产的取得、处置等情况，企业应当设置"无形资产""研发支出""累计摊销""无形资产减值准备"科目进行核算。

（1）"无形资产"科目属于资产类科目，借方核算企业无形资产的原始入账价值，贷方核算报废、出售处置的无形资产原值。本科目应按无形资产项目进行明细核算。

（2）"研发支出"科目属于成本类科目，核算企业研究与开发无形资产过程中发生的各项支出。本科目应按研发项目分别设置"费用化支出"和"资本性支出"科目进行明细核算。

（3）"累计摊销"科目属于资产类备抵科目，核算企业对使用寿命有限的无形资产计提的累计摊销金额。本科目应按无形资产项目进行明细核算。

（4）"无形资产减值准备"科目属于资产类备抵科目，核算企业无形资产的减值准备。本科目应按无形资产项目进行明细核算。

（二）外购无形资产

外购无形资产的成本包括购买价款、相关税费，以及直接归属使该项资产达到预定用途所发生的其他支出。企业外购无形资产时，按应计入成本的金额，借记"无形资产"等科目，涉及增值税的，还应借记"应交税费——应交增值税（进项税额）"科目；贷记"银行存款"等科目。

【例6-1】 2024年10月10日，甲公司以银行存款购入非专利技术A，增值税发票上注明的价款为100万元，增值税税额为6万元。甲公司的账务处理如下。

借：无形资产——非专利技术A   1 000 000
  应交税费——应交增值税（进项税额）   60 000
 贷：银行存款   1 060 000

（三）自行研究开发无形资产

（1）企业自行研究开发的无形资产，应当区分研究阶段与开发阶段。

①研究阶段的特点是计划性和探索性。计划性是指为获取并理解新的科学或技术知识而进行的独创性的有计划调查。探索性是指为进一步开发活动而进行资料与其他相关的准备，如对相关知识、研究成果的学习、应用、评价，对材料、设备、产品、工序等项目的改良研究，对替代品的设计、配制、评估、筛选等。

②开发阶段的特点是，具有一定的针对性和形成成果的较大可能性。针对性是指在进行商业性生产或使用前，将研究成果或其他知识应用于某项计划或设计，以生产出新的或具有实质性改进的材料、装置、产品等；较大可能性是指开发阶段已经完成了研究阶段的工作，在很大程度上具备了形成新产品或新技术的基本条件。

（2）企业自行研究开发项目研究阶段的支出，应当于发生时计入当期损益。

（3）企业自行研究开发项目开发阶段的支出，同时满足下列条件的，才能确认为无形资产：

①完成该无形资产以使其能够使用或出售在技术上具有可行性。

②具有完成该无形资产并使用或出售的意图。

③无形资产产生经济利益的方式，包括能够证明运用该无形资产生产的产品存在市场或无形资产自身存在市场；无形资产在内部使用的，应当证明其有用性。

④有足够的技术、财务资源和其他资源支持，以完成该无形资产的开发，并有能力使用或出售该无形资产。

⑤归属该无形资产开发阶段的支出能够可靠地计量。

（4）会计分录。企业应当设置"研发支出"科目核算在研究与开发无形资产过程中发生的各项支出。"研发支出"科目可按研究开发项目，分别以"费用化支出""资本化支出"科目进行明细核算。

①自行研究和开发无形资产发生的研发支出，不满足资本化条件的，借记"研发支出——费用化支出"科目；满足资本化条件的，借记"研发支出——资本化支出"科目，贷记"原材料""银行存款""应付职工薪酬"等科目。

②期末，应将"研发支出"科目归集费用化支出金额，借记"管理费用"科目，贷记"研发支出——费用化支出"科目。

③自行研究和开发项目达到预定用途形成无形资产的，应按照"研发支出——资本化支出"科目的余额，借记"无形资产"科目，贷记"研发支出——资本化支出"科目。

【例6-2】 2024年1月1日，甲公司开始自行研发一项新产品专有技术，在研究阶段发生材料费400万元，人工工资100万元，其他费用30万元（银行存款支付）。6月，进入开发阶段，发生材料费200万元，人工工资80万元，其他费用50万元（银行存款支付），开发阶段的费用全部符合资本化条件。10月，该专有技术达到预定用途。甲公司的账务处理如下：

（1）研究阶段发生各项费用时：

借：研发支出——费用化支出　　　　　　　　　　　　　　5 300 000
　　贷：原材料　　　　　　　　　　　　　　　　　　　　4 000 000
　　　　应付职工薪酬　　　　　　　　　　　　　　　　　1 000 000
　　　　银行存款　　　　　　　　　　　　　　　　　　　　300 000

期末结转费用化支出时：

借：管理费用 5 300 000
  贷：研发支出——费用化支出 5 300 000

(2) 开发阶段发生各项费用时：
借：研发支出——资本化支出 3 300 000
  贷：原材料 2 000 000
    应付职工薪酬 800 000
    银行存款 500 000

(3) 无形资产达到预定用途时：
借：无形资产——专有技术 3 300 000
  贷：研发支出——资本化支出 3 300 000

(四) 取得土地使用权

企业取得土地使用权，通常应按照取得时实际支付的价款及相关税费确认为无形资产。

土地使用权的成本包括向出让人支付的出让金或转让金，以及随后发生的为使有关土地处于可使用状态的直接支出，如法律费用、丈量费用、平整费用等。

土地使用权的成本记入"无形资产——土地使用权"科目。企业开发使用土地或开始建造自用项目时，应将土地使用权的账面价值与地上建筑物分开入账，分别进行摊销和计提折旧，但以下情况除外。

(1) 房地产开发企业取得土地使用权用于建造对外出售的房屋建筑物时，相关的土地使用权成本计入所建造的建筑物成本。

(2) 企业外购房屋建筑物所支付价款中包括土地使用权及建筑物价值的，应当对实际支付价款按照合理的方法，如公允价值的相对比例，在土地使用权和地上建筑物之间进行分配，分别确认为固定资产和无形资产；确实无法在土地使用权和地上建筑物之间进行合理分配的，应全部作为固定资产，按照固定资产确认和计量的原则处理。

【例6-3】 2024年1月1日，甲公司以1 000万元价格购入一块土地，并准备在该土地上自行建设生产用仓库。6月25日，建造仓库领用工程物资320万元，发生人员工资80万元，其他相关费用100万元。2025年1月，该仓库完工并达到预定可使用状态。假定土地使用权、仓库使用期限分别为50年、20年，两者均无残值，均采用直线法进行摊销和折旧。不考虑增值税相关税费，甲公司的账务处理如下。

(1) 1月1日取得土地时：
借：无形资产——土地使用权 10 000 000
  贷：银行存款 10 000 000

(2) 6月25日在土地上自行建造仓库时：
借：在建工程——仓库 5 000 000
  贷：工程物资 3 200 000
    应付职工薪酬 800 000
    银行存款 1 000 000

(3) 2025年1月仓库达到预定用途时：

借：固定资产——仓库 5 000 000
　　贷：在建工程——仓库 5 000 000
（4）每年分别对土地使用权进行摊销和对仓库计提折旧。
每年土地使用权的摊销 = 10 000 000 ÷ 50 = 200 000（元）
每年仓库的计提折旧 = 5 000 000 ÷ 20 = 250 000（元）
借：管理费用 200 000
　　制造费用 200 000
　　贷：累计摊销——土地使用权 250 000
　　　　累计折旧——仓库 250 000

第二节 无形资产的后续计量

一、无形资产的摊销

企业应当于取得无形资产时，分析判断其使用寿命。使用寿命有限的无形资产，应在其预计使用寿命内采用系统合理的方法进行摊销。无法预见无形资产为企业带来经济利益期限的，应当视为使用寿命不确定的无形资产，该资产不应摊销。

（一）使用寿命有限的无形资产

1. 无形资产的摊销方法和摊销期间

（1）企业选择的无形资产摊销方法，应当反映与该项无形资产有关的经济利益的预期实现方式。无法可靠确定预期实现方式的，应当采用直线法摊销。

（2）企业摊销无形资产，应当自无形资产可供使用时起，至不再作为无形资产确认时止。一般而言，当月增加的无形资产，当月开始摊销；当月减少的无形资产，当月不再摊销。

2. 无形资产摊销金额

无形资产摊销金额 = 无形资产成本 - 预计净残值 - 无形资产减值准备

3. 无形资产摊销的账务处理

无形资产摊销金额一般应计入当期损益，借记"管理费用""制造费用""销售费用""其他业务成本""研发支出"等科目，贷记"累计摊销"科目。处置无形资产时要同时结转累计摊销。

4. 会计期末无形资产的处理

企业至少应当于每年年度终了时，对使用寿命有限的无形资产的使用寿命及摊销方法进行复核。无形资产的使用寿命及摊销方法与以前估计不同的，应当改变摊销期限和摊销方法，并按照会计估计变更进行处理。

（二）使用寿命不确定的无形资产

对于使用寿命不确定的无形资产，在持有期间不摊销。企业应当在每个会计期间对使用寿命不确定的无形资产进行减值测试。在资产负债表日无形资产发生减值的，按应减记的金额，借记"资产减值损失"科目,贷记"无形资产减值准备"科目。处置无形资产时还应结转减值准备。

企业应当在每个会计期间对使用寿命不确定的无形资产的使用寿命进行复核,如果有证据表明其使用寿命是有限的,则应视为会计估计变更,应当估计其使用寿命并按照使用寿命有限的无形资产的处理原则进行会计处理。

【例6-4】 甲公司2024年初的无形资产情况如下:专利权入账价值200万元,专门用于产品生产,使用年限为8年;商标权300万元,使用年限为10年。本年无形资产的摊销额计算过程如下:

专利权摊销额 = 2 000 000 ÷ 8 = 250 000(元)

商标权摊销额 = 3 000 000 ÷ 10 = 300 000(元)

根据以上计算结果,编制无形资产摊销明细表,见表6-1。

表6-1 无形资产摊销明细表　　　　　　　　　　　单位:元

项目	应计科目		金额
	总账科目	明细科目	
专利权	制造费用	无形资产摊销	250 000
商标权	管理费用	无形资产摊销	300 000

甲公司的账务处理如下。

借:制造费用——无形资产摊销　　　　　　　　　　　　　　　　　　　　250 000
　　管理费用——无形资产摊销　　　　　　　　　　　　　　　　　　　　300 000
　　贷:累计摊销——专利权　　　　　　　　　　　　　　　　　　　　　250 000
　　　　　　——商标权　　　　　　　　　　　　　　　　　　　　　　300 000

【例6-5】 2024年3月30日,甲公司从其他公司购入商标权,支付价款300万元,款项通过银行支付。该商标权按法律规定的预计使用年限还有5年,但是在届满之后甲公司可以较低的手续费申请延期,因此该商标权被视为使用寿命不确定的无形资产。2025年底,甲公司对该商标权进行减值测试,可收回金额为200万元。不考虑其他相关税费,甲公司的账务处理如下。

(1) 2024年3月30日取得商标权时:

借:无形资产——商标权　　　　　　　　　　　　　　　　　　　　　　3 000 000
　　贷:银行存款　　　　　　　　　　　　　　　　　　　　　　　　　3 000 000

(2) 2025年底商标权发生减值时:

商标权减值金额 = 3 000 000 - 2 000 000 = 1 000 000(元)

借:资产减值损失——无形资产减值损失　　　　　　　　　　　　　　　1 000 000
　　贷:无形资产减值准备——商标权　　　　　　　　　　　　　　　　1 000 000

二、无形资产减值

企业应当在资产负债表日判断无形资产是否存在发生减值的迹象。无形资产存在减值迹象的,应当估计其可收回金额。无形资产的可收回金额低于其账面价值的,应当将其账面价值减计至可收回金额,减计的金额确认为无形资产减值损失,计入当期损益,同时计提无形资产减值准备,借记"资产减值损失"科目,贷记"无形资产减值准备"科目。无形资产减值确认后,在以后会计期间不得转回。

【例6-6】 2022年1月1日,甲公司购入一项专利权,支付价款160万元,估计使用年限为8年。2024年末,进行减值测试,发现该专利权已发生减值,估计可收回金额80万元。不考虑其他因素,甲公司的账务处理如下。

(1) 2022年1月1日购入专利权时：

借：无形资产——专利权　　　　　　　　　　　　　　　　　　　　　　1 600 000
　　贷：银行存款　　　　　　　　　　　　　　　　　　　　　　　　　　　1 600 000

(2) 2022年、2023年、2024年记录无形资产摊销时：

无形资产年摊销额计算 = 1 600 000 ÷ 8 = 200 000 (元)

借：管理费用——无形资产摊销　　　　　　　　　　　　　　　　　　　　200 000
　　贷：累计摊销——专利权　　　　　　　　　　　　　　　　　　　　　　200 000

(3) 2024年末发生减值时：

2024年12月专利权账面价值为1 600 000 - 200 000 × 3 = 1 000 000 (元),可收回金额为800 000元,可收回金额低于账面价值,发生减值,两者差额应计提减值准备,1 000 000 - 800 000 = 200 000 (元)。

借：资产减值损失——无形资产减值损失　　　　　　　　　　　　　　　　200 000
　　贷：无形资产减值准备——专利权　　　　　　　　　　　　　　　　　　200 000

2025年1月1日,该专利技术的账面价值为80万元,在剩余的使用年限继续摊销。

(4) 2025年记录无形资产摊销。

减值后无形资产年摊销额 = 800 000 ÷ 5 = 160 000 (元)

借：管理费用——无形资产摊销　　　　　　　　　　　　　　　　　　　　160 000
　　贷：累计摊销——专利权　　　　　　　　　　　　　　　　　　　　　　160 000

三、无形资产出租

无形资产出租是指企业将所拥有无形资产的使用权让渡给他人,并取得租金收入。无形资产的出租收入及相关成本,应作为其他业务收支进行会计处理。无形资产出租取得的收入贷记"其他业务收入"科目,摊销借记"其他业务成本"科目。

【例6-7】 2024年1月,甲公司将B专利权出租给乙公司使用,每年不含税租金10万元,增值税为0.6万元。B专利权的账面价值为20万元,剩余摊销年限为5年。不考虑其他因素,甲公司有关账务处理如下。

(1) 2024年取得租金收入。

借：银行存款　　　　　　　　　　　　　　　　　　　　　　　　　　　　106 000
　　贷：其他业务收入——专利权　　　　　　　　　　　　　　　　　　　　100 000
　　　　应交税费——应交增值税(销项税额)　　　　　　　　　　　　　　　6 000

(2) 2024年摊销出租专利权成本。

无形资产年摊销金额 = 200 000 ÷ 5 = 40 000 (元)

借：其他业务成本——专利权　　　　　　　　　　　　　　　　　　　　　40 000
　　贷：累计摊销——专利权　　　　　　　　　　　　　　　　　　　　　　40 000

第三节 无形资产的处置和报废

无形资产的处置和报废是指无形资产不能再为企业带来经济利益，需要终止确认。

一、无形资产的处置

企业处置无形资产时，应当将取得的价款与该无形资产账面价值的差额计入当期损益。企业出售无形资产时，应按实际收到的金额，借记"银行存款"等科目；按累计摊销额，借记"累计摊销"科目；按累计计提的减值准备，借记"无形资产减值准备"科目；按发生或支付的相关税费，贷记"应交税费""银行存款"等科目；按其账面余额，贷记"无形资产"科目；按其差额，贷记或借记"资产处置损益"科目。

【例6-8】 甲公司将拥有的一项非专利技术出售，取得收入500万元，应交的增值税为30万元。该非专利技术的账面余额为400万元，累计摊销额为300万元，已计提的减值准备为100万元。甲公司的账务处理如下。

借：银行存款　　　　　　　　　　　　　　　　　　　　　5 000 000
　　累计摊销　　　　　　　　　　　　　　　　　　　　　3 000 000
　　无形资产减值准备　　　　　　　　　　　　　　　　　1 000 000
　贷：无形资产　　　　　　　　　　　　　　　　　　　　4 000 000
　　　应交税费——应交增值税（销项税额）　　　　　　　　300 000
　　　资产处置损益——处置非流动资产利得　　　　　　　4 700 000

二、无形资产的报废

无形资产预期不能再为企业带来经济利益的，应当将其账面价值予以转销。转销时，应按已计提的累计摊销，借记"累计摊销"科目；按其账面余额，贷记"无形资产"科目；按其差额，借记"营业外支出"科目。已经计提减值准备的，还应同时结转减值准备。

【例6-9】 甲公司拥有的一项专利技术预期不能再为企业带来经济利益，现将其价值予以转销。该专利技术的账面余额为90万元，累计摊销额为60万元，已计提的减值准备为24万元。不考虑其他相关因素，甲公司的账务处理如下。

借：营业外支出——转销非流动资产损失　　　　　　　　　60 000
　　累计摊销　　　　　　　　　　　　　　　　　　　　　600 000
　　无形资产减值准备　　　　　　　　　　　　　　　　　240 000
　贷：无形资产　　　　　　　　　　　　　　　　　　　　900 000

章节练习题

一、单项选择题

1. 下列各项中关于企业无形资产摊销会计分录的表述错误的是（　　　）。

A. 无形资产当月增加当月开始摊销

B. 使用寿命不确定的无形资产，按照估计寿命进行摊销

C. 行政管理用无形资产的摊销额计入管理费用

D. 出租的无形资产，摊销金额计入其他业务成本

2. 甲公司为增值税一般纳税人，现将一项专利权转让给乙公司，开具的增值税专用发票上注明的价款为300万元，增值税税额为18万元，全部款项已存入银行。该专利权成本为360万元，已累计摊销110万元，未发生减值损失。不考虑其他因素，下列各项中甲公司处置专利权会计分录正确的是（　　）。

A. 贷记"营业外收入"科目50万元　　B. 贷记"资产处置损益"科目50万元

C. 贷记"其他业务收入"科目300万元　　D. 贷记"无形资产"科目250万元

3. 2024年1月1日，甲公司购买一项管理用特许权，成本为600 000元，合同约定受益年限为10年，采用年限平均法按月摊销。甲公司摊销该无形资产对其2024年营业利润的影响金额为（　　）元。

A. 0　　B. 60 000　　C. 600 000　　D. 75 000

4. 2024年12月20日，甲公司以银行存款200万元外购一项专利技术用于生产W产品，另支付相关税费1万元，达到预定用途前的专业服务费2万元，宣传W产品广告费4万元。不考虑增值税及其他因素，2024年12月20日该专利技术的入账价值为（　　）万元。

A. 201　　B. 203　　C. 207　　D. 200

5. 2024年4月1日，甲公司以银行存款240万元购入一项专利技术并立即投入使用，预计使用年限为5年，预计净残值为零，采用直线法摊销。不考虑其他因素，甲公司2024年应对该专利技术摊销的金额为（　　）万元。

A. 36　　B. 32　　C. 48　　D. 40

6. 2021年1月1日，甲公司以银行存款80万元购入一项无形资产。2022年和2023年末，甲公司预计该项无形资产的可收回金额分别为68万元和56万元。该无形资产的预计使用年限为10年，采用直线法摊销，预计净残值为零。假定无形资产计提减值准备后，原预计使用年限、摊销方法等均不变。不考虑其他因素，甲公司该项无形资产于2024年应摊销的金额为（　　）万元。

A. 8　　B. 4.44　　C. 6　　D. 8.44

7. 2024年1月5日，甲公司以900万元的价格从产权交易中心竞价获得一项专利权，另支付手续费等相关支出90万元。为推广由该专利权生产的产品，甲公司发生宣传广告费用50万元，展览费30万元。该专利权预计使用10年，预计净残值为零，采用直线法摊销。下列各项中关于甲公司2024年会计分录的表述不正确的是（　　）。

A. 甲公司竞价取得专利权的入账价值是990万元

B. 甲公司发生的宣传广告费用、展览费计入当期损益

C. 无形资产的摊销计入销售费用

D. 2024年末无形资产账面价值为891万元

8. 2024年1月1日，甲公司将一项专利技术出租，每月不含税租金10万元，租赁期2年。该无形资产于2021年3月31日研发成功并达到预定用途，成本为300万元，预计使用年限为10年，

预计净残值为零，采用直线法计提摊销。不考虑其他因素，下列说法正确的是（　　）。

A. 甲公司出租无形资产取得收入应计入其他业务收入

B. 2024年该无形资产每月计提的摊销额应计入管理费用

C. 甲公司出租无形资产取得收入应计入营业外收入

D. 出租该无形资产后每月不用计提摊销

9. 某企业自行研究开发一项专利技术，研究阶段发生支出150万元，开发阶段发生支出300万元，其中符合资本化条件的支出为200万元。2022年9月30日，研究项目达到预定用途，形成一项无形资产。不考虑其他因素，该专利技术的初始入账成本为（　　）万元。

A. 450　　　　　B. 200　　　　　C. 350　　　　　D. 250

10. 2024年12月31日，"无形资产"科目借方余额为200万元，"累计摊销"科目贷方余额为40万元，"无形资产减值准备"科目贷方金额为20万元。不考虑其他因素，"无形资产"项目金额为（　　）万元。

A. 200　　　　　B. 140　　　　　C. 160　　　　　D. 180

二、多项选择题

1. 下列各项中关于企业无形资产摊销会计分录表述正确的有（　　）。

A. 无形资产当月增加当月开始摊销

B. 使用寿命不确定的无形资产，按照估计寿命进行摊销

C. 行政管理用无形资产的摊销额计入管理费用

D. 出租的无形资产，摊销金额计入其他业务成本

2. 下列各项中关于制造业企业无形资产摊销的表述正确的有（　　）。

A. 无形资产的摊销方法包括年限平均法、生产总量法等

B. 已计提的无形资产减值准备在以后期间不可以转回

C. 使用寿命有限的无形资产，自可供使用的次月起开始摊销

D. 使用寿命不确定的无形资产不进行摊销

3. 下列各项中制造业企业计提无形资产摊销的会计分录正确的有（　　）。

A. 专门用于生产产品的无形资产摊销额计入产品成本

B. 行政管理部门使用的无形资产摊销额计入管理费用

C. 出租的无形资产摊销额计入营业外支出

D. 财务部门使用的无形资产摊销额计入财务费用

4. 甲公司一项内部研发的无形资产系2024年10月1日达到预定用途，为了研发该项无形资产，共发生支出110万元，其中符合资本化条件的支出为48万元。甲公司预计的经济收益期为8年，预计净残值为零。不考虑其他因素，下列各项中关于甲公司会计分录说法正确的有（　　）。

A. 从2024年10月1日开始摊销

B. 费用化研发支出金额为62万元

C. 2024年摊销金额为1万元

D. 2024年12月31日无形资产的账面价值为46.5万元

5. 下列各项中关于企业无形资产残值会计分录的表述正确的有（　　）。

A. 无形资产残值的估计应以资产处置时的可收回金额为基础

B. 预计残值发生变化的，应重新调整已计提的摊销金额

C. 资产负债表日应对无形资产的残值进行复核

D. 无形资产残值高于其账面价值时，无形资产不再摊销

6. 甲公司将拥有的一项非专利技术出售，取得收入 50 万元，应交的增值税为 3 万元。该非专利技术的账面余额为 40 万元，累计摊销额为 30 万元。以下各项中表述正确的有（   ）。

A. 贷记"营业外收入"科目 40 万元　　B. 贷记"资产处置损益"科目 40 万元

C. 贷记"其他业务收入"科目 40 万元　　D. 贷记"无形资产"科目 40 万元

7. 下列各项中有关无形资产会计分录的表述不正确的有（   ）。

A. 无形资产通常按照实际成本进行初始计量

B. 当无形资产的残值重新估计后高于账面价值时，应停止摊销，直至残值降至低于账面价值时再恢复摊销

C. 无法可靠确定无形资产预期经济利益消耗方式的，不进行摊销

D. 使用寿命有限的无形资产一般应当自取得次月起开始摊销

8. 下列各项中关于无形资产的会计分录表述正确的有（   ）。

A. 无法区分研究阶段与开发阶段的支出，应全部计入无形资产成本

B. 存在残值、寿命有限的无形资产，在持有期间至少每年末应对残值进行复核

C. 使用寿命不确定的无形资产，不计提摊销

D. 无形资产达到预定用途前，为推广拟用其生产的新产品发生的支出计入无形资产成本

9. 下列各项中关于使用寿命不确定的无形资产会计分录表述正确的有（   ）。

A. 持有期间按月摊销，摊销金额按受益对象记入"成本费用"科目

B. 如果后续期间有证据表明其使用寿命是有限的，则应当作为会计估计变更处理

C. 发生减值迹象时，才进行减值测试

D. 每个会计期间都不需要对使用寿命进行复核

10. 下列各项中关于企业无形资产业务会计分录表述正确的有（   ）。

A. 企业自行研究开发无形资产，应将研究阶段的支出全部计入当期损益

B. 企业如果无法可靠区分研究阶段的支出和开发阶段的支出，应将发生的研发支出全部费用化

C. 无形资产预期不能为企业带来经济利益的，应当将该无形资产的账面价值予以转销

D. 无形资产减值准备在以后期间不得转回

三、判断题

1. 研发无形资产研究阶段支出全部费用化，计入管理费用，开发阶段支出全部资本化。（   ）

2. 无形资产当月购入当月开始摊销，当月减少当月停止摊销。（   ）

3. 企业为引入无形资产生产的新产品进行宣传发生的广告费、管理费用及其他间接费用不应计入无形资产初始成本。（   ）

4. 企业报废无形资产时，应将账面价值转入资产处置损益。（   ）

5. 对于为企业带来未来经济利益、期限无法预计的无形资产，企业应当将其视为使用寿命不确定的无形资产。（   ）

6. 企业出售无形资产，应当将取得的不含税价款与该无形资产账面余额的差额，作为无形资产处置损益，计入资产处置损益。（   ）

7. 企业进行无形资产研究与开发过程中发生的费用化支出，填列在利润表中的"管理费用"项目。（   ）

8. 制造业企业经营出租无形资产取得的租金收入，应计入营业外收入。（   ）

9. 企业确认的无形资产减值损失应计入信用减值损失。（   ）

10. 使用寿命不确定的无形资产应按直线法进行摊销。（   ）

四、计算分析题

1. 甲公司研发 A 专利技术用于生产产品，相关资料如下。

（1）2021 年 9 月 1 日开始，甲公司自行研发 A 专利技术，耗用原材料 30 万元，研发人员职工薪酬 20 万元，以银行存款支付其他费用 50 万元。至 2021 年 12 月 31 日，该研发仍处于研究阶段。

（2）2022 年 1 月 1 日开始，该研发进入开发阶段，开发阶段发生相关费用为，材料费 100 万元，研发人员职工薪酬 30 万元，以银行存款支付其他费用 110 万元。2022 年 6 月 30 日，研发完成，以上支出均满足资本化条件。2022 年 7 月 1 日，无形资产达到预定可使用状态，按年采用直线法摊销，预计使用年限为 6 年，预计净残值为零。

（3）2022 年 12 月 31 日，A 专利技术出现减值迹象，预计可收回金额为 200 万元。经复核，A 专利技术剩余使用年限为 4 年，预计净残值为零，仍按年采用直线法摊销。

（4）2024 年 1 月 1 日，甲公司以 70 万元的价格将 A 专利技术对外出售，价款已收存银行。本题不考虑增值税等相关税费及其他因素。

要求：①编制甲公司 2021 年发生研发支出的相关会计分录。②编制甲公司 2022 年发生研发支出的相关会计分录。③判断甲公司 2022 年 12 月 31 日 A 专利技术是否发生了减值，如果发生减值，则计算甲公司对 A 专利技术应计提减值准备的金额，并编制相关会计分录。④计算甲公司 2023 年 A 专利技术应摊销的金额，并编制相关会计分录。⑤计算甲公司 2024 年 1 月 1 日对外出售 A 专利技术应确认的损益金额，并编制相关会计分录。

2. 甲公司为增值税一般纳税人，2024 年 9 月，该公司发生有关经济业务资料如下。

（1）当月报废生产设备一台，原价为 80 万元。截至 9 月末，累计计提折旧 76 万元，设备零部件作价 0.4 万元作为维修材料入库。

（2）当月以银行存款购入一项管理用专利权，取得增值税专用发票上注明的价款为 90 万元，增值税税额为 5.4 万元。该项专利权预计使用年限为 5 年，预计残值为零，采用年限平均法摊销。

要求：根据上述资料，不考虑其他因素，编制甲公司当月的相关会计分录。

3. 甲公司 2022—2024 年度发生的与无形资产有关业务如下。

（1）2022 年 1 月 1 日，甲公司开始自行研发一项管理部门用非专利技术；截至 2022 年 6 月 30 日，用银行存款支付外单位费用 152 万元，领用本单位原材料成本 48 万元（不考虑增值税因素）。经测试，该项研发活动已完成研究阶段。

（2）2022 年 7 月 1 日，该项研发活动进入开发阶段。该阶段发生研究开发人员的薪酬支出 50

万元，领用材料成本 190 万元（不考虑增值税因素），全部符合资本化条件。2022 年 12 月 1 日，该项研发活动结束，最终开发形成一项非专利技术并投入使用。该非专利技术预计可使用年限为 5 年，预计残值为零，采用直线法摊销。

（3）2023 年 1 月 1 日，甲公司将该非专利技术出租给乙公司，双方约定租赁期限为 2 年，每月末以银行转账结算方式收取租金 5 万元（不考虑增值税因素）。

（4）2024 年 12 月 31 日，租赁期限届满。经减值测试，该非专利技术的可收回金额为 104 万元。

要求：根据上述资料编制有关会计分录。

第七章 长期股权投资

第一节 长期股权投资的初始计量

一、长期股权投资及其初始计量原则

（一）长期股权投资的确认及初始计量

按照《企业会计准则第 2 号——长期股权投资》的定义，长期股权投资是指投资方对被投资方能够实施控制或具有重大影响的权益性投资，以及对其合营企业的权益性投资。企业会计准则中规定的权益性投资不包括风险投资机构、共同基金及类似主体持有的，在初始确认时按照金融工具确认和计量准则规定的，以公允价值计量且变动进入当期损益的金融资产。这类金融资产即使符合持有待售条件，也应继续按照金融工具确认和计量准则进行会计处理。

1. 能够实施控制的权益性投资

控制是指投资方拥有对被投资方的权力，通过参与被投资方的相关活动而享有可变回报，并且有能力运用对被投资方的权力影响其回报金额。因此，控制必须同时具备以下三个基本要素：

（1）拥有对被投资方的权力。
（2）通过参与被投资方的相关活动而享有可变回报。
（3）有能力运用对被投资方的权力影响其回报金额。

投资方在判断其能否控制被投资方时，应当综合考虑所有相关事实和情况。只有当投资方同时具备上述三个基本要素时，投资方才能控制被投资方。一旦相关事实和情况发生变化，导致上述三个基本要素中的一个或多个发生变化，投资方就要重新评估其能否控制被投资方。

投资方能够对被投资方实施控制的，被投资方为其子公司，投资方应当将子公司纳入合并财务报表的范围。

2. 具有重大影响的权益性投资

重大影响是指投资方对被投资方的财务和经营政策有参与决策的权力，但并不能控制或者与其他方一起共同控制这些政策的制定。

在通常情况下，投资方直接或通过其子公司间接拥有被投资方20%或以上表决权股份，但未形成控制或共同控制的，可以认为对被投资方具有重大影响，除非有确凿证据表明投资方不能参与被投资方的生产经营决策，不能对被投资方施加重大影响。企业通常可以通过以下一种或几种情形，判断是否对被投资方具有重大影响：①在被投资方的董事会或类似权力机构中派有代表；②参与被投资方的财务和经营政策制定过程；③与被投资方之间发生重要交易；④向被投资方派出管理人员；⑤向被投资方提供关键技术资料。需要注意的是，存在上述一种或多种情形并不意味着投资方一定对被投资方具有重大影响，企业需要综合考虑所有事实和情况做出判断。此外，在确定能否对被投资方施加重大影响时，还应当考虑投资方和其他方持有的现行可执行潜在表决权在假定转换为对被投资方的股权后产生的影响，如被投资方发行的现行可转换的认股权证、股票期权及可转换公司债券等的影响。这些潜在表决权在转换为对被投资方的股权后，能够增加投资方的表决权比例或降低被投资方其他投资者的表决权比例，从而使投资方能够参与被投资方的财务和经营决策，应当视为投资方对被投资方具有重大影响。

投资方能够对被投资方施加重大影响的，被投资方为其联营企业。

3. 对合营企业的权益性投资

合营安排是指一项由两个或两个以上参与方共同控制的安排。共同控制是指按照相关约定对某项安排共有的控制，并且该安排的相关活动必须经过分享控制权的参与方一致同意后才能做出决策。合营安排具有下列特征。

（1）各参与方均受到该安排的约束。

（2）两个或两个以上参与方对该安排实施共同控制。任何一个参与方都不能单独控制该安排，对该安排具有共同控制的任何一个参与方均能阻止其他参与方或参与方组合单独控制该安排。

判断是否存在共同控制，首先应当判断所有参与方或参与方组合是否集体控制该安排，其次判断关于该安排相关活动的决策是否必须经过所有参与方一致同意。需要注意的是，合营安排并不要求所有参与方对该安排实施共同控制。合营安排参与方既包括对合营安排享有共同控制的参与方（合营方），也包括对合营安排不享有共同控制的参与方。

合营安排可以分为共同经营和合营企业。共同经营是指合营方享有该安排相关资产且承担该安排相关负债的合营安排。合营企业是指合营方仅对该安排的净资产享有权利的合营安排。

除能够实施控制的权益性投资、具有重大影响的权益性投资和对合营企业的权益性投资外，企业持有的其他权益性投资，应当按照金融工具确认和计量准则的规定，在初始确认时分类为以公允价值计量且其变动计入当期损益的金融资产，或指定为以公允价值计量且其变动计入其他综合收益的金融资产。

（二）长期股权投资初始计量的原则

（1）企业在取得长期股权投资时，应按初始投资成本入账。长期股权投资不仅可以通过企业合并取得，也可以通过企业合并以外的其他方式取得。在不同的取得方式下，初始投资成本的确定方法有所不同。企业应当区分企业合并和非企业合并两种情况，确定长期股权投资的初始投资成本。

（2）企业在取得长期股权投资时，如果实际支付的价款或其他对价中包含已宣告但尚未发放的现金股利或利润，则该现金股利或利润在性质上属于暂付应收款项，应作为应收项目单独入账，不构成长期股权投资的初始投资成本。

二、企业合并形成的长期股权投资

企业合并是指将两个或者两个以上单独的企业合并形成一个报告主体的交易或事项。企业合并通常包括吸收合并、新设合并和控股合并三种形式。其中，吸收合并和新设合并均不形成投资关系，只有控股合并形成投资关系。因此，企业合并形成的长期股权投资，是指控股合并形成的投资方（合并后的母公司）对被投资方（合并后的子公司）的股权投资。企业合并形成的长期股权投资，应当区分同一控制下的企业合并和非同一控制下的企业合并，分别确定初始投资成本。

（一）同一控制下企业合并形成的长期股权投资

参与合并的企业在合并前后均受同一方或相同多方最终控制且该控制并非暂时性的，为同一控制下的企业合并。其中，在合并日取得对其他参与合并企业控制权的一方为合并方，参与合并的其他企业为被合并方。对于同一控制下的企业合并，从能够对参与合并各方在合并前及合并后均实施最终控制的一方来看，其能够控制的资产在合并前及合并后并没有发生变化。因此，合并方通过企业合并形成的对被合并方的长期股权投资，其成本代表的是按持股比例享有的被合并方所有者权益在最终控制方合并财务报表中的账面价值份额。

1. 合并方以支付现金等方式作为合并对价

合并方以支付现金、转让非现金资产或承担债务方式作为合并对价的，应当将在合并日按照取得的被合并方所有者权益，在最终控制方合并财务报表中的账面价值份额，作为长期股权投资的初始投资成本。初始投资成本大于支付的合并对价账面价值的差额，应计入资本公积（资本溢价或股本溢价）；初始投资成本小于支付的合并对价账面价值的差额，应冲减资本公积（仅限于资本溢价或股本溢价），资本公积的余额不足冲减的，应依次冲减盈余公积、未分配利润。

合并方为进行企业合并而发行债券或承担其他债务所支付的手续费、佣金等，应当计入发行债券及其他债务的初始确认金额；为进行企业合并而发生的各项直接相关费用，如审计费用、评估费用、法律服务费用等，应当于发生时计入当期管理费用。

合并方应当在企业合并日，按取得的被合并方所有者权益在最终控制方合并财务报表中的账面价值的份额，借记"长期股权投资"科目；按应享有被合并方已宣告但尚未发放的现金股利或利润，借记"应收股利"科目；按支付的合并对价的账面价值，贷记有关资产或负债科目；按其差额，贷记"资本公积——资本溢价（或股本溢价）"科目。如为借方差额，则应借记"资本公积——资本溢价（或股本溢价）"科目，资本公积（资本溢价或股本溢价）不足冲减的，应依次借记"盈余公积""利润分配——未分配利润"科目。

【例7-1】甲公司和乙公司同为某集团的子公司。2024年8月1日，甲公司以银行存款1 500万元向乙公司投资，占乙公司股份总额的80%。2024年8月1日，乙公司在最终控制方合并财务报表中净资产的账面价值为2 000万元，甲公司"资本公积——资本溢价"明细账余额100万元。另外，甲公司以银行存款支付审计费用、评估费用、法律服务费用等共计30万元。甲公司的会计处理如下。

(1) 确认取得的长期股权投资。

借：长期股权投资　　　　　　　　　　　　　　　　　　　　　　16 000 000
　　贷：银行存款　　　　　　　　　　　　　　　　　　　　　　　　15 000 000
　　　　资本公积——资本溢价　　　　　　　　　　　　　　　　　　 1 000 000

(2) 支付直接相关费用。

借：管理费用　　　　　　　　　　　　　　　　　　　　　　　　　　 300 000
　　贷：银行存款　　　　　　　　　　　　　　　　　　　　　　　　　 300 000

2. 合并方以发行权益性证券作为合并对价

合并方以发行权益性证券作为合并对价的，应当将在合并日按照取得的被合并方所有者权益，在最终控制方合并财务报表中的账面价值份额，作为长期股权投资的初始投资成本，按照发行的权益性证券面值总额作为股本。初始投资成本大于发行的权益性证券面值总额的差额，应当计入资本公积（股本溢价）；初始投资成本小于发行的权益性证券面值总额的差额，应当冲减资本公积（仅限于股本溢价）。资本公积的余额不足冲减的，应依次冲减盈余公积、未分配利润。

合并方为进行企业合并而发行权益性证券所发生的手续费、佣金等费用，应当抵减权益性证券的溢价发行收入；溢价发行收入不足冲减的，冲减留存收益。

合并方应当在企业合并日，按取得的被合并方所有者权益在最终控制方合并财务报表中的账面价值份额，借记"长期股权投资"科目；按应享有被合并方已宣告但尚未发放的现金股利或利润，借记"应收股利"科目；按所发行权益性证券的面值总额，贷记"股本"科目；按其差额，贷记"资本公积——股本溢价"科目。如为借方差额，则应借记"资本公积——股本溢价"科目；资本公积（股本溢价）不足冲减的，应依次借记"盈余公积""利润分配——未分配利润"科目。同时，按发行权益性证券过程中支付的手续费、佣金等费用，借记"资本公积——股本溢价"科目，贷记"银行存款"等科目；溢价发行收入不足冲减的，应依次借记"盈余公积""利润分配——未分配利润"科目。

【例7-2】 丙公司和丁公司同为某集团的子公司。2024年2月1日，丙公司与丁公司达成合并协议，约定以丙公司增发的权益性证券作为对价向丁公司投资，占丁公司股份总额的75%。为进行该项合并，丙公司共增发普通股股票2 000万股，每股面值1元，发行价格为5元。2024年2月1日，丙公司增发权益性证券成功。在发行过程中，丙公司发生与发行权益性证券直接相关的手续费、佣金共120万元，以银行存款支付。假定合并日，丁公司在最终控制方合并报表中的净资产账面价值为6 000万元。丙公司的会计处理如下。

借：长期股权投资　　　　　　　　　　　　　　　　　　　　　　45 000 000
　　贷：股本　　　　　　　　　　　　　　　　　　　　　　　　　20 000 000
　　　　资本公积——股本溢价　　　　　　　　　　　　　　　　　25 000 000
借：资本公积——股本溢价　　　　　　　　　　　　　　　　　　 1 200 000
　　贷：银行存款　　　　　　　　　　　　　　　　　　　　　　　 1 200 000

（二）非同一控制下企业合并形成的长期股权投资

参与合并的企业在合并前后不受同一方或相同多方最终控制的，为非同一控制下的企业合并。其中，在购买日取得对其他参与合并企业控制权的一方为购买方，参与合并的其他企业为被购买方。对于非同一控制下的企业合并，购买方应将企业合并视为一项购买交易，合理确定合并成本，作为长期股权投资的初始投资成本。

购买方以支付现金、转让非现金资产或承担债务方式作为合并对价的，合并成本为购买方在购买日为取得对被购买方的控制权而付出的资产、发生或承担负债的公允价值。

购买方作为合并对价付出的资产，应当按照以公允价值处置该资产进行会计处理。其中，付出资产为固定资产、无形资产的，付出资产的公允价值与其账面价值的差额，计入资产处置损益；付出资产为金融资产的，付出资产的公允价值与其账面价值的差额，计入投资收益（如果付出资产被指定为以公允价值计量且其变动计入其他综合收益的非交易性权益工具投资，则付出资产的公允价值与其账面价值的差额应当计入留存收益）；付出资产为存货的，按其公允价值确认收入，同时按其账面价值结转成本，涉及增值税的，还应进行相应的处理。此外，作为合并对价付出的资产为以公允价值计量且其变动计入其他综合收益金融资产的，该金融资产在持有期间因公允价值变动而形成的其他综合收益应同时转出，计入当期投资收益（或者留存收益）。

购买方为进行企业合并而发行债券或承担其他债务支付的手续费、佣金等费用，应当计入发行债券及其他债务的初始确认金额，不构成初始投资成本；购买方为进行企业合并而发生的各项直接相关费用，如审计费用、评估费用、法律服务费用等，应当于发生时计入当期管理费用。

购买方应当在购买日，按照确定的企业合并成本（不含被购买方收取的现金股利或利润），借记"长期股权投资"科目；按照应享有被购买方已宣告但尚未发放的现金股利或利润，借记"应收股利"科目；按照支付合并对价的账面价值，贷记有关资产或负债科目；按其差额，贷记"资产处置损益""投资收益"等科目或借记"资产处置损益""投资收益"等科目。合并对价为以公允价值计量且其变动计入其他综合收益的金融资产的，还应按持有期间公允价值变动形成的其他综合收益，借记（或贷记）"其他综合收益"科目，贷记（或借记）"投资收益"科目（或者"盈余公积""利润分配——未分配利润"科目）；按企业合并发生的各项直接相关费用，借记"管理费用"科目，贷记"银行存款"等科目。

【例7-3】2024年5月9日，乙公司与丁公司达成合并协议，约定乙公司以一项专利技术和银行存款500万元向丁公司投资，占丁公司股份总额的60%。该专利技术的账面原值为1 900万元，已累计摊销700万元，公允价值为1 700万元。合并中，乙公司为核实丁公司的资产价值，聘请会计师事务所对丁公司进行资产评估，支付评估费用60万元。假定乙公司与丁公司在此前不存在任何投资关系，乙公司的会计处理如下。

借：长期股权投资——乙公司	22 000 000
累计摊销	7 000 000
管理费用	600 000
贷：无形资产	19 000 000
银行存款	5 600 000
资产处置损益	5 000 000

三、非企业合并方式取得的长期股权投资

除企业合并形成的对子公司的长期股权投资外，企业以支付现金、转让非现金资产、发行权益性证券等方式取得的对被投资方不具有控制的长期股权投资，为非企业合并方式取得的长期股权投资，包括取得的对合营企业和联营企业的权益性投资。企业通过非企业合并方式取得的长期股权投资，应当根据不同的取得方式，按照实际支付的价款、转让非现金资产的公允价值、发行权益性证券的公允价值等分别确定其初始投资成本，作为入账的依据。

（一）以支付现金取得的长期股权投资

企业以支付现金取得的长期股权投资，应当将实际支付的购买价款作为初始投资成本。购买价款包括买价和购买过程中支付的与取得长期股权投资直接相关的费用、税金及其他必要支出。

企业支付现金取得长期股权投资时，按照确定的初始投资成本，借记"长期股权投资"科目；按照应享有被投资方已宣告但尚未发放的现金股利或利润，借记"应收股利"科目；按照实际支付的购买价款及手续费、税金等，贷记"银行存款"等科目。

【例7-4】 2024年2月10日，甲公司自公开市场中按每股21.8元的价格，购入乙公司每股面值1元的股票30万股作为长期股权投资，股票买价中包含每股1.2元已宣告但尚未支付的现金股利，另支付交易手续费32 000元。4月12日，乙公司分派现金股利，甲公司收到上述已宣告分配现金股利360 000元。甲公司的会计处理如下。

（1）2024年2月10日：

借：长期股权投资——乙公司（投资成本）　　　　　　　　6 212 000
　　应收股利　　　　　　　　　　　　　　　　　　　　　　360 000
　　　贷：银行存款　　　　　　　　　　　　　　　　　　　　　6 572 000

（2）2024年4月12日：

借：银行存款　　　　　　　　　　　　　　　　　　　　　360 000
　　　贷：应收股利　　　　　　　　　　　　　　　　　　　　　360 000

（二）以发行权益性证券取得的长期股权投资

企业以发行权益性证券方式取得的长期股权投资，应当按照发行权益性证券的公允价值作为初始投资成本。为发行权益性证券支付给证券承销机构的手续费、佣金等相关税费及其他直接相关支出，不构成长期股权投资的初始成本，应自权益性证券的溢价发行收入中扣除；权益性证券的溢价发行收入不足冲减的，应依次冲减盈余公积和未分配利润。

企业发行权益性证券取得长期股权投资时，按照确定的初始投资成本，借记"长期股权投资"科目；按照应享有被投资方已宣告但尚未发放的现金股利或利润，借记"应收股利"科目；按照权益性证券的面值，贷记"股本"科目；按其差额，贷记"资本公积——股本溢价"科目。发行权益性证券支付的手续费、佣金等相关税费及其他直接相关支出，借记"资本公积——股本溢价"科目，贷记"银行存款"等科目；溢价发行收入不足冲减的，应依次借记"盈余公积""利润分配——未分配利润"科目。

【例7-5】 2024年6月1日，甲公司以发行股票1 000万股作为对价向乙公司投资，每股面

值1元,实际发行价为每股3元。为发行股份,甲公司支付了50万元的佣金和手续费。甲公司的会计处理如下。

借:长期股权投资——乙公司(投资成本)   30 000 000
  贷:股本   10 000 000
    资本公积——股本溢价   20 000 000
借:资本公积——股本溢价   500 000
  贷:银行存款   500 000

(三) 投资者投入的长期股权投资

投资者投入的长期股权投资是指投资者以其持有的对第三方的投资作为出资投入企业。一般而言,投资者投入的长期股权投资应根据法律法规的要求进行评估作价。在公平交易中,投资者投入的长期股权投资的公允价值与所发行证券(工具)的公允价值不应存在重大差异。如有确凿证据表明,取得长期股权投资的公允价值比所发行证券(工具)的公允价值更加可靠,则应以投资者投入的长期股权投资的公允价值为基础确定其初始投资成本。

【例7-6】 2024年8月1日,甲公司接受乙公司投资,乙公司将持有的对丙公司的长期股权投资投入甲公司,乙公司持有的对丙公司长期股权投资的账面余额为1 800万元,未计提长期投资减值准备。甲公司和乙公司投资合同约定的价值为2 000万元。2024年8月1日,甲公司所有者权益总额为4 000万元,合同规定乙公司的持股比例为40%。假定不考虑相关税费,甲公司的会计处理如下。

借:长期股权投资——丙公司(投资成本)   20 000 000
  贷:股本——乙公司   16 000 000
    资本公积——股本溢价   4 000 000

通过非货币性资产交换、债务重组等方式取得的长期股权投资,对于初始投资成本的确定,应当分别按照《企业会计准则第7号——非货币性资产交换》《企业会计准则第12号——债务重组》的有关规定进行会计处理,本书不对相关内容进行赘述。

第二节 长期股权投资的后续计量

企业取得的长期股权投资在持有期间,要根据对被投资方的影响程度不同和能否实施控制,分别采用成本法或权益法进行核算。对子公司的长期股权投资应当按照成本法核算,对合营企业、联营企业的长期股权投资应当按照权益法进行核算。

一、长期股权投资的成本法

长期股权投资的成本法是指长期股权投资的账面价值按初始投资成本计量,除追加或收回投资外,一般不对长期股权投资的账面价值进行调整的会计处理方法。投资方对被投资方能够实施控制的长期股权投资,即对子公司的长期股权投资,应当采用成本法核算。投资方在判断对被投资方是否具有控制权时，应综合考虑直接持有的股权和通过子公司间接持有的股权，但在个别财务报表中采用成本法进行核算时，仅考虑直接持有的股权份额。长期股权投资采用成本法的基本核算程序如下。

（1）设置"长期股权投资"科目，反映长期股权投资的初始投资成本。在收回投资前，无论被投资方经营情况如何，净资产是否增减，投资方一般都不对股权投资的账面价值进行调整。

（2）如果发生追加投资或收回投资等情况，则按照追加投资或收回投资的成本增加或减少长期股权投资的账面价值。

（3）除取得投资时实际支付的价款或对价中包含的已宣告但尚未发放的现金股利或利润外，投资方应当按照被投资方宣告发放的现金股利或利润中属于本企业享有部分确认投资收益；被投资方宣告分派股票股利的，投资方应于除权日作备忘记录；被投资方未分派股利的，投资方不作任何会计处理。

在企业持有长期股权投资期间，当被投资方宣告发放现金股利或利润时，投资方应当按照享有的份额，借记"应收股利"科目，贷记"投资收益"科目；当收到上述现金股利或利润时，借记"银行存款"科目，贷记"应收股利"科目。

【例7-7】 2024年3月20日，甲公司以6 000万元的价款（包括相关税费和已宣告但尚未发放的现金股利150万元）取得乙公司普通股股票2 500万股，占乙公司普通股股份的60%，形成非同一控制下的企业合并，甲公司将其划分为长期股权投资并采用成本法核算。2024年4月5日，甲公司收到已宣告但尚未发放的现金股利。2025年3月24日，乙公司宣布发放现金股利100万元；4月10日，上述现金股利派发完毕。甲公司的相关会计处理如下。

（1）2024年3月20日，甲公司取得乙公司普通股股票。

借：长期股权投资——乙公司　　　　　　　　　　　　58 500 000
　　应收股利　　　　　　　　　　　　　　　　　　　 1 500 000
　　贷：银行存款　　　　　　　　　　　　　　　　　60 000 000

（2）2024年4月5日，甲公司收到支付的投资价款中包含已宣告但尚未发放的现金股利。

借：银行存款　　　　　　　　　　　　　　　　　　　 1 500 000
　　贷：应收股利　　　　　　　　　　　　　　　　　　1 500 000

（3）2025年3月24日，乙公司宣布发放股利100万元。

借：应收股利　　　　　　　　　　　　　　　　　　　 1 000 000
　　贷：投资收益　　　　　　　　　　　　　　　　　　1 000 000

（4）2025年4月10日，收到乙公司派发的股利100万元。

借：银行存款　　　　　　　　　　　　　　　　　　　 1 000 000
　　贷：应收股利　　　　　　　　　　　　　　　　　　1 000 000

二、长期股权投资的权益法

长期股权投资的权益法是指在取得长期股权投资时以投资成本计量，在持有长期股权投资期间要根据被投资方所有者权益变动中投资方应享有的份额，对长期股权投资的账面价值进行相应调整的会计处理方法。投资方对被投资方具有共同控制或重大影响的长期股权投资，即对合营企业或联营企业的长期股权投资，应当采用权益法进行核算。投资方在判断对被投资方是否具有共同控制权、重大影响时，应综合考虑直接持有的股权和通过子公司间接持有的股权，但在个别财务报表中采用权益法进行核算时，应仅考虑直接持有的股权份额。

（一）会计科目的设置

采用权益法进行核算时，在"长期股权投资"科目下应当设置"投资成本""损益调整""其他综合收益""其他权益变动"明细科目，分别反映长期股权投资的初始投资成本，以及因被投资方所有者权益发生变动而对长期股权投资账面价值进行调整的金额。

（1）"投资成本"科目，反映长期股权投资的初始投资成本，以及在长期股权投资的初始投资成本小于取得投资时应享有被投资方可辨认净资产公允价值份额的情况下，按其差额调整初始投资成本后形成的账面价值。

（2）"损益调整"科目，反映被投资方因发生净损益、分配利润引起的所有者权益变动中，投资方按持股比例计算的应享有或应分担的份额。

（3）"其他综合收益"科目，反映被投资方因确认其他综合收益引起的所有者权益变动中，投资方按持股比例计算的应享有或应分担的份额。

（4）"其他权益变动"科目，反映被投资方除发生净损益、分配利润及确认其他综合收益以外所有者权益的其他变动中，投资方按持股比例计算的应享有或应分担的份额。

（二）长期股权投资初始成本的确认

企业在取得长期股权投资时，按照确定的初始投资成本入账。对于初始投资成本与应享有被投资方可辨认净资产公允价值份额之间的差额，应区别处理。

（1）当长期股权投资的初始投资成本大于取得投资时应享有被投资方可辨认净资产公允价值的份额时，二者之间的差额在本质上是通过投资作价体现的与所取得的股权份额相对应的商誉，以及被投资方不符合确认条件的资产价值，不需要按该差额调整已确认的初始投资成本。

（2）当长期股权投资的初始投资成本小于取得投资时应享有被投资方可辨认净资产公允价值的份额时，二者之间的差额体现的是投资作价过程中转让方的让步，该差额导致的经济利益流入应作为一项收益，计入取得投资当期的营业外收入，同时调整长期股权投资的账面价值。

投资方应享有被投资方可辨认净资产公允价值的份额，可用下列公式计算：

$$应享有被投资方可辨认净资产公允价值份额 = 投资时被投资方可辨认净资产公允价值总额 \times 投资方持股比例$$

【例7-8】 2024年7月1日，甲公司购入乙公司股票1 600万股，实际支付购买价款2 450万元（包括交易税费）。该股份占乙公司普通股股份的25%。甲公司在取得股份后，派人参与了乙公司的生产经营决策，因能够对乙公司施加重大影响，甲公司采用权益法进行核算。

（1）假定投资时，乙公司可辨认净资产公允价值为9 000万元。

应享有乙公司可辨认净资产公允价值份额 = 9 000 × 25% = 2 250（万元）

由于长期股权投资的初始投资成本大于投资时应享有乙公司可辨认净资产公允价值份额，不调整长期股权投资的初始投资成本。甲公司应作如下会计处理。

借：长期股权投资——乙公司（投资成本） 24 500 000

贷：银行存款　　　　　　　　　　　　　　　　　　　　　　　　　　　24 500 000

（2）假定投资时，乙公司可辨认净资产公允价值为 10 000 万元。

应享有乙公司可辨认净资产公允价值份额 = 10 000 × 25% = 2 500（万元）

　　由于长期股权投资的初始投资成本小于投资时应享有乙公司可辨认净资产公允价值份额，应按二者之间的差额调整长期股权投资的初始投资成本，同时计入当期营业外收入。甲公司应做如下会计处理。

初始投资成本调整额 = 2 500 − 2 450 = 50（万元）

借：长期股权投资——乙公司（投资成本）　　　　　　　　　　　　　　24 500 000
　　贷：银行存款　　　　　　　　　　　　　　　　　　　　　　　　　　　24 500 000
借：长期股权投资——乙公司（投资成本）　　　　　　　　　　　　　　　　500 000
　　贷：营业外收入　　　　　　　　　　　　　　　　　　　　　　　　　　　　500 000

调整后的投资成本 = 2 450 + 50 = 2 500（万元）

（三）投资损益的确认

　　投资方取得长期股权投资后，应当按照在被投资方实现的净利润或发生的净亏损中，投资方按持股比例计算的应享有或应分担的份额确认投资损益，同时调整长期股权投资的账面价值。按应享有的收益份额，借记"长期股权投资——损益调整"科目，贷记"投资收益"科目；按应分担的亏损份额，借记"投资收益"科目，贷记"长期股权投资——损益调整"科目。投资方应当在被投资方账面净损益的基础上，考虑以下因素对被投资方净损益的影响，并在适当调整后，作为确认投资损益的依据。

　　（1）被投资方采用的会计政策及会计期间与投资方不一致的，应当按照投资方的会计政策及会计期间对被投资方的财务报表进行调整，在此基础上确定被投资方的损益。

　　权益法是将投资方与被投资方作为一个整体来看待的，所以投资方与被投资方的损益应当在一致的会计政策基础上确定。当被投资方采用的会计政策及会计期间与投资方不同时，投资方应当遵循重要性原则，按照本企业的会计政策及会计期间对被投资方的净损益进行调整。

　　（2）以取得投资时被投资方各项可辨认资产等的公允价值为基础，对被投资方的净损益进行调整后，将其作为确认投资损益的依据。

　　投资方在取得投资时，是以被投资方有关资产、负债的公允价值为基础确定投资成本的，股权投资收益代表的应当是被投资方的资产、负债在以公允价值计量的情况下，在未来期间通过经营产生的净损益中归属投资方的部分，而被投资方个别利润表中的净损益是以其持有的资产、负债的账面价值为基础持续计算的。当取得投资时被投资方有关资产、负债的公允价值与其账面价值不同时，投资方应当以取得投资时被投资方各项可辨认资产等的公允价值为基础，对被投资方的账面净损益进行调整，并按调整后的净损益和持股比例计算确认投资损益。例如，以取得投资时被投资方固定资产、无形资产的公允价值为基础计提的折旧额、摊销额，以及以取得投资时的公允价值为基础计算确定的资产减值准备金额，与被投资方以账面价值为基础计提的折旧额、摊销额，以及以账面价值为基础计算确定的资产减值准备金额之间存在差额的，应按其差额对被投资方的账面净损益进行调整。

　　投资方在对被投资方实现的账面净损益进行上述调整时，应考虑重要性原则，不具有重要性的项目可不予调整。符合下列条件之一的，投资方应以被投资方的账面净损益为基础，调整未实现内部交易损益后，计算确认投资损益，同时应在会计报表附注中说明下列情况不能调整的事实及原因。

①投资方无法合理确定取得投资时被投资方各项可辨认资产等的公允价值。在某些情况下，投资的作价受到一些因素影响，可能并不是完全以被投资方可辨认净资产的公允价值为基础的；或者由于被投资方持有的可辨认资产比较特殊，无法取得公允价值。如果投资方无法取得被投资方可辨认资产的公允价值，就无法以公允价值为基础对被投资方的净损益进行调整。

②投资时被投资方可辨认资产的公允价值与其账面价值相比，两者之间的差额不具有重要性。如果被投资方可辨认资产的公允价值与其账面价值之间的差额不大，则可以根据重要性原则和成本效益原则，不进行调整。

③其他原因导致无法取得被投资方的有关资料，不能按照准则中规定的原则对被投资方的净损益进行调整。

【例7-9】 2024年1月1日，甲公司购入乙公司股票1 600万股，实际支付购买价款2 400万元（包括交易税费）。该股份占乙公司普通股股份的20%。甲公司在取得股份后，派人参与了乙公司的生产经营决策，能够对乙公司施加重大影响，因而对该项股权投资采用权益法进行核算。取得投资当日，乙公司可辨认净资产公允价值为10 000万元，假定除表7-1所列项目外，乙公司其他资产、负债的公允价值与账面价值相同。

表7-1 资产公允价值与账面价值差额表

2024年1月1日

项目	入账成本（万元）	预计使用年限（年）	已使用年限（年）	已提折旧或摊销（万元）	账面价值（万元）	公允价值（万元）	剩余使用年限（年）
存货	900				900	1 000	
固定资产	2 000	20	5	500	1 500	1 800	15
无形资产	1 600	10	2	320	1 280	1 200	8
合计	4 500			820	3 680	4 000	

2024年度，乙公司实现净利润1 000万元，甲公司取得投资时的存货已有70%对外出售，固定资产、无形资产均按直线法计提折旧或摊销，预计净残值均为零。甲公司与乙公司的会计年度及采用的会计政策相同，双方未发生任何内部交易。

根据上述资料，甲公司在确认应享有的投资收益时，应首先在乙公司实现净利润的基础上，考虑取得投资时乙公司有关资产的公允价值与账面价值差额的影响，对乙公司的净利润做如下调整（假定不考虑所得税影响）。

存货差额应调增营业成本（调减利润）=（1 000-900）×70%=70（万元）

固定资产差额应调增折旧费（调减利润）=1 800÷15-2 000÷20=20（万元）

无形资产差额应调减摊销费（调增利润）=1 600÷10-1 200÷8=10（万元）

调整后的净利润=1 000-70-20+10=920（万元）

根据调整后的净利润，甲公司确认投资收益的会计处理如下。

应享有收益份额=920×20%=184（万元）

借：长期股权投资——乙公司（损益调整）　　　　　　　　　　　　　　　1 840 000
　　贷：投资收益　　　　　　　　　　　　　　　　　　　　　　　　　　　　　1 840 000

（四）应收股利的确认

长期股权投资采用权益法进行核算，当被投资方宣告分派现金股利或利润时，投资方按应获得的现金股利或利润确认应收股利，同时抵减长期股权投资的账面价值，借记"应收股利"科目，贷记"长期股权投资"科目；被投资方分派股票股利时，投资方不进行账务处理，但应于除权日在备查簿中登记增加的股份。

【例7-10】 2024年1月1日，甲公司以银行存款400万元购入乙公司50%的普通股。假定甲公司的初始投资成本与应享有乙公司可辨认净资产公允价值的份额相等，乙公司各项可辨认净资产的公允价值与其账面价值相等。2024年末，乙公司实现净利润80万元；2025年2月20日，乙公司宣告分派利润60万元。甲公司的会计处理如下。

（1）2024年1月1日，投资时：
借：长期股权投资——乙公司（投资成本）　　　　　　　　　　　　　　　4 000 000
　　贷：银行存款　　　　　　　　　　　　　　　　　　　　　　　　　　　　　4 000 000

（2）2024年末，乙公司实现净利润时：
借：长期股权投资——乙公司（损益调整）　　　　　　　　　　　　　　　　400 000
　　贷：投资收益　　　　　　　　　　　　　　　　　　　　　　　　　　　　　400 000

（3）2025年2月20日，乙公司宣告分配利润时：
借：应收股利　　　　　　　　　　　　　　　　　　　　　　　　　　　　　300 000
　　贷：长期股权投资——乙公司（损益调整）　　　　　　　　　　　　　　　　300 000

（五）超额亏损的确认

在被投资方发生亏损，投资方按持股比例确认应分担的亏损份额时，应当以长期股权投资的账面价值，以及其他实质上构成对被投资方净投资的长期权益减记至零为限，投资方负有承担额外损失义务的除外。其中，实质上构成对被投资方净投资的长期权益，通常是指长期性的应收项目。例如，投资方对被投资方的某项长期债权，如果没有明确的清收计划，且在可预见的未来期间不准备收回，则实质上构成对被投资方的净投资。需要注意的是，该类长期权益不包括投资方与被投资方之间因销售商品、提供劳务等日常活动产生的长期债权。投资方在确认应分担被投资方发生的亏损份额时，应当按照以下顺序处理。

（1）冲减长期股权投资的账面价值，借记"投资收益"科目，贷记"长期股权投资"科目。

（2）在长期股权投资的账面价值冲减为零的情况下，如果账面上存在其他实质上构成对被投资方净投资的长期权益项目，则应当以其他实质上构成对被投资方净投资的长期权益账面价值为限，继续确认投资损失，并冲减长期应收项目等的账面价值，借记"投资收益"科目，贷记"长期应收款"等科目。

（3）在长期股权投资的账面价值和其他实质上构成对被投资方净投资的长期权益账面价值均冲减为零的情况下，按照投资合同或协议约定，投资方仍须承担额外损失弥补等义务的，对于符合预计负债确认条件的义务，应按预计承担的金额确认预计负债，计入当期投资损失，借记"投资收益"科目,贷记"预计负债"科目。

经过上述顺序确认应分担的亏损份额后,仍有未确认亏损分担份额的,投资方应在账外做备查登记,待被投资方以后年度实现盈利时,再按应享有的收益份额,首先扣减账外备查登记的未确认亏损分担份额;其次,按与上述相反的顺序处理,减记已确认的预计负债账面价值,恢复其他实质上构成对被投资方净投资的长期权益账面价值,恢复长期股权投资的账面价值,同时确认投资收益。

(六)其他综合收益的确认

被投资方确认其他综合收益及其变动,会导致所有者权益总额发生变动,从而影响投资方在被投资方所有者权益中应享有的份额。因此,在权益法下,当被投资方确认其他综合收益及其变动时,投资方应按持股比例计算应享有或分担的份额,一方面调整长期股权投资的账面价值,另一方面计入其他综合收益。

【例7-11】 甲公司持有乙公司25%的股份,能够对乙公司施加重大影响,采用权益法进行核算。2024年12月31日,乙公司持有的一项成本为2 000万元的以公允价值计量且其变动计入其他综合收益的金融资产,公允价值升至2 050万元。乙公司按公允价值超过成本的差额50万元调增该项金融资产的账面价值,并计入其他综合收益,导致所有者权益发生变动。乙公司的会计处理如下:

应享有其他综合收益份额 = 50×25% = 12.5(万元)

借:长期股权投资——乙公司(其他综合收益)　　　　　　　　125 000
　　贷:其他综合收益　　　　　　　　　　　　　　　　　　　　125 000

(七)其他权益变动的确认

其他权益变动是指被投资方除发生净损益、分配利润及确认其他综合收益以外所有者权益的其他变动,主要包括被投资方接受其他股东的资本性投入、被投资方发行可分离交易的可转换公司债券中包含的权益成分、以权益结算的股份支付、其他股东对被投资方增资导致投资方持股比例变动等。投资方对于按照持股比例计算的应享有或应分担的被投资方其他权益变动份额,应调整长期股权投资的账面价值,同时计入资本公积(其他资本公积)。

【例7-12】 甲公司持有乙公司30%的股份,能够对乙公司施加重大影响,采用权益法进行核算。2024年度,乙公司接受其母公司实质上属于资本性投入的现金捐赠,金额为600万元。乙公司将其计入资本公积,导致所有者权益发生变动。乙公司的会计处理如下:

应享有其他权益变动份额 = 600×30% = 180(万元)

借:长期股权投资——乙公司(其他权益变动)　　　　　　　　1 800 000
　　贷:资本公积——其他资本公积　　　　　　　　　　　　　　180 000

第三节　长期股权投资的处置

一、长期股权投资的处置损益构成

长期股权投资的处置,主要是指通过证券市场售出股权,也包括抵偿债务转出、非货币性资产交换转出，以及因被投资方破产清算而被迫清算股权等情形。

长期股权投资的处置损益是指取得的处置收入扣除长期股权投资的账面价值和已确认但尚未收到的现金股利之后的差额。

（1）处置收入是指企业处置长期股权投资实际收到的价款。该价款已经扣除了手续费、佣金等交易费用。

（2）长期股权投资的账面价值是指长期股权投资的账面余额扣除相应的减值准备后的金额。

（3）已确认但尚未收到的现金股利是指投资方已于被投资方宣告分派现金股利时，按应享有的份额确认了应收债权，但直至处置投资时，被投资方尚未实际派发的现金股利。

二、处置长期股权投资的会计处理

处置长期股权投资发生的损益应当在符合股权转让条件时予以确认，计入处置当期投资损益。已计提减值准备的长期股权投资，处置时应将与所处置的长期股权投资相对应的减值准备予以转出。处置长期股权投资时，按实际收到的价款，借记"银行存款"科目；按已计提的长期股权投资减值准备，借记"长期股权投资减值准备"科目；按长期股权投资的账面余额，贷记"长期股权投资"科目；按已确认但尚未收到的现金股利，贷记"应收股利"科目；按上述差额，借记或贷记"投资收益"科目。

处置采用权益法核算的长期股权投资时，应当采用与被投资方直接处置相关资产或负债相同的基础，对相关的其他综合收益进行会计处理，对于可以转入当期损益的其他综合收益，应借记（贷记）"其他综合收益"科目，贷记（借记）"投资收益"科目；同时，应将原计入资本公积的其他权益变动金额转出，计入当期损益，借记（贷记）"资本公积——其他资本公积"科目，贷记（借记）"投资收益"科目。

在部分处置某项长期股权投资时，按该项投资的总平均成本确定处置部分的成本，并按相同的比例结转已计提的长期股权投资减值准备和相关的其他综合收益、资本公积金额。

【例7-13】　2024年5月10日，甲公司以7 850万元的价款取得乙公司普通股股票2 000万股，占乙公司普通股股份的60%，能够对乙公司实施控制，甲公司将其划分为长期股权投资并采用成本法进行核算。2024年12月31日，甲公司为该项股权投资计提了减值准备1 950万元；2025年9月25日，甲公司将持有的乙公司股份全部转让，实际收到转让价款6 000万元。甲公司的会计处理如下：

转让损益=6 000-（7 850-1 950）=100（万元）

借：银行存款　　　　　　　　　　　　　　　　　　　　　　　　60 000 000
　　长期股权投资减值准备　　　　　　　　　　　　　　　　　　19 500 000
　　贷：长期股权投资——乙公司　　　　　　　　　　　　　　　78 500 000
　　　　投资收益　　　　　　　　　　　　　　　　　　　　　　 1 000 000

【例7-14】　甲公司对持有的乙公司股份采用权益法进行核算。2024年4月5日，甲公司将持有的乙公司股份全部转让，收到转让价款3 500万元。转让日，该项长期股权投资的账面余额为3 300万元，所属明细科目中，"投资成本"2 500万元，"损益调整"（借方）500万元，"其他综合收益"（借方）200万元（均为在乙公司持有的其他债权投资公允价值变动中应享有的份额），"其他权益变动"（借方）100万元。甲公司的会计处理如下：

转让损益：

转让损益 = 3 500 – 3 300 = 200（万元）

借：银行存款	35 000 000
贷：长期股权投资——乙公司——投资成本	25 000 000
——乙公司——损益调整	5 000 000
——乙公司——其他综合收益	2 000 000
——乙公司——其他权益变动	1 000 000
投资收益	2 000 000
借：其他综合收益	2 000 000
贷：投资收益	2 000 000
借：资本公积——其他资本公积	1 000 000
贷：投资收益	1 000 000

章节练习题

一、单项选择题

1. 非同一控制下企业合并取得的长期股权投资，初始投资成本应当是（　　）。

    A. 支付合并对价的账面价值   B. 支付合并对价的公允价值

    C. 支付合并对价的账面价值加直接合并费用   D. 支付合并对价的公允价值加直接合并费用

2. 非同一控制下企业合并形成的长期股权投资，初始投资成本小于投资时应享有被投资方可辨认净资产公允价值份额的差额，应当（　　）。

    A. 计入营业外收入   B. 计入投资收益

    C. 计入公允价值变动损益   D. 不做会计处理

3. 同一控制下企业合并取得的长期股权投资，初始投资成本是指（　　）。

    A. 股权投资的公允价值   B. 支付合并对价的账面价值

    C. 支付合并对价的公允价值   D. 占被合并方所有者权益的份额

4. A公司和B公司为两家互不关联的独立企业，合并之前不存在任何关联方关系。A公司与B公司达成合并协议，约定A公司以固定资产作为合并对价，取得B公司80%的股权。购买日，A公司投出固定资产的账面原价为1 500万元，已计提折旧350万元，已提取减值准备100万元，公允价值为1 000万元。在A公司和B公司的合并中，A公司支付审计费用、评估费用、法律服务费用等共计20万元。B公司购买日所有者权益账面价值为1 200万元。A公司该项长期股权投资的初始投资成本为（　　）万元。

    A. 960   B. 1 000   C. 1 020   D. 1 050

5. A公司和B公司为同一母公司控制的两家子公司。A公司与B公司达成合并协议，约定A公司以固定资产作为合并对价，取得B公司80%的股权。合并日，A公司投出固定资产的账面原价为1 500万元，已计提折旧350万元，已提取减值准备100万元，公允价值为1 000万元。在A公司和B公司的合并中，A公司支付审计费用、评估费用、法律服务费用等共计20万元。B公司合并日所有者权益在最终控制方合并财务报表中的账面价值为1 200万元。A公司该项长期股权投资的初始投资成本为（　　）万元。

A. 960　　　　　　B. 1 000　　　　　　C. 1 020　　　　　　D. 1 050

6. A公司和B公司是同为甲公司控制的两家子公司。根据A公司与B公司达成的合并协议，A公司以增发的权益性证券作为合并对价，取得B公司90%的股权。A公司增发的权益性证券为每股面值1元的普通股股票，共增发3 000万股，支付手续费及佣金等发行费用100万元。2021年7月1日，A公司实际取得对B公司的控制权，B公司所有者权益在最终控制方合并财务报表中的账面价值为5 000万元。A公司该项长期股权投资的初始投资成本为（　　）万元。

A. 4 500　　　　　　B. 4 600　　　　　　C. 5 000　　　　　　D. 5 100

7. A公司和B公司为两家独立的法人企业，合并之前不存在任何关联方关系。根据A公司与B公司达成的合并协议，A公司以增发的权益性证券作为合并对价，取得B公司80%的股权。A公司增发的权益性证券为每股面值1元的普通股股票，共增发3 000万股，每股公允价值为2.5元，支付手续费及佣金等发行费用200万元。2021年1月1日，A公司实际取得对B公司的控制权，B公司可辨认净资产公允价值为9 000万元。A公司该项长期股权投资的初始投资成本为（　　）万元。

A. 7 200　　　　　　B. 7 400　　　　　　C. 7 500　　　　　　D. 7 700

8. 合并方或购买方为进行企业合并而发生的各项直接相关费用，如审计费用、评估费用、法律服务费用等，应当于发生时（　　）。

A. 计入投资收益　　B. 计入管理费用　　C. 计入初始投资成本　　D. 冲减资本公积

9. 企业以固定资产换入股票作为长期股权投资，在以公允价值计量的情况下，固定资产公允价值低于账面价值的差额，应当计入（　　）。

A. 投资收益　　　　B. 管理费用　　　　C. 营业外支出　　　　D. 资产处置损益

10. 同一控制下企业合并取得的长期股权投资，初始投资成本大于支付合并对价账面价值的差额，应当计入（　　）。

A. 投资成本　　　　B. 投资收益　　　　C. 资本公积　　　　D. 留存收益

二、多项选择题

1. 企业持有的下列权益性投资中应划分为长期股权投资的有（　　）。

A. 具有控制的权益性投资　　　　　　B. 具有重大影响的权益性投资
C. 对合营企业的权益性投资　　　　　D. 对共同经营的权益性投资
E. 以交易为目的取得的权益性投资

2. 在非同一控制下的企业合并中，购买方以支付现金、转让非现金资产和发行权益性证券三种对价方式取得长期股权投资，下列各项中构成合并成本的有（　　）。

A. 支付的现金金额　　　　　　　　　B. 转让的非现金资产账面价值
C. 转让的非现金资产公允价值　　　　D. 支付的直接合并费用
E. 发行的权益性证券公允价值

3. 关于企业合并发生的审计费用、评估费用、法律服务费用等直接相关费用的处理，下列各项中说法正确的有（　　）。

A. 同一控制下的企业合并计入投资成本　　B. 同一控制下的企业合并计入管理费用
C. 非同一控制下的企业合并计入投资成本　　D. 非同一控制下的企业合并计入管理费用

E. 无论哪种类型的企业合并均计入管理费用

4. 长期股权投资采用成本法核算，下列各项中不会导致调整股权投资账面价值的有（　　）。

A. 被投资方派发现金股利　　　　　　B. 被投资方派发股票股利

C. 被投资方取得利润　　　　　　　　D. 被投资方发生亏损

E. 投资发生减值

5. 长期股权投资采用成本法核算，关于持有股权投资期间的会计处理，下列各项中正确的有（　　）。

A. 按获得的现金股利确认投资收益

B. 按应享有的收益份额确认投资收益

C. 被投资方无论盈亏均不需要对此进行相应处理

D. 获得的股票股利不确认投资收益

E. 投资发生减值应减记投资的账面价值

6. 关于长期股权投资的后续计量，下列各项中说法正确的有（　　）。

A. 对子公司的投资应采用权益法核算　　B. 对联营企业的投资应采用权益法核算

C. 对合营企业的投资应采用权益法核算　　D. 对联营企业的投资应采用成本法核算

E. 对子公司的投资应采用成本法核算

7. 企业持有的长期股权投资在下列情况中，应当采用权益法核算的有（　　）。

A. 具有控制　　　　　　　　　　　　B. 具有共同控制

C. 具有重大影响　　　　　　　　　　D. 具有控制和共同控制

E. 具有控制和重大影响

8. 长期股权投资采用权益法核算，"长期股权投资"科目下应设置的明细科目有"（　　）"。

A. 投资成本　　　B. 损益调整　　　C. 公允价值变动　　　D. 其他综合收益

E. 其他权益变动

9. 长期股权投资采用权益法核算时，下列各项中应当调整股权投资账面价值的情况有（　　）。

A. 被投资方获得利润　　　　　　　　B. 被投资方发生亏损

C. 被投资方分派现金股利　　　　　　D. 被投资方分派股票股利

E. 被投资方确认其他综合收益

10. 长期股权投资采用权益法核算时，下列各项中说法正确的有（　　）。

A. 投资时有可能调整初始投资成本

B. 应按在被投资方实现的净利润中享有的份额确认投资收益

C. 应于被投资方宣告分派现金股利时确认投资收益

D. 被投资方宣告分派的现金股利应冲减投资账面价值

E. 确认的应享有被投资方其他权益变动份额应计入资本公积

三、判断题

1. 投资方对被投资方具有控制、共同控制或重大影响的权益性投资，应当划分为长期股权投资。（　　）

2. 同一控制下企业合并形成的长期股权投资，初始投资成本取决于合并方作为合并对价付出资

产的账面价值。（　　）

3. 企业购入股票所支付的价款中，如果包含已宣告但尚未领取的现金股利，则交易性金融资产应作为应收股利单独核算，长期股权投资应计入初始投资成本。（　　）

4. 投资方为进行企业合并而发生的各项直接相关费用，如审计费用、评估费用、法律服务费用等，同一控制下企业合并应计入发生当期的管理费用，非同一控制下企业合并应计入发生当期的合并成本。（　　）

5. 企业将本企业的产品作为非同一控制下企业合并的对价，应按其公允价值确认相应的销售收入，并按其账面价值结转销售成本。（　　）

6. 非同一控制下的企业合并，购买方应当在购买日按照取得的被购买方可辨认净资产公允价值的份额确定长期股权投资的初始投资成本。（　　）

7. 同一控制下的企业合并，合并方应当在合并日按照取得的被合并方可辨认净资产公允价值的份额确定长期股权投资的初始投资成本。（　　）

8. 企业以发行权益性证券方式取得的长期股权投资，应当按照所发行权益性证券的公允价值确定初始投资成本。（　　）

9. 企业以非货币性资产交换方式取得的长期股权投资，应以换出资产的公允价值为基础确定初始投资成本。（　　）

10. 投资方对子公司的投资应当采用成本法核算，对联营企业或合营企业的投资应当采用权益法核算。（　　）

四、案例分析题

1. 甲公司和乙公司为两家互不关联的独立企业，合并之前不存在任何关联方关系。根据甲公司与乙公司达成的合并协议，甲公司以发行的权益性证券作为合并对价，取得乙公司 100% 的股权。甲公司增发的权益性证券为每股面值 1 元的普通股股票，共增发 2 500 万股，每股公允价值 3 元，支付权益性证券发行费用 90 万元。甲公司另以银行存款支付合并费用 60 万元。

要求：编制甲公司通过非同一控制下企业合并取得长期股权投资的会计分录。

2. 甲公司和乙公司为同一母公司控制的两家子公司。根据甲公司与乙公司达成的合并协议，2024 年 4 月 1 日，甲公司以增发的权益性证券作为合并对价，取得乙公司 90% 的股权。甲公司增发的权益性证券为每股面值 1 元的普通股股票，共增发 2 500 万股，支付发行费用 60 万元。甲公司另以银行存款支付直接合并费用 30 万元。2024 年 4 月 1 日，甲公司实际取得对乙公司的控制权，乙公司所有者权益在最终控制方合并财务报表中的账面价值总额为 5 000 万元。

要求：编制甲公司通过企业合并取得长期股权投资的会计分录。

3. 2024 年 2 月 20 日，甲公司以 15 100 万元的价款（包括相关税费）购入乙公司每股面值 1 元的普通股股票 10 000 万股，股票的购买价款中包括每股 0.1 元已宣告但尚未支付的现金股利，该现金股利于 2024 年 3 月 25 日派发。取得该项投资后，甲公司对乙公司能够产生重大影响，甲公司将其划分为长期股权投资。

要求：编制甲公司取得长期股权投资的下列会计分录。

（1）2024 年 2 月 20 日，购入股票。

（2）2024 年 3 月 25 日，收到现金股利。

第八章 负债

第一节 负债的概述

一、负债的定义及特征

(一) 负债的定义

《企业会计准则——基本准则》第二十三条规定，负债是指企业过去的交易或者事项形成的、预期会导致经济利益流出企业的现时义务。

(二) 负债的特征

根据负债的定义，负债主要具备以下三个特征。

1. 负债是企业承担的现时义务

现时义务是负债最本质的特征。义务是指企业无法避免的责任，而现时义务是企业在当前环境下已经承担的义务，如企业预计未来经营期间很可能发生亏损所以不构成一项现时义务。这里的义务，既包括法定义务，也包括推定义务。其中，法定义务是指由具有约束力的合同或者法律法规产生的义务，如企业通过商业信用购买商品形成的应付账款、从银行取得贷款产生的银行借款和应付利息、按照税法规定应缴纳的税金等，均属于法定义务；推定义务是指根据企业实务中形成的惯例、公开做出的承诺或者公开宣布的政策而使企业承担的责任，有关各方都对企业履行该义务形成了合理预期，如公司董事会对外宣告分配现金股利、企业重组过程中产生的义务等。

2. 负债预期会导致经济利益流出企业

企业在履行现时义务时，会导致经济利益流出企业，包括通过支付现金、转移非现金资产或提供劳务等形式履行现时义务。如果企业未来可以选择以发行普通股的方式结算，就不构成一项负债。

3. 负债是由过去的交易或者事项形成的

负债应当由企业过去发生的交易或者事项形成，而企业签订但尚未交货的购货合同、企业下一年度将取得的贷款等，均不构成负债。

二、负债的确认条件

企业要确认一项负债，除需要符合负债的定义之外，还应当同时满足以下两个条件。

1. 与该义务有关的经济利益很可能流出企业

由于经济业务存在不确定性，企业在发生经济业务时流出的经济利益有时需要估计，特别是由推定义务产生的负债。比如，企业因销售产品而承担的产品质量保证义务所发生的支出金额就存在很大的不确定性。如果有证据表明，与现时义务有关的经济利益很可能流出企业，就应当确认为负债；反之，企业对于预期流出经济利益可能性较小的现时义务，不应确认为一项负债。

2. 未来流出经济利益的金额能够可靠地计量

企业要确认负债，必须能够可靠地计量负债的金额，即能够可靠地计量未来经济利益流出的金额。企业因法定义务而预期发生的经济利益流出金额，通常可以根据法律或合同的规定予以确定，比如，企业应交税费的金额可以根据相关税法的规定计算确定，而企业因推定义务产生的未来经济利益的流出金额，则需要根据合理的估计才能确定履行相关义务所需支出的金额。

三、负债的分类

在资产负债表中，负债项目根据流动性分类列报，其实质是按负债偿还期限的长短将负债划分为流动负债和非流动负债。此种分类方法有利于分析企业的财务状况和偿债能力，如企业的短期偿债能力＝流动资产/流动负债。

（一）流动负债

流动负债是指满足下列情形之一的负债。

（1）预计在一个正常营业周期内清偿的负债，如企业采用商业信用方式购买货物或接受劳务形成的应付账款和应付票据。

（2）主要为交易目的持有的负债，如银行发行的打算近期回购的短期票据。

（3）自资产负债表日起一年内（含一年）到期应予以清偿的负债，如企业以前期间发行的将在自资产负债表日起一年内到期偿还的债券。

（4）企业无权自主地将清偿期限推迟至资产负债表日后一年以上的负债，如企业从银行借入的无权自主延长偿还期限的贷款。

流动负债主要包括短期借款、交易性金融负债、应付票据、应付账款、预收账款、应付职工薪酬、应交税费等。

（二）非流动负债

非流动负债是指流动负债以外的负债。非流动负债主要是企业为筹集长期项目资金而发生的负债，如企业为购买设备或建造厂房从银行借入的中长期贷款、为企业合并发行的公司债券等。非流动负债主要包括长期借款、应付债券、长期应付款等。

第二节 流动负债

一、短期借款

（一）短期借款的定义

短期借款是指企业向银行或其他金融机构等借入的期限在一年以下（含一年）的各种借款。企业借入的短期借款一般是企业为维持正常的生产经营而借入的款项，或者为抵偿某项债务而借入的款项。

（二）会计科目的设置

对于企业发生的短期借款，应设置"短期借款"账户进行核算，并按债权人户名和借款种类设置明细账。同时，应通过"财务费用""应付利息"等科目对利息进行核算，贷方登记取得短期借款本金的金额，借方登记偿还短期借款的本金金额；期末余额在贷方，反映企业尚未偿还的短期借款。

"短期借款"科目的期末余额应当在资产负债表流动负债中的"短期借款"项目下单独列报。

（三）会计核算

1. 短期借款取得时的会计核算

企业取得一项短期借款时，借记"银行存款""原材料"等科目，贷记"短期借款"科目。

2. 短期借款利息的会计核算

对于短期借款的利息，企业通常按季度支付。企业应计算确定短期借款的应计利息，按照应计的金额，每个月末计提借款利息。

（1）对于应付未付的利息，借记"财务费用"科目（金融企业借记"利息支出"科目），贷记"应付利息"科目。

（2）对于支付的利息，借记"应付利息"科目，贷记"银行存款"等科目。

3. 短期借款到期偿还的会计核算

企业应于到期日偿还短期借款的本金及尚未支付的利息，借记"短期借款""应付利息"等科目，贷记"银行存款"科目。

需要注意的是，"短期借款"账户只记本金数，应付利息作为一项财务费用直接计入当期损益。

【例8-1】 甲公司为了缓解经营所需资金压力，于2024年9月1日从银行取得短期借款600 000元。借款合同规定，借款利率为6%，期限为1年，到期日为2025年9月1日。假定甲公司于月末计提利息、季度末支付利息。甲公司对于该项短期借款的有关账务处理如下。

（1）2024年9月1日，甲公司实际取得短期借款时：

借：银行存款　　　　　　　　　　　　　　　　　　　　　　　　　　600 000
　　贷：短期借款　　　　　　　　　　　　　　　　　　　　　　　　　　　　600 000

(2) 2024年9月30日，甲公司支付借款利息时：

应付利息 = 600 000 × 6% ÷ 12 = 3 000（元）

借：财务费用　　　　　　　　　　　　　　　　　　　3 000
　　贷：银行存款　　　　　　　　　　　　　　　　　　　　3 000

(3) 2024年10月31日，甲公司计提借款利息时：

应付利息 = 600 000 × 6% ÷ 12 = 3 000（元）

借：财务费用　　　　　　　　　　　　　　　　　　　3 000
　　贷：应付利息　　　　　　　　　　　　　　　　　　　　3 000

其余计提利息和支付利息的会计分录略。

(4) 2025年9月1日，甲公司偿还短期借款本金和尚未支付的利息时：

借：短期借款　　　　　　　　　　　　　　　　　　600 000
　　应付利息　　　　　　　　　　　　　　　　　　　　6 000
　　贷：银行存款　　　　　　　　　　　　　　　　　　606 000

二、应付票据

（一）应付票据的定义

应付票据是指由出票人出票，付款人在指定日期无条件支付特定金额给收款人或者持票人的票据。应付票据按是否带息，分为带息应付票据和不带息应付票据两种。

（二）会计科目的设置

企业应设置"应付票据"科目进行核算，借方登记支付票据的金额，贷方登记开出承兑汇票的面值；期末余额在贷方，反映企业尚未到期的商业汇票票面金额。

资产负债表日，"应付票据"科目的期末余额应当在资产负债表流动负债中的"应付票据"项目下单独列报。

（三）会计核算

1. 应付票据发生时的会计核算

企业在购买物资并以商业汇票作为结算方式时，应当在收到物资时按照存货的成本，借记"原材料""库存商品"等科目；按照收到的增值税专用发票上注明的金额，借记"应交税费——应交增值税（进项税额）"等科目，贷记"应付票据"科目。

2. 应付票据到期时的会计核算

对于不带息的商业汇票，购买方应当于到期日按照商业汇票的票面金额偿还应付票据。对于带息的应付票据，购买方还应当支付票据的利息。购买企业到期日付款时，借记"应付票据""财务费用"等科目，贷记"银行存款"科目。

【例8-2】 2024年3月5日，甲公司从乙公司购买一批原材料，收到的增值税专用发票上注明该批材料的不含税价格为400 000元，增值税税额为52 000元。甲公司签发一张金额为452 000元的商业承兑汇票，期限为3个月。该批材料当日已经验收入库。甲公司与该应付票据有关的账务处理如下。

(1) 2024年3月5日，甲公司签发商业承兑汇票购入原材料并验收入库时：

借：原材料　　　　　　　　　　　　　　　　　　　　　　　　400 000
　　应交税费——应交增值税（进项税额）　　　　　　　　　　52 000
　　贷：应付票据　　　　　　　　　　　　　　　　　　　　　　　452 000

(2) 2024年6月5日，商业汇票到期，甲公司承兑商业汇票时：

借：应付票据　　　　　　　　　　　　　　　　　　　　　　　452 000
　　贷：银行存款　　　　　　　　　　　　　　　　　　　　　　　452 000

3. 应付票据到期时企业无法付款的核算

在商业汇票到期时，企业无力支付票据款项的，应当考虑承兑人的不同进行相应处理。对于商业承兑汇票，企业应当将"应付票据"的账面价值结转至"应付账款"科目；对于银行承兑汇票，承兑银行向持票人无条件付款，同时对出票人尚未支付的汇票金额转作逾期贷款处理，企业应当借记"应付票据"科目，贷记"短期借款"科目。

三、应付账款

（一）应付账款的定义

应付账款是指因购买材料、商品或接受服务供应等发生的债务。这是买卖双方由于取得物资或服务与支付货款在时间上不一致而产生的负债。

（二）会计科目设置

企业应设置"应付账款"科目进行核算。借方登记应付未付款项的减少，贷方登记应付未付款项的增加；期末贷方余额反映企业尚未支付的应付账款金额。

在资产负债表中，资产与负债需要严格划分并分别列报。因此，"应付账款"科目所属明细科目的期末贷方余额应当在流动负债中的"应付账款"项目下列报，借方余额应当在流动资产中的"预付款项"项目下列报。

（三）应付账款入账时的会计核算

应付账款入账时间的确定，一般以与购买物资所有权有关的风险和报酬已经转移或劳务已经接受为标志。但在实际工作中，一般分情况处理。

(1) 在物资和发票账单同时到达的情况下，应付账款一般待物资验收入库后，才按发票金额及增值税进项税额确认应付账款。这主要是为了确认购入的物资是否在质量、数量和品种上都与合同约定的条件相符，以免因先入账而在验收入库时发现购入物资错、漏、破损等问题后再行调账。在会计期末仍未完成验收的，应先按合理估计金额将物资和应付债务入账，发现问题后再行更正。

【例8-3】　2024年4月10日，甲公司从丙公司购买一批原材料，收到的增值税专用发票上注明的不含税价款为100 000元，增值税税额为13 000元。材料已经验收入库，款项尚未支付。甲公司在该批材料验收入库时应编制的会计分录如下。

借：原材料　　　　　　　　　　　　　　　　　　　　　　　　100 000
　　应交税费——应交增值税（进项税额）　　　　　　　　　　13 000

贷：应付账款 113 000

(2) 在先收到发票后收到物资的情况下，企业应当在收到相关发票时确认应付账款，借记"在途物资""应交税费——应交增值税（进项税额）"等科目，贷记"应付账款"科目。

(3) 在先收到物资后收到发票的情况下，企业应当在月末时按照暂估的金额入账，借记"原材料""库存商品"等科目，贷记"应付账款"科目。下月初，企业应将暂估入账的存货及应付账款全额冲回，等实际收到发票时再确认存货及应付账款。

（四）偿还应付账款时的会计核算

企业偿还应付账款或开出商业汇票抵付应付账款时，借记"应付账款"科目，贷记"银行存款""应付票据"等科目。

实务中，企业外购电力、燃气等动力一般通过"应付账款"科目核算，即在每月付款时先作暂付款处理，按照增值税专用发票上注明的价款，借记"应付账款"科目；按照增值税专用发票上注明的可抵扣增值税进项税额，借记"应交税费——应交增值税（进项税额）"科目，贷记"银行存款"等科目。月末，按照外购动力的用途分配动力费时，借记"生产成本""制造费用""管理费用"等科目，贷记"应付账款"科目。

【例8-4】 2024年5月20日，甲企业收到银行转来省电力公司供电部门开具的增值税专用发票，发票上注明的电费为38 400元，增值税税额为4 992元，企业以银行存款付讫。月末，甲企业经计算，本月应付电费38 400元，其中生产车间电费25 600元，行政管理部门电费12 800元。甲企业应编制如下会计分录。

(1) 支付外购电力费。

借：应付账款——省电力公司 38 400
　　应交税费——应交增值税（进项税额） 4 992
　　贷：银行存款 43 392

(2) 月末分配外购电力费。

借：制造费用 25 600
　　管理费用 12 800
　　贷：应付账款——省电力公司 38 400

在某些情况下，收款人可能因为破产等原因确实无法收取全部或部分账款时，企业应当借记"应付账款"科目，贷记"营业外收入"科目。

四、应付职工薪酬

（一）应付职工薪酬的定义

根据《企业会计准则第9号——职工薪酬》的定义，职工薪酬是指企业为获得职工提供的服务或解除劳动关系而给予各种形式的报酬或补偿。

职工薪酬中所指的职工，涵盖的范围非常广泛，具体包括以下三类人员：

(1) 与企业订立正式劳动合同的所有人员，包含企业的全职职工、兼职职工和临时职工。

(2) 虽未与企业订立劳动合同但由企业正式任命的人员，如公司董事会的成员。

(3) 虽未与企业订立劳动合同或未由其正式任命,但向企业提供服务与职工提供服务类似的人员,包括通过企业与劳务中介公司签订用工合同而向企业提供服务的人员。

需要注意的是,企业提供给职工配偶、子女、受赡养人、已故员工遗属及其他受益人等的福利,也属于职工薪酬。

(二) 会计科目的设置

应设置"应付职工薪酬"科目进行核算,借方登记实际发放的职工薪酬,包括扣还的款项等,贷方登记已分配计入有关成本费用项目的职工薪酬;期末贷方余额反映企业应付未付的职工薪酬。"应付职工薪酬"科目应当按照工资、职工福利费、非货币性福利、社会保险费住房公积金、工会经费、职工教育经费、带薪缺勤、利润分享计划、设定提存计划、设定受益计划、辞退福利等职工薪酬项目设置明细科目进行明细核算;同时,通过"应交税费——个人所得税"科目核算由企业代扣代缴的职工个人所得税,通过"其他应付款"科目核算应由企业代扣代缴的医疗保险费、住房公积金等支出。

在资产负债表中,应付职工薪酬应当分析其流动性在负债项目中分别列报。"应付职工薪酬"科目中期末余额中的将在一年或一个营业周期之内支付的短期薪酬、离职后福利、辞退福利等职工薪酬项目,应当在流动负债中的"应付职工薪酬"项目下单独列报;将在一年或一个营业周期以上支付的长期带薪缺勤、长期辞退福利等职工薪酬项目,应当在非流动负债中的"其他非流动负债"项目下列报。

(三) 职工薪酬的分类

职工薪酬分为短期薪酬、离职后福利、辞退福利和其他长期职工福利,下面主要介绍短期薪酬的确认与计量。

1. 短期薪酬

短期薪酬是指企业在职工提供相关服务的年度报告期间结束后 12 个月内需要全部予以支付的职工薪酬,因解除与职工的劳动关系给予的补偿除外。

短期薪酬是职工薪酬的主要形式,包括如下内容。

(1) 职工工资、奖金、津贴和补贴是指按照国家有关规定构成职工工资总额的计时工资、计件工资、各种因职工超额劳动报酬和增收节支支付的奖金、为补偿职工特殊贡献或额外劳动支付的津贴、支付给职工的交通补贴和通信补贴等各种补贴。

(2) 职工福利费是指职工因工负伤赴外地就医路费、职工生活困难补助、未实行医疗统筹企业的职工医疗费用,以及按规定发生的其他职工福利支出。

(3) 社会保险费是指企业按照国家规定的基准和比例计算,并向社会保障经办机构缴纳的医疗保险费、工伤保险费和生育保险费等社会保险。

(4) 住房公积金是指企业按照国家规定的基准和比例计算,并向住房公积金管理机构缴存的用于购买商品房、支付住房租金的长期储金。住房公积金实行专款专用,一般由企业按照一定标准按月支付。

(5) 工会经费和职工教育经费是指为改善职工文化生活、为职工学习先进技术和提高文化水平与业务素质,用于单位开展工会活动和职工教育及职业技能培训等的相关支出。

(6) 非货币性福利是指企业以自产产品或外购商品等非货币性资产发放给职工作为福利、将自己拥有的资产或租赁的资产无偿提供给职工使用、为职工无偿提供医疗保健服务，或者向职工提供企业支付了一定补贴的商品或服务等职工福利。

(7) 短期带薪缺勤是指企业支付工资或提供补偿的职工缺勤，包括年休假、病假短期伤残、婚假、产假、丧假、探亲假等。职工在带薪缺勤期间，按照规定可以获得全部或部分工资。

(8) 短期利润分享计划是指企业因职工提供服务而与其达成的基于利润或其他经营成果提供薪酬的协议。比如，企业对部分职工按照当期实现的净利润超过目标金额部分的10%予以奖励。

2. 离职后福利

离职后福利是指企业为获得职工提供的服务，在职工退休或与企业解除劳动关系后提供的各种形式的报酬和福利。离职后福利计划包括设定提存计划和设定受益计划。

(1) 设定提存计划是指向独立的基金缴存固定费用后，企业不再承担进一步支付义务的离职后福利计划。企业应当在职工为其提供服务的会计期间，将根据设定提存计划确定的应缴存金额确认为负债，并计入当期损益或相关资产成本。

(2) 设定受益计划是指除设定提存计划以外的离职后福利计划。企业应当采用预期累计福利单位法和适当的精算假设，确认和计量设定受益计划产生的义务，根据产生原因不同计入当期损益或其他综合收益。

3. 辞退福利

辞退福利是指在职工劳动合同尚未到期时与职工解除劳动关系而给予的补偿。

辞退福利包括以下两个方面的内容。

(1) 职工没有选择权的辞退福利是指在职工劳动合同尚未到期时，不论职工本人是否愿意，企业都决定解除与其劳动关系而给予的补偿。

(2) 职工有选择权的辞退福利是指在职工劳动合同尚未到期时，企业为鼓励职工自愿接受裁减而给予的补偿，职工有权选择继续在职或接受补偿离职。

4. 其他长期职工福利

其他长期职工福利是指除短期薪酬、离职后福利、辞退福利之外所有的职工薪酬，包括长期带薪缺勤、长期残疾福利、长期利润分享计划等。

（四）短期薪酬的确认

企业应当在职工提供服务的会计期间，将短期薪酬确认为一项流动负债，记入"应付职工薪酬"科目，并根据职工所在部门、提供服务的性质和受益对象等情况，将短期薪酬计入当期损益或资产成本。

短期薪酬的确认，具体可以分为以下几种情况。

(1) 应由企业生产的产品或提供的劳务负担的短期薪酬，计入相关产品成本或劳务成本，借记"生产成本""劳务成本""制造费用"等科目，贷记"应付职工薪酬"科目。

(2) 符合固定资产或无形资产等长期资产资本化条件，应当计入相关资产成本的短期薪酬，借记"固定资产""在建工程""研发支出——资本化支出"等科目，贷记"应付职工薪酬"科目。

(3) 公司董事会成员、监事会成员、管理人员、财务人员、销售人员，以及不符合资本化条件的研发人员的短期薪酬，应当在发生时直接计入当期损益，借记"管理费用""销售费用""研发支出——费用化支出"等科目，贷记"应付职工薪酬"科目。

（五）短期薪酬的计量

1. 货币性职工薪酬

货币性职工薪酬，包括企业以货币形式支付给职工，以及为职工支付的工资、福利费、各种社会保险、住房公积金、工会经费、教育经费等。其中，职工工资应当按照劳动合同规定的计时工资、计件工资、奖金、津贴和补贴等计算确定，职工福利费应当按照实际发生金额计量，社会保险、住房公积金、工会经费、教育经费等应当按照有关部门规定的计提基础和计提比例计算确定。国家没有规定计提基础和计提比例的，企业应当自行规定或参考历史数据和实际情况合理计算和估计。

企业在实际支付货币性职工薪酬时，还需要为职工代扣代缴个人所得税、社会保险费、住房公积金等。因而，企业按照应当支付给职工的薪酬总额，借记"应付职工薪酬"科目；按照实发职工薪酬的总额，贷记"银行存款"科目；将应由企业代扣代缴的职工个人所得税，贷记"应交税费——应交个人所得税"科目；将应由企业代扣代缴的医疗保险费、住房公积金等，贷记"其他应付款"科目。

【例8-5】 2024年4月，甲公司实际发放职工工资时，应付职工工资的总额为165 000元，其中应由甲公司为职工代扣代缴的个人所得税为20 000元，各种社会保险费和住房公积金合计30 000元，实发工资部分已经通过银行转账支付。2024年4月，甲公司实际发放职工工资时应当编制的会计分录如下。

借：应付职工薪酬——工资　　　　　　　　　　　　　　　　　165 000
　　贷：银行存款　　　　　　　　　　　　　　　　　　　　　115 000
　　　　应交税费——应交个人所得税　　　　　　　　　　　　 20 000
　　　　其他应付款　　　　　　　　　　　　　　　　　　　　 30 000

2. 非货币性职工薪酬

企业向职工提供的非货币性职工薪酬，应当按照公允价值计量，具体分为以下两种情况。

（1）以自产产品或外购商品发放给职工作为福利。企业将自产产品作为非货币性福利发放给职工时，应当按照该产品的销售收入确认金额和相关税费，并在产品发出时确认销售收入，根据职工提供服务的性质确认当期损益或资产成本，同时结转销售成本。企业将外购商品作为非货币性福利发放给职工时，应当按照该商品的公允价值和相关税费计量，计入当期损益或资产成本。

（2）企业将拥有的住房等固定资产无偿提供给职工作为非货币性福利时，应当按照企业对该固定资产的每期计提折旧计量应付职工薪酬，同时根据职工提供服务的性质计入当期损益或资产成本。

企业将租赁的住房无偿提供给职工作为非货币性福利时，应当按照企业每期支付的租金计量应付职工薪酬，同时根据职工提供服务的性质计入当期损益或资产成本。

3. 带薪缺勤

带薪缺勤是指企业在职工因病假、婚假等原因缺勤期间支付的薪酬。根据带薪的权利是否可以累积,分为累积带薪缺勤和非累积带薪缺勤两种形式。

(1) 累积带薪缺勤的核算。累积带薪缺勤是指带薪缺勤权利可以结转至下期,本期尚未用完的带薪缺勤权利可以在未来一定期间继续使用。企业应当在职工提供服务从而增加了其未来享有的带薪缺勤权利时,确认与累积带薪缺勤相关的职工薪酬,并以累积未行使权利增加的预期支付金额进行计量。在实务中,职工享有的带薪休假可以采用累积带薪缺勤的方式核算。

【例8-6】 2024年,甲公司开始实行累积带薪缺勤制度。公司财务部门的一名出纳每个工作日的日标准工资为200元。根据公司相关制度规定:该出纳每年有5天的带薪休假。对其当年未使用的休假,可以无限期向后结转,而且在其离开公司时以现金结算。2024年,该出纳实际休假3天。

【分析】

在本例中,由于甲公司实行累积带薪缺勤制度,而且可以无限期向后结转,甲公司应当于期末确认该职工未使用的累积带薪缺勤。

该出纳未使用的累积带薪缺勤=(5-3)×200=400(元)

2024年12月31日,甲公司确认该出纳累积带薪缺勤时应当编制的会计分录如下。

借:管理费用　　　　　　　　　　　　　　　　　　　　　　　　　　　400
　　贷:应付职工薪酬——累积带薪缺勤　　　　　　　　　　　　　　　　400

(2) 非累积带薪缺勤的核算。非累积带薪缺勤是指带薪缺勤权利不能结转至下期的带薪缺勤,本期尚未用完的带薪缺勤权利将予以取消,并且职工离开企业时也无权获得现金支付。企业职工享有婚假、产假、丧假、探亲假、病假期间的带薪缺勤,通常属于非累积带薪缺勤。对于非累积带薪缺勤,由于职工本期未使用的缺勤天数不会产生某种权利,因此企业不会产生额外的义务。

4. 利润分享计划

利润分享计划同时满足下列条件的,企业应当确认相关的应付职工薪酬:

(1) 企业因过去事项导致现在具有支付职工薪酬的义务。

(2) 因利润分享计划产生的应付职工薪酬义务金额能够可靠估计。

属于下列三种情形之一的,视为该义务的金额能够可靠估计:

①在财务报告批准报出之前企业已确定应支付的薪酬金额。

②该短期利润分享计划的正式条款中包括确定薪酬金额的方式。

③过去的惯例为企业确定推定义务金额提供了明显证据。

五、应交税费

(一) 应交税费的定义

应交税费核算企业按照税法和相关法规计算应缴纳的各种税费。企业按照规定应缴纳的税费主要包括:增值税、消费税及其他应交税费,如城市维护建设税、资源税、所得税、土地增值税、房产税、车船税、城镇土地使用税、教育费附加等。由企业为职工代扣代缴的个人所得税,也通过应交税费核算。上述企业应交的各项税费在尚未缴纳之前构成企业的一项现时义务,应当确认为负债。下面主要介绍应交增值税和应交消费税的核算方法。

(二) 会计科目的设置

1. 应交增值税相关的会计科目

一般纳税人应当在"应交税费"科目下设置"应交增值税""未交增值税""预交增值税""待抵扣进项税额"等明细科目进行核算。"应交税费——应交增值税"明细科目下设置"进项税额""销项税额抵减""已交税金""转出未交增值税""减免税款""销项税额""出口退税""进项税额转出""转出多交增值税"等专栏。其中,一般纳税人发生的应税行为适用简易计税方法的,销售商品时应交纳的增值税额在"简易计税"明细科目核算。

小规模纳税企业设置"应交税费——应交增值税"科目,采用三栏式账户。

2. 应交消费税相关的会计科目

企业按规定应交的消费税,在"应交税费"科目下设置"应交消费税"明细科目核算。"应交消费税"明细科目的借方发生额反映实际交纳的消费税和待扣的消费税,贷方发生额反映按规定应交纳的消费税;期末贷方余额反映尚未交纳的消费税,期末借方余额反映多交或待扣的消费税。

3. 列报

企业应交的增值税、消费税等各项税费,需要在一年内支付完成,因而"应交税费"总账科目的期末余额应当在资产负债表流动负债中的"应交税费"项目下单独列报。

(三) 应交增值税

增值税是对在境内销售货物、无形资产或者不动产,提供服务及进口货物的单位和个人就其实现的增值额征收的一种流转税,是我国目前第一大税种。根据应税销售额的水平,增值税的纳税人分为一般纳税人和小规模纳税人,年应税销售额超过财政部和国家税务总局规定标准的纳税人为一般纳税人,未超过规定标准的纳税人为小规模纳税人。

1. 一般纳税人应交增值税的核算方法

增值税实行比例税率,一般纳税人的增值税税率具体规定如下。

(1) 纳税人销售货物、劳务、有形动产租赁服务或者进口货物,除第(2)项、第(4)项、第(5)项另有规定外,适用的增值税税率为13%。

(2) 纳税人销售交通运输、邮政、基础电信、建筑、不动产租赁服务,销售不动产,转让土地使用权,销售或者进口粮食等农产品、食用植物油、食用盐、自来水、暖气、煤气石油液化气、天然气、图书、报纸、杂志、电子出版物、饲料、化肥、农药等货物,适用的增值税税率为9%。

(3) 提供金融、研发和技术、信息技术、文化创意、物流辅助、鉴证咨询、文化体育教育医疗、旅游娱乐、餐饮住宿、居民日常等服务,销售著作权、商标、技术等无形资产适用的增值税税率为6%。

(4) 纳税人出口货物的税率为零,仅适用于法律不限制或不禁止的报关出口货物,以及输往保税区、保税工厂、保税仓库的货物。零税率不但不需要缴税,还可以退还以前纳税环节缴纳的增值税,因而零税率意味着退税。

(5) 境内单位和个人跨境销售国务院规定范围内的服务、无形资产的税率为零。

一般纳税人应纳增值税额采用扣税法计算,计算公式为

应纳税额 = 当期销项税额 – 当期进项税额

2. 一般纳税人增值税销项税额的核算

当期销项税额是指纳税人发生应税行为时，按照销售额和适用的增值税税率计算并收取的增值税额。一般纳税人在发生应税行为时，应向购买方开出增值税专用发票，按照应税行为的计税价格（不含税价格）和适用税率，计算应交增值税的销项税额，记入"应交税费——应交增值税（销项税额）"科目。

【例 8–7】 2024 年 1 月 1 日，甲会计师事务所和乙公司签订合同，为乙公司提供咨询服务，期限为 3 个月，总价为 636 000 元（含税），适用的增值税税率为 6%。2024 年 3 月 31 日，甲会计师事务所按时完成该咨询服务，款项尚未收到。

【分析】

本例中的合同价款 636 000 元为含税价格，首先计算不含税的服务价格，在此基础上计算应交增值税的销项税额。

不含税的收入金额 = 636 000 ÷（1 + 6%）= 600 000（元）

应交增值税销项税额 = 600 000 × 6% = 36 000（元）

2024 年 3 月 31 日，甲会计师事务所确认咨询服务收入时应编制的会计分录如下。

借：应收账款　　　　　　　　　　　　　　　　　　　　　　　　　　636 000
　　贷：主营业务收入　　　　　　　　　　　　　　　　　　　　　　600 000
　　　　应交税费——应交增值税（销项税额）　　　　　　　　　　　 36 000

企业的某些行为虽然没有取得销售收入，但在税法上视同销售行为，应当计算缴纳增值税。常见的视同销售行为包括，企业将自产、委托加工或购买的货物分配给股东，将自产、委托加工的货物用于集体福利或个人消费，无偿转让无形资产或者不动产等行为，但用于公益事业或者以社会公众为对象的除外。

【例 8–8】 2024 年 7 月 25 日，甲公司将自产的一批产品分配给股东。该批产品的成本为 55 000 元，一般售价（不含税）为 60 000 元，适用的增值税税率为 13%。

【分析】

该业务属于视同销售业务，甲公司应当按照该批产品的计税价格和适用税率计算增值税的销项税额。

销项税额 = 60 000 × 13% = 7 800（元）

2024 年 7 月 25 日，甲公司应编制的会计分录如下。

借：利润分配　　　　　　　　　　　　　　　　　　　　　　　　　　 62 800
　　贷：库存商品　　　　　　　　　　　　　　　　　　　　　　　　 55 000
　　　　应交税费——应交增值税（销项税额）　　　　　　　　　　　 7 800

3. 一般纳税人增值税进项税额的核算

当期进项税额是指纳税人当期购进货物或者接受应税劳务已缴纳的增值税额。该进项税额可以从销项税额中抵扣。根据我国增值税税法规定，允许从当期销项税额中抵扣进项税额的情形，主要包括：

（1）从销售方取得的增值税专用发票上注明的增值税额。

（2）从海关取得的海关进口增值税专用缴款书上注明的增值税额。

（3）购进农产品，除取得增值税专用发票或者海关进口增值税专用缴款书外，按照简易计税方法依照3%征收率计算缴纳增值税的小规模纳税人取得增值税专用发票的，以增值税专用发票上注明的金额和9%的扣除率计算进项税额。

（4）从境外单位或者个人购进服务、无形资产或者不动产，自税务机关或者扣缴义务人取得的解缴税款的完税凭证上注明的增值税额。

在上述4种情形下，企业可以将增值税的进项税额，记入"应交税费——应交增值税（进项税额）"科目，并从当期的销项税额中抵扣。

【例8-9】 2024年6月20日，甲建筑公司购买一批水泥，增值税专用发票上注明的价款（不含税）为200 000元，增值税为26 000元。材料已验收入库，款项已经支付。2024年8月30日，甲公司将该批材料全部用于建造一座办公楼。

(1) 2024年6月20日，购入原材料时应当编制的会计分录。

借：原材料　　　　　　　　　　　　　　　　　　　　　　　　　　200 000
　　应交税费——应交增值税（进项税额）　　　　　　　　　　　　　26 000
　　贷：银行存款　　　　　　　　　　　　　　　　　　　　　　　　226 000

(2) 2024年8月30日，建造不动产领用原材料时应当编制的会计分录。

借：在建工程　　　　　　　　　　　　　　　　　　　　　　　　　200 000
　　贷：原材料　　　　　　　　　　　　　　　　　　　　　　　　　200 000

在某些情况下，税法规定企业发生的进项税额不得从销项税额中抵扣的主要情形包括：

（1）用于简易计税方法计税项目、免征增值税项目、集体福利或者个人消费的购进货物、加工修理修配劳务、服务、无形资产和不动产。

（2）非正常损失的购进货物，以及相关的加工修理修配劳务和交通运输服务。

（3）非正常损失的在产品、产成品耗用的购进货物（不包括固定资产）、加工修理修配劳务和交通运输服务。

（4）非正常损失的不动产，以及该不动产耗用的购进货物、设计服务和建筑服务。

（5）非正常损失的不动产在建工程耗用的购进货物、设计服务和建筑服务。

（6）购进的贷款服务、餐饮服务、居民日常服务和娱乐服务。

在上述情形下，已经发生的增值税进项税额应当予以转出，记入"应交税费——应交增值税（进项税额转出）"科目，不得从当期销项税额中抵扣。

4. 一般纳税人缴纳增值税和期末结转的会计核算

企业在向税务部门实际缴纳本期的增值税额时，按照实际缴纳的增值税额，借记"应交税费——应交增值税（已交税金）"科目，贷记"银行存款"等科目。企业向税务部门缴纳以前期间的增值税额时，按照实际缴纳的增值税金额，借记"应交税费——未交增值税"科目，贷记"银行存款"等科目。

期末，企业应当将本期应交或多交的增值税，结转至"应交税费——未交增值税"科目。具体来说，对于企业当期应交未交的增值税，借记"应交税费——应交增值税（转出未交增值税）"科目，贷记"应交税费——未交增值税"科目；对于企业当期多交的增值税，借记"应交税费——未交增值税"科目，贷记"应交税费——应交增值税（转出多交增值税）"科目。

5. 小规模纳税人增值税的会计核算

小规模纳税人是指应纳增值税销售额在规定的标准以下，并且会计核算不健全的纳税人。小规模纳税人增值税核算的主要特点包括：

（1）小规模纳税人购买货物或接受劳务时，按照应支付的全部价款计入存货入账价值，不论是否取得增值税专用发票，其支付的增值税额均不确认为进项税额。

（2）小规模纳税人销售货物或者提供应税劳务时，向客户开具普通发票，销售额包含增值税额。

（3）小规模纳税人应纳增值税额采用简易办法计算，按照不含税销售额和征收率计算确定。增值税小规模纳税人计算税款时使用征收率，目前增值税征收率为3%和5%，法定征收率为3%。简易计税情形下，部分应税销售行为适用5%的征收率。应纳增值税的计算公式为

$$不含税销售额 = 含税销售额 \div (1 + 增值税征收率)$$

$$应纳增值税额 = 不含税销售额 \times 增值税征收率$$

（四）应交消费税

1. 消费税的征收范围

消费税是以特定消费品的流转额为计税依据征收的商品税。消费税是世界各国普遍开征的一种流转税。在我国，消费税是国家为了正确引导消费方向，对在我国境内生产、委托加工和进口应税消费品的单位和个人，就其销售额或销售数量在特定环节征收的一种税。

我国实行的是选择性特种消费税，只在特定商品中征收消费税。目前，我国征收消费税的商品主要包括以下四类：

（1）过度消费会对人类健康、社会秩序和生态环境造成危害的特殊消费品，包括烟酒、鞭炮与焰火、电池、涂料等。

（2）非生活必需品、奢侈品等高档消费品，包括高档化妆品、贵重首饰及珠宝玉石、高尔夫球及球具、高档手表、游艇等。

（3）高能耗消费品，包括小汽车、摩托车等。

（4）使用和消耗不可再生和替代稀缺资源的消费品，包括成品油、木制一次性筷子、实木地板等。

2. 消费税的计算方法

消费税应纳税额的计算方法有三种：从价定率计征法、从量定额计征法及复合计征法。

（1）从价定率计征法。实行从价定率计征法的消费税以销售额为基数，乘以适用的比例税率计算应交消费税的金额，其中销售额不包括向购货方收取的增值税。目前，我国的消费税税率在5%~56%，其具体计算公式为

$$应纳消费税额 = 销售额 \times 比率税率$$

（2）从量定额计征法。实行从量定额计征法的消费税以应税消费品销售数量为基数，乘以适用的定额税率计算应交消费税的金额。其计算公式为

应纳消费税额 = 销售数量 × 定额税率

（3）复合计征法。实行复合计征法的消费税，既规定了比例税率，又规定了定额税率，其应纳税额实行从价定率和从量定额相结合的复合计征方法。目前，复合计征法只适用于卷烟和白酒应交消费税的计算。其具体计算公式为

应纳消费税额 = 销售额 × 比例税率 + 销售数量 × 定额税率

3. 销售应税消费品的会计核算

企业将生产的应税消费品对外销售时，应按照税法规定计算应交消费税的金额，将其确认为一项负债，并直接计入当期损益，借记"税金及附加"科目，贷记"应交税费——应交消费税"科目。

【例 8-10】 甲公司为增值税一般纳税人。2024 年 4 月，甲公司销售一批贵重首饰，不含税售价为 300 000 元，适用的增值税税率为 13%。同时，该批贵重首饰为应税消费品，适用的消费税税率为 5%，成本为 220 000 元。该批贵重首饰已经发出，款项尚未收到。

【分析】

本例中，甲公司销售贵重首饰，要计算应交增值税，同时由于该产品属于应税消费品，还要计算应交消费税额。

应交增值税销项税额 = 300 000 × 13% = 39 000（元）

应交消费税额 = 300 000 × 5% = 15 000（元）

甲公司销售商品时应当编制的会计分录如下。

借：应收账款	339 000
贷：主营业务收入	300 000
应交税费——应交增值税（销项税额）	39 000
借：税金及附加	15 000
贷：应交税费——应交消费税	15 000

同时，结转产品销售成本。

借：主营业务成本	220 000
贷：库存商品	220 000

4. 委托加工应税消费品的会计核算

根据税法规定，企业委托加工应税消费品时，除受托方为个人的之外，应由受托方在向委托方交货时代收代缴消费税（受托加工或翻新改制金银首饰按规定由受托方缴纳消费税）。对于委托方用于连续生产的应税消费品所纳税款允许按规定抵扣。这里的委托加工应税消费品，是指由委托方提供原料和主要材料，受托方只收取加工费和代垫部分辅助材料加工的应税消费品。对于委托方收回后直接出售的应税消费品，不再征收消费税。

5. 进口应税消费品的会计核算

企业进口应税消费品应交的消费税由海关代征，并于报关进口时纳税。因而，企业应当将进口应税消费品的消费税直接计入存货成本，借记"固定资产""原材料""材料采购"等科目，贷记"银行存款""应付账款"等科目。

6. 实际缴纳消费税的会计核算

企业应定期向税务部门缴纳消费税，按照规定计算应交消费税的金额，借记"应交税费——应交消费税"科目，贷记"银行存款"科目。

（五）其他应交税费

其他应交税费是指除上述应交税费以外的其他各种应上交国家的税费，包括应交资源税、应交城市维护建设税、应交土地增值税、应交所得税、应交房产税、应交城镇土地使用税、应交车船税、应交教育费附加、应交环境保护税、应交个人所得税等。企业应当在"应交税费"科目下设置相应的明细科目进行核算，借方登记已交纳的有关税费，贷方登记应交纳的有关税费，期末贷方余额反映企业尚未交纳的有关税费。

1. 资源税

资源税是对我国境内开采矿产品或者生产盐的单位和个人征收的税种。资源税应当按照应税产品的课税数量和规定的单位税额计算。

2. 土地增值税

土地增值税是对转让国有土地使用权、地上建筑物及其附着物并取得收入的单位和个人，按照转让房地产取得的增值额和规定的税率计算征收的税种。

3. 房产税、城镇土地使用税和车船税

房产税是国家对在城市、县城、建制镇和工矿区的房产征收的税种，由产权所有人缴纳。城镇土地使用税是国家为了合理利用城镇土地，调节土地级差收入，提高土地使用效益，加强土地管理开征的税种，以纳税人实际占用的土地面积为计税依据。车船税是指根据种类，对在我国境内应依法到公安、交通、农业、渔业、军事等管理部门办理登记的车辆、船舶，按照规定的计税依据和年税额标准计算征收的一种财产税。从 2007 年 7 月 1 日开始，我国境内的单位和个人在投保交强险时由保险公司代收代缴车船税。

4. 印花税

印花税是对书立、领受购销合同等凭证行为征收的税种，实行由纳税人根据规定自行计算应纳税额，购买并以此贴足印花税票的缴纳方法。企业应当根据应纳税凭证的性质，分别按比例税率或者按件定额计算应纳税额。由于企业缴纳的印花税不会发生应付未付税款的情况，也不需要预计应纳税金额，不存在与税务机关结算或清算的问题，不需要通过"应交税费"科目核算，而应当于购买印花税票时，借记"税金及附加"科目，贷记"银行存款"科目。

5. 城市维护建设税

城市维护建设税是我国为了加强城市的维护建设，扩大和稳定城市维护建设资金的来源而开征的税种。缴纳增值税、消费税的单位和个人应当以本期实际缴纳的增值税、消费税税额为计税依据，计算本期应交城市维护建设税的金额。

6. 所得税

所得税是按照企业当期应纳税所得额和适用税率计算征收的税种。

7. 耕地占用税

耕地占用税是国家为了合理利用土地资源，加强土地管理，保护农用耕地而征收的税种，根据实际占用的耕地面积和适用税率计算。企业缴纳的耕地占用税不需要通过"应交税费"科目核算，按规定计算缴纳耕地占用税时，借记"在建工程"科目，贷记"银行存款"科目。

8. 教育费附加

教育费附加是国家为了加快发展地方教育事业，扩大地方教育经费的资金来源而征收的附加费。缴纳增值税、消费税的单位和个人应当以本期实际缴纳的增值税、消费税税额为计税依据，计算本期应交教育费附加的金额。

9. 矿产资源补偿费

矿产资源补偿费是指国家作为矿产资源所有者，依法向开采矿产资源的单位和个人收取的费用。

六、其他流动负债

（一）应付利息

1. 定义

应付利息是指企业按照合同约定应当定期支付的利息。企业在取得银行借款或发行债券时，按照合同规定应定期支付利息；在资产负债表日确认当期利息费用时，应将当期应付未付的利息通过"应付利息"科目单独核算。

资产负债表日，"应付利息"科目的期末余额应当在资产负债表流动负债中的"其他应付款"项目下与"其他应付款"和"应付股利"科目的余额合并列报。

2. 会计核算

（1）资产负债表日计算确认利息费用的会计核算。资产负债表日，企业应当采用实际利率法，按照银行借款或应付债券的摊余成本和实际利率计算确定当期的利息费用：属于筹建期间的，借记"管理费用"科目；属于生产经营期间符合资本化条件的，借记"在建工程"等科目；属于生产经营期间但不符合资本化条件的，借记"财务费用"科目；按照银行借款或应付债券本金和合同利率计算确定的当期应付未付的利息，贷记"应付利息"科目，将借贷方的差额记入"长期借款——利息调整""应付债券——利息调整"等科目。

（2）实际支付利息的会计核算。在合同规定的付息日，企业应当按照合同约定实际支付利息的金额，借记"应付利息"科目，贷记"银行存款"等科目。

（二）应付股利

1. 定义

应付股利是指企业根据股东大会或类似机构审议批准的利润分配方案，确定应分配而尚未发放给投资者的现金股利或利润，在企业对外宣告但尚未支付前构成的企业负债。企业对外宣告的股票股利不属于现时义务，因而不能确认为负债。需要注意的是，企业董事会或类似机构做出的利润分配预案尚未构成企业的现时义务，不能作为确认负债的依据，而只能在财务报表附注中予以披露。

资产负债表日,"应付股利"科目的期末余额应当在资产负债表流动负债中的"其他应付款"项目下与"其他应付款"和"应付利息"科目的余额合并列报。

2. 会计核算

企业股东大会或类似机构审议批准利润分配方案时,按照应支付的现金股利或利润金额,借记"利润分配——应付现金股利或利润"科目,贷记"应付股利"科目;实际支付现金股利或利润时,借记"应付股利"科目,贷记"银行存款"等科目。

(三)合同负债

1. 定义

根据《企业会计准则第 14 号——收入》的规定,合同负债是指企业已收或应收客户对价而应向客户转让商品或服务的义务。比如,航空公司提前收取的旅客购票款、电信公司提前收取客户支付的网络数据服务使用费等。因转让商品收到的预收款适用收入准则进行会计处理时,不再使用"预收账款""递延收益"科目。

在资产负债表中,合同负债作为流动负债项目需要单独列报,应当分别根据"合同资产""合同负债"科目的相关明细科目的期末余额分析填列,这两个科目的贷方余额应当在"合同负债"科目下列报。其中,合同资产是指企业已向客户转让商品而应收取对价的权利,且该权利取决于时间流逝之外的其他因素。同一合同下的合同资产和合同负债应当以净额列示,其中净额为借方余额的,应当根据其流动性在"合同资产"或"其他非流动资产"项目中填列;净额为贷方余额的,应当根据其流动性在"合同负债"或"其他非流动负债"项目中填列。

2. 会计核算

(1)收到客户支付价款时的会计核算。根据合同约定,企业收到客户对价而承担向客户转让商品或服务的义务时,应当按实际收到的金额借记"银行存款"等科目,贷记"合同负债"科目。

(2)销售商品或提供劳务时的会计核算。企业按照合同约定向客户转让相关商品或服务确认收入时,借记"合同负债"科目,贷记"主营业务收入""应交税费——应交增值税(销项税额)"等科目。

(四)其他应付款

1. 定义

其他应付款是指除应付票据、应付账款、预收账款、应付职工薪酬、应付利息、应付股利、应交税费、长期应付款等以外的其他经营活动产生的各项应付、暂收的款项。其核算内容主要包括:

(1)企业应付租入包装物的租金。
(2)企业发生的存入保证金。
(3)企业代职工缴纳的社会保险费和住房公积金等。

需要注意的是,"其他应付款"科目与资产负债表中的"其他应付款"项目并不完全等同。资产负债表日,"其他应付款"科目的期末余额应当在资产负债表流动负债中的"其他应付款"项目下与"应付利息""应付股利"科目的余额合并列报。

2. 会计核算

企业发生的各种应付、暂收款项，借记"管理费用""银行存款"等科目，贷记"其他应付款"科目；实际支付其他各种应付、暂收款项时，借记"其他应付款"科目，贷记"银行存款"科目。

第三节 非流动负债

一、长期借款

（一）长期借款的定义

长期借款是指企业向银行或其他金融机构借入的偿还期在一年以上（不含一年）的各种借款。企业采用长期借款方式融资的主要特点如下：

（1）债务偿还的期限较长，长期借款的借款期限一般在五年以上。

（2）债务的金额较大，可以用于满足房屋建造、大型设备购买等项目的资金需要。

（3）通常情况下，债务利息按期支付，债务本金到期一次偿还或分期偿还。

（4）与发行股票相比，长期借款不会影响股东对公司的控制权。

（5）长期借款一般需要企业向银行提供一定的资产（如房屋）作为抵押。

（二）会计科目的设置

企业应当设置"长期借款"科目，核算长期借款的取得和归还及利息确认等业务，并设置"本金"和"利息调整"两个明细科目，分别核算长期借款的本金和因实际利率与合同利率不同而产生的利息调整额。"长期借款"科目的借方登记本息的减少额，贷方登记长期借款本息的增加额，期末贷方余额反映企业尚未偿还的长期借款。

资产负债表日，"长期借款"科目的期末余额需要根据流动性进行分析，在一年或一个营业周期以上到期偿还的部分，在资产负债表非流动负债中的"长期借款"项目下单独列报；在一年或一个营业周期之内到期偿还的部分，在资产负债表流动负债中的"一年内到期的非流动负债"项目下列报。

（三）会计核算

1. 取得长期借款的会计核算

企业借入长期借款时，按照实际收到的金额，借记"银行存款"科目；按照取得长期借款的本金，贷记"长期借款——本金"科目；二者如果有差额，则借记或贷记"长期借款——利息调整"科目。

【例8－11】 甲企业为增值税一般纳税人。2024年11月30日，甲企业从银行借入资金3 000 000元，借款期限为3年，年利率为4.8%（到期一次还本付息，不计复利），所借款项已存入银行。甲企业用该借款于当日购买不需要安装的设备一台，价款为2 000 000元，增值税税额为260 000元，另支付保险等费用100 000元，设备已于当日投入使用。甲企业应编制如下会计分录。

（1）取得借款时：

借：银行存款　　　　　　　　　　　　　　　　　　　3 000 000
　　贷：长期借款——本金　　　　　　　　　　　　　　　　3 000 000

（2）支付设备款及保险费用时：

借：固定资产　　　　　　　　　　　　　　　　　　　2 100 000
　　应交税费——应交增值税（进项税额）　　　　　　　　260 000
　　贷：银行存款　　　　　　　　　　　　　　　　　　　2 360 000

2. 长期借款利息的会计核算

长期借款利息费用应当在资产负债表日按照实际利率法计算确定，实际利率与合同利率差异较小的，也可以采用合同利率计算确定利息费用。长期借款计算确定的利息费用，应当按以下原则计入有关成本、费用：属于筹建期间的，计入管理费用；属于生产经营期间的，计入财务费用。长期借款用于购建固定资产等符合资本化条件的，在资产尚未达到预定可使用状态前，发生的利息支出应当资本化，计入在建工程等相关资产成本；资产达到预定可使用状态后发生的利息支出，以及按规定不予资本化的利息支出，计入财务费用。长期借款按合同利率计算确定的应付未付利息，属于分期付息的，记入"应付利息"科目；属于到期一次还本付息的，记入"长期借款——应计利息"科目，借记"在建工程""制造费用""财务费用""研发支出"等科目，贷记"应付利息"或"长期借款——应计利息"科目。

3. 偿还长期借款的会计核算

企业到期偿还长期借款时，应当按照偿还的长期借款本金金额，借记"长期借款——本金"科目，同时贷记"银行存款"科目。

【例8-12】　2024年4月1日，甲公司为建造厂房从银行借入期限为2年的长期专门借款800 000元，款项已存入银行。借款利率为8%，每年4月1日支付利息，期满后一次还清本金。该厂房于2029年7月1日完工，达到预定可使用状态。

（1）2024年4月1日，取得长期借款时应编制的会计分录。

借：银行存款　　　　　　　　　　　　　　　　　　　800 000
　　贷：长期借款——本金　　　　　　　　　　　　　　　800 000

（2）2024年12月31日，计提利息时应编制的会计分录。

甲公司应计提的借款利息 = 800 000 × 8% × 9 ÷ 12 = 48 000（元）

借：在建工程　　　　　　　　　　　　　　　　　　　48 000
　　贷：应付利息　　　　　　　　　　　　　　　　　　　48 000

（3）2025年4月1日，支付利息时应编制的会计分录。

甲公司应支付的借款利息 = 800 000 × 8% = 64 000（元）

借：应付利息　　　　　　　　　　　　　　　　　　　48 000
　　在建工程　　　　　　　　　　　　　　　　　　　16 000
　　贷：银行存款　　　　　　　　　　　　　　　　　　　64 000

(4) 2025 年 12 月 31 日，计提利息时应编制的会计分录。

甲公司应计提的借款利息 = 800 000 × 8% × 9 ÷ 12 = 48 000（元）

其中，资本化的利息 = 800 000 × 8% × 3 ÷ 12 = 16 000（元）

借：在建工程　　　　　　　　　　　　　　　　　　　　16 000
　　财务费用　　　　　　　　　　　　　　　　　　　　32 000
　　　贷：应付利息　　　　　　　　　　　　　　　　　　　　48 000

(5) 2026 年 4 月 1 日，偿还长期借款本金和利息时应编制的会计分录：

借：长期借款——本金　　　　　　　　　　　　　　　　800 000
　　应付利息　　　　　　　　　　　　　　　　　　　　48 000
　　财务费用　　　　　　　　　　　　　　　　　　　　16 000
　　　贷：银行存款　　　　　　　　　　　　　　　　　　　864 000

二、应付债券

（一）应付债券的定义

应付债券是企业发行的超过 1 年期以上的债券。应付债券是公司取得长期融资的主要形式，和银行借款相比，公司债券具有融资规模较大、融资期限较长的特点。

公司债券根据是否需要提供担保，可以分为有担保债券和无担保债券；根据利率是否固定，可以分为固定利率债券和浮动利率债券；根据是否存在明确的到期日，可以分为普通债券和永续债券。

债券通常存在两个利率：一个是债券的票面利率，是在债券发行契约中标明的利率，也称"名义利率""合同利率"；另一个是债券发行时的市场利率，是计算债券发行价格的基础。

（二）应付债券的发行方式

债券发行时的票面利率可能与市场利率不同，根据债券票面利率和市场利率的关系，债券的发行方式分为平价发行、溢价发行与折价发行三种（表 8-1）。

表 8-1　债券的发行方式

票面利率与实际利率的关系	债券的发行方式	发行价和面值的关系
票面利率等于实际利率	平价发行	发行价等于面值
票面利率大于实际利率	溢价发行	发行价高于面值
票面利率小于实际利率	折价发行	发行价低于面值

（三）会计科目的设置

应设置"应付债券——面值"科目核算发行债券的面值，设置"应付债券——利息调整"科目核算债券发行时的溢价和折价金额。

应付债券在资产负债表中按照摊余成本列报。资产负债表日，"应付债券"科目的期末余额需要根据流动性分析，在一年或一个营业周期以上到期偿还的部分，在资产负债表非流动负债中的"应付债券"项目下单独列报；在一年或一个营业周期之内到期偿还的部分，在资产负债表流动负债中的"一年内到期的非流动负债"项目下列报。

（四）会计核算

应付债券应当按照债券在发行日的公允价值进行初始计量。债券的发行费用，如支付给承销商的承销费用，应当从债券的初始确认金额中扣除。在进行会计核算时，通常贷记"应付债券——面值"科目核算发行债券的面值，"应付债券——利息调整"科目核算债券发行时的溢价和折价金额。

根据《企业会计准则第 22 号——金融工具确认和计量》的规定，应付债券的利息费用应当采用实际利率法在债券发行期间的每个资产负债表日分期确认。实际利率法是指按照应付债券的实际利率计算其摊余成本及各期利息费用的方法。其中，实际利率是指将应付债券在债券存续期间的未来现金流量折现为该债券当前账面价值使用的利率。债券的实际利率确定后，在整个债券的存续期间内应当保持不变。

应付债券的利息费用按照债券的摊余成本和实际利率计算确定。其中，应付债券的摊余成本，是应付债券的初始确认金额经过下列调整后的结果：

（1）扣除已偿还的本金。

（2）加上或减去采用实际利率法将该初始确认金额与到期日金额之间的差额进行摊销形成的累计摊销额。

三、长期应付款

（一）长期应付款的定义

长期应付款是指企业除长期借款和应付债券以外的其他各种长期应付款项，包括以分期付款方式购入固定资产、无形资产或存货等发生的应付款项等。

（二）会计科目的设置

应设置"长期应付款""未确认融资费用"等科目进行核算。

长期应付款应当在资产负债表非流动负债中的"长期应付款"项目下列报，该项目反映资产负债表日企业除长期借款和应付债券以外的其他各种长期应付款项的期末账面价值。该项目应根据"长期应付款"科目的期末余额，减去相关"未确认融资费用"科目的期末余额后的金额，以及"专项应付款"科目的期末余额填列。"专项应付款"科目主要反映来自政府的资本性投入，以及企业因城镇整体规划、库区建设、棚户区改造、沉陷区治理等公共利益进行搬迁，收到政府从财政预算直接拨付的搬迁补偿款等。

（三）会计核算

企业在购买固定资产、无形资产或存货过程中，延期支付的购买价款超过正常信用条件，实质上具有融资性质。企业应当按照未来分期付款的现值，借记"固定资产""无形资产""原材料""库存商品"等科目；按照未来分期付款的总额，贷记"长期应付款"科目；按照差额，借记"未确认融资费用"科目。企业在按照合同约定的付款日期分期支付价款时，借记"长期应付款"科目，贷记"银行存款"等科目。

章节练习题

一、单项选择题

1. 下列各项中不应包括在资产负债表"其他应付款"项目中的是（　　）。
   A. 预收购货单位的货款　　　　　　B. 应付租入包装物的租金
   C. 收到出租包装物的押金　　　　　D. 为职工缴纳的社会保险费

2. 资产负债表日，按计算确定的短期借款利息费用，应当记入的负债科目是"（　　）"。
   A. 短期借款　　　B. 应付利息　　　C. 应计利息　　　D. 财务费用

3. 企业申请的银行承兑汇票如果到期无法支付，则应当将应付票据的账面价值转入"（　　）"科目。
   A. 短期借款　　　B. 应收账款　　　C. 坏账准备　　　D. 应付账款

4. 下列各项中不会形成企业一项现时义务的是（　　）。
   A. 企业应为职工缴纳的社会保险费　　B. 企业期末应当支付的利息
   C. 企业未来期间的经营亏损　　　　　D. 董事会对外宣告的现金股利

5. 2024年3月，甲公司从乙公司购买一批原材料，不含税的价款为10 000元，增值税税率为13%。由于成批购买，乙公司给予甲公司10%的折扣。甲公司在购买材料时应确认应付账款的金额为（　　）元。
   A. 10 000　　　B. 11 300　　　C. 9 000　　　D. 10 170

6. 企业从应付职工薪酬中代扣代缴的医疗保险费，应当贷记的会计科目是"（　　）"。
   A. 其他应收款　　B. 应付账款　　C. 应付职工薪酬　　D. 其他应付款

7. 下列各项中属于职工福利费用的是（　　）。
   A. 医疗保险费　　B. 职工培训费　　C. 困难职工补助　　D. 工会活动经费

8. 企业为财务部门职工支付的社会保险费应当计入（　　）。
   A. 财务费用　　　B. 管理费用　　　C. 其他业务成本　　D. 营业外支出

9. 甲企业为增值税小规模纳税人，2024年3月4日购入一批原材料，取得的增值税专用发票上注明的价款为200 000元，增值税税额为26 000元。材料入库前发生的挑选整理费为200元，材料已验收入库。甲企业取得该批材料的入账价值为（　　）元。
   A. 200 000　　　B. 200 200　　　C. 226 000　　　D. 226 200

10. 甲企业为增值税小规模纳税人，2024年3月销售货物开出的普通发票金额合计为309 000元，适用的征收率为3%。本月甲企业应缴纳的增值税金额为（　　）元。
    A. 9 000　　　B. 9 270　　　C. 9 557　　　D. 9 548

二、多项选择题

1. 下列各项中属于负债特征的有（　　）。
   A. 负债由过去的交易或事项形成　　　B. 负债形成企业的一项现时义务
   C. 负债一定是由法定义务形成的　　　D. 负债未来会导致经济利益流出

2. 下列各项中属于流动负债的有（　　）。

A. 企业购买原材料形成的应付账款　　　B. 企业为交易目的而发生的金融负债
C. 企业期末借入的期限为 5 年的银行贷款　　D. 企业因购买商品而签发的商业汇票

3. 下列各项中通过"应付票据"科目核算的票据有（　　）。
A. 银行汇票　　　B. 银行本票　　　C. 商业承兑汇票　　　D. 银行承兑汇票

4. 下列各项中应当在资产负债表"应付账款"项目中反映的有（　　）。
A. "应付账款"明细科目的借方余额　　　B. "应付账款"明细科目的贷方余额
C. "预付账款"明细科目的贷方余额　　　D. "应收账款"明细科目的借方余额

5. 下列各项中属于职工薪酬范围的有（　　）。
A. 工资及奖金　　B. 非货币性福利　　C. 社会保险费　　D. 住房公积金

6. 下列各项中属于增值税纳税范围的有（　　）。
A. 销售货物　　B. 提供修理劳务　　C. 提供旅游服务　　D. 进口货物

7. 下列关于增值税的项目中，应当直接计入有关资产成本的有（　　）。
A. 一般纳税企业委托加工物资支付的增值税　　B. 一般纳税企业接受修理劳务支付的增值税
C. 小规模纳税企业进口货物支付的增值税　　D. 小规模纳税企业购买固定资产支付的增值税

8. 某增值税一般纳税企业发生的下列业务中，应当计算销项税额的有（　　）。
A. 将购入原材料用于对外投资　　　B. 将购入商品用于集体福利
C. 将自产产品用于对外投资　　　D. 将自产产品用于职工集体福利

9. 下列各项中应当作为非流动负债报告的有（　　）。
A. 从银行取得的 5 年期抵押贷款　　　B. 企业本期发行的期限为 3 年的债券
C. 因短期需要租入服装应当支付的租金　　D. 因分期付款购入设备应当支付的款项

10. 下列各项业务中应当通过"其他应付款"核算的有（　　）。
A. 应付的债券利息　　　B. 应付租入包装物的租金
C. 收到客户支付的保证金　　　D. 代扣代缴的职工个人所得税

三、判断题

1. 应付票据核算企业在购买商品时从银行申请签发的银行汇票。（　　）
2. 应付账款的入账价值既包括购入货物的价款，也包括增值税的进项税额。（　　）
3. 企业当期应付账款余额在借方的，应当在流动资产"应收账款"项目中列报。（　　）
4. 公司应当将当期确认的应付职工薪酬全部计入当期损益。（　　）
5. 企业以自产产品发放给职工作为非货币性福利时，应当以产品的公允价值计量职工薪酬的金额。（　　）
6. 职工薪酬既包括职工在职期间支付的薪酬，也包括职工离职期间支付的养老金。（　　）
7. 企业的应付福利费应当按照应付工资总额的 14% 计提。（　　）
8. 因提前解除与职工的劳动关系而给予的补偿，应当确认为当期的管理费用。（　　）
9. 增值税一般纳税企业当期应缴纳的增值税税额等于当期增值税销项税额减去当期允许抵扣的增值税进项税额的差额。（　　）
10. 增值税一般纳税人当期取得增值税专用发票上注明的进项税额当期可以全部抵扣。（　　）

四、计算分析题

1. 甲公司为增值税一般纳税人，增值税税率为13%，库存材料按实际成本核算，销售收入不含应向购买者收取的增值税税额。2024年3月，甲公司发生如下经济业务。

（1）1日，从银行取得6个月期限的流动资金借款2 000万元，年利率为6%，利息按月计提，到期时随本金一起支付。

（2）5日，从乙公司购入一批原材料，不含税的价款为300万元，增值税税额为39万元，材料已收到并验收入库，开出并承兑一张3个月到期的商业汇票。

（3）13日，收回一批委托丙公司加工的原材料并验收入库。该批物资于上月发出，发出原材料的实际成本为195万元。本月以银行存款支付给丙公司61.5万元，其中加工费用50万元，消费税5万元，增值税6.5万元。收回委托加工的原材料用于连续生产。

（4）15日，与丁公司签订一项销售合同，合同总价款600万元，当日收到丁公司预付的货款200万元。

（5）18日，从市场监督管理局了解到，原材料供应商戊公司已经破产，该企业所欠货款3万元无法支付。

（6）25日，宣告分配2023年的现金股利80万元。

（7）31日，计提本月工资费用40万元，其中生产人员30万元，管理人员8万元，销售人员2万元。

要求：根据上述资料，编制甲公司有关经济业务的会计分录（案中的金额单位用万元表示，"应交税费"科目要求写出明细科目）。

2. 某企业委托外单位加工材料（非金银首饰），原材料价款为20万元，加工费用为5万元，由受托方代收代缴的消费税为0.5万元（不考虑增值税），材料已经加工完毕并验收入库，加工费用尚未支付。假定该企业材料采用实际成本核算。

要求：

（1）根据上述资料，如果委托方收回加工后的材料用于继续生产应税消费品，请编制委托方有关经济业务的会计分录。

（2）委托方收回加工后的材料直接用于销售，请编制委托方有关经济业务的会计分录。

3. 2024年，甲公司从中国农业银行借入200万元，期限3年，用于建造厂房，年利率8%。甲公司与银行约定本息的偿还方式为分期付息、到期还本，即每年末归还借款利息，3年后一次还清本金，按单利计算。厂房在第二年末达到预定可使用状态。假定该借款的利息在建造工程达到预定可使用状态前符合资本化条件。

要求：请分别编制甲公司在取得借款、年末偿还利息及归还本金时的会计分录。

第九章 所有者权益

第一节 所有者权益概述

一、企业的组织形式

我国的市场经济已形成多种经济成分并存的格局，在市场经济中企业是主体，虽然企业所有制性质不同，但与所有者权益密切相关的不是企业所有制的性质，而是企业的组织形式。所有者权益会计，要核算不同企业的所有者对企业应承担的风险及享有的利益。国际通行的做法是，按企业资产经营的法律责任，把企业划分为非公司型企业和公司型企业。

（一）非公司型企业

1. 独资型企业

独资型企业也称"私人独资企业"，是企业最简单、最原始的组织形式。企业的全部资产归出资者一人所有，企业的经营也由出资者个人承担，因此企业的所有权与经营权是统一的。独资企业不具有法人资格，企业的所有者对企业的债务负有无限的清偿责任。这种类型的企业，一般规模比较小，资金来源有限，适用于生产条件和生产过程比较简单、财产经营规模比较小的生产经营活动，具有较大的局限性。

2. 合伙型企业

合伙型企业是两个或两个以上合伙人按照协议共同出资、共同承担企业经营风险，并且对企业债务承担连带责任的企业。其最大特点是，合伙人对债务承担无限连带责任。在发生债务时，债权人可以向任何一个合伙人请求清偿全部债务。企业的事务通常首先由合伙人共同决定，其次委托一个或部分合伙人执行。合伙企业由于吸收了其他私人的投资，为扩大企业生产经营规模提供了一定的条件，所以是一种比私人独资企业先进的企业组织形式。但是，合伙企业有很大的局限性，如权力分散，决策缓慢，筹资也比较困难，并且由于合伙企业不具有法人资格，合伙人对企业的债务要负无限责任,所以风险比较大。

(二) 公司型企业

公司是依据一定法律程序申请登记设立,并以营利为目的,具有法人资格的经济组织。公司有独立的财产,独立地承担经济责任,同时享有相应的民事权利。公司具有法人资格,这是区别于非法人企业,如独资企业和合伙企业的重要标志。法人是具有民事权利能力和民事行为能力,依法独立享有民事权利和承担民事义务的组织。因此,公司必须具有独立的法人财产,自主经营、自负盈亏。公司是随着资本主义制度发展,资本集中的过程中兴起的。这种企业组织形式适合规模比较大的生产经营企业。

《中华人民共和国公司法》(以下简称《公司法》)规定:"本法所称公司,是指依照本法在中华人民共和国境内设立的有限责任公司和股份有限公司。"可见,公司是以责任形式设立的,而不是以所有制或行政隶属关系建立的。公司包含多种经济成分,容纳多种来源的投资,即使是不同的所有者也可以采用公司形式。《公司法》将公司分为有限责任公司和股份有限公司。

1. 有限责任公司

有限责任公司是指由一定数量的股东共同出资组成,股东仅就自己的出资额对公司的债务承担有限责任的公司。有限责任公司的股东不限于自然人,也可以是法人和政府(有限责任公司股东的数量上限为50人,下限为1人)。有限责任公司的资本不必划分为等额股份,不对外公开募集股份,不能发行股票。股东以其出资比例享受公司权利,承担公司义务。公司股东以其出资额承担有限责任,并享受相应的权益。公司股份转让有严格的限制,如需转让应在其他股东同意的条件下方可进行。按照《公司法》规定,可以设立一人有限责任公司。一人有限责任公司,是指只有一个自然人股东或者一个法人股东的有限责任公司。一个自然人只能投资设立一个一人有限责任公司,该公司不能投资设立新的一人有限责任公司。一人有限责任公司应当在公司登记中注明自然人独资或者法人独资,并在公司营业执照中载明。一人有限责任公司的股东不能证明公司财产独立于股东自己财产的,应当对公司债务承担连带责任。

按照《公司法》规定,可以设立国有独资公司。国有独资公司是指国家单独出资,由国务院或者地方人民政府授权本级人民政府国有资产监督管理机构行使出资人职责的有限责任公司。国有独资公司不设股东会,由国有资产监督管理机构行使股东会职权。国有独资公司应设董事会,董事每届任期不得超过3年,董事会成员中应当有公司职工代表;应设监事会并且成员不得少于5人,其中职工代表的比例不得低于1/3,具体比例由公司章程规定。

2. 股份有限公司

股份有限公司是指将全部注册资本划分为等额股份,并通过发行股票的方式筹集股本,股东以其认购的股份为限对公司承担有限责任,公司以其全部资产对公司债务承担责任的企业法人。股份有限公司与有限责任公司的主要区别在于,股份有限公司的资本总额平分为金额相等的股份,并通过公开发行股票向社会筹集资金;同时,公司的股份可以自由转让,股票可以在社会上公开交易、转让,但不能退股。股份有限公司彻底实现了所有权与经营权的分离,因此股份有限公司具有筹资便利、风险分散、资本可充分流动等优点。由于股份有限公司的资本雄厚、实力强大,在发达国家国民经济中占统治地位,适合从事较大规模的生产经营活动。

不同的企业组织形式对资产和负债的会计处理并无重大影响，但涉及所有者权益方面的会计处理不大相同。公司组织，尤其是股份有限公司，是当今世界上采用最广泛的企业组织形式。它具有独资企业和合伙企业不具备的生命力和优越性，在资本结构和筹资方式上更具灵活性。因此，下面选择股份有限公司的股东权益作为重点论述，其他则稍加提及。

二、所有者权益的定义及特征

（一）所有者权益的定义

关于所有者权益的含义，虽有多种说法，但共识要多于分歧。国际会计准则委员会制定的《编制财务报表的框架》中将所有者权益表述为：企业的资产中扣除企业全部负债后的剩余权益。美国财务会计准则委员会发布的《财务报表要素》中将所有者权益（或净资产）表述为：某个主体的资产减去负债后的剩余权益。上述两个含义侧重从定量方面对所有者权益进行界定，说明了所有者权益的量化办法，即"所有者权益＝资产总计－负债总计"。

我国《企业会计准则——基本准则》规定："所有者权益是指企业资产扣除负债后由所有者享有的剩余权益。公司的所有者权益又称为股东权益。""所有者权益的来源包括所有者投入的资本、直接计入所有者权益的利得和损失、留存收益等。"所有者权益是所有者对企业资产的剩余索取权，是企业资产中扣除债权人权益后应由所有者享有的剩余权益，既可以反映所有者投入资本的保值增值情况，又可以体现保护债权人权益的理念。

（二）所有者权益的特征

所有者权益具有如下特征：

（1）除非发生减资、清算或分派现金股利，否则企业不需要偿还所有者权益。

（2）企业清算时，只有在清偿所有负债后，所有者权益才返还给所有者。

（3）所有者凭借所有者权益能够参与企业利润的分配。

（三）所有者权益与负债的区别

所有者权益与负债虽然都是权益，共同构成了企业的资金来源，但两者有很大的不同。具体表现在以下三个方面。

（1）所有者权益是投资者享有的对投入资本及其运用所产生盈余（或亏损）的权利；负债是在经营或其他活动中发生的债务，是债权人要求企业清偿的权利。

（2）所有者享有参与收益分配、参与经营管理等多项权利，但对企业资产的要求权在顺序上处于债权人之后，即只享有对剩余资产的要求权；债权人享有到期收回本金及利息的权利，在企业清算时有优先获取资产赔偿的要求权，但没有经营决策参与权和收益分配权。

（3）在企业持续经营的情况下，所有者权益一般不存在抽回的问题，即不存在约定的偿还日期，因而是企业一项可以长期使用的资金，只有在企业清算时才予以退还；负债必须于一定时点偿还。为了保证债权人的利益不受侵害，法律规定债权人对企业资产的要求权优先于投资者，因此债权又称为"第一要求权"。由于投资者具有对剩余财产的要求权，因此又称为"剩余权益"。

三、所有者权益的来源构成

我国企业会计准则中规定，基于公司制的特点，所有者权益的来源通常由实收资本（或股本）、其他权益工具、资本公积、其他综合收益和留存收益（盈余公积和未分配利润）构成。下面将主要介绍实收资本（或股本）、资本公积和留存收益。

1. 实收资本（或股本）

实收资本（或股本）是指所有者在企业注册资本的范围内实际投入的资本。注册资本是指企业在设立时向工商行政管理部门登记的资本总额，也是全部出资者设定的出资额之和。注册资本是企业的法定资本，是企业承担民事责任的财力保证。

2. 其他权益工具

其他权益工具是指企业发行的除普通股以外归类于权益工具的各种金融工具，主要包括优先股、永续债（如长期限含权中期票据）、认股权、可转换公司债券等金融工具。

3. 资本公积

资本公积是指企业收到投资者超过其在企业注册资本（或股本）中所占份额的投资，以及直接计入所有者权益的利得和损失等，包括资本溢价（或股本溢价）和其他资本公积。

4. 其他综合收益

其他综合收益是指在企业经营活动中形成的未计入当期损益，但归所有者共有的利得或损失，主要包括以公允价值计量且变动计入其他综合收益的金融资产的公允价值变动、权益法下被投资单位所有者权益的其他变动等。

5. 留存收益

留存收益是指归所有者共有、企业历年实现的净利润留存于企业的部分，主要包括法定盈余公积、任意盈余公积和未分配利润。

从会计上说，界定所有者权益来源构成的一个目的是，让股东和债权人知道公司付给股东的款项是利润的分配，还是投入资本的返还。只有当期的税后利润和前期的未分配利润才可用于股利分派。企业的利润分配有限度，既是法律的约束，也反映了公司持续经营的愿望。界定所有者权益来源构成的另一个目的是，让股东用累计利润判断管理人员的称职程度。许多股东一般不直接参与公司的经营管理，他们将公司管理人员视为投入资本的经管责任者，将累计利润与投入资本进行比较，即可评价其经营管理的成绩。

第二节 实收资本（或股本）

一、实收资本（或股本）的性质

实收资本（或股本）是所有者投入资本形成法定资本的价值。所有者向企业投入的资本，在一般情况下无须偿还，可供企业长期周转使用。实收资本（或股本）的构成比例，通常既是确定所有者在企业所有者权益中所占份额和参与企业财务经营决策的基础，也是企业进行利润分配或股利分配的依据，还是企业清算时确定所有者对净资产要求权的依据。《公司法》规定，公司注册资本应为在工商行政管理机关登记的实收资本总额。根据这一规定，公司的实收资本（或股本）为注册资本。

二、关于注册资本的主要法律规定

（1）有限责任公司的注册资本为在公司登记机关登记的全体股东认缴的出资额。股东可以用货币出资，也可以用实物、知识产权、土地使用权等可以用货币估价并可以依法转让的非货币财产作价出资，但法律、行政法规规定不得作为出资的财产除外。对作为出资的非货币财产应当评估作价、核实财产，不得高估或者低估作价。股东应当按期足额缴纳公司章程中规定的各自认缴的出资额。股东以货币出资的，应当将货币出资足额存入有限责任公司在银行开设的账户；股东以非货币财产出资的，应当依法办理财产权的转移手续；股东不按照前款规定缴纳出资的，除应当向公司足额缴纳外，还应当向已按期足额缴纳出资的股东承担违约责任。

（2）股份有限公司采取发起设立方式设立的，注册资本为在公司登记机关登记的全体发起人认购的股本总额。在发起人认购的股份缴足前，不得向他人募集股份。发起人应当书面认足公司章程规定其认购的股份，并按照公司章程规定缴纳出资。以非货币财产出资的，应当依法办理财产权的转移手续；发起人不依照前款规定缴纳出资的，应当按照发起人协议承担违约责任；发起人认足公司章程规定的出资后，应当选举董事会和监事会，由董事会向公司登记机关报送公司章程及法律、行政法规规定的其他文件，申请设立登记。股份有限公司采取募集方式设立的，注册资本为在公司登记机关登记的实收股本总额。法律、行政法规及国务院决定对股份有限公司注册资本实缴、注册资本最低限额另有规定的，从其规定。发起人认购的股份不得少于公司股份总数的35%，法律、行政法规另有规定的，从其规定。

三、会计科目的设置

1. "实收资本"科目

一般企业是指除股份有限公司以外的企业，如国有企业、有限责任公司等。投资者投入资本的形式可以有多种，如投资者可以用现金投资，也可以用实物资产投资，还可以用无形资产投资。一般企业投入资本通过"实收资本"账户进行账务处理，按照投资者设置明细账，借方登记企业按照法定程序报经批准减少的注册资本额，贷方登记企业收到投资者符合注册资本的出资额；期末余额在贷方，反映企业实有的资本额。

2. "股本"科目

与一般企业相比，股份有限公司的显著特点在于将公司资本划分为等额股份，并通过发行股票的方式筹集资本。股份有限公司发行的普通股股票会计核算主要通过"股本"账户进行，仅核算公司发行股票的面值部分。企业在"股本"账户下按股票种类及股东名称设置明细账，借方登记经批准核销的股票面值，贷方登记已发行的股票面值，期末贷方余额反映发行在外的股票面值。

3. "库存股"科目

库存股是指已公开发行但发行公司通过回购或其他方式重新获得，可再次出售或注销的股票。库存股既不分配股利，又不附投票权。在公司的资产负债表上以负数形式列为一项股东权益。

企业应设置"库存股"科目，核算企业收购的尚未转让或注销的该公司股份数额。

四、会计处理

(一) 一般企业的实收资本

一般企业投入资本通过"实收资本"账户进行账务处理。企业收到投资时,一般应作如下账务处理:收到投资人投入的现金,应当以实际收到或存入企业开户银行的金额,借记"库存现金""银行存款"科目;以实物资产投资的,应在办理实物产权转移手续时,借记有关资产科目;以无形资产投资的,应在按合同协议或公司章程规定移交有关凭证时,借记"无形资产"科目;当企业接受股东或国家的股权投资时,以其投资额为股权的评估价值,借记"长期股权投资""交易性金融资产""其他权益工具投资"等科目,贷记"实收资本"科目。

需要注意的是,企业接受投资者作价投入的非现金资产(包括房屋、建筑物、机器设备、材料物资、无形资产等),应按投资合同或协议约定的价值(不公允的除外)作为资产的入账价值。

【例 9-1】 企业接受某股东以现金投资 100 万元,其账务处理如下。

借:银行存款　　　　　　　　　　　　　　　　　　　　　　　　1 000 000
　　贷:实收资本　　　　　　　　　　　　　　　　　　　　　　　　　1 000 000

【例 9-2】 甲公司接受 A 企业以其拥有的专利权作为出资,双方协议价值(公允价值)为 320 万元,已办妥相关手续。其账务处理如下。

借:无形资产　　　　　　　　　　　　　　　　　　　　　　　　3 200 000
　　贷:实收资本　　　　　　　　　　　　　　　　　　　　　　　　　3 200 000

(二) 股份有限公司的股本

股票的发行价格受发行时资本市场的需求和投资人对公司获利能力估计的影响,公司发行股票的价格往往与股票的面值不一致。按照《公司法》规定,同次发行的股票,每股的发行条件和价格应当相同,任何单位或者个人所认购的股份,每股应当支付相同金额。股票的发行价格,可以等于票面金额,也可以超过票面金额,但不得低于票面金额。因此,我国目前仅允许股票溢价、平价发行,不允许折价发行。

企业在发行普通股股票时,必须按照股票的票面金额入账,记入"股本"科目;超过部分作为股票溢价,记入"资本公积——股本溢价"科目。

【例 9-3】 甲公司发行普通股股票 1 000 万股,每股票面金额 1 元,假定均按票面金额发行(未考虑手续费)。收到股款时,其账务处理如下。

借:银行存款　　　　　　　　　　　　　　　　　　　　　　　　10 000 000
　　贷:股本——普通股　　　　　　　　　　　　　　　　　　　　　10 000 000

【例 9-4】 承【例 9-3】,假定上述普通股股票每股按 1.2 元的价格溢价发行(未考虑手续费)。收到股款时,其账务处理如下。

借:银行存款　　　　　　　　　　　　　　　　　　　　　　　　12 000 000
　　贷:股本——普通股　　　　　　　　　　　　　　　　　　　　　10 000 000
　　　　资本公积——股本溢价　　　　　　　　　　　　　　　　　　 2 000 000

(三) 实收资本(或股本)的增减变动

1. 实收资本(或股本)的增加

一般企业增加资本主要有三条途径：接受投资者追加投资、资本公积转增资本和盈余公积转增资本(见表9-1)。

表9-1 实收资本(或股本)增加的途径

途径	账务处理	对所有者权益总额的影响
接受投资者追加投资(核算方法与投资者初次投入时相同)	借：银行存款/固定资产/原材料等 应交税费——应交增值税(进项税额) 贷：实收资本/股本 资本公积——资本溢价/股本溢价	增加
资本公积转增资本	借：资本公积——资本溢价/股本溢价 贷：实收资本/股本	不变
盈余公积转增资本	借：盈余公积 贷：实收资本/股本	不变

用资本公积或盈余公积转增资本时，如果是独资企业，直接结转即可；如果是股份有限公司或有限责任公司，则应按照原投资者各自出资比例相应增加各投资者的出资额。

2. 实收资本(或股本)的减少

(1) 有限责任公司发还投资，按法定程序报经批准减少注册资本的，按减少的注册资本金额减少实收资本，借记"实收资本"等科目，贷记"银行存款"等科目。

(2) 股份有限公司发还投资时，采用收购本公司股票方式减资的，应回购并注销股票。企业为减少注册资本等而收购本公司股份时，应按实际支付的金额，借记"库存股"科目，贷记"银行存款"等科目。注销库存股时，如果库存股的账面价值超过股票面值，则超过部分应按股票面值和注销股数计算的股票面值总额，借记"库存股"科目；按注销库存股的账面余额，贷记"库存股"科目；按其差额，借记"资本公积——股本溢价"科目。股本溢价不足冲减的应借记"盈余公积""利润分配——未分配利润"科目。如果按低于股票面值价格回购本公司股票，则注销时股票面值和库存股账面价值的差额记入"资本公积"科目的贷方。

【例9-5】 截至2024年12月31日，A股份有限公司共发行股票3 000万股，股票面值1元，资本公积(股本溢价)600万元，盈余公积400万元。经股东大会批准，A股份有限公司以现金回购本公司股票300万股并注销。A股份有限公司的账务处理如下。

假定A股份有限公司按每股4元回购股票，不考虑其他因素。

(1) 库存股的成本 = 4×300 = 1 200 (万元)

借：库存股 12 000 000
　　贷：银行存款 12 000 000

(2) 借：股本 3 000 000
　　　资本公积——股本溢价 6 000 000
　　　盈余公积 3 000 000
　　贷：库存股 12 000 000

假定 A 股份有限公司按每股 0.6 元回购股票，不考虑其他因素。

库存股的成本 = 0.6×300 = 180（万元）

借：库存股	1 800 000
贷：银行存款	1 800 000
借：股本	3 000 000
贷：库存股	1 800 000
资本公积——股本溢价	1 200 000

第三节　资本公积

资本公积是企业收到的投资者超出其在企业注册资本（或股本）中所占份额的投资，以及直接计入所有者权益的利得和损失等。资本公积包括资本溢价（或股本溢价）和直接计入所有者权益的利得和损失等。

一、会计科目的设置

企业应设置"资本公积"账户核算该类业务，反映和监督企业资本公积的增减变动情况。资本公积的明细科目包括"资本公积——资本溢价""资本公积——股本溢价"（如适用）、"其他资本公积"，借方登记资本公积的减少额，贷方登记资本公积的增加额，期末贷方余额反映企业资本公积结余额。

二、会计核算

（一）资本溢价

有限责任公司的出资者依据其出资份额对企业经营决策享有表决权，依据其认缴的出资额对企业承担有限责任。在企业创立时，出资者认缴的出资额全部记入"实收资本"科目。在企业重组并有新的投资者加入时，为了维护原有投资者的权益，新加入投资者的出资额并不一定全部作为实收资本处理。

相同数量的投资，由于出资时间不同，对企业的影响程度不同，投资者的权利也不同，前者往往大于后者。因此，新加入的投资者要付出大于原投资者的出资额，才能取得与原投资者相同的投资比例。另外，原投资者的原有投资不仅在质量上发生了变化，在数量上也可能发生变化。这是因为企业经营过程中实现利润的一部分被留在企业形成留存收益，而留存收益也属于投资者权益，但未转入实收资本。新加入的投资者如与原投资者共享这部分留存收益，就要求其付出大于原投资者的出资额才能取得与原投资者相同的投资比例。投资者投入的资本中按投资比例计算的出资额部分，应记入"实收资本"科目，大于部分应记入"资本公积——资本溢价"科目。

【例 9-6】　甲公司原来由 3 名投资者组成，每名投资者投资 100 万元，共计实收资本 300 万元。经营 1 年后，有另一名投资者欲加入甲公司并希望占有 25% 的股份。经协商，甲公司将注册资本增加到 400 万元，但该投资者不能仅投资 100 万元就占 25% 的股份，假定其交纳 140 万元。在这种情况下，只能将100万元作为实收资本入账，超过部分作为资本溢价，记入"资本公积"科目。其账务处理如下。

借：银行存款　　　　　　　　　　　　　　　　　　　　　1 400 000
　　贷：实收资本　　　　　　　　　　　　　　　　　　　　　1 000 000
　　　　资本公积——资本溢价　　　　　　　　　　　　　　　　400 000

（二）股本溢价

股份有限公司以发行股票的方式筹集股本，股票是企业签发的证明股东按其所持股份享有权利和承担义务的书面证明。由于股东按所持企业股份享有权利和承担义务，为了反映和便于计算各股东所持股份占企业全部股本的比例，企业的股本总额应按股票的面值与股份总数的乘积计算。

我国规定，实收股本总额应与注册资本相等，因此为提供企业股本总额及构成，以及注册资本等信息，在采用与股票面值相同的价格发行股票的情况下，企业发行股票取得的收入应全部记入"股本"科目；在溢价发行股票的情况下，企业发行股票取得的收入相当于股票面值的部分记入"股本"科目，超出股票面值的溢价收入记入"资本公积——股本溢价"科目。这里需要注意的是，委托证券商代理发行股票而支付的手续费、佣金等，应从溢价发行收入中扣除，企业按扣除手续费、佣金后的数额记入"资本公积——股本溢价"科目。

3. 其他资本公积

其他资本公积是指除资本溢价（或股本溢价）以外形成的资本公积，包括以权益结算的股份支付及采用权益法核算的长期股权投资涉及的业务。

企业以权益结算的股份支付换取职工或其他方提供服务的，在等待期内的每个资产负债表日，应按授予日权益工具的公允价值，借记"管理费用"科目，贷记"资本公积——其他资本公积"科目。在行权日，应按实际行权的权益工具数量计算确定的金额，借记"资本公积——其他资本公积"科目；按计入实收资本或股本的金额，贷记"实收资本"或"股本"科目，并将其差额记入"资本公积——资本溢价"或"资本公积——股本溢价"科目。

【例9-7】　A公司为一家上市公司。2024年1月1日，A公司向200名管理人员每人授予1 000股的股票期权。这些职员自2024年1月1日起在该公司连续服务3年，即可以每股5元的价格购买公司1 000股股票，从而获益。A公司估计该期权在授予日的公允价值为每股18元。

第一年，有20名职员离开A公司，公司估计3年中离开的职员比例将达到20%；第二年，有10名职员离开A公司，公司将估计的职员离开比例修正为15%；第三年，有15名职员离开A公司。

（1）费用和资本公积的计算过程如下。

① 2024年：

200×1 000×（1-20%）×18×1/3＝960 000（元）

② 2022年：

200×1 000×（1-15%）×18×2/3＝2 040 000（元）

其中，当期费用＝2 040 000-960 000＝1 080 000（元）

③ 2025年：

155×1 000×18＝2 790 000（元）

其中，当期费用 = 2 790 000 - 2 040 000 = 750 000（元）

（2）账务处理如下。

① 2024 年 1 月 1 日，授予日不做账务处理。

② 2024 年 12 月 31 日：

借：管理费用	960 000
贷：资本公积——其他资本公积	960 000

③ 2025 年 12 月 31 日：

借：管理费用	1 080 000
贷：资本公积——其他资本公积	1 080 000

④ 2026 年 12 月 31 日：

借：管理费用	750 000
贷：资本公积——其他资本公积	750 000

⑤ 假定 155 名职员全部在 2027 年 12 月 31 日行权，A 公司股票面值为 1 元。

借：银行存款	775 000
资本公积——其他资本公积	2 790 000
贷：股本	155 000
资本公积——资本溢价	3 410 000

企业长期股权投资采用权益法核算的，投资方对于被投资单位除净损益、其他综合收益和利润分配以外所有者权益的其他变动，应当按照持股比例与被投资单位所有者权益其他变动计算的归属于本企业的部分，调整长期股权投资的账面价值，并增加或减少其他资本公积。所有者权益的其他变动主要包括：被投资单位接受其他股东的资本性投入、以权益结算的股份支付等。

【例 9-8】 甲企业持有 A 公司 30% 的股份，能够对 A 公司施加重大影响，采用权益法核算，A 公司为上市公司。当期，A 公司的母公司向其捐赠现金 800 万元，该捐赠实质上属于资本性投资，A 公司将该投资计入资本公积（股本溢价）。甲企业在确认应享有被投资单位所有者权益的变动时，应进行的账务处理如下。

应享有其他权益变动份额 = 800 × 30% = 240（万元）

借：长期股权投资——其他权益变动	2 400 000
贷：资本公积——其他资本公积	2 400 000

第四节　留存收益

一、定义及构成

（一）留存收益的定义

留存收益是股东权益的一个重要项目，是企业历年剩余的净收益累积而成的资本，因此留存收益也可称为"累积收益"。虽然留存收益与投资者投入的资本属性一致，即均为股东权益，但二者不同的是：投入资本是由所有者从外部投入公司的，构成了公司股东权益的基本部分；留存收益不是由投资者从外部投入的，而是依靠公司经营所得的盈利累积形成的。留存收益既然是股东权益，股东便有权决定如何使用。按照公司章程或其他有关规定，公司可以将留存收益在股东间进行分配，作为公司股东的投资所得；也可以为了某些特殊用途和目的，将其中一部分留在公司不予分配。可见，留存收益会因经营获取收益而增加，又会因分给投资者而减少。留存收益的反面为亏损，公司经营如果入不敷出，就意味着亏损，发生经营亏损将减少留存收益。

对留存收益有较大影响的是股利分配，公司会因分派股利而大幅减少留存收益，因此公司必须有足够的留存收益才能分配股利。但这并不意味着只要有足够多的留存收益就能进行股利分配，公司往往会因特别目的或法令规定而限制留存收益，不作股利分配。留存收益的这种限制，一般称为"拨定"。在我国实务中，为了约束企业过量分配，有关法规均规定企业必须留有一定积累，如提取盈余公积，以利于企业持续经营、维护债权人利益。留存收益可分为两部分：已拨定的留存收益与未拨定的留存收益。

（二）留存收益的构成

留存收益由盈余公积和未分配利润构成：盈余公积包括法定盈余公积、任意盈余公积，属于已拨定的留存收益；而未分配利润属于未拨定的留存收益。

1. 法定盈余公积

法定盈余公积是指企业按规定从净利润中提取的积累资金，法定意味着提取时由国家法规强制规定。企业必须提取法定盈余公积，目的是确保企业不断积累资本，固本培元，自我壮大实力。《公司法》规定，公司制企业的法定盈余公积按照税后利润的10%提取，非公司制企业法定盈余公积的提取比例可超过净利润的10%，法定盈余公积累计额已达注册资本的50%时可以不再提取。

2. 任意盈余公积

任意盈余公积是指公司出于实际需要或采取审慎经营策略，从税后利润中提取的一部分留存利润。任意虽是出于自愿，而非外力强制，但也非随心所欲。公司有优先股的，必须在支付了优先股股利之后，才可提取任意盈余公积。由于任意盈余公积是企业自愿拨定的留存利益，其数额也视实际情况而定。

企业提取任意盈余公积的原因是多样的，如需要偿还一笔长期负债，为了控制本期股利的分派不至于过高等。由此可见，任意盈余公积一经拨定就不能再供本期发放股利之用，所以提取任意盈余公积是压低当年股利的一种手段，是企业管理当局对发放股利施加的限制。

法定盈余公积和任意盈余公积的区别在于，各自计提的依据不同：法定盈余公积以国家的法律或行政规章为依据提取，任意盈余公积则由企业自行决定提取。

需要注意的是，以前年度有未弥补亏损（年初未分配利润余额为负数）的，应先弥补以前年度亏损再提取盈余公积；以前年度未分配利润有盈余（年初未分配利润余额为正数）的，在计算提取法定盈余公积的基数时，不应包括企业年初未分配利润。

3. 未分配利润

未分配利润是企业实现的净利润经过弥补亏损、提取盈余公积和向投资者分配利润后留存企业的、历年结存的利润，也是企业股东权益的组成部分。相比股东权益的其他部分，企业对未分配利润的使用分配有较大的自主权。从数量上说，未分配利润是期初未分配利润加上本期实现的税后利润，减去提取的各种盈余公积和分出利润后的余额。未分配利润有两层含义：一是留待以后年度处理的利润，二是未指定特定用途的利润。

二、会计科目的设置

为了反映盈余公积的形成及使用情况，企业应设置"盈余公积"科目，并按其种类设置明细账，分别进行明细（包括"盈余公积——法定盈余公积"科目和"盈余公积——任意盈余公积"科目）核算。

企业未分配利润的核算是通过"利润分配——未分配利润"科目进行的，具体来说，是通过"利润分配"科目下的"未分配利润"明细科目进行的。

三、会计核算

（一）盈余公积的会计核算

企业提取盈余公积时，借记"利润分配"科目，贷记"盈余公积"（法定盈余公积、任意盈余公积）科目。企业用提取的盈余公积转增资本，应当按照批准的转增资本数额，借记"盈余公积"科目，贷记"实收资本"或"股本"科目。企业将盈余公积转增股本时，应当按照转增股本前的股本结构比例，将盈余公积转增股本的数额记入"股本"科目下各股东的明细账，相应增加各股东对企业的股本投资。

【例9-9】 2024年甲公司实现净利润4 000 000元，董事会于2025年3月31日提出甲公司2024年利润分配方案，拟对当年实现的净利润进行分配。董事会提请批准的利润分配方案见表9-2。

表9-2 利润分配方案　　　　　　　　　　　　　　　　　　　　　　单位：元

项目	提请批准的方案
提取法定盈余公积	400 000
提取任意盈余公积	600 000
分配现金股利	2 400 000
合计	3 400 000

甲公司应根据董事会提出的利润分配方案进行账务处理，应编制会计分录如下。

借：利润分配——提取法定盈余公积　　　　　　　　　　　　　　　　400 000
　　　　　　——提取任意盈余公积　　　　　　　　　　　　　　　　　600 000
　　贷：盈余公积——法定盈余公积　　　　　　　　　　　　　　　　　400 000
　　　　　　　　——任意盈余公积　　　　　　　　　　　　　　　　　600 000

值得说明的是，按规定对董事会或类似机构通过的利润分配方案中拟分配的现金股利或利润虽暂不做账务处理，但应在附注中披露。待方案获得股东大会或类似机构审议批准后，企业方可按应支付的现金股利或利润，借记"利润分配"科目，贷记"应付股利"科目；实际支付现金股利或利润时，借记"应付股利"科目，贷记"银行存款"等科目。

（二）未分配利润的会计核算

企业在生产经营过程中取得的收入和发生的费用，最终通过"本年利润"科目进行归集，计算出当年的盈利或亏损，然后转入"利润分配——未分配利润"科目进行分配。若是结存于"利润分配——未分配利润"科目的贷方余额，则为未分配利润；若是结存于"利润分配——未分配利润"科目的借方余额，则为未弥补亏损。年度终了，再将"利润分配"科目下的其他明细科目（如"提取法定盈余公积""提取任意盈余公积""应付现金股利或利润""转作股本的股利""盈余公积补亏"等）的余额，转入"未分配利润"明细科目。结转后，"未分配利润"明细科目的贷方余额就是未分配利润的数额，若出现借方余额，则表示未弥补亏损的数额。

（三）弥补亏损的会计核算

企业在生产经营过程中既可能发生盈利，也可能出现亏损。与实现利润的情况相同，企业在当年发生亏损的情况下，应当首先将本年发生的亏损自"本年利润"科目转入"利润分配——未分配利润"科目，借记"利润分配——未分配利润"科目，贷记"本年利润"科目，结转后"利润分配"科目的借方余额即为未弥补亏损的数额；其次，通过"利润分配"科目核算有关亏损的弥补情况。

企业发生的亏损可以次年实现的税前利润弥补，在此情况下，企业当年实现的利润自"本年利润"科目转入"利润分配——未分配利润"科目，结转后其贷方发生额与其借方余额自然抵补。因此，以当年实现净利润弥补以前年度结转的未弥补亏损时，不需要进行专门的账务处理。由于未弥补亏损形成的时间长短不同等，以前年度未弥补亏损有的可以当年实现的税前利润弥补，有的则须用税后利润弥补。无论是以税前利润还是以税后利润弥补亏损，会计处理方法都相同，不同的只是两者计算缴纳所得税时的处理方法。以税前利润弥补亏损的数额可以抵减当期企业应纳税所得额，而以税后利润弥补亏损的数额则不能作为纳税所得的扣除处理。

【例9-10】 甲股份有限公司年初未分配利润为1 000万元，本年实现净利润600万元，本年提取法定盈余公积60万元，提取任意盈余公积100万元，宣告发放现金股利400万元。假定不考虑其他因素，甲股份有限公司应编制如下会计分录。

（1）结转实现的净利润。

借：本年利润 6 000 000
　　贷：利润分配——未分配利润 6 000 000

（2）提取法定盈余公积和任意盈余公积。

借：利润分配——提取法定盈余公积 6 000 000
　　　　　　——提取任意盈余公积 1 000 000
　　贷：盈余公积——法定盈余公积 6 000 000
　　　　　　　　——任意盈余公积 1 000 000

（3）宣告发放现金股利。

借：利润分配——应付现金股利或利润 4 000 000
　　贷：应付股利 4 000 000

（4）将"利润分配"科目所属其他明细科目的余额结转至"未分配利润"明细科目。

借：利润分配——未分配利润 5 600 000
　　贷：利润分配——提取法定盈余公积 6 000 000
　　　　　　　　——提取任意盈余公积 1 000 000

——应付现金股利或利润	4 000 000

甲股份有限公司年末未分配利润=1 000+600-560=1 040（万元）

章节练习题

一、单项选择题

1. 股份有限公司采用溢价发行股票方式筹集资本，其"股本"科目登记的金额是（　　）。

   A. 实际收到的款项 B. 实际收到的款项减去应付证券商的费用

   C. 实际收到的款项加上应付证券商的费用 D. 股票面值与股份总数的乘积

2. 甲企业收到某单位作价投入的原材料一批，该批原材料实际成本为450 000元，双方确认的价值为460 000元，经税务部门认定，应缴纳的增值税为59 800元，甲企业应记入"实收资本"科目的金额为（　　）元。

   A. 460 000   B. 519 800   C. 450 000   D. 508 500

3. 某企业2024年初未分配利润为-4万元。2024年末该企业税前利润为54万元，其所得税税率为25%，本年按净利润的10%、5%分别提取法定盈余公积、任意盈余公积，向投资者分配利润10.5万元。若该企业用税前利润弥补亏损，则2024年末未分配利润为（　　）万元。

   A. 35   B. 29.75   C. 18.73   D. 21.38

4. 某企业年初所有者权益总额为160万元，当年以其中的资本公积转增资本50万元。当年实现净利润300万元，提取盈余公积30万元，向投资者分配利润20万元。该企业年末所有者权益总额为（　　）万元。

   A. 360   B. 410   C. 440   D. 460

5. 某有限责任公司由A、B两个股东各出资50万元设立，设立时实收资本为100万元，经过3年运营，该公司盈余公积和未分配利润合计50万元。这时，C投资者有意参加，经各方协商，C投资者以80万元出资，占该公司股份的1/3。该公司在接受C投资者投资时，应借记"银行存款"科目80万元，贷记的科目及金额是（　　）。

   A. "实收资本"科目80万元

   B. "实收资本"科目75万元，"资本公积"科目5万元

   C. "实收资本"科目50万元，"资本公积"科目30万元

   D. "实收资本"科目50万元，"资本公积"科目25万元

6. 下列经济业务中不会引起资产或权益总额发生变动的是（　　）。

   A. 以银行存款偿还前欠货款 B. 从银行借款存入银行

   C. 从某企业赊购材料 D. 以银行借款还清所欠货款

7. A股份有限公司委托一家证券公司代理发行普通股股票200万股，每股面值为1元，发行价为每股1.2元，发行手续费为发行总收入的2%，发行股票冻结期间产生的利息收入为1.5万元。该公司应贷记"资本公积——股本溢价"科目的金额是（　　）万元。

   A. 40   B. 1.5   C. 35.2   D. 36.7

8. 下列各项中利润分配顺序正确的是（　　）。

   A. 提取任意盈余公积、提取法定盈余公积、分配优先股股利

B. 提取法定盈余公积、提取任意盈余公积、分配优先股股利

C. 提取法定盈余公积、分配优先股股利、提取任意盈余公积

D. 分配优先股股利、提取法定盈余公积、提取任意盈余公积

9. 甲股份有限公司注册资本为5 000万元，2024年实现的净利润为800万元，年初"未分配利润"明细科目借方余额为100万元，2024年提取盈余公积前法定盈余公积的累计额为1 000万元。该公司2024年按规定应提取的法定盈余公积数额是（　　）万元。

A. 80　　　　　　B. 70　　　　　　C. 500　　　　　　D. 0

10. 下列经济业务中不会引起所有者权益变动的是（　　）。

A. 所有者投入资金偿还欠款　　　　B. 所有者向企业投入设备

C. 企业向所有者分配利润　　　　　D. 企业提取盈余公积

二、多项选择题

1. 某公司由甲、乙投资者分别出资100万元设立。为扩大经营规模，该公司的注册资本由200万元增加到250万元，丙企业以现金出资100万元享有该公司20%的注册资本。不考虑其他因素，该公司接受丙企业出资相关科目的会计处理结果中正确的有（　　）。

A. 贷记"实收资本"科目100万元　　　　B. 贷记"盈余公积"科目100万元

C. 贷记"资本公积"科目50万元　　　　　D. 借记"银行存款"科目100万元

2. 某股份有限公司股本为10 000万元，每股面值为1元，资本公积（股本溢价）为3 000万元。2024年12月1日，经股东大会批准，该股份有限公司以银行存款回购本公司股票1 000万股并注销，回购价格为每股3元。不考虑其他因素，该公司下列会计处理中正确的有（　　）。

A. 回购时，股东权益减少3 000万元　　　B. 注销时，资本公积减少2 000万元

C. 回购时，库存股增加1 000万元　　　　D. 注销时，股本减少1 000万元

3. 下列各项中应计入资本公积的有（　　）。

A. 注销的库存股账面余额低于所冲减股本的差额

B. 投资者超额缴入的资本

C. 交易性金融资产发生的公允价值变动

D. 采用公允价值模式计量的投资性房地产发生的公允价值变动

4. 下列各项中引起企业所有者权益总额变动的有（　　）。

A. 按面值发行股票　　　　　　　　B. 资本公积转增资本

C. 溢价回购本公司股票　　　　　　D. 用盈余公积发放现金股利

5. 某企业注册资本200万元，下列各投资者的出资符合相关法律法规要求的有（　　）。

A. 甲投入现金30万元已存入银行

B. 乙投入一栋厂房，投资各方确认的价值为65万元

C. 丙投资原材料若干，投资各方确认的价值为30万元，增值税税额为5万元

D. 丁投入工业产权一项，投资各方确认的价值为70万元

6. 下列各项中能同时引起资产和所有者权益发生增减变化的有（　　）。

A. 接受捐赠　　　　　　　　　　　B. 减少实收资本（或股本）

C. 投资者投入资本　　　　　　　　D. 用盈余公积弥补亏损

7. 下列各项中能增加企业所有者权益，同时减少企业负债的有（   ）。

A. 根据股东大会的决议用盈余公积分配现金股利

B. 根据股东大会的决议用当年的净利润分配现金股利

C. 确认无法支付的应付账款

D. 国家拨入的专门用于技术改造的项目完成，将专项拨款转入资本公积

8. 下列各项中对未分配利润的表述正确的有（   ）。

A. 未分配利润是企业当年实现的净利润经过弥补亏损、提取盈余公积和向投资者分配利润后留存在企业的利润

B. 未分配利润是企业未指定特定用途的利润

C. 企业对于未分配利润的使用不会受到很大限制

D. 当年企业未分配利润为负数时，不能对投资者进行利润分配

9. 下列各项中属于所有者权益的有（   ）。

A. 坏账准备　　　　B. 资本溢价　　　　C. 任意盈余公积　　　　D. 未分配利润

10. 下列各项中构成企业留存收益的有（   ）。

A. 资本溢价　　　　B. 未分配利润　　　　C. 任意盈余公积　　　　D. 法定盈余公积

三、判断题

1. 股份有限公司回购本公司股票但尚未注销时，应冲减股本总额。（   ）

2. 企业注销库存股，其回购股票支付的价款高于股票面值总额的，其差额应冲减资本公积（股本溢价），股本溢价不足冲减的，冲减留存收益。（   ）

3. 有限责任公司收到投资者缴存的出资额时，实际出资额超出其在注册资本中所占份额的部分应计入其他综合收益。（   ）

4. 收入能够导致企业所有者权益增加，但导致所有者权益增加的不一定是收入。（   ）

5. 企业增资扩股时，新介入的投资者缴纳的出资额高于按约定比例计入注册资本份额的部分，应作为资本公积入账。（   ）

6. 留存利润是企业经营所得净利润的积累，属于企业所有，而不属于投资者所有。（   ）

7. "利润分配——未分配利润"科目的年末贷方余额反映企业累积未弥补亏损的数额。
（   ）

8. 企业年末资产负债表中的未分配利润金额一定等于"利润分配"科目的年末余额。（   ）

9. 按照我国法律规定，投资者设立企业必须首先投入资本。（   ）

10. 只要公司盈利，且公司法定盈余公积累计额不超过公司注册资本的50%，就要提取法定盈余公积。（   ）

四、计算分析题

1. 甲公司2024年度的有关资料如下。

（1）年初未分配利润为100万元，本年利润总额为390万元，适用的企业所得税税率为25%。按税法规定，本年度准予扣除的业务招待费为20万元，实际发生业务招待费为30万元。除此之外，不存在其他纳税调整因素。

(2) 按税后利润的10%提取法定盈余公积。

(3) 提取任意盈余公积10万元。

(4) 向投资者宣告分配现金股利40万元。

要求：

(1) 计算甲公司本期所得税费用，并编制相应的会计分录（金额单位以万元表示，下同）。

(2) 编制甲公司提取法定盈余公积的会计分录。

(3) 编制甲公司提取任意盈余公积的会计分录。

(4) 编制甲公司向投资者宣告分配现金股利的会计分录。

(5) 计算年末未分配利润。

2. 丙公司与A、B、C三家公司联营（联营企业为甲公司），2024年发生经济业务如下。

(1) 甲公司按《公司法》规定办理增资（资本公积转入）90万元，原A、B、C三家公司各占1/3。

(2) 甲公司用盈余公积75万元弥补以前年度亏损。

(3) 甲公司从税后利润中提取法定盈余公积38万元。

(4) 甲公司接受D公司加入联营，根据各方协议，D公司实际出资100万元作为新增注册资本，使各方在注册资本的总额中各占25%。D公司以银行存款110万元缴付出资额。

要求：根据以上业务编制该联营公司（甲公司）的有关会计分录（金额单位以万元表示）。

3. 甲公司为增值税一般纳税人，由A、B、C三位股东于2024年12月31日共同出资设立，注册资本为1 600万元。出资协议规定，A、B、C三位股东的出资比例分别为40%、35%、25%。其他有关资料如下。

(1) 2024年12月31日，三位股东的出资方式及出资额见表9-3（各位股东的出资已全部到位，并经注册会计师验资，有关法律手续已经办妥）。

表9-3 三位股东的出资方式及出资额　　　　　　　　　　　　　　　　　　　　　单位：万元

出资者	货币资金	实物资产	无形资产	合计
A	540		100（专利权）	640
B	260	300（设备）		560
C	340	60（轿车）		400
合计	1 140	360	100	1 600

(2) 2025年，甲公司实现净利润800万元，决定分配现金股利200万元，计划在2026年2月10日支付。

(3) 2026年12月31日，吸收D股东加入甲公司，将甲公司注册资本由1 600万元增加到2 000万元。D股东以银行存款200万元，原材料113万元（增值税专用发票上注明的材料计税价格为100万元，增值税税额为13万元）出资，占增资后注册资本10%的股份；其余的200万元增资由A、B、C三位股东按原持股比例以银行存款出资。2026年12月31日，四位股东的出资已全部到位，并取得D股东开出的增值税专用发票，有关法律手续已经办妥。

要求：

(1) 编制甲公司2024年12月31日收到投资者投入资本的会计分录，"实收资本"科目要求写出明细科目（金额单位以万元表示，下同）。

（2）编制甲公司 2025 年决定分配现金股利的会计分录（"应付股利"科目要求写出明细科目）。

（3）计算甲公司 2026 年 12 月 31 日吸收 D 股东出资时产生的资本公积。

（4）编制甲公司 2026 年 12 月 31 日收到 A、B、C 三位股东追加投资和 D 股东出资的会计分录。

（5）计算甲公司 2026 年 12 月 31 日增资扩股后各位股东的持股。

第十章 收入、费用和利润

第一节 收入

一、收入概述

（一）收入的定义

收入是指企业在日常活动中形成的、会导致所有者权益增加的、与所有者投入资本无关的经济利益的总流入。其中，日常活动是指企业为完成经营目标所从事的经常性活动，以及与之相关的其他活动。企业为获得市场地位、竞争优势，都有所从事的主要业务、主要产品和经营模式，为如实反映企业的业绩驱动因素、业绩变化是否符合行业发展等情况，通常按照企业主要经营业务等经常性经营活动实现的收入，分为主营业务收入和其他业务收入。

（二）收入的确认与计量

按照《企业会计准则第14号——收入》的相关规定，收入确认和计量的基本步骤大致分为以下五步。

1. 识别与客户订立的合同

合同是指双方或多方之间订立有法律约束力的权利义务关系的协议。合同有书面形式、口头形式及其他形式。合同的存在是企业确认客户合同收入的前提，合同一经签订，企业就享有从客户取得与转移商品和服务对价的权利，同时负有向客户转移商品和服务的履约义务。

（1）收入确认的原则。企业应当在履行了合同中的履约义务，即在客户取得相关商品控制权时确认收入。其中，取得相关商品控制权是指客户能够主导该商品的使用并从中获得几乎全部经济利益，也包括有能力阻止其他方主导该商品的使用并从中获得经济利益。商品的经济利益是指商品的潜在现金流量，既包括现金流入的增加，也包括现金流入的减少。客户可以通过使用、消耗、出售、处置、交换、抵押或持有等多种方式直接或间接地获得商品的经济利益。本章的收入不涉及企业对外出租资产收取的租金、进行债权投资收取的利息、进行股权投资取得的现金股利及保费收入等。

（2）收入确认的前提条件。企业与客户之间的合同同时满足下列五项条件的，企业应当在客户取得相关商品控制权时确认收入：①合同各方已批准该合同并承诺将履行各自义务；②该合同明确了合同各方与转让商品相关的权利和义务；③该合同有明确的与转让商品相关的支付条款；④该合同具有商业实质，即履行该合同将改变企业未来现金流量的风险、时间分布或金额；⑤企业因向客户转让商品而有权取得的对价很可能收回。

2. 识别合同中的单项履约义务

履约义务是指合同中企业向客户转让可明确区分商品或服务的承诺。企业应当将向客户转让可明确区分商品（或者商品的组合）的承诺，以及向客户转让一系列实质相同且转让模式相同的、可明确区分商品的承诺作为单项履约义务。例如，企业与客户签订合同，向其销售商品并提供安装服务，若该安装服务简单，即除该企业外其他供应商也可以提供此类安装服务，则合同中销售商品和提供安装服务为两项单项履约义务；若该安装服务复杂且商品需要按客户定制要求修改，则合同中销售商品和提供安装服务合并为单项履约义务。

3. 确定交易价格

交易价格是指企业因向客户转让商品而预期有权收取的对价金额，不包括企业代第三方收取的款项（如增值税），以及企业预期将退还给客户的款项。合同条款承诺的对价，可能是固定金额、可变金额或两者兼有。

4. 将交易价格分摊至各单项履约义务

当合同中包含两项或多项履约义务时，需要将交易价格分摊至各单项履约义务。分摊的方法是：在合同开始日，按照各单项履约义务所承诺的商品单独售价的相对比例，将交易价格分摊至各单项履约义务。通过分摊使企业的交易价格能够反映其因向客户转让已承诺的相关商品而有权收取的对价金额。

5. 履行各单项履约义务时确认收入

企业将商品转移给客户，客户取得了相关商品的控制权，意味着企业履行了合同履约义务，此时企业应确认收入。企业将商品控制权转移给客户，可能是在某一时段内发生，也可能在某一时点发生。企业应当根据实际情况，判断履约义务是属于在某一时段内的履行义务，还是属于在某一时点履行的履约义务。

1、2 和 5 主要与收入的确认有关，3 和 4 主要与收入的计量有关。

（三）会计科目设置

企业为了核算与客户之间因合同产生的收入及相关成本费用，一般需要设置"主营业务收入""其他业务收入""主营业务成本""其他业务成本""合同取得成本""合同履约成本""合同资产""合同负债"等科目。

（1）"主营业务收入"科目核算企业确认的销售商品、提供服务等主营业务的收入。该科目借方登记期末转入"本年利润"科目的主营业务收入,贷方登记企业主营业务活动实现的收入,结转后该科目应无余额。"主营业务收入"科目可按主营业务的种类进行明细核算。

(2)"其他业务收入"科目核算企业确认的除主营业务活动以外的其他经营活动实现的收入,包括出租固定资产、出租无形资产、出租包装物和商品、销售材料等。该科目借方登记期末转入"本年利润"科目的其他业务收入,贷方登记企业其他业务活动实现的收入,结转后该科目应无余额。"其他业务收入"科目可按其他业务的种类进行明细核算。

(3)"主营业务成本"科目核算企业确认销售商品、提供服务等主营业务收入时应结转的成本。该科目借方登记企业应结转的主营业务成本,贷方登记期末转入"本年利润"科目的主营业务成本,结转后该科目应无余额。"主营业务成本"科目可按主营业务的种类进行明细核算。

(4)"其他业务成本"科目核算企业确认的除主营业务活动以外的其他经营活动形成的成本,包括出租固定资产的折旧额、出租无形资产的摊销额、出租包装物的成本或摊销额、销售材料的成本等。该科目借方登记企业应结转的其他业务成本,贷方登记期末转入"本年利润"科目的其他业务成本,结转后该科目应无余额。"其他业务成本"科目可按其他业务的种类进行明细核算。

(5)"合同取得成本"科目核算企业取得合同发生的预计能够收回的增量成本。该科目借方登记发生的合同取得成本,贷方登记摊销的合同取得成本,期末借方余额反映企业尚未结转的合同取得成本。"合同取得成本"科目可按合同进行明细核算。

(6)"合同履约成本"科目核算企业为履行当前或预期取得的合同发生的不属于其他企业会计准则规范范围,且按照收入准则应当确认为一项资产的成本。该科目借方登记发生的合同履约成本,贷方登记摊销的合同履约成本,期末借方余额反映企业尚未结转的合同履约成本。"合同履约成本"科目可按合同分别设置"服务成本""工程施工"等明细科目进行明细核算。

(7)"合同资产"科目核算企业已向客户转让商品而收取对价的权利,且该权利取决于时间流逝之外的其他因素(如履行合同中的其他履约义务)。该科目借方登记因已转让商品而有权收取的对价金额,贷方登记取得无条件收款权的金额,期末借方余额反映企业已向客户转让商品而有权收取的对价金额。"合同资产"科目按合同进行明细核算。

(8)"合同负债"科目核算企业已收或应收客户对价而向客户转让商品的义务。该科目借方登记企业向客户转让商品时冲销的金额,贷方登记企业在向客户转让商品之前收到或取得无条件收取合同对价权利的金额,期末贷方余额反映企业在向客户转让商品之前,收到的合同对价或取得的无条件收取合同对价权利的金额。"合同负债"科目按合同进行明细核算。

此外,企业发生减值的,还应当设置"合同履约成本减值准备""合同取得成本减值准备""合同资产减值准备"等科目进行核算。

二、收入的账务处理

(一)在某一时点完成的商品销售收入账务处理

1. 一般商品销售收入账务处理

企业的一般商品销售属于在某一时点履行的履约义务,对此企业应当在客户取得相关商品控制权的时点确认收入。在判断控制权是否转移时,企业应当综合考虑下列迹象。

(1) 企业就该商品享有现时收款权利,即客户就该商品负有现时付款义务。例如,甲企业与客户签订销售商品合同,约定客户有权定价且在收到商品无误10日内付款。客户在收到甲企业开具的发票、商品验收入库后,能够自主确定商品的销售价格或商品的使用情况。此时,甲企业享有收款权利,客户负有现时付款义务。

(2) 企业已将该商品的法定所有权转移给客户,即客户已拥有该商品的法定所有权。例如,房地产企业向客户销售商品房,在客户付款后取得房屋产权证时,表明企业已将该商品房的法定所有权转移给客户。

(3) 企业已将该商品实物转移给客户,即客户已占有该商品实物。例如,企业与客户签订交款提货合同,在企业销售商品并送货到客户指定地点,客户验收合格并付款后,表明企业已将该商品实物转移给客户,即客户已占有该商品实物。

(4) 企业已将该商品所有权上的主要风险和报酬转移给客户,即客户已取得该商品所有权上的主要风险和报酬。例如,甲房地产公司向客户销售商品房并办理产权转移手续后,该商品房价格上涨或下跌带来的利益或损失全部属于客户,表明客户已取得该商品房所有权上的主要风险和报酬。

(5) 客户已接受该商品。例如,企业向客户销售为其定制生产的节能设备,客户收到并验收合格后办理入库手续,表明客户已接受该商品。

(6) 其他表明客户已取得商品控制权的迹象。

【例10-1】 2024年6月1日,甲公司向乙公司销售一批商品,开具的增值税专用发票上注明售价为100 000元,增值税税额为13 000元。甲公司收到乙公司支付的款项存入银行。该批商品的实际成本为90 000元。乙公司收到商品并验收入库。

【分析】

本例中,甲公司已经收到乙公司支付的货款,乙公司收到商品并验收入库,因此该项业务为单项履约义务且属于在某一时点履行的履约义务。甲公司应编制如下会计分录。

(1) 确认收入时:

借:银行存款 113 000
　　贷:主营业务收入 100 000
　　　　应交税费——应交增值税(销项税额) 13 000

(2) 结转销售商品成本时:

借:主营业务成本 90 000
　　贷:库存商品 90 000

如果企业向客户转让商品的对价未达到"很可能收回"的收入确认条件,则在发出商品时企业不应确认收入,而应将发出商品的成本记入"发出商品"科目。

【例10-2】 甲公司与乙公司均为增值税一般纳税人。2024年6月1日,甲公司与乙公司签订委托代销合同,委托乙公司销售W商品2 000件。W商品当日发出,每件成本为70元。合同约定乙公司应按每件100元对外销售,甲公司按不含增值税销售价格的10%向乙公司支付手续费。除非这些商品在乙公司存放期间由于乙公司的责任发生毁损或丢失,否则在W商品对外销售之前,乙公司没有义务向甲公司支付货款。乙公司不承担包销责任,没有售出的W商品须退回甲公司,同时甲公司也有权要求收回W商品或将其销售给其他的客户。甲公司应编制如下会计分录。

甲公司发出商品时：

借：发出商品 140 000
　　贷：库存商品 140 000

2. 委托收款结算方式销售业务账务处理

企业以委托收款结算方式对外销售商品，在其办妥委托收款手续且客户取得相关商品控制权的时点确认收入，按应收的款项借记"应收账款"科目，按实现的收入贷记"主营业务收入"科目，按应交的增值税贷记"应交税费——应交增值税（销项税额）"科目；在实际收到款项时，借记"银行存款"科目，贷记"应收账款"科目。

【例10-3】 2024年7月1日，甲公司向乙公司赊销一批商品，开具的增值税专用发票上注明售价为50 000元，增值税税额为6 500元。甲公司以银行存款1 090元代乙公司垫付运费。当日，乙公司收到商品并验收入库，甲公司将委托收款凭证和债务证明提交开户银行，办妥托收手续。该批商品的实际成本为40 000元。7月6日，甲公司收到银行转来的收款通知，货款已全部收存银行。

【分析】

本例中，甲公司已向银行办妥委托收款手续，乙公司收到商品并验收入库，因此该项业务为单项履约义务且属于在某一时点履行的履约义务。甲公司应编制如下会计分录。

（1）7月1日，确认收入时：

借：应收账款 57 590
　　贷：主营业务收入 50 000
　　　　应交税费——应交增值税（销项税额） 6 500
　　　　银行存款 1 090

同时，结转销售商品成本。

借：主营业务成本 40 000
　　贷：库存商品 40 000

（2）7月6日，收到收款通知时：

借：银行存款 57 590
　　贷：应收账款 57 590

3. 商业汇票结算方式销售业务账务处理

企业以商业汇票结算方式对外销售商品，在收到商业汇票且客户取得相关商品控制权的时点确认收入，按收到商业汇票的票面金额借记"应收票据"科目，按实现的收入贷记"主营业务收入"科目，按应交的增值税贷记"应交税费——应交增值税（销项税额）"科目。

【例10-4】 2024年9月1日，甲公司向乙公司销售一批商品，开具的增值税专用发票上注明售价为300 000元，增值税税额为39 000元。甲公司收到乙公司开出的不带息银行承兑汇票一张，票面金额为339 000元，期限为3个月。该批商品的实际成本为240 000元。乙公司收到商品并验收入库。

【分析】

本例中，甲公司已经收到乙公司开出的不带息银行承兑汇票，乙公司收到商品并验收入库，因此该项业务为单项履约义务且属于在某一时点履行的履约义务。甲公司应编制如下会计分录。

（1）9月1日，确认收入时：

借：应收票据　　　　　　　　　　　　　　　　　　　　　　339 000
　　贷：主营业务收入　　　　　　　　　　　　　　　　　　　300 000
　　　　应交税费——应交增值税（销项税额）　　　　　　　　 39 000

（2）结转销售商品成本时：

借：主营业务成本　　　　　　　　　　　　　　　　　　　　240 000
　　贷：库存商品　　　　　　　　　　　　　　　　　　　　　240 000

4. 材料销售业务账务处理

企业在日常活动中发生对外销售不需用的原材料、随同商品对外销售单独计价的包装物等业务。企业销售原材料、包装物等存货取得收入的确认和计量原则比照商品销售。企业销售原材料、包装物等存货确认的收入作为其他业务收入处理。

【例10-5】　2024年11月1日，甲公司向乙公司销售一批原材料，开具的增值税专用发票上注明售价为20 000元，增值税税额为2 600元。甲公司收到乙公司支付的款项存入银行。该批原材料的实际成本为15 000元。乙公司收到原材料并验收入库。

【分析】

本例中，甲公司已经收到乙公司支付的货款，乙公司收到原材料并验收入库，因此该项业务为单项履约义务且属于在某一时点履行的履约义务。甲公司应编制如下会计分录。

（1）11月1日，确认收入时：

借：银行存款　　　　　　　　　　　　　　　　　　　　　　 22 600
　　贷：其他业务收入　　　　　　　　　　　　　　　　　　　 20 000
　　　　应交税费——应交增值税（销项税额）　　　　　　　　　2 600

（2）结转销售原材料成本时：

借：其他业务成本　　　　　　　　　　　　　　　　　　　　 15 000
　　贷：原材料　　　　　　　　　　　　　　　　　　　　　　 15 000

5. 销售退回业务账务处理

销售退回是指企业因售出商品在质量、规格等方面不符合销售合同条款规定的要求，客户要求企业予以退货。企业销售商品发生退货，表明企业履约义务的减少和客户商品控制权及其相关经济利益的丧失。已确认销售商品收入的售出商品发生销售退回的，除属于资产负债表日后事项的以外，企业在收到退回的商品时，应退回货款或冲减应收账款，并冲减主营业务收入和增值税销项税额，借记"主营业务收入""应交税费——应交增值税（销项税额）"等科目，贷记"银行存款""应收票据""应收账款"等科目；收到退回商品验收入库，按照商品成本，借记"库存商品"科目，贷记"主营业务成本"科目。

【例10-6】　2024年11月20日，甲公司向乙公司销售一批商品，开具的增值税专用发票上注明售价为400 000元，增值税税额为52 000元。乙公司收到该批商品并验收入库。当日，甲公司收到乙公司支付的货款存入银行。该批商品的实际成本为300 000元。此时，该项业务属于在某一时点履行的履约义务并确认销售收入。

2024年12月20日，该批商品一部分出现严重质量问题，乙公司将其50%退回甲公司。甲公司同意退货，于退货当日支付退货款，并按规定向乙公司开具了红字增值税专用发票。

假定不考虑其他因素，甲公司应编制如下会计分录。

（1）11月20日，确认收入时：

借：银行存款 452 000
　　贷：主营业务收入 400 000
　　　　应交税费——应交增值税（销项税额） 52 000

同时，结转销售商品成本。

借：主营业务成本 300 000
　　贷：库存商品 300 000

（2）12月20日，商品的50%销售退回时：

借：主营业务收入 200 000
　　应交税费——应交增值税（销项税额） 26 000
　　贷：银行存款 226 000

借：库存商品 150 000
　　贷：主营业务成本 150 000

6. 销售折让业务账务处理

销售折让是指企业因售出商品的质量不符合要求等原因而在售价上给予一定比例的减让。销售折让如果发生在收入确认之前，则应在确认销售收入时直接按扣除销售折让后的金额确认；已确认销售收入的售出商品发生销售折让，且不属于资产负债表日后事项的，应在发生时冲减当期销售商品收入，如果规定允许扣减增值税税额的，还应冲减已确认的销项税额。

【例10-7】 甲公司系增值税一般纳税人，在2024年12月1日向乙公司销售一批商品，开具的增值税专用发票上注明售价为800 000元，增值税税额为104 000元，款项尚未收到。该批商品成本为640 000元。12月20日，乙公司在验收过程中发现商品外观上存在瑕疵，但基本上不影响使用，要求甲公司在价格上（不含增值税税额）给予5%的减让。假定甲公司已确认收入，并已取得税务机关开具的红字增值税专用发票。甲公司的账务处理如下。

（1）12月1日，确认收入时：

借：应收账款 904 000
　　贷：主营业务收入 800 000
　　　　应交税费——应交增值税（销项税额） 104 000

同时，结转销售商品成本。

借：主营业务成本 640 000
　　贷：库存商品 640 000

（2）12月20日，发生销售折让，取得红字增值税专用发票时：

借：主营业务收入 40 000
　　应交税费——应交增值税（销项税额） 5 200

贷：应收账款	45 200

（3）2024年，收到款项时：

借：银行存款	858 800
贷：应收账款	858 800

（二）在某一时段内完成的商品销售收入账务处理

1. 在某一时段内履行履约义务的条件

满足下列条件之一的，属于在某一时段内履行的履约义务。

（1）客户在履约的同时即取得并消耗企业履约带来的经济利益。企业在履约过程中持续向客户转移履约带来的经济利益的，属于在某一时段内履行的履约义务。企业在进行判断时，可以假定在履约的过程中更换为其他企业继续履行剩余履约义务，如果继续履行合同的企业实质上无须重新执行履约累计至今已经完成的工作，则表明客户在履约的同时即取得并消耗了企业履约带来的经济利益。例如，甲企业承诺将客户的一批货物从 A 市运送到 B 市，假定该批货物在途经 C 市时，由乙运输公司接替甲企业继续提供运输服务，由于 A 市到 C 市之间的运输服务是无须重新执行的，表明客户在甲企业履约的同时即取得并消耗了其履约带来的经济利益，因此甲企业提供的运输服务属于在某一时段内履行的履约义务。

（2）客户能够控制企业履约过程中在建的商品。企业履约过程中在建的商品包括在产品、在建工程、尚未完成的研发项目、正在进行的服务等。由于客户控制了在建的商品，客户在企业提供商品的过程中获得利益，这属于在某一时段内履行的履约义务，应当在该履约义务履行期间确认收入。

（3）企业履约过程中产出的商品具有不可替代性，且企业在整个合同期间有权就累计至今已完成的履约部分收取款项。

2. 在某一时段内履行履约义务的收入确认

对于在某一时段内履行的履约义务，企业应当在该时段按照履约进度确认收入，但是履约进度不能合理确定的除外。企业应当考虑商品的性质，采用产出法或投入法确定恰当的履约进度，并且在确定履约进度时应当扣除那些控制权尚未转移给客户的商品。企业按照履约进度确认收入时，应当在资产负债表日，按照合同的交易价格总额乘以履约进度扣除以前会计期间累计的已确认的收入后的金额，确认为当期收入。

（1）产出法是根据已转移给客户的商品对于客户的价值来确定履约进度，通常可采用实际测量的完工进度，评估已实现的结果，已达到的工程进度节点、时间进度，已完工或交付的产品等产出指标确定履约进度。企业在评估是否采用产出法确定履约进度时，应当考虑具体的事实和情况，并选择能够如实反映企业履约进度和向客户转移商品控制权的产出指标。当选择的产出指标无法计量控制权已转移给客户的商品时，不应采用产出法。

（2）投入法是根据企业为履行履约义务的投入来确定履约进度，通常可以采用投入的材料数量、花费的人工工时或机器工时、发生的成本和时间进度等投入指标确定履约进度。当企业从事的工作或发生的投入是在整个履约期间平均发生时，企业也可以按照直线法确认收入。产出法下有关产出指标的信息有时可能无法直接观察获得，或者企业为获得这些信息需要花费很高的成本时，可能需要采用投入法确定履约进度。

【例 10-8】 2024 年 12 月 1 日，甲公司接受一项设备安装任务，安装期为 3 个月，合同总收入 600 000 元，至年底已预收安装费 440 000 元，实际发生安装费用为 280 000 元（假定均为安装人员薪酬），估计还将发生安装费用 120 000 元。假定甲公司按实际发生的成本占估计总成本的比例确定安装的履约进度，不考虑增值税等其他因素。甲公司的账务处理如下。

实际发生的成本占估计总成本的比例 = 280 000 ÷（280 000 + 120 000）× 100% = 70%

2024 年 12 月 31 日确认的劳务收入 = 600 000 × 70% - 0 = 420 000（元）

（1）实际发生劳务成本。

借：合同履约成本　　　　　　　　　　　　　　　　　　　　　　280 000
　　贷：应付职工薪酬　　　　　　　　　　　　　　　　　　　　　　280 000

（2）预收劳务款。

借：银行存款　　　　　　　　　　　　　　　　　　　　　　　　440 000
　　贷：合同负债　　　　　　　　　　　　　　　　　　　　　　　　440 000

（3）2024 年 12 月 31 日，确认劳务收入并结转劳务成本。

借：合同负债　　　　　　　　　　　　　　　　　　　　　　　　420 000
　　贷：主营业务收入　　　　　　　　　　　　　　　　　　　　　　420 000
借：主营业务成本　　　　　　　　　　　　　　　　　　　　　　280 000
　　贷：合同履约成本　　　　　　　　　　　　　　　　　　　　　　280 000

通常情况下，同一合同下属于在某一时段内履行的履约义务涉及与客户结算对价的，企业对于已向客户转让商品而有权收取的对价金额应当确认为合同资产或应收账款，对于已收或应收客户对价而应向客户转让商品的义务应当按照已收或应收的金额确认合同负债。由于同一合同下的合同资产和合同负债应当以净额列示，所以企业可以设置"合同结算"科目（或其他类似科目），核算同一合同下属于在某一时段内履行的履约义务所涉及与客户结算对价产生的合同资产或合同负债，并在此科目下设置"合同结算——价款结算"科目反映定期与客户进行结算的金额，设置"合同结算——收入结转"科目反映按履约进度结转的收入金额。资产负债表日，"合同结算"科目的期末余额在借方的，根据其流动性，在资产负债表中分别列示为"合同资产"或"其他非流动资产"项目；期末余额在贷方的，根据其流动性，在资产负债表中分别列示为"合同负债"或"其他非流动负债"项目。

【例 10-9】 2024 年 1 月 1 日，甲公司与乙公司签订一项大型设备建造工程合同。根据双方合同，该工程的造价为 6 300 万元，工程期限为一年半，预计 2025 年 6 月 30 日竣工，预计可能发生的总成本为 4 000 万元。甲公司负责工程的施工及全面管理，乙公司按照第三方工程监理公司确认的工程完工量，每半年与甲公司结算一次。假定该建造工程整体构成单项履约义务，并属于在某一时段履行的履约义务。甲公司采用已发生成本占预计总成本比例计算履约进度，增值税税率为 9%，不考虑其他相关因素。

2024 年 6 月 30 日，工程累计实际发生成本 1 500 万元，乙公司与甲公司结算合同价款 2 500 万元，甲公司实际收到价款 2 000 万元；2024 年 12 月 31 日，工程累计实际发生成本 3 000 万元，乙公司与甲公司结算合同价款 1 100 万元，甲公司实际收到价款 1 000 万元；2025 年 6 月 30 日，工程累计实际发生成本 4 100 万元，乙公司与甲公司结算合同竣工价款 2 700 万元，并支付剩余工程款

3 300万元。上述价款均不含增值税税额。假定甲公司与乙公司结算时即发生增值税纳税义务，乙公司在实际支付工程价款的同时支付其对应的增值税税款。

甲公司的账务处理如下。

(1) 2024年1月1日至2024年6月30日，实际发生工程成本时：

借：合同履约成本	15 000 000
贷：原材料（应付职工薪酬）	15 000 000

(2) 2024年6月30日：

履约进度 = 15 000 000 ÷ 40 000 000 × 100% = 37.5%

合同收入 = 63 000 000 × 37.5% = 23 625 000（元）

借：合同结算——收入结转	23 625 000
贷：主营业务收入	23 625 000
借：主营业务成本	15 000 000
贷：合同履约成本	15 000 000
借：应收账款	27 250 000
贷：合同结算——价款结算	25 000 000
应交税费——应交增值税（销项税额）	2 250 000
借：银行存款	21 800 000
贷：应收账款	21 800 000

【分析】

当日，"合同结算"科目的余额为贷方137.5（2 500 - 2 362.5）万元，表明甲公司已经与乙公司结算但尚未履行履约义务的金额为137.5万元。由于甲公司预计该部分履约义务将在2024年内完成，所以应在资产负债表中作为"合同负债"列示。

(3) 2024年7月1日至12月31日，实际发生工程成本时：

借：合同履约成本	15 000 000
贷：原材料（应付职工薪酬）	15 000 000

(4) 2024年12月31日：

履约进度 = 30 000 000 ÷ 40 000 000 × 100% = 75%

合同收入 = 63 000 000 × 75% - 23 625 000 = 23 625 000（元）

借：合同结算——收入结转	23 625 000
贷：主营业务收入	23 625 000
借：主营业务成本	15 000 000
贷：合同履约成本	15 000 000
借：应收账款	11 990 000
贷：合同结算——价款结算	11 000 000
应交税费——应交增值税（销项税额）	990 000
借：银行存款	10 900 000
贷：应收账款	10 900 000

【分析】

当日,"合同结算"科目的余额为借方 1 125(2 362.5 - 1 100 - 137.5)万元,表明甲公司已经履行履约义务但尚未与乙公司结算的金额为 1 125 万元。由于该部分金额将在 2025 年结算,所以在资产负债表中作为"合同资产"列示。

(5) 2025 年 1 月 1 日至 6 月 30 日,实际发生工程成本时:

借:合同履约成本   11 000 000
　　贷:原材料(应付职工薪酬)   11 000 000

(6) 2025 年 6 月 30 日:

由于当日该工程已竣工决算,其履约进度为 100%。

合同收入 = 63 000 000 - 23 625 000 - 23 625 000 = 15 750 000(元)

借:合同结算——收入结转   15 750 000
　　贷:主营业务收入   15 750 000
借:主营业务成本   11 000 000
　　贷:合同履约成本   11 000 000
借:应收账款   29 430 000
　　贷:合同结算——价款结算   27 000 000
　　　　应交税费——应交增值税(销项税额)   2 430 000
借:银行存款   35 970 000
　　贷:应收账款   35 970 000

当日,"合同结算"科目的余额为 0(1 125 + 1 575 - 2 700)元。

每一资产负债表日,企业应当对履约进度进行重新估计。当客观环境发生变化时,企业需要重新评估履约进度是否发生变化,以确保履约进度能够及时反映履约情况的变化。对于每一项履约义务,企业只能采用一种方法确定其履约进度,并加以一贯运用。对于类似情况下的类似履约义务,企业应当采用相同的方法(如成本法)确定履约进度。

对于在某一时段内履行的履约义务,只有当其履约进度能够合理确定时,才应当按照履约进度确认收入。当履约进度不能合理确定时,企业已经发生的成本预计能够得到补偿的,应当按照已经发生的成本金额确认收入,直到履约进度能够合理确定为止。

【例 10 - 10】 甲建筑公司与客户签订一项总金额为 580 万元的固定造价合同,该合同不可撤销。甲公司负责工程的施工及全面管理,客户按照第三方工程监理公司确认的工程完工量,每年与甲公司结算一次。该工程已于 2024 年 2 月开工,预计 2027 年 6 月完工,预计可能发生的工程总成本为 550 万元。到 2025 年底,由于材料价格上涨等因素,甲公司将预计工程总成本调整为 600 万元。2026 年末,根据工程最新情况将预计工程总成本调整为 610 万元。假定该建造工程整体构成单项履约义务,并属于在某一时段内履行的履约义务,该公司采用成本法确定履约进度,不考虑其他相关因素。该合同的其他有关资料见表 10 - 1。

表 10 - 1　固定造价合同内容

单位:万元

项目	2024 年	2025 年	2026 年	2027 年	2028 年
年末累计实际发生成本	154	300	488	610	

项目	2024年	2025年	2026年	2027年	2028年
年末预计完成合同尚需发生成本	396	300	122		
本期结算合同价款	174	196	180	30	
本期实际收到合同价款	170	190	190		30

按照合同约定，工程质保金30万元需要等到客户于2028年底保证期结束且未发生重大质量问题后方能收款。上述价款均为不含税价款，不考虑相关税费的影响。

根据上述资料，甲公司的账务处理如下。

（1）2018年：

① 实际发生合同成本。

借：合同履约成本　　　　　　　　　　　　　　　　　　　　　　　　　1 540 000
　　贷：原材料、应付职工薪酬等　　　　　　　　　　　　　　　　　　　　1 540 000

② 确认计量当年的收入并结转成本。

履约进度 = 1 540 000 ÷ （1 540 000 + 3 960 000） × 100% = 28%

合同收入 = 5 800 000 × 28% = 1 624 000（元）

借：合同结算——收入结转　　　　　　　　　　　　　　　　　　　　　1 624 000
　　贷：主营业务收入　　　　　　　　　　　　　　　　　　　　　　　　　1 624 000

借：主营业务成本　　　　　　　　　　　　　　　　　　　　　　　　　1 540 000
　　贷：合同履约成本　　　　　　　　　　　　　　　　　　　　　　　　　1 540 000

③ 结算合同价款。

借：应收账款　　　　　　　　　　　　　　　　　　　　　　　　　　　1 740 000
　　贷：合同结算——价款结算　　　　　　　　　　　　　　　　　　　　　1 740 000

④ 实际收到合同价款。

借：银行存款　　　　　　　　　　　　　　　　　　　　　　　　　　　1 700 000
　　贷：应收账款　　　　　　　　　　　　　　　　　　　　　　　　　　　1 700 000

【分析】

2024年12月31日，"合同结算"科目的余额为贷方11.6（174 - 162.4）万元，表明甲公司已经与客户结算但尚未履行履约义务的金额为11.6万元，由于甲公司预计该部分履约义务将在2025年完成，所以应在资产负债表中作为合同负债列示。

（2）2025年：

①实际发生合同成本。

借：合同履约成本　　　　　　　　　　　　　　　　　　　　　　　　　1 460 000
　　贷：原材料、应付职工薪酬等　　　　　　　　　　　　　　　　　　　　1 460 000

②确认计量当年的收入并结转成本，同时确认合同预计损失。

履约进度 = 3 000 000 ÷ （3 000 000 + 3 000 000） × 100% = 50%

合同收入 = 5 800 000 × 50% - 1 624 000 = 1 276 000（元）

借：合同结算——收入结转　　　　　　　　　　　　　　　　　　　　　1 276 000

贷：主营业务收入	1 276 000
借：主营业务成本	1 460 000
贷：合同履约成本	1 460 000
借：主营业务成本	100 000
贷：预计负债	100 000

合同预计损失 =（3 000 000 + 3 000 000 - 5 800 000）×（1 - 50%）= 100 000（元）

【分析】

在2025年底，由于该合同预计总成本（600万元）大于合同总收入（580万元），预计发生损失总额为20万元，其中10（20×50%）万元已经反映在损益中，因此应将剩余的、未完成工程将发生的预计损失10万元确认为当期损失。根据《企业会计准则第13号——或有事项》相关规定，待执行合同变成亏损合同的，该亏损合同产生的义务满足相关条件的，应当对亏损合同确认预计负债。所以，未完成工程将发生的预计损失10万元应当确认为预计负债。

③结算合同价款。

借：应收账款	1 960 000
贷：合同结算——价款结算	1 960 000

④实际收到合同价款。

借：银行存款	1 900 000
贷：应收账款	1 900 000

【分析】

2025年12月31日，"合同结算"科目的余额为贷方80（11.6 + 196 - 127.6）万元，表明甲公司已经与客户结算但尚未履行履约义务的金额为80万元，由于甲公司预计该部分履约义务将在2026年完成，所以应在资产负债表中作为合同负债列示。

（3）2026年：

①实际发生的合同成本。

借：合同履约成本	1 880 000
贷：原材料、应付职工薪酬等	1 880 000

② 确认计量当年的合同收入并结转成本，同时调整合同预计损失。

履约进度 = 4 880 000 ÷（4 880 000 + 1 220 000）× 100% = 80%

合同收入 = 5 800 000 × 80% - 1 624 000 - 1 276 000 = 1 740 000（元）

合同预计损失 =（4 880 000 + 1 220 000 - 5 800 000）×（1 - 80%）- 100 000 = -40 000（元）

借：合同结算——收入结转	1 740 000
贷：主营业务收入	1 740 000
借：主营业务成本	1 880 000
贷：合同履约成本	1 880 000
借：预计负债	40 000
贷：主营业务成本	40 000

【分析】

2026年底，由于该合同预计总成本（610万元）大于合同总收入（580万元），预计发生损失总额为 30 万元，其中 24（30×80%）万元已经反映在损益中，因此预计负债的余额为 6（30－24）万元，反映剩余的、未完成工程将发生的预计损失。所以，本期应转回合同预计损失 4 万元。

③ 结算合同价款。

借：应收账款　　　　　　　　　　　　　　　　　　　　　　　　　1 800 000
　　贷：合同结算——价款结算　　　　　　　　　　　　　　　　　　　　1 800 000

④ 实际收到合同价款。

借：银行存款　　　　　　　　　　　　　　　　　　　　　　　　　　1 900 000
　　贷：应收账款　　　　　　　　　　　　　　　　　　　　　　　　　　1 900 000

【分析】

2026 年 12 月 31 日，"合同结算"科目的余额为贷方 86（80＋180－174）万元，表明甲公司已经与客户结算但尚未履行履约义务的金额为 86 万元，由于该部分履约义务将在 2027 年 6 月底前完成，所以应在资产负债表中作为合同负债列示。

(4) 2027 年 1—6 月：

① 实际发生合同成本。

借：合同履约成本　　　　　　　　　　　　　　　　　　　　　　　　1 220 000
　　贷：原材料、应付职工薪酬等　　　　　　　　　　　　　　　　　　　1 220 000

② 确认计量当期的合同收入并结转成本及已计提的合同损失。

2027 年 1—6 月确认的合同收入 = 合同总金额 － 截至目前累计已确认的收入 = 5 800 000 － 1 624 000 － 1 276 000 － 1 740 000 = 1 160 000（元）

借：合同结算——收入结转　　　　　　　　　　　　　　　　　　　　1 160 000
　　贷：主营业务收入　　　　　　　　　　　　　　　　　　　　　　　　1 160 000

借：主营业务成本　　　　　　　　　　　　　　　　　　　　　　　　1 220 000
　　贷：合同履约成本　　　　　　　　　　　　　　　　　　　　　　　　1 220 000

借：预计负债　　　　　　　　　　　　　　　　　　　　　　　　　　　　60 000
　　贷：主营业务成本　　　　　　　　　　　　　　　　　　　　　　　　　　60 000

【分析】

2027 年 6 月 30 日，"合同结算"科目的余额为借方 30（86－116）万元是工程质保金，需要等到客户于 2028 年底保质期结束且未发生重大质量问题后方能收款，应在 2027 年 12 月 31 日的资产负债表中作为合同资产列示。

(5) 2028 年：

① 保质期结束且未发生重大质量问题。

借：应收账款　　　　　　　　　　　　　　　　　　　　　　　　　　　300 000
　　贷：合同结算　　　　　　　　　　　　　　　　　　　　　　　　　　　300 000

② 实际收到合同价款。

借：银行存款　　　　　　　　　　　　　　　　　　　　　　　　　　　300 000
　　贷：应收账款　　　　　　　　　　　　　　　　　　　　　　　　　　　300 000

第二节 费用

费用包括企业日常活动发生的经济利益的总流出，主要是指企业为取得营业收入进行产品销售等营业活动所发生的营业成本、税金及附加和期间费用。企业为生产产品、提供劳务等发生的可归属于产品成本、劳务成本等的费用，应当在确认销售商品收入、提供劳务收入时，将已销售商品、已提供劳务的成本确认为营业成本（包括主营业务成本和其他业务成本）。期间费用包括销售费用、管理费用和财务费用。

一、营业成本

营业成本是指企业为生产产品、提供服务等发生的可归属于产品成本、服务成本等的费用。企业应当在确认销售商品收入、提供服务收入等时，将已销售商品、已提供服务的成本等计入当期损益。营业成本包括主营业务成本和其他业务成本。

（一）主营业务成本及其账务处理

主营业务成本是指企业销售商品、提供服务等经常性活动所发生的成本。企业一般在确认销售商品、提供服务等主营业务收入时或在月末，将已销售商品、已提供服务的成本转入主营业务成本。

企业应当设置"主营业务成本"科目，核算企业因销售商品、提供服务等日常活动而发生的实际成本，并按主营业务的种类进行明细核算。企业结转已销售商品或提供服务成本时，借记"主营业务成本"科目，贷记"库存商品""合同履约成本"等科目；期末，将主营业务成本的余额转入"本年利润"科目，借记"本年利润"科目，贷记"主营业务成本"科目，结转后"主营业务成本"科目无余额。

（二）其他业务成本及其账务处理

其他业务成本是指企业确认的除主营业务活动以外其他日常经营活动所发生的支出。其他业务成本包括销售材料的成本、出租固定资产的折旧额、出租无形资产的摊销额、出租包装物的成本或摊销额等。采用成本模式计量投资性房地产的，其计提的折旧额或摊销额也构成其他业务成本。

企业应当设置"其他业务成本"科目，核算企业确认的除主营业务活动以外其他日常经营活动发生的支出，并按其他业务成本的种类进行明细核算。企业发生的其他业务成本，借记"其他业务成本"科目，贷记"原材料""周转材料""累计折旧""累计摊销""应付职工薪酬""银行存款"等科目；期末，"其他业务成本"科目余额转入"本年利润"科目，结转后"其他业务成本"科目无余额。

二、税金及附加

税金及附加是指企业经营活动应负担的相关税费，包括消费税、城市维护建设税、教育费附加、资源税、土地增值税、房产税、环境保护税、城镇土地使用税、车船税、印花税等。

企业应当设置"税金及附加"科目，核算企业经营活动发生的消费税、城市维护建设税、教育费附加、资源税、土地增值税、房产税、环境保护税、城镇土地使用税、车船税、印花税等相关税费。其中，按规定计算确定的与经营活动相关的消费税、城市维护建设税、资源税、教育费附加、资源税、土地增值税、房产税、环境保护税、城镇土地使用税、车船税等税费，企业应借记"税金及附加"科目，贷记"应交税费"科目；期末，应将"税金及附加"科目余额转入"本年利润"科目，结转后"税金及附加"科目无余额。企业缴纳的印花税，不会发生应付未付税款的情况，不需要预计应纳税金额，也不存在与税务机关结算或者清算的问题。因此，企业缴纳的印花税不通过"应交税费"科目核算，于购买印花税票时，直接借记"税金及附加"科目，贷记"银行存款"科目。

【例10-11】 2024年8月1日，甲公司取得应纳消费税的销售商品收入3 000 000元，该商品适用的消费税税率为25%。甲公司应编制如下会计分录。

（1）计算确认应交消费税税额。

应交消费税税额 = 3 000 000 × 25% = 750 000（元）

借：税金及附加 750 000
  贷：应交税费——应交消费税 750 000

（2）实际缴纳消费税时：

借：应交税费——应交消费税 750 000
  贷：银行存款 750 000

【例10-12】 2024年9月，甲公司当月实际缴纳增值税450 000元、消费税150 000元，适用的城市维护建设税税率为7%，教育费附加征收比例为3%。甲公司应编制与城市维护建设税、教育费附加有关的会计分录如下。

（1）计算确认应交城市维护建设税和教育费附加时：

城市维护建设税 =（450 000 + 150 000）× 7% = 42 000（元）

教育费附加 =（450 000 + 150 000）× 3% = 18 000（元）

借：税金及附加 60 000
  贷：应交税费——应交城市维护建设税 42 000
     ——应交教育费附加 18 000

（2）实际缴纳城市维护建设税和教育费附加时：

借：应交税费——应交城市维护建设税 42 000
    ——应交教育费附加 18 000
  贷：银行存款 60 000

【例10-13】 2024年12月，甲公司一幢房产的原值为2 000 000元，已知房产税税率为1.2%，当地规定的房产税扣除比例为30%。甲公司应编制如下会计分录。

（1）计算应交房产税时：

应交房产税 = 2 000 000 ×（1 - 30%）× 1.2% = 16 800（元）

借：税金及附加 16 800
  贷：应交税费——应交房产税 16 800

（2）实际缴纳房产税时：

借：应交税费——应交房产税　　　　　　　　　　　　　　　　　　　　　16 800
　　贷：银行存款　　　　　　　　　　　　　　　　　　　　　　　　　　　　　16 800

【例10-14】　2024年12月，甲公司按规定当月实际应交车船税24 000元，应交城镇土地使用税50 000元。甲公司应编制如下会计分录。

（1）计算确认应交车船税、城镇土地使用税时：

借：税金及附加　　　　　　　　　　　　　　　　　　　　　　　　　　　　74 000
　　贷：应交税费——应交车船税　　　　　　　　　　　　　　　　　　　　　24 000
　　　　　　　　——应交城镇土地使用税　　　　　　　　　　　　　　　　　50 000

（2）实际缴纳车船税、城镇土地使用税时：

借：应交税费——应交车船税　　　　　　　　　　　　　　　　　　　　　　24 000
　　　　　　——应交城镇土地使用税　　　　　　　　　　　　　　　　　　　50 000
　　贷：银行存款　　　　　　　　　　　　　　　　　　　　　　　　　　　　　74 000

三、期间费用

（一）期间费用概述

期间费用是指企业日常活动发生的不能计入特定核算对象成本，而应计入发生当期损益的费用。

期间费用是企业日常活动发生的经济利益流出，通常不计入特定的成本核算对象。期间费用是企业为组织和管理整个经营活动发生的费用，与可以确定特定成本核算对象的材料采购、产成品生产等没有直接关系，因而期间费用直接计入当期损益。

期间费用包含以下两种情况：一是企业发生的不符合或者不再符合资产确认条件的支出，应当在发生时确认为费用，计入当期损益；二是企业发生的交易或者事项导致其承担了一项负债，又不确认为一项资产的，应当在发生时确认为费用，计入当期损益。

（二）期间费用的账务处理

期间费用包括销售费用、管理费用和财务费用。

1. 销售费用

销售费用是指企业销售商品和材料、提供服务过程中发生的各种费用，包括企业在销售商品过程中发生的保险费、包装费、展览费和广告费、商品维修费、预计产品质量保证损失、运输费、装卸费等，以及为销售本企业商品专设的销售机构（含销售网点、售后服务网点等）的职工薪酬、业务费、折旧费等经营费用。另外，企业发生的与专设销售机构相关的固定资产修理费用等后续支出也属于销售费用。销售费用是与企业销售商品活动有关的费用，不包括销售商品本身的成本，该成本属于主营业务成本。

企业应设置"销售费用"科目，核算销售费用的发生和结转情况。该科目借方登记企业发生的各项销售费用，贷方登记期末转入"本年利润"科目的销售费用，结转后"销售费用"科目应无余额。"销售费用"科目应按销售费用的费用项目进行明细核算。

【例 10-15】 甲公司为增值税一般纳税人，2024 年 6 月 1 日为宣传新产品发生广告费，取得的增值税专用发票上注明的价款为 100 000 元，增值税税额为 6 000 元，价税款项用银行存款支付。甲公司应编制如下会计分录。

借：销售费用——广告费　　　　　　　　　　　　　　100 000
　　应交税费——应交增值税（进项税额）　　　　　　　　6 000
　　贷：银行存款　　　　　　　　　　　　　　　　　　　　　106 000

【例 10-16】 甲公司为增值税一般纳税人，2024 年 6 月 12 日销售一批产品，取得的增值税专用发票上注明的运输费为 7 000 元，增值税税额为 630 元；装卸费价税合计为 3 000 元。上述款项均用银行存款支付。甲公司应编制如下会计分录。

借：销售费用　　　　　　　　　　　　　　　　　　　　10 000
　　应交税费——应交增值税（进项税额）　　　　　　　　　630
　　贷：银行存款　　　　　　　　　　　　　　　　　　　　　10 630

【例 10-17】 甲公司为增值税一般纳税人，2024 年 6 月 15 日用银行存款支付所销产品保险费合计 10 600 元，取得的增值税专用发票上注明的保险费为 10 000 元，增值税税额为 600 元。甲公司应编制如下会计分录。

借：销售费用——保险费　　　　　　　　　　　　　　　10 000
　　应交税费——应交增值税（进项税额）　　　　　　　　　600
　　贷：银行存款　　　　　　　　　　　　　　　　　　　　　10 600

【例 10-18】 甲公司专设的销售机构在 2024 年 6 月共发生费用 220 000 元。其中，销售人员薪酬 100 000 元，销售部专用办公设备和房屋折旧费 50 000 元，业务费 70 000 元（用银行存款支付）。假设不考虑其他因素，甲公司应编制如下会计分录。

借：销售费用　　　　　　　　　　　　　　　　　　　　220 000
　　贷：应付职工薪酬　　　　　　　　　　　　　　　　　　　100 000
　　　　累计折旧　　　　　　　　　　　　　　　　　　　　　50 000
　　　　银行存款　　　　　　　　　　　　　　　　　　　　　70 000

2. 管理费用

管理费用是指企业为组织和管理生产经营发生的各种费用，包括企业在筹建期间发生的开办费，董事会和行政管理部门在企业经营管理中发生的，以及应由企业统一负担的公司经费（包括行政管理部门的职工薪酬、物料消耗、低值易耗品摊销、办公费和差旅费等）、行政管理部门负担的工会经费、董事会费（包括董事会的成员津贴、会议费和差旅费等）、聘请中介机构费、咨询费（含顾问费）、诉讼费、业务招待费、技术转让费、研究费用等。

企业应设置"管理费用"科目，核算管理费用的发生和结转情况。该科目借方登记企业发生的各项管理费用，贷方登记期末转入"本年利润"科目的管理费用，结转后"管理费用"科目应无余额。"管理费用"科目按其费用项目进行明细核算。商品流通企业管理费用不多的，可不设"管理费用"科目，相关核算内容可并入"销售费用"科目核算。

【例 10-19】 2024 年 4 月 10 日，甲公司为拓展产品销售市场发生业务招待住宿费 50 000 元，取得的增值税专用发票上注明的增值税税额为 3 000 元，已用银行存款支付全部款项。甲公司应编制如下会计分录。

  借：管理费用——业务招待费   50 000
    应交税费——应交增值税（进项税额）   3 000
    贷：银行存款   53 000

【例10-20】 2024年4月，甲公司行政部共发生费用179 000元，其中行政人员薪酬150 000元，报销行政人员差旅费21 000元（假定报销人员均未预借差旅费），其他办公、水电费8 000元（均用银行存款支付）。假设不考虑增值税等因素，甲公司应编制如下会计分录。

  借：管理费用   179 000
    贷：应付职工薪酬   150 000
      库存现金   21 000
      银行存款   8 000

【例10-21】 2024年4月30日，甲公司计提管理部门固定资产折旧50 000元，摊销公司管理部门用无形资产成本80 000元。甲公司应编制如下会计分录。

  借：管理费用   130 000
    贷：累计折旧   50 000
      累计摊销   80 000

3. 财务费用

财务费用是指企业为筹集生产经营所需资金等发生的筹资费用，包括利息支出（减利息收入）、汇兑损益及相关手续费等。

企业应设置"财务费用"科目，核算财务费用的发生和结转情况。该科目借方登记企业发生的各项财务费用，贷方登记期末转入"本年利润"科目的财务费用，结转后"财务费用"科目应无余额。"财务费用"科目应按其费用项目进行明细核算。

【例10-22】 2024年12月1日，甲公司向银行借入生产经营用短期借款360 000元，期限6个月，年利率5%。该借款本金到期后一次归还，利息分月预提，按季支付。甲公司应编制如下会计分录。

每月月末，预提当月应计利息 = 360 000 × 5% ÷ 12 = 1 500（元）

  借：财务费用——利息支出   1 500
    贷：应付利息   1 500

【例10-23】 2024年12月30日，甲公司收到开户银行转来活期存款利息清单2 000元。甲公司应编制如下会计分录。

  借：银行存款   2 000
    贷：财务费用——利息收入   2 000

第三节 利润

一、利润概述

利润包括收入减去费用后的净额、直接计入当期利润的利得和损失等。利得是指由企业非日常活动形成,会导致所有者权益增加,与所有者投入资本无关的经济利益流入。损失是指由企业非日常活动发生,会导致所有者权益减少,与所有者分配利润无关的经济利益流出。

(一) 营业利润

按照利润表的列报要求,营业利润的构成内容如下:

营业利润 = 营业收入 − 营业成本 − 税金及附加 − 销售费用 − 管理费用 − 研发费用 − 财务费用 + 其他收益 + 投资收益(−投资损失) + 净敞口套期收益(−净敞口套期损失) + 公允价值变动收益(−公允价值变动损失) − 资产减值损失 − 信用减值损失 + 资产处置收益(−资产处置损失)

①营业收入是指企业经营业务实现的收入总额,包括主营业务收入和其他业务收入。

②营业成本是指企业经营业务发生的实际成本总额,包括主营业务成本和其他业务成本。

③研发费用是指企业计入管理费用的研究与开发过程中发生的费用化支出,以及计入管理费用的自行开发无形资产的摊销。

④其他收益主要是指与企业日常活动相关,除冲减相关成本费用以外的政府补助,以及其他应计入其他收益的内容。

⑤投资收益(或损失)是指企业以各种方式对外投资取得的收益(或损失)。

⑥公允价值变动收益(或损失)是指企业交易性金融资产等公允价值变动形成的应计入当期损益的利得(或损失)。

⑦资产减值损失是指企业计提除金融资产外其他有关资产减值准备形成的损失。

⑧信用减值损失是指企业计提各项金融资产信用减值准备确认的信用损失。

⑨资产处置收益(或损失)反映企业出售被划分为持有待售的非流动资产(金融工具、长期股权投资和投资性房地产除外),或处置组(子公司和业务除外)确认的处置利得(或损失),以及处置未被划分为持有待售的固定资产、在建工程、生产性生物资产及无形资产而产生的处置利得(或损失),还包括非货币性资产交换中换出非流动资产产生的利得(或损失)。

(二) 利润总额

利润总额 = 营业利润 + 营业外收入 − 营业外支出

①营业外收入是指企业发生的与其日常活动无直接关系的各项利得。

②营业外支出是指企业发生的与其日常活动无直接关系的各项损失。

(三) 净利润

净利润 = 利润总额 − 所得税费用

所得税费用是指企业确认的应从当期利润总额中扣除的所得税费用。

二、营业外收入与营业外支出

（一）营业外收入

1. 营业外收入的核算范围

营业外收入不是企业经营资金耗费产生的，而是经济利益的净流入，不需要与有关费用配比。营业外收入主要包括非流动资产毁损报废收益、与企业日常活动无关的政府补助、盘盈利得、捐赠利得等。非流动资产毁损报废收益是指因自然灾害等发生毁损、已丧失使用功能而报废的非流动资产产生的清理收益。与企业日常活动无关的政府补助是指企业从政府无偿取得的货币性资产或非货币性资产，且与企业日常活动无关的利得。盘盈利得是指企业对库存现金等资产清查盘点时发生盘盈，报经批准后计入营业外收入的金额。

2. 营业外收入的账务处理

企业应设置"营业外收入"科目，核算营业外收入的取得及结转情况。该科目借方登记期末将"营业外收入"科目余额转入"本年利润"科目的营业外收入，贷方登记企业确认的营业外收入，结转后"营业外收入"科目无余额。"营业外收入"科目可按营业外收入项目进行明细核算。

（1）企业确认处置非流动资产毁损报废收益时，借记"固定资产清理""银行存款""待处理财产损溢"等科目，贷记"营业外收入"科目。

【例10-24】 甲公司将固定资产报废清理的净收益9 800元转作营业外收入，应编制如下会计分录。

借：固定资产清理 9 800
　　贷：营业外收入 9 800

（2）企业确认盘盈利得、捐赠利得计入营业外收入时，借记"库存现金""待处理财产损溢"等科目，贷记"营业外收入"科目。

【例10-25】 甲公司在现金清查中盘盈200元，按管理权限报经批准后转作营业外收入，应编制如下会计分录。

借：库存现金 200
　　贷：待处理财产损溢 200
借：待处理财产损溢 200
　　贷：营业外收入 200

（3）期末，应将"营业外收入"科目余额转入"本年利润"科目，借记"营业外收入"科目，贷记"本年利润"科目。

（二）营业外支出

1. 营业外支出的核算范围

营业外支出是指企业发生与其日常活动无直接关系的各项损失，主要包括非流动资产毁损报废损失、捐赠支出、盘亏损失、非常损失、罚款支出等。

①非流动资产毁损报废损失是指因自然灾害等发生毁损、已丧失使用功能而报废的非流动资产

产生的清理损失。

②捐赠支出是指企业对外进行捐赠发生的支出。

③盘亏损失是指对于财产清查盘点中盘亏的资产，查明原因并报经批准计入营业外支出的损失。

④非常损失是指企业对于客观因素（如自然灾害等）造成的损失，扣除保险公司赔偿后应计入营业外支出的净损失。

⑤罚款支出是指企业支付的行政罚款、税务罚款，以及其他违反法律法规、合同协议等支付的罚款、违约金、赔偿金等支出。

2. 营业外支出的账务处理

企业应设置"营业外支出"科目，核算营业外支出的发生及结转情况。该科目借方登记确认的营业外支出，贷方登记期末将"营业外支出"科目余额转入"本年利润"科目的营业外支出，结转后"营业外支出"科目无余额。"营业外支出"科目可按营业外支出项目进行明细核算。

（1）企业确认处置非流动资产毁损报废损失时，借记"营业外支出"科目，贷记"固定资产清理""无形资产"等科目。

【例10-26】 2024年9月1日，甲公司的一项非专利技术被其他新技术替代，便决定将其转入报废处理。该项非专利技术原值为1 000 000元，已摊销700 000元，未计提减值准备。甲公司应编制如下会计分录。

借：营业外支出　　　　　　　　　　　　　　　　　　　　　　　300 000
　　累计摊销　　　　　　　　　　　　　　　　　　　　　　　　700 000
　　贷：无形资产　　　　　　　　　　　　　　　　　　　　　　　　1 000 000

（2）确认盘亏、罚款支出计入营业外支出时，借记"营业外支出"科目，贷记"待处理财产损溢""库存现金"等科目。

【例10-27】 2024年9月10日，甲公司发生原材料自然灾害损失100 000元；9月15日，经批准全部转作营业外支出。甲公司对原材料采用实际成本法进行日常核算，应编制如下会计分录。

（1）9月10日，发生原材料自然灾害损失时：

借：待处理财产损溢　　　　　　　　　　　　　　　　　　　　　100 000
　　贷：原材料　　　　　　　　　　　　　　　　　　　　　　　　　100 000

（2）9月15日，经批准转作营业外支出时：

借：营业外支出　　　　　　　　　　　　　　　　　　　　　　　100 000
　　贷：待处理财产损溢　　　　　　　　　　　　　　　　　　　　　100 000

【例10-28】 2024年9月21日，甲公司用银行存款支付税款滞纳金30 000元，应编制如下会计分录。

借：营业外支出　　　　　　　　　　　　　　　　　　　　　　　　30 000
　　贷：银行存款　　　　　　　　　　　　　　　　　　　　　　　　30 000

（3）期末，应将"营业外支出"科目余额转入"本年利润"科目，借记"本年利润"科目，贷记"营业外支出"科目。

三、所得税费用

1. 暂时性差异

暂时性差异是指资产、负债的账面价值与其计税基础不同所产生的差异,其存在将影响未来期间的应纳税所得额。其中,资产的计税基础是指企业收回资产账面价值过程中,计算应纳税所得额时,按照税法规定可以自应税经济利益中抵扣的金额,即某项资产在未来期间计税时可以税前扣除的金额;负债的计税基础是指负债的账面价值减去未来期间计算应纳税所得额时,按照税法规定可予以抵扣的金额。

按照对未来期间应纳税所得额的不同影响,暂时性差异分为应纳税暂时性差异和可抵扣暂时性差异。

(1) 应纳税暂时性差异。资产的账面价值大于其计税基础,或负债的账面价值小于其计税基础,产生应纳税暂时性差异。应纳税暂时性差异在未来期间转回时,会增加转回期间的应纳税所得额和相应的应交所得税,从而导致经济利益流出企业。因此,在其发生当期,一般情况下应确认相关的递延所得税负债。

(2) 可抵扣暂时性差异。资产的账面价值小于其计税基础,或负债的账面价值大于其计税基础,产生可抵扣暂时性差异。可抵扣暂时性差异在未来期间转回时,会减少转回期间的应纳税所得额和相应的应交所得税。因此,在其产生当期,符合确认条件时,应确认相关的递延所得税资产。

2. 递延所得税

递延所得税是指按照会计准则规定予以确认的递延所得税资产和递延所得税负债在会计期末应有的金额相对于原已确认金额之间的差额,即递延所得税资产和递延所得税负债的当期发生额,但不包括计入所有者权益的交易和事项的所得税影响,用公式表示为

递延所得税 =(递延所得税负债的期末余额 - 递延所得税负债的期初余额)-
(递延所得税资产的期末余额 - 递延所得税资产的期初余额)

(二) 应纳税所得额及应交所得税的计算

应交所得税是指企业按照企业所得税法规定计算确定的针对当期发生的交易和事项,应缴纳给税务部门的所得税金额,即当期应交所得税。应纳税所得额是在企业税前会计利润(利润总额)基础上调整确定的,计算公式为

应纳税所得额 = 税前会计利润 + 纳税调整增加额 - 纳税调整减少额

纳税调整增加额主要包括企业所得税法规定允许扣除的项目中,企业已计入当期费用但超过税法规定扣除标准的金额(如超过企业所得税法规定标准的职工福利费、工会经费、职工教育经费、业务招待费、公益性捐赠支出、广告费和业务宣传费等),以及企业已计入当期损失但企业所得税法规定不允许扣除项目的金额(如税收滞纳金、罚金、罚款等)。

纳税调整减少额主要包括按企业所得税法规定允许弥补的亏损和准予免税的项目,如前5年内未弥补亏损、国债利息收入,以及符合条件的居民企业之间的股息、红利等权益性投资收益等。

企业当期应交所得税的计算公式为

应交所得税额 = 应纳税所得额 × 适用税率

【例10-29】 2024年度，甲公司利润总额（税前会计利润）为19 800 000元，适用的所得税税率为25%。甲公司全年实发工资、薪金为2 000 000元，职工福利费为300 000元，工会经费为50 000元，职工教育经费为210 000元。经查，甲公司当年营业外支出中有12 0000元为税收滞纳金。假定甲公司全年无其他纳税调整因素。

【分析】

企业所得税法规定，企业发生的合理工资、薪金支出准予据实扣除；企业发生的职工福利费支出，不超过工资、薪金总额14%的部分准予扣除；企业拨缴的工会经费，不超过工资、薪金总额2%的部分准予扣除；除国务院财政、税务主管部门另有规定外，企业发生的职工教育经费支出，不超过工资、薪金总额8%的部分准予扣除，超过部分准予结转以后纳税年度扣除。

本例中，按企业所得税法规定，企业在计算当期应纳税所得额时，可以扣除工资、薪金支出2 000 000元，扣除职工福利费支出280 000（2 000 000×14%）元，工会经费支出40 000（2 000 000×2%）元，职工教育经费支出160 000（2 000 000×8%）元。

甲公司有两个纳税调整因素：一是已计入当期费用但超过企业所得税法规定标准的费用支出；二是已计入当期营业外支出但按企业所得税法规定不允许扣除的税收滞纳金。这两个因素均应调整增加应纳税所得额。甲公司当期所得税的计算如下。

纳税调整增加额 =（300 000 - 280 000）+（50 000 - 40 000）+（210 000 - 160 000）+ 120 000 = 200 000（元）

应纳税所得额 = 税前会计利润 + 纳税调整增加额 = 19 800 000 + 200 000 = 20 000 000（元）

当期应交所得税额 = 20 000 000 × 25% = 5 000 000（元）

【例10-30】 2024年，甲公司全年利润总额（税前会计利润）为10 200 000元，其中包括本年实现的国债利息收入200 000元，所得税税率为25%。假定甲公司全年无其他纳税调整因素。

按照企业所得税法有关规定，企业购买国债的利息收入免交所得税，即在计算应纳税所得额时可将其扣除。甲公司当期所得税的计算如下。

应纳税所得额 = 税前会计利润 - 纳税调整减少额 = 10 200 000 - 200 000 = 10 000 000（元）

当期应交所得税额 = 10 000 000 × 25% = 2 500 000（元）

（三）所得税费用的账务处理

根据企业会计准则的规定，企业计算确定的当期所得税和递延所得税之和，即应从当期利润总额中扣除的所得税费用。

所得税费用 = 当期所得税 + 递延所得税

企业应设置"所得税费用"科目，核算企业所得税费用的确认及结转情况。期末，应将"所得税费用"科目的余额转入"本年利润"科目，借记"本年利润"科目，贷记"所得税费用"科目，结转后"所得税费用"科目应无余额。

【例10-31】 2024年，甲公司当期应交所得税税额为5 000 000元；递延所得税负债年初数为400 000元，年末数为500 000元；递延所得税资产年初数为250 000元，年末数为200 000元。假定不考虑其他因素。

（1）甲公司所得税费用的计算如下。

递延所得税 =（500 000 - 400 000）-（200 000 - 250 000）= 150 000（元）

所得税费用 = 5 000 000 + 150 000 = 5 150 000（元）

（2）甲公司应编制如下会计分录。

借：所得税费用　　　　　　　　　　　　　　　　　　　　　5 150 000
　　贷：应交税费——应交所得税　　　　　　　　　　　　　　　　5 000 000
　　　　递延所得税负债　　　　　　　　　　　　　　　　　　　　　100 000
　　　　递延所得税资产　　　　　　　　　　　　　　　　　　　　　　50 000

四、本年利润

（一）结转本年利润的方法

会计期末，结转本年利润的方法有表结法和账结法两种。

1. 表结法

表结法下，各损益类科目每月月末只需要结计出本月发生额和月末累计余额，不结转入"本年利润"科目，只有在年末时才将全年累计余额结转入"本年利润"科目。但每月月末要将损益类科目的本月发生额合计数填入利润表的本月数栏，同时将本月月末累计余额填入利润表的本年累计数栏，通过利润表计算反映各期的利润（或亏损）。表结法下，年中损益类科目无须结转入"本年利润"科目，减少了转账环节和工作量，同时不影响利润表的编制及有关损益指标的利用。

2. 账结法

账结法下，每月月末均需要编制转账凭证，将账上结计出的各损益类科目余额结转入"本年利润"科目。结转后"本年利润"科目的本月余额反映当月实现的利润或发生的亏损，其本年余额反映本年累计实现的利润或发生的亏损。账结法在各月虽然均可通过"本年利润"科目提供当月及本年累计的利润（或亏损）额，但增加了转账环节和工作量。

（二）结转本年利润的会计处理

企业应设置"本年利润"科目，核算企业本年度实现的净利润（或发生的净亏损）。

会计期末，企业应将"主营业务成本""其他业务成本""税金及附加""销售费用""管理费用""财务费用""信用减值损失""资产减值损失""营业外支出""所得税费用"等科目的余额转入"本年利润"科目的借方，将"主营业务收入""其他业务收入""其他收益""营业外收入"等科目的余额转入"本年利润"科目的贷方。企业还应将"投资收益""公允价值变动损益""资产处置损益"科目的净损失转入"本年利润"科目的借方，将"投资收益""公允价值变动损益""资产处置损益"科目的净收益转入"本年利润"科目的贷方。结转后"本年利润"科目如为借方余额，则表示当年发生的净亏损；如为贷方余额，则表示当年实现的净利润。

年度终了，企业还应将"本年利润"科目的本年累计余额转入"利润分配——未分配利润"科目。如"本年利润"为贷方余额，则借记"本年利润"科目，贷记"利润分配——未分配利润"科目；如为借方余额，则作相反的会计分录，借记"利润分配——未分配利润"科目，贷记"本年利润"科目。结转后，"本年利润"科目应无余额。

【例10-32】　甲公司2024年有关损益类科目的年末余额如表10-2所示（甲公司采用表结法年末一次结转损益类科目，所得税税率为25%）。

表 10-2 2024 年损益类科目余额　　　　　　　　　　　　　　　　　　单位：元

科目名称	借或贷		结账前余额
主营业务收入	贷	6 000 000	6 000 000
其他业务收入	贷	700 000	700 000
其他收益	贷	150 000	150 000
投资收益	贷	1 000 000	1 000 000
营业外收入	贷	50 000	50 000
主营业务成本	借	4 000 000	4 000 000
其他业务成本	借	400 000	400 000
税金及附加	借	80 000	80 000
销售费用	借	500 000	500 000
管理费用	借	770 000	770 000
财务费用	借	300 000	300 000
营业外支出	借	250 000	250 000

甲公司 2024 年末结转本年利润，应编制如下会计分录。

（1）将各损益类科目余额结转至"本年利润"科目。

①结转各项收入、利得类科目。

借：主营业务收入	6 000 000
其他业务收入	700 000
其他收益	150 000
投资收益	1 000 000
营业外收入	50 000
贷：本年利润	7 900 000

②结转各项费用、损失类科目。

借：本年利润	6 300 000
贷：主营业务成本	4 000 000
其他业务成本	400 000
税金及附加	80 000
销售费用	500 000
管理费用	770 000
财务费用	300 000
营业外支出	250 000

（2）经过上述结转后，"本年利润"科目的贷方发生额合计 7 900 000 元，减去借方发生额合计 6 300 000 元，即税前会计利润 1 600 000 元。

（3）假设甲公司 2024 年度不存在所得税纳税调整及递延所得税因素。

（4）当期应交所得税额 = 1 600 000 × 25% = 400 000（元）

①确认所得税费用。

借：所得税费用	400 000

贷：应交税费——应交所得税　　　　　　　　　　　　　　　　　　　　　　　400 000
　②将所得税费用转入"本年利润"科目。
　　借：本年利润　　　　　　　　　　　　　　　　　　　　　　　　　　　　　400 000
　　贷：所得税费用　　　　　　　　　　　　　　　　　　　　　　　　　　　　400 000
（5）将"本年利润"科目年末余额1 200 000（7 900 000 – 6 300 000 – 400 000）元转入"利润分配——未分配利润"科目。
　　借：本年利润　　　　　　　　　　　　　　　　　　　　　　　　　　　　1 200 000
　　贷：利润分配——未分配利润　　　　　　　　　　　　　　　　　　　　　1 200 000

章节练习题

一、单项选择题

1. 下列各项中不属于取得商品控制权要素的是（　　）。
   A. 能力，即客户必须拥有现时权利，能够主导该商品的使用并从中获得几乎全部经济利益
   B. 主导该商品的使用
   C. 能够获得大部分经济利益
   D. 能够获得几乎全部的经济利益

2. 依据收入准则的规定，在确定交易价格时，下列各项中不属于企业应当考虑的因素是（　　）。
   A. 可变对价　　　　　　　　　　　　B. 应收客户款项
   C. 非现金对价　　　　　　　　　　　D. 合同中存在的重大融资成分

3. 采用售后回购方式具有融资性质的销售商品时，回购价格与原销售价格之间的差额，在售后回购期间按期计提利息费用时，应贷记"（　　）"科目。
   A. 未确认融资费用　　B. 其他业务收入　　C. 其他应付款　　D. 财务费用

4. 下列各项中属于制造业企业主营业务外收入的是（　　）
   A. 出租固定资产取得的收入　　　　　B. 出售固定资产取得的收入
   C. 转让无形资产使用权的收入　　　　D. 对外销售产品取得的收入

5. 材料销售过程中发生的销售成本应计入"（　　）"账户。
   A. 主营业务成本　　B. 管理费用　　C. 其他业务成本　　D. 营业外支出

6. 甲公司本月出售商品取得收入20 000元，出售固定资产变价收入25 000元，接受捐赠收入10 000元，提供工业性质劳务收入1 600元，则本月营业收入为（　　）元。
   A. 60 000　　　　B. 21 600　　　　C. 20 000　　　　D. 46 600

7. 企业销售商品时代垫的运杂费应记入"（　　）"科目。
   A. 应收账款　　　B. 预付账款　　　C. 其他应收款　　D. 应付账款

8. 下列各项中应计入"营业外收入"科目的是（　　）。
   A. 出售无形资产收益　　　　　　　　B. 出租固定资产收益
   C. 取得客户违反合同的罚款　　　　　D. 出售固定资产收益

9. 下列各项中不属于制造业企业其他业务收入的是（　　）。

A. 固定资产出售收入　　　　　　　　B. 固定资产出租收入
C. 包装物出租收入　　　　　　　　　D. 材料销售收入

10. 下列各项中不应计入管理费用的是（　　）。
A. 发生的排污费　　　　　　　　　　B. 发生的诉讼费
C. 管理部门固定资产报废净损失　　　D. 发生的业务招待费

二、多项选择题

1. 收入的特征表现有（　　）。
A. 收入可能表现为所有者权益的增加
B. 收入可能表现为资产的增加
C. 收入是从日常活动中产生的，而不是从偶发的交易或事项中产生的
D. 收入包括代收的增值税

2. 关于收入，下列各项中说法正确的有（　　）。
A. 制造业企业转让无形资产使用权产生的经济利益总流入属于收入
B. 收入是指企业在日常活动中形成，会导致所有者权益增加，与所有者投入资本无关的经济利益总流入
C. 制造业企业对外出租固定资产产生的经济利益总流入属于收入
D. 咨询公司提供咨询服务产生的经济利益总流入构成收入

3. 企业在采用成本法确定履约进度时，可能需要对已发生的成本进行适当调整的情形有（　　）。
A. 已发生的成本并未反映企业履行其履约义务的进度
B. 已发生的成本反映企业履行其履约义务的进度
C. 已发生的成本与企业履行其履约义务的进度不成比例
D. 已发生的成本与企业履行其履约义务的进度成比例

4. "税金及附加"科目核算的税费包括（　　）。
A. 消费税　　　B. 城市维护建设税　　　C. 资源税　　　D. 教育费附加

5. 下列各项中属于"管理费用"科目核算内容的有（　　）。
A. 企业在筹建期间内发生的开办费　　　B. 企业职工出差报销的差旅费
C. 企业发生的业务招待费　　　　　　　D. 企业发生的产品展销费

6. 下列各项中属于"销售费用"科目核算内容的有（　　）。
A. 企业对外销售产品发生的运输费、装卸费
B. 企业对外销售产品本身的成本
C. 企业为销售产品专设的销售机构发生的各项经费
D. 企业发生的广告费

7. 下列各项中属于"营业外支出"科目核算内容的有（　　）。
A. 非常损失　　　B. 罚款支出　　　C. 捐赠支出　　　D. 库存现金盘亏损失

8. 下列经济业务发生会对营业利润产生影响的有（　　）。
A. 企业对外投资取得的投资收益　　　B. 企业对外投资发生的投资损失

C. 企业基本生产车间发生的修理费 D. 企业向银行贷款发生的利息

9. 下列各项中会对净利润产生影响的有（　　）。

A. 主营业务成本 B. 营业外收入 C. 制造费用 D. 所得税费用

10. 下列经济业务属于制造业企业其他业务的有（　　）。

A. 企业对外销售产成品 B. 企业对外销售原材料

C. 企业对外出租固定资产 D. 企业对外销售包装物

三、判断题

1. 对于在某一时段内履行的履约义务，无须考虑履约进度能否合理确定，均应当确认收入。（　　）

2. 对于在某一时点履行的履约义务，企业应当在客户取得相关商品控制权的时点确认收入。（　　）

3. 企业确认收入的方式应当反映其向客户转让商品的模式，收入的金额应当反映企业因转让这些商品而预期有权收取对价的金额。（　　）

4. 费用与成本既有联系又有区别，成本是费用的一个组成部分，费用中予以对象化的部分就是成本，成本是对象化的费用。（　　）

5. 为购置和建造某项固定资产而发生的借款费用应全部计入所购置和建造资产的成本，不需要记入"财务费用"账户。（　　）

6. 企业为组织生产经营活动而发生的一切管理活动费用，包括车间管理费用和公司管理费用，都应作为期间费用处理。（　　）

7. 制造费用与管理费用不同，本期发生的管理费用直接影响本期损益，而本期发生的制造费用不一定影响本期损益。（　　）

8. 所得税是企业的一项费用支出，而非利润分配。（　　）

9. 企业在生产经营过程中发生的所有支出均构成企业的费用。（　　）

10. 对于附有销售退回条件的商品销售，如果企业不能合理地确定退货的可能性，则应在退货期满时确认收入。（　　）

四、案例分析题

1. 甲公司为增值税一般纳税人企业，适用的增值税税率为13%。2024年3月6日，甲公司对外销售A商品10 000件。甲公司商品价目表中，A商品售价为20元（不含增值税价格）。甲公司为购货方提供的商业折扣为10%，现金折扣条件为2/10，1/20，n/30。同日，甲公司发出A商品10 000件，每件商品的销售成本为12元。2024年3月25日，甲公司已收到购货方支付的上述货款，并存入银行。假定计算现金折扣时需要考虑增值税。

要求：编制甲公司上述经济业务的会计分录。

2. 甲公司为增值税一般纳税人企业，适用的增值税税率为13%。2024年11月10日，甲公司销售B商品一批，售价总额为300 000元（不含增值税额），并于当日发出。该批B商品的销售成本为156 000元。11月18日，甲公司收到购货方支付的上述款项，并将其存入银行。12月10日，购买方在使用该批商品中发现存在严重的质量问题，要求退货。经协商确认，甲公司同意购买方办理退货。12月15日，甲公司收到全部退回的B商品，按规定向购货方开具了红字增值税专用发票，并以银行存款支付了退货款。

要求：编制甲公司上述经济业务的会计分录。

3. 甲公司为一家修理企业，系增值税一般纳税人企业，适用的增值税税率为13%。2024年4月1日，甲公司接受一项设备修理合同，合同期限为2年，合同收入为300万元（不含增值税），分3年收取：第一年收取150万元，第二年收取120万元，第三年收取30万元。原估计总成本为180万元（全部为职工薪酬）。2024年，实际支付70万元，预收货款150万元；2025年，实际支付90万元，预收货款120万元；2026年，实际支付20万元，预收货款30万元。

假定该业务属于甲公司的主营业务，全部由其自行完成，该业务构成单项履约义务，并属于在某一时段内履行的履约义务。甲公司按照实际支付的款项占预计总成本的比例确定履约进度。

要求：编制甲公司2024年、2025年、2026年上述经济业务的会计分录。

第十一章 财务报告

财务报告是企业财务会计的重要组成部分，是财务会计工作的主要成果。本章重点介绍财务报告的基本概念、编制要求、主要财务会计报表的作用和编制，以及财务会计信息披露的要求。

第一节 财务报告概述

一、财务报告的定义

财务报告是指企业对外提供的反映企业某一特定日期的财务状况和某一会计期间的经营成果、现金流量等会计信息的文件。财务报告包括财务报表和其他应当在财务报告中披露的相关信息及资料。

二、财务报表的组成

财务报表是对企业财务状况、经营成果和现金流量的结构性表述。一套完整的财务报表应当至少包括资产负债表、利润表、现金流量表、所有者权益变动表及附注。

资产负债表、利润表、现金流量表分别从不同角度反映企业的财务状况、经营成果和现金流量。所有者权益（或股东权益）变动表反映构成所有者权益各组成部分当期的增减变动情况。企业的净利润及其分配情况是所有者权益变动的组成部分，相关信息已经在所有者权益变动表及其附注中反映，企业不需要再单独编制利润分配表。

附注是财务报表不可或缺的组成部分，是对资产负债表、利润表、现金流量表和所有者权益（或股东权益）变动表等报表中列示项目的文字描述或明细资料，以及对未能在这些报表中列示项目的说明等。

第二节 资产负债表

一、资产负债表概述

（一）资产负债表的定义

资产负债表是反映企业在某一特定日期财务状况的报表，是对企业特定日期的资产、负债和所有者权益的结构性表述。它反映企业在某一特定日期所拥有或控制的经济资源、所承担的现时义务和所有者对净资产的要求权。其中，财务状况是指企业经营活动及其结果在某一特定日期的资金结构状况及表现，表明企业取得资金的方式与来路和这些资金的使用状态与去向；特定日期分别指会计期间会计年度的年末及中期的月末、季末和半年末等。

（二）资产负债表的结构原理

资产负债表是根据"资产=负债+所有者权益"的平衡公式，按照以各具体项目的性质和功能作为分类标准，依次将某一特定日期的资产、负债、所有者权益的具体项目予以适当排列编制而成。

资产负债表主要由表首、表体两部分组成。表首部分应列明报表名称、编制单位名称、资产负债表日、报表编号和计量单位；表体部分是资产负债表的主体，列示了用以说明企业财务状况的各个项目。资产负债表的表体格式一般有两种：报告式资产负债表和账户式资产负债表。报告式资产负债表是上下结构，上半部分列示资产各项目，下半部分列示负债和所有者权益各项目。账户式资产负债表是左右结构，左边列示资产各项目，反映全部资产的分布及存在状态；右边列示负债和所有者权益各项目，反映全部负债和所有者权益的内容及构成情况。资产各项目的合计金额等于负债和所有者权益各项目的合计金额。

我国企业的资产负债表采用账户式结构，分为左、右两方。左方为资产项目，大体按资产的流动性强弱排列，流动性强的资产如"货币资金""交易性金融资产"等排在前面，流动性弱的资产如"长期股权投资""固定资产"等排在后面。右方为负债及所有者权益项目，一般按要求清偿期限长短的顺序排列，"短期借款""应付票据""应付账款"等需要在一年内或者长于一年的一个正常营业周期内偿还的流动负债排在前面，"长期借款"等在一年以上才需要偿还的非流动负债排在中间，在企业清算之前不需要偿还的所有者权益项目排在后面，表明负债具有优先偿还的要求权，所有者权益对负债具有担保责任。

账户式资产负债表中的资产各项目合计等于负债和所有者权益各项目的合计，即资产负债表左方和右方平衡。通过账户式资产负债表，可以反映资产、负债、所有者权益之间的内在关系，即"资产=负债+所有者权益"。一般企业资产负债表的具体格式见表11-1。

（三）资产负债表的作用

通过资产负债表，可以反映企业在某一特定日期所拥有或控制的经济资源、所承担的现时义务和所有者对净资产的要求权，帮助财务报表使用者全面了解企业的财务状况，分析企业的偿债能力等，从而为其做出经济决策提供依据。

表 11-1 资产负债表　　　　　　　　　　　　　　　　　会企01表

编制单位：甲公司　　　　　　　　　　　　　2024 年 12 月 31 日　　　　　　　　　　　　　　　单位：元

资　产	期末余额	年初余额	负债和所有者权益（或股东权益）	期末余额	年初余额
流动资产：			流动负债：		
货币资金	489 078.60	843 780	短期借款	30 000	180 000
交易性金融资产	0	9 000	交易性金融负债	0	0
衍生金融资产	0	0	衍生金融负债	0	0
应收票据	39 600	147 600	应付票据	60 000	120 000
应收账款	358 920	179 460	应付账款	572 280	572 280
应收款项融资	0	0	预收款项	0	0
预付款项	60 000	60 000	合同负债	0	0
其他应收款	3 000	3 000	应付职工薪酬	108 000	66 000
存货	1 490 820	1 548 000	应交税费	136 038.60	21 960
合同资产	0	0	其他应付款	49 329.51	30 600
持有待售资产	0	0	持有待售负债	0	0
一年内到期的非流动资产	0	0	一年内到期的非流动负债	0	600 000
其他流动资产	60 000	60 000	其他流动负债	0	0
流动资产合计	2 501 418.60	2 850 840	流动负债合计	955 648.11	1 590 840
非流动资产：	0	0	非流动负债：	0	0
债权投资	0	0	长期借款	696 000	360 000
其他债权投资	0	0	应付债券	0	0
长期应收款	0	0	其中：优先股	0	0
长期股权投资	150 000	150 000	永续债	0	0
其他权益工具投资	0	0	租赁负债	0	0
其他非流动金融资产	0	0	长期应付款	0	0
投资性房地产	0	0	预计负债	0	0
固定资产	1 320 600	660 000	递延收益	0	0
在建工程	436 800	900 000	递延所得税负债	0	0
生产性生物资产	0	0	其他非流动负债	0	0
油气资产	0	0	非流动负债合计	696 000	360 000
使用权资产	0	0	负债合计	1 651 648.11	1 950 840
无形资产	324 000	360 000	所有者权益（或股东权益）：		
开发支出	0	0	实收资本（或股本）	3 000 000	3 000 000
商誉	0	0	其他权益工具	0	0
长期待摊费用	0	0	其中：优先股	0	0
递延所得税资产	4 500	0	永续债	0	0
其他非流动资产	120 000	120 000	资本公积	0	0
非流动资产合计	2 355 900	2 190 000	减：库存股	0	0
			其他综合收益	0	0

续表

资　产	期末余额	年初余额	负债和所有者权益（或股东权益）	期末余额	年初余额
			专项储备	0	0
			盈余公积	74 862.24	60 000
			未分配利润	130 808.25	30 000
			所有者权益（或股东权益）合计	3 205 670.49	3 090 000
资产总计	4 857 318.60	5 040 840	负债和所有者权益（或股东权益）总计	4 857 318.60	5 040 840

二、资产负债表的填列

（一）资产负债表的填列方法

资产负债表各项目均需要填列"期末余额"和"上年年末余额"两栏。

资产负债表的"上年年末余额"栏内各项数字，应根据上年年末资产负债表的"期末余额"栏所列数字填列。如果上年度资产负债表规定的各个项目名称和内容与本年度不一致，则应按照本年度的规定对上年年末资产负债表各项目的名称和数字进行调整，填入本表"上年年末余额"栏内。

资产负债表的"期末余额"栏主要有以下几种填列方法。

（1）根据总账科目余额填列。如"短期借款""资本公积"等项目，需要根据"短期借款""资本公积"各总账科目的余额直接填列；有些项目则需要根据几个总账科目的期末余额计算填列，如"货币资金"项目，需根据"库存现金""银行存款""其他货币资金"三个总账科目的期末余额合计数填列。

（2）根据明细账科目余额计算填列。如"应付账款"项目，需要根据"应付账款"和"预付账款"科目所属的相关明细科目期末贷方余额计算填列；"预付款项"项目，需要根据"应付账款"科目和"预付账款"科目所属的相关明细科目期末借方余额减去与"预付账款"有关的坏账准备贷方余额计算填列；"开发支出"项目，需要根据"研发支出"科目所属的"资本化支出"明细科目期末余额计算填列；"应付职工薪酬"项目，需要根据"应付职工薪酬"科目的明细科目期末余额计算填列；"一年内到期的非流动资产""一年内到期的非流动负债"项目，需要根据相关非流动资产和非流动负债项目的明细科目余额计算填列。

（3）根据总账科目和明细账科目余额分析计算填列。如"长期借款"项目，需要根据"长期借款"总账科目余额扣除"长期借款"科目所属的相关明细科目中，将在一年内到期且企业不能自主地清偿义务展期的长期借款后的金额计算填列；"长期待摊费用"项目，应根据"长期待摊费用"科目的期末余额减去将于一年内（含一年）摊销的数额后的金额填列；"其他非流动资产"项目，应根据有关科目的期末余额减去将于一年内（含一年）收回数额后的金额计算填列；"其他非流动负债"项目，应根据相关科目的期末余额减去将于一年内（含一年）到期偿还数额后的金额计算填列。

（4）根据有关科目余额减去其备抵科目余额后的净额填列。如资产负债表中"应收票据""应收账款""长期股权投资""在建工程"等项目，应当根据"应收票据""应收账款""长期股权投资""在建工程"等科目的期末余额减去"坏账准备""长期股权投资减值准备""在建工程减值准备"等备抵科目余额后的净额填列。"投资性房地产"（采用成本模式计量）、"固定资产"等项目，应当根据"投资性房地产""固定资产"科目的期末余额减去"投资性房地产累计折旧""投资性房地产减值准备""累计折旧""固定资产减值准备"等备抵科目的期末余额，以及"固定资产清理"科目的期末余额填列；"无形资产"项目，应当根据"无形资产"科目的期末余额减去"累计摊销""无形资产减值准备"等备抵科目余额后的净额填列。

（5）综合运用上述填列方法分析填列。如资产负债表中的"存货"项目，需要根据"原材料""库存商品""委托加工物资""周转材料""材料采购""在途物资""发出商品""材料成本差异"等总账科目期末余额的分析汇总数，减去"存货跌价准备"科目余额后的净额填列。

（二）资产负债表的填列说明

1. 资产项目的填列说明

（1）"货币资金"项目，反映企业库存现金、银行结算户存款、外埠存款、银行汇票存款、银行本票存款、信用卡存款、信用证保证金存款等的合计数。本项目应根据"库存现金""银行存款""其他货币资金"科目期末余额的合计数填列。

【例 11-1】 2024 年 12 月 31 日，甲公司"库存现金"科目余额为 0.1 万元，"银行存款"科目余额为 100.9 万元，"其他货币资金"科目余额为 99 万元。2024 年 12 月 31 日，甲公司资产负债表中"货币资金"项目"期末余额"栏的列报金额 = 0.1 + 100.9 + 99 = 200（万元）。

（2）"交易性金融资产"项目，反映资产负债表日企业分类为以公允价值计量且其变动计入当期损益的金融资产，以及企业持有的指定为以公允价值计量且其变动计入当期损益的金融资产的期末账面价值。该项目应根据"交易性金融资产"科目的相关明细科目的期末余额分析填列。自资产负债表日起超过一年到期且预期持有超过一年的，以公允价值计量且变动计入当期损益的非流动金融资产的期末账面价值，在"其他非流动金融资产"项目中反映。

（3）"应收票据"项目，反映资产负债表日以摊余成本计量的，企业因销售商品、提供服务等经营活动收到的商业汇票，包括银行承兑汇票和商业承兑汇票。本项目应根据"应收票据"科目的期末余额，减去"坏账准备"科目中相关坏账准备期末余额后的金额分析填列。

【例 11-2】 2024 年 12 月 31 日，甲公司"应收票据"科目的余额为 300 万元，"坏账准备"科目贷方余额中有关应收票据计提的坏账准备余额为 11 万元。2024 年 12 月 31 日，甲公司资产负债表中"应收票据"项目"期末余额"栏的列报金额 = 300 - 11 = 289（万元）。

（4）"应收账款"项目，反映资产负债表日以摊余成本计量的，企业因销售商品、提供服务等经营活动应收取的款项。本项目应根据"应收账款"科目的期末余额，减去"坏账准备"科目中相关坏账准备期末余额后的金额分析填列。

【例 11-3】 2024 年 12 月 31 日，甲公司"应收账款"科目的借方余额为 1 000 万元；"坏账准备"科目贷方余额中有关应收账款计提的坏账准备余额为 34 万元。2024 年 12 月 31 日，甲公司资产负债表中"应收账款"项目"期末余额"栏的列报金额 = 1 000 - 34 = 966（万元）。

（5）"应收款项融资"项目，反映资产负债表日以公允价值计量且变动计入其他综合收益的应收票据和应收账款等。

（6）"预付款项"项目，反映企业按照购货合同规定预付给供应单位的款项等。本项目应根据"预付账款"和"应付账款"科目所属各明细科目的期末借方余额合计数，减去"坏账准备"科目中相关预付账款计提的坏账准备期末余额后的净额填列。如"预付账款"科目所属明细科目期末为贷方余额的，应在资产负债表"应付账款"项目内填列。

（7）"其他应收款"项目，反映企业除应收票据、应收账款、预付账款等经营活动以外的其他各种应收、暂付款项。本项目应根据"应收利息""应收股利""其他应收款"等科目的期末余额合计数，减去"坏账准备"科目中相关坏账准备期末余额后的金额填列。其中，"应收利息"科目仅反映相关金融工具已到期，可收取但于资产负债表日尚未收到的利息。基于实际利率法计提的金融工具的利息，应包含在相应金融工具的账面余额中。

（8）"存货"项目，反映企业期末在库、在途和在加工中各种存货的可变现净值或成本（成本与可变现净值孰低）。存货包括各种材料、商品、在产品、半成品、包装物、低值易耗品、发出商品等。本项目应根据"材料采购""原材料""库存商品""周转材料""委托加工物资""发出商品""生产成本""受托代销商品"等科目的期末余额合计数，减去"受托代销商品款""存货跌价准备"科目期末余额后的净额填列。材料采用计划成本核算，以及库存商品采用计划成本核算或售价核算的企业，还应按加或减材料成本差异、商品进销差价后的金额填列。

【例11-4】 2024年12月31日，甲公司有关科目余额如下："库存商品"科目借方余额1 175万元，"委托加工物资"科目借方余额200万元，"存货跌价准备"科目贷方余额100万元，"受托代销商品"科目借方余额400万元，"受托代销商品款"科目贷方余额400万元。2024年12月31日，甲公司资产负债表中"存货"项目"期末余额"栏的列报金额=1 175+200-100+400-400=1 275（万元）。

（9）"合同资产"项目，反映企业按照《企业会计准则第14号——收入》的相关规定，根据本企业履行履约义务与客户付款之间的关系在资产负债表中列示的合同资产。"合同资产"项目应根据"合同资产"科目的相关明细科目期末余额分析填列，同一合同下的合同资产和合同负债应当以净额列示，其中净额为借方余额的，应当根据其流动性在"合同资产"或"其他非流动资产"项目中填列，已计提减值准备的，还应以减去"合同资产减值准备"科目中相关期末余额后的金额填列；净额为贷方余额的，应当根据其流动性在"合同负债"或"其他非流动负债"项目中填列。

（10）"持有待售资产"项目，反映资产负债表日被划分为持有待售类别的非流动资产，以及被划分为持有待售类别的处置组中的流动资产和非流动资产的期末账面价值。本项目应根据"持有待售资产"科目的期末余额，减去"持有待售资产减值准备"科目的期末余额后的金额填列。

（11）"一年内到期的非流动资产"项目，反映企业预计自资产负债表日起一年内变现的非流动资产。本项目应根据有关科目的期末余额分析填列。

（12）"债权投资"项目，反映资产负债表日企业以摊余成本计量的长期债权投资的期末账面价值。本项目应根据"债权投资"科目的相关明细科目的期末余额，减去"债权投资减值准备"科目中相关减值准备的期末余额后的金额分析填列。自资产负债表日起一年内到期的长期债权投资的期末账面价值，在"一年内到期的非流动资产"项目中反映。企业购入的以摊余成本计量的一年内到期的债权投资期末账面价值，在"其他流动资产"项目中反映。

(13)"其他债权投资"项目,反映资产负债表日企业分类为以公允价值计量且其变动计入其他综合收益的长期债权投资的期末账面价值。本项目应根据"其他债权投资"科目的相关明细科目期末余额分析填列。自资产负债表日起一年内到期的长期债权投资的期末账面价值,在"一年内到期的非流动资产"项目中反映。企业购入的以公允价值计量且其变动计入其他综合收益的一年内到期的债权投资期末账面价值,在"其他流动资产"项目中反映。

(14)"长期应收款"项目,反映企业租赁产生的应收款项和采用递延方式分期收款、实质上具有融资性质的销售商品和提供劳务等经营活动产生的应收款项。本项目应根据"长期应收款"科目的期末余额,减去相应的"未实现融资收益"科目和"坏账准备"科目所属相关明细科目期末余额后的金额填列。

(15)"长期股权投资"项目,反映投资方对被投资单位实施控制、重大影响的权益性投资,以及对其合营企业的权益性投资。本项目应根据"长期股权投资"科目的期末余额,减去"长期股权投资减值准备"科目期末余额后的净额填列。

(16)"其他权益工具投资"项目,反映资产负债表日企业指定以公允价值计量且其变动计入其他综合收益的非交易性权益工具投资的期末账面价值。本项目应根据"其他权益工具投资"科目的期末余额填列。

(17)"固定资产"项目,反映资产负债表日企业固定资产的期末账面价值和尚未清理完毕的固定资产清理净损益。本项目应根据"固定资产"科目的期末余额,减去"累计折旧"和"固定资产减值准备"科目期末余额后的金额,以及"固定资产清理"科目期末余额填列。

【例11-5】 2024年12月31日,甲公司"固定资产"科目借方余额为2 400万元,"累计折旧"科目贷方余额为370万元,"固定资产减值准备"科目贷方余额为148万元。2024年12月31日,甲公司资产负债表中"固定资产"项目"期末余额"栏的列报金额 = 2 400 - 370 - 148 = 1 882(万元)。

(18)"在建工程"项目,反映资产负债表日企业尚未达到预定可使用状态的在建工程的期末账面价值和企业为在建工程准备的各种物资的期末账面价值。本项目应根据"在建工程"科目的期末余额,减去"在建工程减值准备"科目期末余额后的金额,以及"工程物资"科目的期末余额,减去"工程物资减值准备"科目期末余额后的金额填列。

(19)"使用权资产"项目,反映资产负债表日承租人企业持有的使用权资产的期末账面价值。本项目应根据"使用权资产"科目期末余额,减去"使用权资产累计折旧"和"使用权资产减值准备"科目期末余额后的金额填列。

(20)"无形资产"项目,反映企业持有的专利权、非专利技术、商标权、著作权、土地使用权等无形资产的成本减去累计摊销和减值准备后的净值。本项目应根据"无形资产"科目的期末余额,减去"累计摊销"和"无形资产减值准备"科目期末余额后的净额填列。

【例11-6】 2024年12月31日,甲公司"无形资产"科目借方余额为800万元,"累计摊销"科目贷方余额为200万元,"无形资产减值准备"科目贷方余额为54万元。2024年12月31日,甲公司资产负债表中"无形资产"项目"期末余额"栏的列报金额 = 800 - 200 - 54 = 546(万元)。

(21)"开发支出"项目,反映企业开发无形资产过程中能够资本化无形资产成本的支出部分。

本项目应当根据"研发支出"科目所属的"资本化支出"明细科目期末余额填列。

（22）"长期待摊费用"项目，反映企业已经发生但应由本期和以后各期负担的分摊期限在一年以上的各项费用。本项目应根据"长期待摊费用"科目的期末余额，减去将于一年内（含一年）摊销的数额后的金额分析填列。但长期待摊费用的摊销年限只剩一年或不足一年的，或预计在一年内（含一年）摊销的部分，不得归类为流动资产，仍在各自非流动资产项目中填列，不转入"一年内到期的非流动资产"项目。

（23）"递延所得税资产"项目，反映企业根据所得税准则确认的可抵扣暂时性差异产生的所得税资产。本项目应根据"递延所得税资产"科目的期末余额填列。

（24）"其他非流动资产"项目，反映企业除上述非流动资产以外的其他非流动资产。本项目应根据有关科目的期末余额填列。

2. 负债项目的填列说明

（1）"短期借款"项目，反映企业向银行或其他金融机构等借入的期限在一年以内（含一年）的各种借款。本项目应根据"短期借款"科目的期末余额填列。

【例11-7】 2024年12月31日，甲公司"短期借款"科目的余额如下：银行质押借款310万元，信用借款40万元。2024年12月31日，甲公司资产负债表中"短期借款"项目"期末余额"栏的列报金额 = 310 + 40 = 350（万元）。

（2）"交易性金融负债"项目，反映企业资产负债表日承担的交易性金融负债，以及企业持有的被直接指定为以公允价值计量且其变动计入当期损益的金融负债期末账面价值。本项目应根据"交易性金融负债"科目的相关明细科目期末余额填列。

（3）"应付票据"项目，反映资产负债表日以摊余成本计量的，企业因购买材料、商品和接受服务等经营活动开出、承兑的商业汇票，包括银行承兑汇票和商业承兑汇票。本项目应根据"应付票据"科目的期末余额填列。

【例11-8】 2024年12月31日，甲公司"应付票据"科目的贷方余额为：125万元的银行承兑汇票，110万元的商业承兑汇票。2024年12月31日，甲公司资产负债表中"应付票据"项目"期末余额"栏的列报金额 = 125 + 110 = 235（万元）。

（4）"应付账款"项目，反映资产负债表日以摊余成本计量的，企业因购买材料、商品和接受服务等经营活动应支付的款项。本项目应根据"应付账款"和"预付账款"科目所属相关明细科目的期末贷方余额合计数填列。

（5）"预收款项"项目，反映企业按照合同规定预收的款项。本项目应根据"预收账款"科目的期末贷方余额合计数填列，如"预收账款"科目所属明细科目期末为借方余额的，应在资产负债表"应收账款"项目内填列。

（6）"合同负债"项目，反映企业已收或应收客户对价而向客户转让商品的义务。本项目应根据"合同负债"科目所属相关明细科目的期末余额分析填列。

（7）"应付职工薪酬"项目，反映企业为获得职工提供的服务或解除劳动关系而给予的各种形式的报酬或补偿。本项目应根据"应付职工薪酬"科目所属各明细科目的期末贷方余额分析填列。

【例11-9】 2024年12月31日，甲公司"应付职工薪酬"科目明细项为工资70万元，社会保险费（含医疗保险、工伤保险）4.1万元，设定提存计划（含基本养老保险）2.5万元，住房公积金2万元，工会经费1.4万元。2024年12月31日，甲公司资产负债表中"应付职工薪酬"项目"期末余额"栏的列报金额 = 70 + 4.1 + 2.5 + 2 + 1.4 = 80（万元）。

（8）"应交税费"项目，反映企业按照税法规定计算应缴纳的各种税费，包括增值税、消费税、城市维护建设税、教育费附加、企业所得税、资源税、土地增值税、房产税、城镇土地使用税、车船税、环境保护税等。企业代扣代缴的个人所得税，也通过本项目列示。企业缴纳的税金不需要预计应交数的，如印花税、耕地占用税等，不在本项目列示。本项目应根据"应交税费"科目的期末贷方余额填列。需要说明的是，"应交税费"科目下的"应交增值税""未交增值税""待抵扣进项税额""待认证进项税额""增值税留抵税额"等明细科目的期末借方余额应根据情况，在资产负债表中的"其他流动资产"或"其他非流动资产"项目列示；"应交税费——待转销项税额"等科目的期末贷方余额应根据情况，在资产负债表中的"其他流动负债"或"其他非流动负债"项目列示；"应交税费"科目下的"未交增值税""简易计税""转让金融商品应交增值税""代扣代交增值税"等科目的期末贷方余额应在资产负债表中的"应交税费"项目列示。

（9）"其他应付款"项目，反映企业除应付票据、应付账款、预收账款、应付职工薪酬、应交税费等经营活动以外的其他各项应付、暂收款项。本项目应根据"应付利息""应付股利""其他应付款"科目的期末余额合计数填列。其中，"应付利息"科目仅反映相关金融工具已到期应支付但于资产负债表日尚未支付的利息。基于实际利率法计提的金融工具的利息应包含在相应金融工具的账面余额中。

【例11-10】 2024年12月31日，甲公司"应付利息"科目贷方期末余额5万元，"应付股利"科目贷方期末余额250万元，"其他应付款"科目贷方期末余额55万元。2024年12月31日，甲公司资产负债表中"其他应付款"项目"期末余额"栏的列报金额 = 5 + 250 + 55 = 310（万元）。

（10）"持有待售负债"项目，反映资产负债表日处置组中与被划分为持有待售类别的资产直接相关的负债的期末账面价值。本项目应根据"持有待售负债"科目的期末余额填列。

（11）"一年内到期的非流动负债"项目，反映企业非流动负债中将于资产负债表日后一年内到期部分的金额，如将于一年内偿还的长期借款。本项目应根据有关科目的期末余额分析填列。

（12）"长期借款"项目，反映企业向银行或其他金融机构借入的期限在一年以上（不含一年）的各项借款。本项目应根据"长期借款"科目的期末余额，扣除"长期借款"科目所属明细科目中自资产负债表日起一年内到期，且企业不能自主地清偿义务展期的长期借款后的金额计算填列。

（13）"应付债券"项目，反映企业为筹集长期资金发行的债券本金及应付利息。本项目应根据"应付债券"科目的期末余额分析填列。对于资产负债表日企业发行的金融工具，分类为金融负债的，应在本项目填列；对于优先股和永续债，也应在"应付债券"项目下的"优先股"项目和"永续债"项目填列。

（14）"租赁负债"项目，反映资产负债表日承租人尚未支付的租赁付款额的期末账面价值。本项目应根据"租赁负债"科目的期末余额填列。自资产负债表日起一年内到期应予以清偿的租赁负债的期末账面价值，在"一年内到期的非流动负债"项目中反映。

（15）"长期应付款"项目，应根据"长期应付款"科目的期末余额，减去相关的"未确认融资费用"科目期末余额后的金额,以及"专项应付款"科目的期末余额填列。

(16)"预计负债"项目,反映企业根据或有事项等相关准则确认的各项预计负债,包括对外提供担保、未决诉讼、产品质量保证、重组义务,以及固定资产和矿区权益弃置义务等产生的预计负债。本项目应根据"预计负债"科目的期末余额填列。企业按照《企业会计准则第22号——金融工具确认和计量》的相关规定,对贷款承诺等项目计提的损失准备,应当在本项目中填列。

(17)"递延收益"项目,反映尚待确认的收入或收益。本项目核算包括企业根据政府补助准则确认的应在以后期间计入当期损益的政府补助金额、售后租回形成融资租赁的售价与资产账面价值差额等其他递延性收入。本项目应根据"递延收益"科目的期末余额填列。本项目中摊销期限只剩一年或不足一年的,或预计在一年内(含一年)摊销的部分,不得归类为流动负债,仍在"递延收益"项目填列,不转入"一年内到期的非流动负债"项目。

(18)"递延所得税负债"项目,反映企业根据所得税准则确认的应纳税暂时性差异产生的所得税负债。本项目应根据"递延所得税负债"科目的期末余额填列。

(19)"其他非流动负债"项目,反映企业除以上非流动负债以外的其他非流动负债。本项目应根据有关科目期末余额,减去将于一年内(含一年)到期偿还数后的余额分析填列。非流动负债各项目中将于一年内(含一年)到期的非流动负债,应在"一年内到期的非流动负债"项目中反映。

3. 所有者权益项目的填列说明。

(1)"实收资本(或股本)"项目,反映企业各投资者实际投入的资本(或股本)总额。本项目应根据"实收资本(或股本)"科目的期末余额填列。

【例11-11】 甲公司是由A公司于2020年3月1日注册成立的有限责任公司,注册资本为2 000万元。A公司以货币资金2 000万元出资,持有甲公司100%的权益。上述实收资本已于2020年3月1日经相关会计师事务所出具的验资报告验证。2024年12月10日,甲公司重新办理了公司注册手续,注册资本由2 000万元变更为5 000万元。同日,A公司与B公司和C公司根据之前签订的关于甲公司的投资协议分别办理了投入资本和相关资产交接过户手续。A公司增加投入资本500万元,拥有甲公司50%的股权份额;B公司投资4 300万元,其中投资转入整套设备及生产线的公允价值为1 308万元(包括单独计价的在建工程108万元),增值税税票注明的税款为170.04万元,其余2 821.96万元投入现金资产,拥有甲公司35%的股权份额为1 750万元;C公司投资转入投资性房地产的公允价值为1 200万元,增值税税票注明的税款为108万元(由甲公司支付),拥有甲公司15%的股权份额为750万元。2024年12月31日,甲公司资产负债表中"实收资本(或股本)"项目"期末余额"栏的列报金额为5 000万元。

(2)"其他权益工具"项目,反映资产负债表日企业发行在外的除普通股以外分类为权益工具的金融工具的期末账面价值,并下设"优先股"和"永续债"两个项目,分别反映企业发行的分类为权益工具的优先股和永续债的账面价值。

(3)"资本公积"项目,反映企业收到投资者出资超出其在注册资本或股本中所占份额,以及直接计入所有者权益的利得和损失等。本项目应根据"资本公积"科目的期末余额填列。

(4)"其他综合收益"项目,反映企业其他综合收益的期末余额。本项目应根据"其他综合收益"科目的期末余额填列。

（5）"专项储备"项目，反映高危行业企业按国家规定提取的安全生产费的期末账面价值。本项目应根据"专项储备"科目的期末余额填列。

（6）"盈余公积"项目，反映企业盈余公积的期末余额。本项目应根据"盈余公积"科目的期末余额填列。

（7）"未分配利润"项目，反映企业尚未分配的利润。本项目应根据"本年利润"科目和"利润分配"科目的余额计算填列。未弥补的亏损在本项目内以"－"填列。

（三）资产负债表编制实例

【例 11-12】 甲公司为增值税一般纳税人，增值税税率为13%，所得税税率为25%。甲公司2024年12月31日的资产负债表（简表）及2024年12月31日的科目余额表分别见表11-2和表11-3。

表 11-2 资产负债表（简表）

编制单位：甲公司　　　　　　　　　　　　2024 年 12 月 31 日　　　　　　　　　　　　单位：元

资产	期末余额	年初余额	负债和所有者权益（或股东权益）	期末余额	年初余额
流动资产：			流动负债：		
货币资金	843 780		短期借款	180 000	
交易性金融资产	9 000		交易性金融负债	0	
衍生金融资产	0		衍生金融负债	0	
应收票据	147 600		应付票据	120 000	
应收账款	1 794 60		应付账款	572 280	
应收款项融资	0		预收款项	0	
预付款项	60 000		应交税费	21 960	
其他应收款	3 000		合同负债	0	
存货	1 548 000		应付职工薪酬	66 000	
合同资产	0		其他应付款	30 600	
持有待售资产	0		持有待售负债	0	
一年内到期的非流动资产	0		一年内到期的非流动负债	600 000	
其他流动资产	60 000		其他流动负债	0	
流动资产合计	2 850 840		流动负债合计	1 590 840	
非流动资产：			非流动负债：		
债权投资	0		长期借款	360 000	
其他债权投资	0		应付债券	0	
长期应收款	0		其中：优先股	0	
长期股权投资	150 000		永续债	0	
其他权益工具投资	0		租赁负债	0	
其他非流动金融资产	0		长期应付款	0	
投资性房地产	0		预计负债	0	
固定资产	660 000		递延收益	0	
在建工程	900 000		递延所得税负债	0	
生产性生物资产	0		其他非流动负债	0	

续表

资产	期末余额	年初余额	负债和所有者权益（或股东权益）	期末余额	年初余额
油气资产	0		非流动负债合计	360 000	
使用权资产	0		负债合计	1 950 840	
无形资产	360 000		所有者权益（或股东权益）：		
开发支出	0		实收资本（或股本）	3 000 000	
商誉	0		其他权益工具	0	
长期待摊费用	0		其中：优先股	0	
递延所得税资产	0		永续债	0	
其他非流动资产	120 000		资本公积	0	
非流动资产合计	2 190 000		减：库存股	0	
			其他综合收益	0	
			专项储备	0	
			盈余公积	60 000	
			未分配利润	30 000	
			所有者权益（或股东权益）合计	3 090 000	
资产总计	5 040 840		负债和所有者权益（或股东权益）总计	5 040 840	

表11-3 科目余额表

编制单位：甲公司　　　　　　　　2024年12月31日　　　　　　　　单位：元

科目名称	借方余额	科目名称	贷方余额
库存现金	1 200	短期借款	30 000
银行存款	483 498.6	应付票据	60 000
其他货币资金	4 380	应付账款	572 280
交易性金融资产	0	其他应付款	49 329.51
应收票据	39 600	应付职工薪酬	108 000
应收账款	360 000	应交税费	136 038.6
坏账准备	-1 080	长期借款	696 000
预付账款	60 000	股本	3 000 000
其他应收款	3 000	盈余公积	74 862.24
材料采购	165 000	未分配利润	130 808.25
原材料	27 000		
周转材料	22 830		
库存商品	1 273 440		
材料成本差异	2 550		
其他流动资产	60 000		
长期股权投资	150 000		
固定资产	1 440 600		
累计折旧	-102 000		
固定资产减值准备	-18 000		

续表

科目名称	借方余额	科目名称	贷方余额
在建工程	256 800		
工程物资	180 000		
无形资产	360 000		
累计摊销	-36 000		
递延所得税资产	4 500		
其他非流动资产	120 000		
合计	4 857 318.6	合计	4 857 318.6

第三节 利润表

一、利润表的内容

（一）利润表的概念

利润表又称"损益表"，是反映企业在一定会计期间经营成果的报表。利润表是在会计凭证、会计账簿等会计资料的基础上进一步确认企业在一定会计期间经营成果的结构性表述，综合反映企业利润的实现过程和利润的来源及构成情况，是对企业在一定会计期间经营业绩的系统总结。

（二）利润表的结构原理

利润表主要由表首、表体两部分组成。表首部分应列明报表名称、编制单位名称、编制日期、报表编号和计量单位；表体部分是利润表的主体，列示了形成经营成果的各个项目和计算过程。利润表表体部分的基本结构主要根据"收入－费用＝利润"平衡公式，以各具体项目的性质和功能作为分类标准，依次将某一会计期间的收入、费用和利润的具体项目予以适当的排列编制而成。利润表项目的性质是指各具体项目的经济性质，如营业利润是指企业在一定会计期间通过日常营业活动实现的利润额。利润总额是指营业利润和非经常性损益净额（损失和利得）的总和。净利润是指利润总额减去所得税费用的净额。利润表项目的功能是指各具体项目在创造和实现利润的经营业务活动中的功能与作用，如利润表中对于费用列报通常按照功能分类，包括从事经营业务发生的成本、管理费用、销售费用、研发费用和财务费用等。

利润表的表体结构有单步式和多步式两种。单步式利润表是将当期所有收入列在一起、所有费用列在一起，然后将两者相减得出当期净损益。我国企业的利润表采用多步式是通过对当期的收入、费用、支出项目按性质归类，按利润形成的主要环节列示一些中间性利润指标，分步计算当期净损益，以便财务报表使用者理解企业经营成果的不同来源。

为了使财务报表使用者通过比较不同期间利润的实现情况，判断企业经营成果的发展趋势，企业需要提供比较利润表。为此，利润表金额栏分为"本期金额"和"上期金额"两栏分别填列。

(三) 利润表的作用

利润表的主要作用是，有助于使用者分析判断企业净利润的质量及其风险，评价企业经营管理效率；有助于使用者预测企业净利润的持续性，从而做出正确的决策。通过利润表，可以反映企业在一定会计期间的收入实现情况，如实现的营业收入、取得的投资收益、发生的公允价值变动损益及营业外收入等对利润的贡献大小；可以反映企业在一定会计期间的费用耗费情况，如发生的营业成本、税金及附加、销售费用、管理费用、财务费用、营业外支出等对利润的影响程度；可以反映企业在一定会计期间的净利润实现情况，分析判断企业受托责任的履行情况，进而反映企业资本的保值增值情况，为企业管理者解脱受托责任提供依据。将利润表资料及信息与资产负债表资料及信息相结合进行综合计算分析，如将营业成本与存货或资产总额的平均余额进行比较，可以反映企业运用资源的能力和效率，便于分析判断企业资金周转情况及盈利能力和水平，进而判断企业的盈利增长和发展趋势，做出相应的经济决策。

二、利润表的填列

(一) 利润表的编制要求

利润表中一般单独列报的项目主要有营业利润、利润总额、净利润、其他综合收益的税后净额、综合收益总额和每股收益等。其中，营业利润单独列报的项目包括营业收入、营业成本、税金及附加、销售费用、管理费用、研发费用、财务费用、信用减值损失、资产减值损失、其他收益、投资收益、公允价值变动收益、资产处置收益等；利润总额项目为营业利润加上营业外收入减去营业外支出；净利润项目为利润总额减去所得税费用，包括持续经营净利润和终止经营净利润等项目；其他综合收益的税后净额，包括不能重分类进损益的其他综合收益和将重分类进损益的其他综合收益等项目；综合收益总额为净利润加上其他综合收益的税后净额；每股收益包括"基本每股收益"和"稀释每股收益"两项项目。

利润表各项目需要填列"上期金额"和"本期金额"两栏。其中，"上期金额"栏内各项数字应根据上年该期利润表的"本期金额"栏内所列数字填列。除"基本每股收益"和"稀释每股收益"项目外，"本期金额"栏内各期数字，应当按照相关科目的发生额分析填列。如"营业收入"项目根据"主营业务收入""其他业务收入"科目的发生额分析填列，"营业成本"项目根据"主营业务成本""其他业务成本"科目的发生额分析填列。

(二) 利润表的填列方法

利润表"本期金额"栏的填列方法，一般应根据损益类科目和所有者权益类有关科目的发生额填列。

(1) "营业收入"项目，反映企业经营主要业务和其他业务确认的收入总额。本项目应根据"主营业务收入"和"其他业务收入"科目的发生额分析填列。

(2) "营业成本"项目，反映企业经营主要业务和其他业务发生的成本总额。本项目应根据"主营业务成本"和"其他业务成本"科目的发生额分析填列。

(3) "税金及附加"项目，反映企业经营业务应负担的消费税、城市维护建设税、教育费附加、资源税、土地增值税、房产税、车船税、城镇土地使用税、印花税、环境保护税等相关税费。

本项目应根据"税金及附加"科目的发生额分析填列。

【例 11-13】 甲公司 2024 年度"税金及附加"科目的发生额为，城市维护建设税合计 5 万元，教育费附加合计 3 万元，房产税合计 40 万元，城镇土地使用税合计 2 万元。甲公司 2024 年度利润表中"税金及附加"项目"本期金额"栏的列报金额 = 5 + 3 + 40 + 2 = 50（万元）。

（4）"销售费用"项目，反映企业在销售商品过程中发生的包装费、广告费等费用和为销售商品而专设的销售机构的职工薪酬、业务费等经营费用。本项目应根据"销售费用"科目的发生额分析填列。

（5）"管理费用"项目，反映企业为组织和管理生产经营发生的管理费用。本项目应根据"管理费用"科目的发生额分析填列。

（6）"研发费用"项目，反映企业在研究与开发过程中发生的费用化支出，以及计入管理费用的自行开发无形资产的摊销。本项目应根据"管理费用"科目下"研发费用"明细科目的发生额，以及"管理费用"科目下"无形资产摊销"明细科目的发生额分析填列。

（7）"财务费用"项目，反映企业为筹集生产经营所需资金等发生的应予费用化的利息支出。本项目应根据"财务费用"科目的相关明细科目发生额分析填列。其中，"利息费用"项目，反映企业为筹集生产经营所需资金等发生的应予费用化的利息支出；"利息收入"项目，反映企业应冲减财务费用的利息收入。

【例 11-14】 甲公司 2024 年度"财务费用"科目的发生额为，银行借款利息费用合计 17.5 万元，银行存款利息收入合计 25 万元，银行手续费等支出合计 82.5 万元。甲公司 2024 年度利润表中"财务费用"项目"本期金额"栏的列报金额 = 17.5 + 82.5 - 25 = 75（万元）。

（8）"其他收益"项目，反映计入其他收益的政府补助，以及其他与日常活动相关且计入其他收益的项目。本项目应根据"其他收益"科目的发生额分析填列。企业作为个人所得税的扣缴义务人，根据《中华人民共和国个人所得税法》收到的扣缴税款手续费，应作为其他与日常活动相关的收益在本项目中填列。

（9）"投资收益"项目，反映企业以各种方式对外投资取得的收益。本项目应根据"投资收益"科目的发生额分析填列。如为投资损失，则本项目以"-"填列。

（10）"净敞口套期收益"项目，反映净敞口套期下被套期项目累计公允价值变动转入当期损益的金额，或现金流量套期储备转入当期损益的金额。本项目应根据"净敞口套期损益"科目的发生额分析填列。如为套期损失，则本项目以"-"填列。

（11）"公允价值变动收益"项目，反映企业应当计入当期损益的资产或负债公允价值变动收益。本项目应根据"公允价值变动损益"科目的发生额分析填列。如为净损失，则本项目以"-"填列。

（12）"信用减值损失"项目，反映企业按照《企业会计准则第 22 号——金融工具确认和计量》要求计提的各项金融工具信用减值准备确认的信用损失。本项目应根据"信用减值损失"科目的发生额分析填列。

（13）"资产减值损失"项目，反映企业有关资产发生的减值损失。本项目应根据"资产减值损失"科目的发生额分析填列。

（14）"资产处置收益"项目，反映企业出售被划分为持有待售的非流动资产（金融工具、长期股权投资和投资性房地产除外）或处置组（子公司和业务除外）确认的处置利得或损失，以及处置未被划分为持有待售的固定资产、在建工程、生产性生物资产及无形资产产生的处置利得或损失。债务重组中因处置非流动资产（金融工具、长期股权投资和投资性房地产除外）产生的利得或损失，以及非货币性资产交换中换出非流动资产（金融工具、长期股权投资和投资性房地产除外）产生的利得或损失也包括在本项目内。本项目应根据"资产处置损益"科目的发生额分析填列。如为处置损失，则本项目以"-"号填列。

(15) "营业利润"项目，反映企业实现的营业利润。如为亏损，本项目以"-"号填列。

(16) "营业外收入"项目，反映企业发生的除营业利润以外的收益，主要包括非流动资产毁损报废收益、与企业日常活动无关的政府补助、盘盈利得、捐赠利得（企业接受股东或股东的子公司直接或间接的捐赠，经济实质属于股东对企业的资本性投入的除外）等。本项目应根据"营业外收入"科目的发生额分析填列。

(17) "营业外支出"项目，反映企业发生的除营业利润以外的支出，主要包括公益性捐赠支出、非常损失、盘亏损失、非流动资产毁损报废损失等。本项目应根据"营业外支出"科目的发生额分析填列。

(18) "利润总额"项目，反映企业实现的利润。如为亏损，本项目以"-"号填列。

(19) "所得税费用"项目，反映企业应从当期利润总额中扣除的所得税费用。本项目应根据"所得税费用"科目的发生额分析填列。

(20) "净利润"项目，反映企业实现的净利润。如为亏损，本项目以"-"号填列。

(21) "其他综合收益的税后净额"项目，反映企业根据企业会计准则规定未在损益中确认的各项利得和损失扣除所得税后的净额。

(22) "综合收益总额"项目，反映企业净利润与其他综合收益（税后净额）的合计金额。

(23) "每股收益"项目，包括基本每股收益和稀释每股收益两项指标，反映普通股或潜在普通股已公开交易的企业，以及正处在公开发行普通股或潜在普通股过程中的企业的每股收益信息。

（三）利润表的格式

我国企业采用的是多步式利润表，具体格式见表11-4。

表11-4 利润表　　　　　　　　　　会企02表

编制单位：甲公司　　　　　　2024年　　　　　　单位：元

项目	本期金额	上期金额
一、营业收入	61 200 000	（略）
减：营业成本	36 800 000	
税金及附加	500 000	
销售费用	1 200 000	
管理费用	4 800 000	
研发费用	3 000 000	
财务费用	750 000	
其中：利息费用	175 000	
利息收入	250 000	

续表

项目	本期金额	上期金额
加：其他收益		
投资收益（损失以"-"号填列）	1 200 000	
其中：对联营企业和合营企业的投资收益		
以摊余成本计量的金融资产终止确认收益（损失以"-"号填列）		
净敞口套期收益（损失以"-"号填列）		
公允价值变动收益（损失以"-"号填列）		
资产减值损失（损失以"-"号填列）	-300 000	
信用减值损失（损失以"-"号填列）	-280 000	
资产处置收益（损失以"-"号填列）		
二、营业利润（亏损以"-"号填列）	14 770 000	
加：营业外收入	530 000	
减：营业外支出		
三、利润总额（亏损总额以"-"号填列）	15 300 000	
减：所得税费用	3 500 000	
四、净利润（净亏损以"-"号填列）	11 800 000	
（一）持续经营净利润（净亏损以"-"号填列）	11 800 000	
（二）终止经营净利润（净亏损以"-"号填列）		
五、其他综合收益的税后净额		
（一）不能重分类进损益的其他综合收益		
1. 重新计量设定受益计划变动额		
2. 权益法下不能转损益的其他综合收益		
3. 其他权益工具投资公允价值变动		
4. 企业自身信用风险公允价值变动		
（二）将重分类进损益的其他综合收益		
1. 权益法下可转损益的其他综合收益		
2. 其他债权投资公允价值变动		
3. 金融资产重分类计入其他综合收益的金额		
4. 其他债权投资信用减值准备		
5. 现金流量套期储备		
6. 外币财务报表折算差额		
六、综合收益总额	11 800 000	
七、每股收益		
（一）基本每股收益		
（二）稀释每股收益		

第四节 现金流量表

一、现金流量表的内容

现金流量表是反映企业在一定会计期间现金和现金等价物流入和流出的报表。通过现金流量表，可以为报表使用者提供企业在一定会计期间现金和现金等价物流入和流出的信息，便于使用者了解和评价企业获取现金和现金等价物的能力，据以预测企业的现金流量。

现金流量是指一定会计期间内企业现金及现金等价物的流入和流出。企业从银行提取现金、用现金购买短期到期的国债等现金及现金等价物之间的转换不属于现金流量。现金是指企业库存现金及可以随时用于支付的存款，包括库存现金、银行存款和其他货币资金（如外埠存款、银行汇票存款、银行本票存款等）等。不能随时用于支付的存款不属于现金。现金等价物是指企业持有的期限短、流动性强、易于转换为已知金额，现金价值变动风险很小的投资。期限短一般是指自购买日起三个月内到期。现金等价物通常包括三个月内到期的债券投资等。权益性投资变现的金额通常不确定，因此不属于现金等价物。企业应当根据具体情况确定现金等价物的范围，一经确定就不得随意变更。

企业产生的现金流量分为以下三类。

（一）经营活动产生的现金流量

经营活动是指企业投资活动和筹资活动以外的所有交易与事项。经营活动主要包括销售商品、提供劳务、购买商品、接受劳务、支付工资和缴纳税费等流入、流出现金及现金等价物的活动或事项。

（二）投资活动产生的现金流量

投资活动是指企业长期资产的购建和不包括在现金等价物范围内的投资及其处置活动。投资活动主要包括购建固定资产、处置子公司及其他营业单位等流入、流出现金及现金等价物的活动或事项。

（三）筹资活动产生的现金流量

筹资活动是指导致企业资本及债务规模和构成发生变化的活动。筹资活动主要包括吸收投资、发行股票、分配利润、发行债券、偿还债务等流入、流出现金及现金等价物的活动或事项。偿付应付账款、应付票据等商业应付款属于经营活动，不属于筹资活动。

二、现金流量表的结构

我国企业现金流量表采用报告式结构，分类反映经营活动产生的现金流量、投资活动产生的现金流量和筹资活动产生的现金流量，最后汇总反映企业某一期间现金及现金等价物的净增加额。我国企业现金流量表的格式见表11-5。

表 11-5　现金流量表　　　　　　　　　　　　　　会企 03 表

编制单位：　　　　　　　　　年　月　　　　　　　　　　　　　　单位：元

项目	本期金额	上期金额
一、经营活动产生的现金流量		
销售商品、提供劳务收到的现金		
收到的税费返还		
收到其他与经营活动有关的现金		
经营活动现金流入小计		
购买商品、接受劳务支付的现金		
支付给职工以及为职工支付的现金		
支付的各项税费		
支付其他与经营活动有关的现金		
经营活动现金流出小计		
经营活动产生的现金流量净额		
二、投资活动产生的现金流量		
收回投资收到的现金		
取得投资收益收到的现金		
处置固定资产、无形资产和其他长期资产收回的现金净额		
处置子公司及其他营业单位收到的现金净额		
收到其他与投资活动有关的现金		
投资活动现金流入小计		
购建固定资产、无形资产和其他长期资产支付的现金		
投资支付的现金		
取得子公司及其他营业单位支付的现金净额		
支付其他与投资活动有关的现金		
投资活动现金流出小计		
投资活动产生的现金流量净额		
三、筹资活动产生的现金流量		
吸收投资收到的现金		
取得借款收到的现金		
收到其他与筹资活动有关的现金		
筹资活动现金流入小计		
偿还债务支付的现金		
分配股利、利润或偿付利息支付的现金		
支付其他与筹资活动有关的现金		
筹资活动现金流出小计		
筹资活动产生的现金流量净额		
四、汇率变动对现金及现金等价物的影响	本期金额	上期金额
五、现金及现金等价物净增加额		
加：期初现金及现金等价物余额		
六、期末现金及现金等价物余额		

三、现金流量表的填列

（一）现金流量表的编制方法

企业在一定期间的现金流量可分为三部分，即经营活动现金流量、投资活动现金流量和筹资活动现金流量。编制现金流量表时，经营活动现金流量的填列方法有两种：一是直接法，二是间接法。这两种方法通常也称为"编制现金流量表的直接法和间接法"，二者各有特点。

在直接法下，一般是以利润表中的营业收入为起算点，调节与经营活动有关项目的增减变动，然后计算出经营活动产生的现金流量。在间接法下，是以净利润为起算点，调整不涉及现金的收入、费用、营业外收支等有关项目，剔除投资活动、筹资活动对现金流量的影响，据此计算出经营活动产生的现金流量。相对而言，采用直接法编制的现金流量表，便于分析企业经营活动产生的现金流量的来源和用途，预测企业现金流量的前景；而采用间接法不易做到这一点。

企业会计准则规定，企业应当采用直接法列示经营活动产生的现金流量。采用直接法具体编制现金流量表时，可以采用工作底稿法或T型账户法，也可以根据有关科目记录分析填列。

工作底稿法是以工作底稿为手段，以利润表和资产负债表数据为基础，结合有关科目的记录，对现金流量表的每个项目进行分析并编制调整分录，从而编制出现金流量表的方法。具体步骤如下。

（1）将资产负债表项目的年初余额和期末金额记入工作底稿中与之对应项目期初数栏和期末数栏。

（2）对当期业务进行分析并编制调整分录。在调整分录中，有关现金及现金等价物的事项分别记入"经营活动产生的现金流量""投资活动产生的现金流量""筹资活动产生的现金流量"等项目，借记表明现金流入，贷记表明现金流出。

（3）将调整分录过入工作底稿中的相应部分。

（4）核对调整分录，借贷合计应当相等。资产负债表项目期初数加减调整分录中的借贷金额以后，应当等于期末数。

现金流量表各项目均需要填列"本期金额"和"上期金额"两栏，其中"上期金额"栏内各项数字，应根据上一期间现金流量表"本期金额"栏内所列数字填列。

（二）现金流量表主要项目说明

1. 经营活动产生的现金流量

（1）"销售商品、提供劳务收到的现金"项目，反映企业本期销售商品、提供劳务收到的现金，以及前期销售商品、提供劳务本期收到的现金（包括应向购买者收取的增值税销项税额）和本期预收的款项，减去本期销售本期退回商品和前期销售本期退回商品支付的现金。企业销售材料和代购代销业务收到的现金，也在本项目中反映。

（2）"收到的税费返还"项目，反映企业收到返还的所得税、增值税、消费税、关税和教育费附加等各种税费返还款。

（3）"收到其他与经营活动有关的现金"项目，反映企业经营租赁收到的租金等其他与经营活动有关的现金流入，金额较大的应当单独列示。

（4）"购买商品、接受劳务支付的现金"项目，反映企业本期购买商品、接受劳务实际支付的现金（包括增值税进项税额），以及本期支付前期购买商品、接受劳务的未付款项和本期预付款项，减去本期发生购货退回收到的现金。企业购买材料和代购代销业务支付的现金，也在本项目中反映。

（5）"支付给职工以及为职工支付的现金"项目，反映企业实际支付给职工的工资、奖金、各种津贴和补贴等职工薪酬（包括代扣代缴的职工个人所得税）。

（6）"支付的各项税费"项目，反映企业发生并支付、前期发生本期支付，以及预交的各项税费，包括所得税、增值税、消费税、印花税、房产税、土地增值税、车船税、教育费附加等。

（7）"支付其他与经营活动有关的现金"项目，反映企业支付的按租赁准则简化处理的短期租赁付款额和低价值资产租赁付款额，以及未被纳入租赁负债的可变租赁付款额，支付的按租赁准则简化处理的短期租赁和与低价值资产租赁相关的预付租金和租赁保证金，支付的差旅费、业务招待费、保险费、罚款支出等其他与经营活动有关的现金流出，金额较大的应当单独列示。

2. 投资活动产生的现金流量

（1）"收回投资收到的现金"项目，反映企业出售、转让或到期收回除现金等价物以外的对其他企业长期股权投资等收到的现金，但处置子公司及其他营业单位收到的现金净额除外。

（2）"取得投资收益收到的现金"项目，反映企业除现金等价物以外的对其他企业长期股权投资等分回的现金股利和利息等。

（3）"处置固定资产、无形资产和其他长期资产收回的现金净额"项目，反映企业出售、报废固定资产、无形资产和其他长期资产取得的现金（包括因资产毁损而收到的保险赔偿收入），减去为处置这些资产支付的有关费用后的净额。

（4）"处置子公司及其他营业单位收到的现金净额"项目，反映企业处置子公司及其他营业单位收到的现金，减去相关处置费用，以及子公司及其他营业单位持有的现金和现金等价物后的净额。

（5）"购建固定资产、无形资产和其他长期资产支付的现金"项目，反映企业购买、建造固定资产、取得无形资产和其他长期资产支付的现金（含增值税款等），以及用现金支付的应由在建工程和无形资产负担的职工薪酬。

（6）"投资支付的现金"项目，反映企业取得除现金等价物以外对其他企业的长期股权投资等支付的现金，以及支付的佣金、手续费等附加费用，但取得子公司及其他营业单位支付的现金净额除外。

（7）"取得子公司及其他营业单位支付的现金净额"项目，反映企业购买子公司及其他营业单位的出价中以现金支付的部分，减去子公司及其他营业单位持有的现金和现金等价物后的净额。

（8）"收到其他与投资活动有关的现金""支付其他与投资活动有关的现金"项目，反映企业除上述（1）~（7）项目外收到或支付的其他与投资活动有关的现金，金额较大的应当单独列示。

3. 筹资活动产生的现金流量

（1）"吸收投资收到的现金"项目，反映企业以发行股票、债券等方式筹集资金实际收到的款项（发行收入减去支付的佣金等发行费用后的净额）。

（2）"取得借款收到的现金"项目，反映企业举借各种短期、长期借款收到的现金。

（3）"偿还债务支付的现金"项目，反映企业为偿还债务本金支付的现金。

（4）"分配股利、利润或偿付利息支付的现金"项目，反映企业实际支付的现金股利、支付给其他投资单位的利润或用现金支付的借款利息、债券利息。

（5）"收到其他与筹资活动有关的现金""支付其他与筹资活动有关的现金"项目，反映企业除上述（1）～（4）项目外收到或支付的其他与筹资活动有关的现金，金额较大的应当单独列示。

4. 汇率变动对现金及现金等价物的影响

"汇率变动对现金及现金等价物的影响"项目，反映下列两个金额之间的差额：

（1）企业外币现金流量折算为记账本位币时，采用现金流量发生日的即期汇率或按照系统合理的方法确定的、与现金流量发生日即期汇率近似的汇率折算的金额（编制合并现金流量表时折算境外子公司的现金流量，应当比照处理）。

（2）企业外币现金及现金等价物净增加额，按资产负债表日即期汇率折算的金额。

第五节 所有者权益变动表

一、所有者权益变动表的内容

所有者权益变动表是指反映构成所有者权益各组成部分当期增减变动情况的报表。它是对资产负债表的补充及对所有者权益增减变动情况的进一步说明。

所有者权益变动表的主要作用有两个：一是既可以为财务报表使用者提供所有者权益总量增减变动的信息，也可以为账务报表使用者提供所有者权益增减变动的结构性信息，特别是能够让财务报表使用者理解所有者权益增减变动的根源；二是所有者权益增减变动表将综合收益和所有者（或股东）的资本交易导致的所有者权益变动分项列示，有利于分清导致所有者权益增减变动的缘由与责任，对于考察、评价企业一定时期所有者权益的保全状况，正确评价管理当局受托责任的履行情况等，具有重要的作用。

二、所有者权益变动表的结构

在所有者权益变动表上，企业至少应当单独列示反映下列信息的项目：综合收益总额；会计政策变更和差错更正的累积影响金额；所有者投入资本和向所有者分配利润等；提取的盈余公积；实收资本、其他权益工具、资本公积、其他综合收益、专项储备、盈余公积、未分配利润的期初和期末余额及其调节情况。

所有者权益变动表为纵横交叉的矩阵式结构。

（一）纵向结构

所有者权益变动表纵向结构按所有者权益增减变动时间及内容，分为"上年年末余额""本年年初余额""本年增减变动金额""本年年末余额"四栏。

上年年末余额 + 会计政策变更、前期差错更正及其他变动 = 本年年初余额

本年年初余额 + 本年增减变动金额 = 本年年末余额

其中，本年增减变动金额按照所有者权益增减变动的交易或事项列示，即

本年增减变动金额 = 综合收益总额 ± 所有者投入和减少资本 ± 利润分配 ± 所有者权益内部结转

（二）横向结构

所有者权益变动表横向采用比较式结构，分为"本年金额"和"上年金额"两栏，每栏的具体结构按照所有者权益构成内容逐项列示，即

实收资本（或股本）+ 其他权益工具 + 资本公积 − 库存股 + 其他综合收益 + 专项储备 + 盈余公积 + 未分配利润 = 所有者权益合计

纵横填列结果归结到本年年末所有者权益合计数，保持所有者权益变动表表内填列数额的平衡。

所有者权益变动表以矩阵式结构列报：一方面，列示使所有者权益变动的交易或事项，即所有者权益变动的来源，对一定时期所有者权益的变动情况进行全面反映；另一方面，按照实收资本、其他权益工具、资本公积、库存股、其他综合收益、盈余公积、未分配利润等所有者权益各组成部分及其总额列示交易或事项对所有者权益各部分的影响。此外，所有者权益变动表采用逐项的本年金额和上年金额比较式结构，能够清楚地表明构成所有者权益的各组成部分当期的增减变动情况，以及与上期增减变动情况的对照和比较。

我国企业所有者权益变动表（简表）的格式见表 11-6。

表 11-6 所有者权益变动表(简表)

编制单位：____年度 会企 04 表 单位：元

项目	本年金额										上年金额									
	实收资本(或股本)	其他权益工具			资本公积	减：库存股	其他综合收益	专项储备	盈余公积	未分配利润	实收资本(或股本)	其他权益工具			资本公积	减：库存股	其他综合收益	专项储备	盈余公积	未分配利润	所有者权益合计
		优先股	永续债	其他								优先股	永续债	其他							
一、上年年末余额																					
加：会计政策变更																					
前期差错更正																					
其他																					
二、本年年初余额																					
三、本年增减变动金额(减少以"-"号填列)																					
(一)综合收益总额																					
(二)所有者投入和减少资本																					
1.所有者投入的普通股																					
2.其他权益工具持有者投入资本																					
3.股份支付计入所有者权益的金额																					
4.其他																					
(三)利润分配																					
1.提取盈余公积																					
2.对所有者(或股东)的分配																					
3.其他																					
(四)所有者权益内部结转																					
1.资本公积转增资本(或股本)																					
2.盈余公积转增资本(或股本)																					
3.盈余公积弥补亏损																					
4.设定受益计划变动额结转留存收益																					
5.其他综合收益结转留存收益																					
6.其他																					
四、本年年末余额																					

三、所有者权益变动表的填列

（一）所有者权益变动表的填列方法

所有者权益变动表根据上年度所有者权益变动表和本年已编制的资产负债表、利润表及相关会计政策、前期差错更正和会计科目记录等资料分析计算填列。各项目具体填列方法如下。

所有者权益变动表"上年金额"栏中的各项数字，应根据上年度所有者权益变动表"本年金额"栏内所列数字填列。上年度所有者权益变动表规定的各个项目名称和内容同本年度不一致的，应对上年度所有者权益变动表各项目的名称和数字按照本年度的相关规定进行调整，填入所有者权益变动表的"上年金额"栏。

所有者权益变动表"本年金额"栏中的各项目金额一般应根据资产负债表所有者权益项目的金额或"实收资本（或股本）""其他权益工具""资本公积""库存股""其他综合收益""专项储备""盈余公积""利润分配""以前年度损益调整"等科目及其明细科目的发生额分析填列。

（二）所有者权益变动表主要项目说明

1. "上年年末余额"项目

"上年年末余额"项目，反映企业上年资产负债表中实收资本（或股本）、其他权益工具、资本公积、库存股、其他综合收益、专项储备、盈余公积、未分配利润的年末余额。

2. "会计政策变更""前期差错更正"项目

"会计政策变更""前期差错更正"项目，分别反映企业采用追溯调整法处理会计政策变更的累积影响金额和采用追溯重述法处理会计差错更正的累积影响金额。

追溯调整法是指对某项交易或事项变更会计政策，视同该项交易或事项初次发生时采用变更后的会计政策，并以此对财务报表相关项目进行调整的方法。追溯重述法是指在发现前期差错时，视同该项前期差错从未发生过，从而对财务报表相关项目进行更正的方法。前期差错通常包括计算错误、应用会计政策错误、疏忽或曲解事实及舞弊产生的影响，以及固定资产盘盈等。

3. "本年增减变动金额"项目

"本年增减变动金额"项目，反映所有者权益各项目本年增减变动的金额，具体内容如下。

（1）"综合收益总额"项目，反映净利润和其他综合收益扣除所得税影响后的净额相加后的合计金额。

（2）"所有者投入和减少资本"项目，反映企业当年所有者投入的资本和减少的资本。其包括以下内容。

①"所有者投入的普通股"项目，反映企业接受投资者投入形成的实收资本（或股本）和资本溢价（或股本溢价）。

②"其他权益工具持有者投入资本"项目，反映企业发行的除普通股以外分类为权益工具的金融工具的持有者投入资本的金额。

③"股份支付计入所有者权益的金额"项目，反映企业处于等待期中权益结算的股份支付当年计入资本公积的金额。

（3）"利润分配"项目，反映企业当年的利润分配金额。

（4）"所有者权益内部结转"项目，反映企业构成所有者权益的组成部分之间当年的增减变动情况。其包括以下内容。

①"资本公积转增资本（或股本）"项目，反映企业当年以资本公积转增资本（或股本）的金额。

②"盈余公积转增资本（或股本）"项目，反映企业当年以盈余公积转增资本（或股本）的金额。

③"盈余公积弥补亏损"项目，反映企业当年以盈余公积弥补亏损的金额。

④"设定受益计划变动额结转留存收益"项目，反映企业因重新计量设定受益计划净负债或净资产产生的变动计入其他综合收益，结转至留存收益的金额。

⑤"其他综合收益结转留存收益"项目，主要反映：第一，企业指定为以公允价值计量且其变动计入其他综合收益的非交易性权益工具投资终止确认时，之前计入其他综合收益的累计利得或损失，从其他综合收益中转入留存收益的金额；第二，企业指定为以公允价值计量且其变动计入当期损益的金融负债终止确认时，之前由企业自身信用风险变动引起而计入其他综合收益的累计利得或损失，从其他综合收益中转入留存收益的金额等。

第六节 附注

一、附注的作用

附注的主要作用有三个方面：第一，附注的编制和披露是对资产负债表、利润表、现金流量表和所有者权益变动表列示项目含义的补充说明，以帮助财务报表使用者更准确地把握其含义。例如，通过阅读附注中披露的固定资产折旧政策的说明，使用者可以掌握报告企业与其他企业在固定资产折旧政策上的异同，以便进行更准确的比较。第二，附注提供了对资产负债表、利润表、现金流量表和所有者权益变动表中未列示项目的详细或明细说明。例如，通过阅读附注中披露的存货增减变动情况，财务报表使用者可以了解资产负债表中未单列的存货分类信息。第三，通过附注与资产负债表、利润表、现金流量表和所有者权益变动表列示项目的相互参照关系，以及对未能在财务报表中列示项目的说明，可以使财务报表使用者全面了解企业的财务状况、经营成果和现金流量及所有者权益的情况。

二、附注的主要内容

附注是财务报表的重要组成部分。根据企业会计准则的规定，企业应当按照如下顺序编制披露附注的主要内容。

（一）企业简介和主要财务指标

（1）企业名称、注册地、组织形式和总部地址。

（2）企业的业务性质和主要经营活动。

(3) 母公司及集团最终母公司的名称。

(4) 财务报告的批准报出者和批准报出日。

(5) 营业期限有限的企业，还应当披露有关营业期限的信息。

(6) 截至报告期末公司近三年的主要会计数据和财务指标。

（二）财务报表的编制基础

财务报表的编制基础是指财务报表是在持续经营基础上，还是在非持续经营基础上编制的。企业一般在持续经营基础上编制财务报表，清算、破产则属于非持续经营基础。

（三）遵循企业会计准则的声明

企业应当声明编制的财务报表符合企业会计准则的要求，真实、完整地反映了企业的财务状况、经营成果和现金流量等有关信息，以此明确企业编制财务报表所依据的制度基础。

（四）重要会计政策和会计估计

企业应当披露采用的重要会计政策和会计估计，不重要的会计政策和会计估计可以不披露。在披露重要会计政策和会计估计时，企业应当披露重要会计政策的确定依据和财务报表项目的计量基础，以及会计估计中采用的关键假设和不确定因素。

会计政策的确定依据主要是指企业在运用会计政策过程中所做的对报表中确认的项目金额最具影响的判断，有助于财务报表使用者理解企业选择和运用会计政策的背景，增加财务报表的可理解性。财务报表项目的计量基础是指企业计量该项目采用的是历史成本、重置成本、可变现净值、现值，还是公允价值，这直接影响财务报表使用者对财务报表的理解和分析。

在确定财务报表中确认的资产和负债的账面价值过程中，企业需要针对不确定的未来事项在资产负债表日对这些资产和负债的影响加以估计，如企业预计固定资产未来现金流量采用的折现率和假设。这类假设的变动对这些资产和负债项目金额的确定影响很大，有可能在下一个会计年度内做出重大调整，因此强调这一披露要求，有助于提高财务报表的可理解性。

（五）会计政策、会计估计变更及差错更正的说明

企业应当按照会计政策、会计估计变更及差错更正会计准则的规定，披露会计政策、会计估计变更及差错更正的有关情况。

（六）报表重要项目的说明

企业对报表重要项目的说明，应当按照资产负债表、利润表、现金流量表、所有者权益变动表及其项目列示的顺序，采用文字和数字描述相结合的方式进行披露。报表重要项目的明细金额合计应当与报表项目金额相衔接，主要包括以下重要项目：应收款项、存货、长期股权投资、投资性房地产、固定资产、无形资产、职工薪酬、应交税费、短期借款和长期借款、应付债券、长期应付款、营业收入、公允价值变动收益、投资收益、资产减值损失、营业外收入、营业外支出、所得税费用、其他综合收益、政府补助、借款费用。

（七）或有事项和承诺事项、资产负债表日后非调整事项、关联方关系及其交易等需要说明的事项

（八）有助于财务报表使用者评价企业管理资本的目标、政策及程序的信息

章节练习题

一、单项选择题

1. 某企业 2024 年发生的营业收入为 1 000 万元，营业成本为 600 万元，销售费用为 20 万元，管理费用为 50 万元，财务费用为 10 万元，投资收益为 40 万元，资产减值损失为 70 万元（损失），公允价值变动损益为 80 万元（收益），营业外收入为 25 万元，营业外支出为 15 万元。该企业 2024 年的利润总额为（　　）万元。

　　A. 380　　　　　　　B. 330　　　　　　　C. 320　　　　　　　D. 390

2. 资产负债表中的"未分配利润"项目填列的依据是（　　）。

　　A. "利润分配"科目余额

　　B. "本年利润"科目余额

　　C. "本年利润"和"利润分配"科目余额的差额

　　D. "盈余公积"科目余额

3. "预付账款"科目明细账中若有贷方金额，则应将其记入资产负债表中的"（　　）"项目。

　　A. 应收账款　　　　B. 预收款项　　　　C. 应付账款　　　　D. 其他应付款

4. 2024 年 12 月 31 日，某企业"固定资产"账户余额为 2 000 万元，"累计折旧"账户余额为 800 万元，"固定资产减值准备"账户余额为 100 万元，"在建工程"账户余额为 200 万元。该企业 2024 年 12 月 31 日资产负债表中"固定资产"项目列报的金额为（　　）万元。

　　A. 1 200　　　　　　B. 90　　　　　　　C. 1 100　　　　　　D. 2 200

5. 下列各项中关于财务报表说法错误的是（　　）。

　　A. 财务报表可以分为个别财务报表和合并财务报表

　　B. 财务报表一般分为表首、正表两部分

　　C. 企业至少应当编制年度财务报表

　　D. 财务报表的列报基础一定是持续经营

6. 下列经济事项中能使企业经营活动产生的现金流量发生变化的是（　　）。

　　A. 缴纳增值税　　　B. 购买工程物资　　C. 赊销商品　　　　D. 发放股票股利

7. 下列经济业务产生的现金流量中属于"投资活动产生的现金流量"的是（　　）。

　　A. 收到的现金股利　　　　　　　　　　B. 支付的各种税费

　　C. 吸收投资收到的现金　　　　　　　　D. 支付货款

8. 下列资产负债表项目中，只需要根据一个总分类账户即可直接填列的是"（　　）"。

　　A. 货币资金　　　　B. 短期借款　　　　C. 预付款项　　　　D. 预收款项

9. 下列经济业务产生的现金流量中属于"投资活动产生的现金流量"的是（　　）。

A. 收回投资收到的现金 B. 销售商品、提供劳务收到的现金
C. 收到的税费返还 D. 购买商品、接受劳务支付的现金

10. 下列经济业务产生的现金流量中属于"筹资活动产生的现金流量"的是（　　）。

A. 收回投资收到的现金 B. 吸收投资收到的现金
C. 收到的税费返还 D. 购买商品、接受劳务支付的现金

二、多项选择题

1. 资产负债表中的"应付账款"项目应根据（　　）填列。

A. 应付账款所属明细账贷方余额合计 B. 预付账款所属明细账贷方余额合计
C. 应付账款总账余额 D. 应付账款所属明细账借方余额合计

2. 下列资产中属于"流动资产"项目的有（　　）。

A. 一年内到期的非流动资产 B. 交易性金融资产
C. 货币资金 D. 开发支出

3. 下列各项中应在现金流量表中的"支付的各项税费"项目列示的有（　　）。

A. 增值税　　　　B. 城市维护建设税　　　　C. 教育费附加　　　　D. 所得税

4. 利润表中的"营业收入"项目应包含的账户及金额有（　　）。

A. 营业外收入　　　B. 投资收益　　　C. 主营业务收入　　　D. 其他业务收入

5. 下列交易或事项产生的现金流量中属于"投资活动产生的现金流量"的有（　　）。

A. 向投资者派发现金股利
B. 为购建固定资产支付的已资本化的利息费用
C. 火灾造成固定资产损失而收到的保险赔款
D. 分期付款购买固定资产第一次支付的款项

6. 下列各项中影响利润表营业利润的有（　　）。

A. 营业外收入 B. 财务费用
C. 投资收益 D. 公允价值变动损益

7. 下列各项中应记入资产负债表中"应收账款"项目的有（　　）。

A. "应收账款"科目所属明细科目的借方余额
B. "应收账款"科目所属明细科目的贷方余额
C. "预收账款"科目所属明细科目的借方余额
D. "预收账款"科目所属明细科目的贷方余额

8. 下列交易或事项产生的现金流量中属于"投资活动产生的现金流量"的有（　　）。

A. 为购建固定资产支付的耕地占用税
B. 为购建固定资产支付的已资本化的利息费用
C. 火灾造成固定资产损失而收到的保险赔款
D. 最后一次支付分期付款购入固定资产的价款

9. 资产负债表中"期末余额"的填列方法有（　　）。

A. 根据总账科目余额填列

B. 根据明细账科目余额计算填列

C. 根据总账科目和明细账科目余额分析计算填列

D. 发行股票时由证券商支付的股票印刷费用

10. 下列资产负债表项目中，根据总账科目余额直接填列的有（　　）。

A. "短期借款"项目　　　　　　　　B. "实收资本"项目

C. "应付账款"项目　　　　　　　　D. "应收账款"项目

三、判断题

1. 企业支付的所得税、印花税、房产税、土地增值税、耕地占用税等，应作为经营活动产生的现金流量，列入"支付的各项税费"项目。（　　）

2. 资产负债表中有些项目期末余额可以根据总账科目余额填列，如"交易性金融资产""短期借款""应付职工薪酬"等项目；有些项目则需要根据几个总账科目的期末余额计算填列，如"货币资金"项目，需要根据"库存现金""银行存款""其他货币资金"三个总账科目的期末余额合计数填列。（　　）

3. 利润表中各项目主要根据各损益类科目的发生额分析填列。（　　）

4. 现金流量是指现金及现金等价物的流入，可以分为三类，即经营活动产生的现金流量、投资活动产生的现金流量和筹资活动产生的现金流量。（　　）

5. 经营活动包括销售商品或提供劳务、购买商品或接受劳务、收到返还的税费、经营性租赁、支付工资、支付广告费用、缴纳各项税款等。（　　）

6. 投资活动包括取得和收回投资、购建和处置固定资产、购买和处置无形资产等。（　　）

7. 筹资活动包括发行股票或接受投入资本、分派现金股利、取得和偿还银行借款、偿还公司债券等。（　　）

8. 企业应在附注中披露将净利润调整为经营活动现金流量、不涉及现金收支的重大投资和筹资活动、现金及现金等价物变动情况等信息。（　　）

9. 所有者权益变动表中直接计入所有者权益的利得和损失，以及与所有者（或股东）的资本交易导致的所有者权益的变动，应当分别列示。（　　）

10. 资产负债表"上年年末余额"栏内各项目数字，应根据上年末资产负债表"期末余额"栏内所列数字填列。（　　）

四、案例分析题

1. 甲企业 2024 年 12 月 31 日的有关资料如下。

科目余额表见表 11-7。

表 11-7 科目余额表

2024 年 12 月 31 日   单位：元

科目名称	借方余额	贷方余额
库存现金	10 000	
银行存款	57 000	
应收票据	60 000	
应收账款	80 000	
预付账款		30 000
坏账准备		5 000
原材料	70 000	
低值易耗品	10 000	
发出商品	90 000	
材料成本差异		55 000
库存商品	100 000	
固定资产	800 000	
累计折旧		300 000
在建工程	40 000	
无形资产	150 000	
短期借款		8 000
应付账款		70 000
预收账款		10 000
应付职工薪酬	4 000	
应交税费		13 000
长期借款		80 000
实收资本		500 000
盈余公积		200 000
未分配利润		200 000

（1）债权、债务明细科目余额。

①应收账款明细资料如下。

应收账款——A 公司借方余额 100 000 元。

应收账款——B 公司贷方余额 20 000 元。

②预付账款明细资料如下。

预付账款——C 公司借方余额 20 000 元。

预付账款——D 公司贷方余额 50 000 元。

③应付账款明细资料如下。

应付账款——E 公司贷方余额 100 000 元。

应付账款——F 公司借方余额 30 000 元。

④预收账款明细资料如下。

预收账款——G 公司贷方余额 40 000 元。

预收账款——H 公司借方余额 30 000 元。

（2）长期借款共 2 笔，均为到期一次性还本付息，其金额及期限如下。

①从工商银行借入 30 000 元（本利和），期限从 2024 年 6 月 1 日至 2026 年 6 月 1 日。

②从建设银行借入 50 000 元（本利和），期限从 2025 年 8 月 1 日至 2027 年 8 月 1 日。

要求：编制甲企业 2025 年 12 月 31 日的资产负债表（简表）（表 11-8）。

表 11-8 资产负债表（简表) 会企01表

编制单位：甲企业　　　　　　2025 年 12 月 31 日　　　　　　单位：元

资产	期末余额	上年年末余额	负债和所有者权益（或股东权益）	期末余额	上年年末余额
流动资产：			流动负债：		
货币资金			短期借款		
应收票据			应付票据		
应收账款			预收款项		
预付款项			应付职工薪酬		
存货			应交税费		
流动资产合计			一年内到期的非流动负债		
非流动资产：			流动负债合计		
固定资产			非流动负债：		
在建工程			长期借款		
无形资产			非流动负债合计		
非流动资产合计			负债合计		
			所有者权益（或股东权益）：		
			实收资本		
			盈余公积		
			未分配利润		
			所有者权益（或股东权益）合计		
资产总计			负债和所有者权益（或股东权益）总计		

2. 甲股份有限公司（以下简称"甲公司"）为增值税一般纳税人企业，适用的增值税税率为 13%。商品销售价格中均不含增值税，按每笔销售分别结转销售成本。甲公司销售商品、零配件及提供劳务均为主营业务。

甲公司 2024 年 9 月发生的经济业务如下。

（1）以分期收款销售方式向 A 公司销售商品一批。该批商品的销售价格为 20 万元，实际成本为 17 万元，提货单和增值税专用发票已交 A 公司。根据合同，该价款（合同价款不含增值税，但收款包括增值税，下同）分 3 次收取：第一次收取货款的 20%，10 月 1 日和 11 月 1 日分别收取货款的 40%。第一次应收取的货款已于本月收存银行。

（2）与 B 公司签订合同，委托其代销商品一批。根据代销合同，B 公司按代销商品合同价的 5% 收取手续费，并直接从代销款中扣除。该批商品的合同价为 5 万元，实际成本为 3.6 万元，商品已运往 B 公司。本月末，收到 B 公司开来的代销清单，列明已售出该批商品的 50%，同时收到已售代销商品的代销款（已扣除手续费）。

（3）与 C 公司签订一项设备安装合同。该设备安装期为 2 个月，合同总价款为 3 万元，分 2 次收取。本月末收到第一笔价款 1 万元，并存入银行。按照合同规定，安装程序完成日收取剩余的款项。至本月末，已实际发生安装成本 1.2 万元（假定均为安装人员工资）。

（4）向 D 公司销售一件特定商品。合同规定，该件商品须单独设计制作，总价款为 35 万元，自合同签订起 2 个月内交货。D 公司已预付全部价款。至本月末，该件商品尚未完工，已发生生产成本 15 万元（其中，生产人员工资 5 万元，原材料 10 万元）。

（5）向 E 公司销售一批零件。该批零件的销售价格为 100 万元，实际成本为 80 万元。增值税专用发票及提货单已交给 E 公司。E 公司已开出承兑的商业汇票，期限为 3 个月，到期日为 12 月 10 日。E 公司因受场地限制，推迟到下月 23 日提货。

（6）与 H 公司签订一项设备维修服务合同。本月末，该维修服务完成并经 H 公司验收合格，同时收到 H 公司按合同支付的提供服务款 50 万元。为完成该项维修服务，发生相关费用 10.4 万元（假定均为维修人员工资）。

（7）M 公司退回 2023 年 12 月 28 日购买的商品一批，该批商品的销售价格为 6 万元，实际成本为 4.7 万元。该批商品的销售收入已在售出时确认，但款项尚未收取。经查明，退货理由符合原合同规定。本月末已办妥退货手续并开具红字增值税专用发票。

（8）计算本月应交所得税，假定该公司适用的所得税税率为 25%，采用资产负债表债务法核算所得税，假定本期无任何纳税调整事项，且不考虑递延所得税的影响。

除上述经济业务外，甲公司登记 9 月发生的其他经济业务形成的账户余额见表 11-9。

表 11-9 其他经济业务形成的账户余额　　　　　　　单位：元

账户名称	借方余额	贷方余额
其他业务收入		200 000
其他业务成本	10 000	
投资收益		15 300
营业外收入		20 000
营业外支出	40 000	
税金及附加	100 000	
管理费用	50 000	
财务费用	10 000	

要求：

（1）编制甲公司与上述（1）～（8）项经济业务相关的会计分录（"应交税费"科目要求写出明细科目及专栏名称）。

（2）编制甲公司 9 月的利润表（简表）（表 11-10）。

表 11-10 利润表（简表）　　　　　　　　　　会企 02 表

甲公司 2024 年 9 月　　　　　　　　　　　　　　单位：元

项　目	本期金额
一、营业收入	
减：营业成本	
税金及附加	
销售费用	
管理费用	
财务费用	
加：投资收益（损失以"-"号填列）	
公允价值变动收益（损失以"-"号填列）	
资产减值损失（损失以"-"号填列）	
二、营业利润（亏损以"-"号填列）	
加：营业外收入	
减：营业外支出	
三、利润总额（亏损总额以"-"号填列）	
减：所得税费用	
四、净利润（净亏损以"-"号填列）	

第十二章 数字化会计基础

第一节 数字化会计概述

一、数字化会计的定义和特征

(一) 数字化会计定义

数字化会计是一种利用数字技术和信息系统对会计流程进行自动化、数字化和智能化改造的会计模式。数字化会计涵盖了从数据采集、处理、分析到报告生成的整个会计生命周期，并借助信息技术手段显著提升了会计工作的效率、准确性和安全性。数字化会计主要通过应用云计算、大数据、人工智能、区块链等现代信息技术，对传统会计操作进行优化和创新，实现数据实时采集、智能分析和流程自动化。它不再局限于手工输入数据和人工生成财务报表，而是以数据为核心，通过自动化系统自动获取和处理财务信息。数字化会计不仅关注"记录"和"报告"，更注重利用分析结果支持企业决策，实现数据驱动的财务管理。

(二) 数字化会计特征

数字化会计是对传统会计的革新，提升了会计的效率、准确性和安全性，为企业提供了精确、实时的数据支持，有助于提高企业的决策能力。具体来说，数字化会计具有以下特征。

(1) 实时性和高效性。数字化会计系统可以实时获取和更新财务数据，随时生成最新的财务报告。借助自动化工具，企业的财务流程更加快捷、精确，降低了人工处理的时间成本，显著提升了会计工作的效率。

(2) 自动化和智能化。通过应用自动化流程和人工智能算法，数字化会计可以自动执行重复性任务，如分类账的更新、应收账款跟踪、费用报销审核等。这不仅减少了人为操作误差，也为会计人员提供了更多时间进行分析和提供决策支持。

(3) 数据驱动和洞察力增强。数字化会计不仅可以处理财务数据，还可以集成多种非财务数据，生成全面的业务分析报告。通过大数据分析，企业能够预测未来趋势，识别业务中的潜在风险和机会，从而做出更明智的决策。

（4）安全性和透明性。区块链等技术的应用增强了数字化会计的透明性和安全性。区块链账本的不可篡改性确保了数据的真实性和可靠性，同时提升了财务数据的可追溯性和合规性。

（5）协作性和易访问性。云会计平台使财务数据可以随时随地被访问和共享，促进了企业内部及外部利益相关者之间的协作。这种特性使团队成员无论身处何地，都能及时获取并处理财务信息。

二、数字化会计的产生与发展

随着信息技术的迅猛发展，数字化会计成为现代财务会计与管理的重要组成部分。从最初的手工会计到如今的智能化财务系统，数字化会计的演变不仅提高了财务工作的效率和精度，也推动了企业管理方式的变革。数字化会计的出现与发展不仅是技术进步的产物，也是全球经济一体化和信息化进程加速的必然趋势。随着数字化、智能化与全球经济的发展，数字化会计的发展经历了以下几个重要时期。

（一）传统手工会计时期

1. 手工会计的内容

自1494年"现代会计之父"卢卡·帕乔利发明复式记账法以来，手工记账延续至今已有数百年。手工会计是会计工作的早期形式，主要依赖人工记录、计算和整理会计信息，并对外发布相关财务报告。其基本内容如下。

（1）账簿记录。所有会计交易都需要手工登记在各类账簿上，如日记账、总账、明细账等，会计人员必须根据原始凭证（如发票、收据、银行单据等）逐一记录。

（2）凭证填写。每笔会计交易都需要填写凭证，凭证上需要载明交易的日期、内容、金额等信息，而且必须由会计人员亲自审核和批准。

（3）财务报表编制。根据账簿和凭证的信息编制财务报表，如资产负债表、利润表和现金流量表。这些报表通常需要人工汇总数据、整理和分析。

（4）成本核算。通过手工计算、分类和汇总成本，确定产品的生产成本和经营成本。

（5）审计与复核。在财务报告完成后，还需要进行人工复核和审计，以确保数据的准确性和合规性。

2. 手工会计的特征与局限性

（1）依赖人工操作。手工会计完全依赖会计人员的人工操作，所有记录、计算和报告生成都需要人工完成。由于人力的局限性，手工记录和计算会不可避免地出现遗漏、重复或错误，且不易修正，导致数据的准确性和可靠性受到影响。

（2）烦琐且耗时。由于所有步骤都需要手工处理，数据录入、汇总、计算、报表生成等工作非常烦琐，且耗时较长。通常企业财务部需要配备大量财务人员，增加企业人工与管理成本。

（3）缺乏数据分析。手工会计通常只专注数据的记录和报表的生成，缺乏深入的数据分析和预测功能。

(二) 电子表格与计算机软件化阶段

随着信息技术的进步，尤其是计算机技术的普及，手工会计逐渐被电子表格和计算机化会计替代。在这一阶段，会计工作逐步从纸质账簿转向电子化处理，主要通过使用计算机软件自带的电子表格工具和一些专门的会计软件进行数据的录入、存储和分析。

1. 电子表格与计算机化会计的内容

（1）电子表格的使用。20世纪70年代末80年代初，电子表格软件（如Microsoft Excel）开始广泛应用于会计工作。会计人员利用表格处理交易记录、制作财务报表、进行预算管理和现金流分析。

（2）会计软件的引入与成熟。20世纪80年代末，许多小型企业开始采用计算机会计软件（如QuickBooks、Peachtree等）。进入21世纪，一些国内外会计软件开发商（如思科、甲骨文、思爱普SAP、金蝶、用友等），针对会计工作进行了专门的会计软件设计。这些软件提供了自动化的账务处理功能，如自动计算账目、生成报表、对账等，极大地提高了工作效率。

（3）自动化数据录入与处理。会计人员可以通过计算机输入交易信息，系统会自动生成凭证、分类账和总账，还可以与银行账户、客户、供应商等外部系统对接，实现自动化数据传输和账务核对。

（4）财务报表的自动化编制。通过电子表格和会计软件，财务报表的生成不再依赖手工计算，自动化报表生成和分析工具可以帮助会计人员快速、准确地编制财务报表和预算。

2. 电子表格与计算机化会计的特征与局限性

（1）电子表格和计算机化会计具有以下特征。

①效率提升。电子表格和会计软件的使用大幅提高了会计数据的处理速度，减少了烦琐的手工录入和计算，节省了大量时间和劳动成本。

②数据集中存储和管理。通过计算机系统，企业的财务数据可以集中存储和管理，多个部门可以通过共享系统获取实时财务信息，增强了数据的一致性和透明度。

③准确性与可靠性提高。计算机系统通过公式、函数和自动校验机制，减少了人为错误的发生。例如，电子表格中的函数能够确保财务计算的准确性，且数据录入后不易被篡改，降低了报表出错的概率。

④财务分析功能。通过数据透视表、图表生成等分析工具，电子表格和会计软件为会计人员提供了更丰富的财务分析功能，帮助企业管理层做出更加准确的决策。

⑤报表自动化。会计人员只需要输入基本的财务数据，会计软件就能自动根据设定的模板生成财务报表，减少了烦琐的手工制作报表流程，提升了财务报告的及时性和准确性。

（2）尽管电子表格和计算机化会计带来了显著的效率提升和精度保障，但它们仍然存在一定的局限性。

①数据安全问题。随着财务数据的电子化，数据泄露和信息安全成为重大问题。虽然系统可以采取密码保护、加密等手段，但电子数据依然容易受到黑客攻击、病毒感染或误操作的威胁，可能导致数据丢失或泄露。

②操作复杂性。尽管相较手工会计，会计软件工作简单了很多，但对于非专业人员来说，系统

设置、操作和报表编制仍然存在一定的复杂性，尤其在更高阶的财务分析和预算管理中，仍需要会计人员具备一定的技术能力。

③软件依赖性与更新问题。会计软件的使用往往依赖特定的软件工具和版本。随着技术不断更新，老旧软件可能无法支持最新的会计规则或操作系统，企业需要定期进行软件升级或更换，增加了额外的成本。

④业财系统融合问题。尽管会计软件和电子表格可以实现一定程度的自动化，但在多部门、多系统，特别是企业业务部门的系统与财务部的会计系统没有对接的情况下，财务数据的整合仍然是一个难题。不同软件之间可能存在兼容性问题，需要额外的技术支持和维护。

第二节 数字化会计理论框架

随着移动互联网、大数据、云计算、物联网、区块链、人工智能等技术的应用，注重核算的传统财会管理正处于转型时期，以数字经济、数字核算、数字预算、数字共享与数字分析为核心的数字会计体系正在形成。数字化会计对传统会计进行了重构与颠覆，实现了报表分析、成本预测、风险控制、科学决策，推进了业务、财务、税务、决策管理不断融合一体化发展。从数字化会计的内容与功能视角来看，财务、业务的集中处理和流程优化，其核心在于"共享"；业务、财务、税务的自动化与协同化，其核心在于"互联"；业财税管深度一体化，其核心在于"数字与智能"。本书构建了数字化会计发展的理论模型，围绕共享经济、财务共享、大数据、云计算、区块链、人工智能等对数字化会计的理论支撑进行阐述。

一、共享经济理论

基于"随时使用，人人共享"的理念，借助云计算、大数据、互联网、通信技术等，共享经济实现了实体资源的虚拟化和数据处理的高效率，通过海量的共享空间与全方位的数据分析，为平台化的财务架构提供了强大动力。

1. 共享经济的内涵

共享经济也称"协同消费"，是一种基于资源共享而按需使用的经济模式。在这一模式中，个人或组织通过互联网平台共享闲置的物品或服务，从而实现资源的高效配置与价值再创造。共享经济的核心理念是最大化利用现有资源，减少浪费，并通过共享促进社会的合作与互助。在共享经济模式下，个人或企业不再单纯地通过传统方式拥有和消费产品，而是通过分享其闲置的资源（如住房、车辆、工具、时间等）与他人进行交换或出租。例如，Airbnb 和 Uber 通过互联网将住房和汽车等资产共享给他人，达到资源共享的目的。这种模式不仅帮助资源拥有者赚取收入，也为需求方提供了便捷、低成本的选择。共享经济强调资源的灵活使用和社区之间的信任，平台扮演着中介的角色，提供信息、支付和评价等服务。它通过打破传统所有权的界限，使物品和服务的流动性大大增强，有助于推动社会经济的可持续发展。从经济学角度来看，共享经济的实质是将社会海量分散的闲置资源进行平台化、协同化的聚集、复用与供需匹配，从而实现经济与社会价值创新的新形态。

2. 共享经济的特征

共享经济提供了标准化、集约化的资源配置新模式，创造了共享服务的商业理念和价值，具有人人共享、成本低、效率高、全时空、全要素、全开放等特征。

（1）大众参与，人人共享。共享经济是新型的经济形态，其产生前提是互联网、云计算、大数据、物联网等现代信息技术及创新应用的快速发展。大量分散的群体和个人依托互联网平台进行有效率的交易是共享经济的重要特征，智能会计平台的各方参与主体共享信息与财务数据，业务处理的协作性强。

（2）成本低与效率高。共享经济模式下的企业或个人能够通过财务共享平台获得服务、技术、数据，表现出低成本的特征；同时，共享经济模式赋能智能会计，提高资金利用效率，控制企业运作成本，释放创新活力，呈现出高产出、高收益的特征。

（3）全时空、全要素、全开放。共享经济强调"去中心化"、个性化，意味着每个人都成为分享资源的主人。另外，共享经济模式重构了多环节的流程，呈现出全时空、全要素、全开放的特征。以共享经济为基础的智能会计，通过信息的广泛收集与精准匹配，开创了精细、高效的资源配置模式。

二、财务共享理论

在经济全球化和并购浪潮下，财务变革势在必行。财务共享服务基于云计算推进全球化与数字化，基于大数据实现流程优化和数据价值挖掘。与传统财务服务相比，财务共享具有成本低、服务质量与效率高、扩大企业规模等优点。财务共享促进业务与财务互联互通，加速企业标准化进程，实现资源整合与流程优化，已经成为数字化会计"破坏性创新"财务管理模式的必然途径。

1. 财务共享的内涵

财务共享概念起源于20世纪80年代初的美国，福特公司率先实施财务共享服务。后来，杜邦公司与通用电气公司也建立了财务共享中心，其他企业如海尔、龙湖、华为等纷纷效仿。财务共享又称为"财务共享服务"，是通过对人员、技术和流程的有效整合，实现组织内公共流程标准化和精简化的创新手段。当前，财务共享服务模式已经逐渐成为企业提升财务效率，推动财务职能转型，实现集团管控精细化、服务化、智能化的重要途径。

2. 财务共享基本理论

（1）信息不对称理论。信息不对称理论是经济学中一个重要的理论，是指在交易过程中交易双方掌握的信息不完全或不对等，导致其中一方处于信息上的劣势，进而影响决策、市场效率及交易结果。这个理论最早由美国经济学家乔治·阿克尔洛夫（George A. Akerlof）在论文《"劣质商品"市场》中提出，并由其进一步发展成为信息经济学的重要组成部分。信息不对称理论认为，在某些市场中，一方（通常是卖方）比另一方（通常是买方）拥有更多的信息。由于信息不对称，买卖双方可能做出不理想的决策。例如，卖方可能隐瞒商品的真实质量，导致买方无法做出完全理性的选择；或者在金融市场上，投资者可能无法完全了解公司财务状况，投资决策可能因此受到影响。

（2）企业数字化转型理论。数字化转型是企业战略层面的概念，是指基于数字化技术的发展，对传统企业原有业务与数字化技术进行融合并创新，实现企业业绩增长与持续发展的变革要求。企业数字化的本质是通过数字技术与数学算法切入企业业务流，并形成智能化数据闭环，使企业生产经营的全过程可度量、可追溯、可预测，重构基于成本、质量与效率的企业竞争力。企业数字化分为内部运营管理数字化、外部商业模式数字化和行业平台生态数字化。对应到技术层面，即系统内部的垂直集成、外部的横向集成、端与端的链接集成。财务共享形成了财会大数据，移动互联是财务共享的发展趋势，云计算为财务共享提供了技术支撑。数字化转型中的财务共享有利于客户体验升级、企业效率提升、企业业务创新、资源配置优化。

（3）多边平台市场理论。多边平台市场是对双边市场概念的延伸，是指将两个以上相互依赖又明显区别的市场参与方（如供给方、需求方、网络平台、第三方支付等）集合在一起的平台结构。多边平台的特征表现为间接的网络效应、交叉网络的外部性、价格的非中性、需求的互补性等。金融交易所、操作系统平台、社交网站、搜索引擎、电子商务等都是典型的多边平台，通过整合多方资源提供优势互补、协同创新的渠道。平台经济和平台模式是数字化转型的主要实现方式，对于中小企业来说，需要借助财务共享平台实现数智化、流程化、共享化，最终形成增值价值链与行业生态链。

三、大数据理论

随着移动通信技术和智能终端设备的发展，全球数据通信总量逐年激增。一方面，数据产出方式从人工到自动化转变，大量传感器 24 小时无间歇采用，加快了数据的爆炸式增长；另一方面，人类活动与数据传递密不可分，大数据时代"未来已来"。大数据是指在数量、种类和处理复杂性上超出传统数据处理能力的数据集。它不仅包括结构化数据，还包括非结构化数据和半结构化数据。

1. 大数据的内涵

麦肯锡全球研究所对大数据的定义为：大数据是一种规模大到在获取、存储、管理、分析方面大大超出传统数据库软件工具能力范围的数据集合，具有海量的数据规模、快速的数据流转、多样的数据类型和价值密度低四大特征。大数据技术的战略意义不在于掌握庞大的数据信息，而在于对这些有意义的数据进行专业化处理。换言之，如果把大数据比作一种产业，那么这种产业实现盈利的关键，在于提高对数据的"加工能力"，通过"加工"实现数据的"增值"。总的来说，大数据的内涵不仅在于数据的规模，还强调如何利用先进的技术手段（如数据挖掘、人工智能、机器学习等）从中提炼出具有决策价值的信息，帮助企业和组织提升运营效率和创新能力。

2. 大数据的特征

根据大数据产生的范围、发展速度、应用价值，可以将大数据的特征总结为以下四个。

（1）巨量性（Volume）。大数据的一个显著特征是数据量庞大。随着数字化时代的到来，企业、社交平台、物联网设备、在线交易等各类渠道每天生成海量数据，这些数据的规模远超传统数据库管理系统能够处理的范围。数据的存储和处理需要依赖分布式计算技术和海量存储设施。

（2）多样性（Variety）。大数据不仅包括结构化数据（如表格、数据库记录等），还包括非结构化数据（如文本、图片、音频、视频等）和半结构化数据（如日志文件、XML等），需要多种技术处理不同类型的数据。

（3）高速性（Velocity）。互联网每一秒都产生大量数据，但实际上只有很少一部分数据是人们需要的，这要求人们能够快速地从海量数据中挖掘出有价值的信息。云计算的出现极大地支撑了大数据的广泛运用，当前云计算的运算速度可以达到 10 万亿次/秒，只有数据的处理速度大幅提升，才能将大数据应用到更多场景中。2014 年，美国零售巨头亚马逊宣布了一项新专利：预判发货。网购时，顾客还没有下单，亚马逊就将包裹寄出，依据是顾客之前的消费记录、搜索记录和心愿单。亚马逊通过预测，借助算法自动发货，实现交易智能化。

（4）价值性（Value）。"价值"是大数据的核心特征，具体表现为价值密度低、商业价值高。价值密度低是指在数据呈指数增长的同时，隐藏在海量数据中的有用信息并未按比例增长；商业价值高是指从大量不相关、多类型的数据中找到相关关系，从而预测未来趋势。

四、云计算理论

云计算代表了用一种崭新的方式组织和管理虚拟化资产，因为它具有简单、无线扩展的处理能力与价格低、质量高的成本优势。在新一代云数据中心建设中，绿色是主体，云计算是未来。云计算到底是什么，有什么特征，云计算的服务模式如何？下面将对此简要介绍。

1. 云计算的内涵

通常提到"云"，就是指云计算。基于互联网的大规模分布式计算技术，云计算是一种全新的能让人们方便、自助地使用远程计算机资源的模式。"云"通过网络"存储"和"计算"，从有形的产品变为无形的、可以配送的服务。对于企业来说，这意味着不用投入大量资金购买服务器和软件。小企业通过租用"云"就可以享受到以前只有大公司才能购买、装配的软硬件能力。根据美国国家标准与技术研究院的定义，云计算是一种按使用量付费的模式，该模式提供可用的、便捷的、按需的网络访问，进入可配置的计算资源共享池（网络、服务器、存储、应用软件、服务），这些资源只需要投入很少的管理工作，本质上是通过网络按需提供信息技术资源。

2. 云计算的服务模式

从使用者的角度了解云计算的服务模式及部署模型可知，云计算的服务模式分为基础设施即服务（IaaS）、平台即服务（PaaS）、软件即服务（SaaS）三种类型。

（1）基础设施即服务是指云服务提供商把信息技术系统的基础设施层作为服务出租，消费者自己安装操作系统、中间件、数据库和应用程序，如亚马逊的弹性计算云、谷歌的 Google App Engine 等。

（2）平台即服务是指云服务提供商把信息技术系统中的平台软件作为服务出租，消费者自己开发或者安装程序，并运行相关程序，如微软公司、谷歌公司等都提供此类服务。

（3）软件即服务是指云服务提供商把信息技术系统中的应用软件作为服务出租，消费者不用自己安装应用软件，直接使用即可，如此便降低了云服务消费者的技术门槛，如苹果公司的 App Store 提供类似服务。

3. 云计算的特征

"云"支持可以方便地按需通过网络访问配置计算资源的共享池，具有规模化、虚拟化、自助化和低成本化的特征。

（1）规模化是指"云"的规模大、用户的访问量大。如 Amazon、IBM、微软、苹果等公司的"云"动辄拥有几十万台服务器。一般企业的私有"云"拥有数百台服务器，用户可以随时随地使用任何云端设备接入网络并使用云端资源。

（2）虚拟化是指云计算支持用户在任意位置、使用任意终端设备获取服务。云计算采取虚拟化技术，用户不需要关心硬件情况，只需要选择云服务提供商，采用注册账号登录云控制台，购买和配置所需的服务即可。

（3）自助化是指用户根据实际需要购买云服务，并且根据使用量进行精准计费，不仅可以较大地节省费用，而且可以提高网络资源的利用率。

（4）低成本化是指企业采用云计算部署数据资源，实际上远远比传统的数据中心部署服务器简单方便。由于"云"的规模可以动态伸缩，满足应用与用户规模的增长，可根据用户数量进行弹性管理，在很大程度上节省了"云成本"。

五、人工智能理论

从 1940 年阿兰·图灵（Alan Turing）破解恩尼格玛密码机，到 1956 年达特茅斯研讨会（Dartmouth Conference）上约翰·麦卡锡创造"人工智能"一词，再到今天，人工智能已经经历了 80 多年的发展历程。到 2016 年，人工智能投资已达 300 亿美元；2017 年上半年，在 2016 年的基础上增长 45%。借助深度学习算法的"春风"，在大数据、云计算、区块链、移动互联网"四位一体"的协助下，人工智能正在引发链式突破，推动人类社会经济各个领域从数字化、网络化向智能化全面发展。借助机器学习算法，人工智能辅助会计工作实现业务数字化、流程标准化、财务智能化。

1. 人工智能的内涵

人工是指"人工合成"，对应"自然生成"；"智能"源于拉丁语 Legere，字面意思是采集、收集，进而进行选择，是"个人从经验中学习、理性思考、记忆重要信息，以及应付日常生活需求的认知能力"。史蒂芬·卢奇等认为，人工智能是由人类（people）、想法（idea）、方法（method）、机器（machine）和结果（outcome）组成。拉斐尔（Raphael）对人工智能的评价比较贴切：人工智能是一门科学，这门科学让机器人做人类需要智能才能完成的事情。从计算机应用系统的角度来看，人工智能是研究如何制造智能机器或智能系统，模拟人类智能活动的能力，以延伸人类智能的科学。简言之，人工智能是计算机科学的一个分支，主要研究和开发模拟、延伸与扩展人类智能的理论方法、技术与应用系统，涉及机器人、语音识别、图像识别、自然语言处理和专家系统等方向。

2. 人工智能的特征

根据智能功能与应用范围，人工智能的特征主要包括深度学习、跨界融合、人机交互、自主操控四个方面。

（1）深度学习。深度学习是机器学习的一大分支，通过拥有多个处理层的神经网络计算模型学习具有多层次的抽象数据，即深度学习能够发现大数据中的复杂结构。例如，AlphaGo 软件特别强大的原因就是策略网络与估值网络，其最核心的技术就是深度学习技术。

（2）跨界融合。人工智能技术作为新一轮产业变革的核心驱动力，基础技术研发和应用落地双头并举，与各行业的融合不断深化，逐步进入商业化阶段，重构传统行业的生态格局。根据德勤2019年发布的《全球人工智能白皮书》，2025年全球人工智能的市场规模将突破6万亿美元，2017—2025年的增长率将达30%。未来人工智能企业的发展将趋向健康的商业模式。

（3）人机交互。人机交互是指人和机器在信息交换和功能上接触或互相影响。心理学家利克莱德（J. C. R. Licklider）提出，人机交互是向智能机器前进过程中的一个过渡阶段。诸如苹果的Siri、微软的Cortana和谷歌的Google Now等智能助手与数以亿计人类用户的互动，这本身就定义了一种机器人与人类互动的关系。

（4）自主操控。人工智能不仅能够解决特定领域的具体任务，而且能像人类一样解决不同领域和类型问题，进行判断和决策，是全产业升级的技术工具。例如，谷歌无人驾驶汽车在加利福尼亚州道路上测试，7辆车使用摄像机、雷达感应器与激光测距机来"看"道路交通状况。Facebook公司研发的DeepFace系统可以识别照片中的人物，在全球权威的人脸识别LFW数据库的识别准确率达97.25%。

第三节　数字化会计应用

一、数字化会计与业务结构

数字化会计的业务结构包括智能会计与税务管理、资金管理、合规管理、管理会计、财务风险管理等，以及对于上述内容如何处理和实现的具体说明。业务结构是企业运行的框架，是每项具体业务开展前的重要依据。在数字化会计的背景下，每个传统会计模块都出现了可以为之所用的新概念、新技术，而业财税管融合概念的提出无疑是对企业财务人员的全新要求。本节将联系传统会计与数字化会计，对业财税管融合在企业中的具体应用进行介绍，同时介绍新技术对会计业务的提升也是本节的重要内容之一。

1. 数字化税务

要解决我国现行税务管理中存在的诸多问题，最可行、最直接的办法就是利用互联网技术实现智能税务，打造票税一体化平台。企业运用信息数据网络思维，更新传统企业税收制度规则，构建从企业内部税收活动到税务机关税收征管平台的税收信息共享路径，开展各类税种、全主体、全业务、全过程的企业集团税务管理应用工作，实现低成本、高效率、低风险的税务管理目标。智能税务是以企业税收集中管理为核心，通过信息共享、服务共享、知识共享，实现税务机关、企业和下属单位有机结合，以及税务资源的优化配置。智能税务的基本目标是建立统一的平台，管理集团所有涉税和发票相关数据，进行全方位的大数据分析；通过智能税务构建系统，规范集团所有税收、发票和税务核算的管理，确保税收处理的合规性和可控性；通过智能税务、统一发票、认证、稽查、纳税申报等工作构建制度，提高工作的准确性和效率。

2. 数字化成本核算

在成本核算过程中，几乎所有企业都会在管理中遇到公共成本的分配问题。在实践中，公共成本的分配方式有所不同：有的企业按成本动因分配，有的企业按工时比例分配，有的企业按人员比例分配，有的企业按业务量比例分配。公共成本的使用对象复杂，成本发生的过程分散琐碎，成本与分配对象之间的因果关系往往难以准确跟踪。由于存在这些瓶颈，大部分成本基于分配标准进行分配，且因果关系不明确，存在一定的假设。作业成本法在公共成本核算中占有重要地位。然而，随着数字化金融共享中心的出现，公共成本商业化的新型内部资源交易模式为公共成本的有效分配提供了更直观、更有效的方法。架构于互联网和"云"的消费商城，利用电商化平台可以将企业的差旅服务、办公用品、公务用车及大宗采购互联网化，并与会计服务中心紧密集成，实现企业消费业务和采购业务对供应商的直接结算。同时，会计服务中心基于电子发票信息，实现自动化的会计核算。

3. 数字化资金管理

资金管理是智能会计中心从企业集团业务发生，到财务核算、支付、凭证归档全过程的重要内容之一。随着信息技术的快速发展和互联网金融模式的成熟，企业资金管理模式也在逐渐发生变化：企业资金收付管理流程不断优化，企业资金管理的可见度和可控性日益增强。在企业共享中心中，资金计划管理和资金结算是企业资金管理系统中自动化程度较高的两个功能模块。银行企业直连与自动资金对账技术在资金规划管理和资金结算模块中的应用，充分体现了其对企业资金管理信息化进程的影响。

二、数字化会计与业务流程

1. 流程优化策略

随着经济发展和企业规模扩大，为处理日益复杂的业务，计算机技术被引入会计核算，会计开始走上电算化之路，计算机代替人工完成部分核算、记录工作，实质上是对手工处理进行简单模仿。随后，互联网、数据库技术的发展推动会计进入信息化阶段，我国会计软件开始由核算型向管理型转变，企业财务管理向"业财融合"发展，但这仍是在传统财务模式下有限的、表面化的融合，没有真正消除财务与业务之间的鸿沟，"信息孤岛"依旧存在，与实现"用技术再造企业业务流程"的核心目标相去甚远。2005年，以中兴通讯为代表的大型集团企业开始建立财务共享服务中心，进一步推动了会计信息化的进程。财务共享服务中心通过对原来相对分散的各类财务工作和财务相关职能进行整合，有效地提高了会计处理效率，降低了会计工作成本，并因此受到企业和会计界的密切关注。但财务共享中心仍存在局限性，如只适用于大型企业，大量数据汇集未能得到有效的挖掘利用，强化的流水线式劳动分工模式致使人员离职率提高等。综上所述，以往企业会计流程在信息化方面做了诸多努力与探索，"业财融合"的渠道也被搭建起来，但距离智能会计提倡的"业财税管一体化"仍有距离。"业财融合"仍是表面融合，税务管理甚少被纳入考量，数据资产未能得到充分利用，管理上的决策与风控功能未能充分实现，实现数字化会计之路仍任重道远。要想从根本上解决上述问题，企业需要跳出传统财务模式，建立基于业务驱动的"业财税管一体化"会计信息化处理流程。一方面，打通业财税管各个环节，重构会计流程，消除大量冗余环节，实现流程联动、数据联通，打破"信息孤岛"。另一方面，将业务流程、财务流程和管理流程全部在线化、显性化，使财务端所有业务能够基于线上交易信息进行实时处理，从而实现将事后记账、报账转变为业务发生时的记账、报账。同时，充分挖掘数据价值，利用业务数据、财务数据、税务数据形成的数据资产为企业的运营分析、预测、决策提供支持。只有这样，企业才能彻底改变传统财务模式下财务流程、业务流程、管理流程各自为政的局面，实现"业财税管一体化"，并逐步实现会计数字化。

2. 供应链管理

在企业内部往往会有较成熟的 ERP 系统，用于内部信息化、标准化管理，但是这些系统只能对内管理，不能与其他企业的系统进行无缝便利的信息交互，这堵无形的"防火墙"阻断了企业的"互联网+"道路，也给供应链管理带来了诸多问题。传统邮件、电话、微信等沟通方式费时费力，出现问题时不易溯源，需要反复沟通确认；企业间结算对账信息不能及时有效地透明共享，各自为政，容易导致信息不对称、数据不统一；由于信息不对称、沟通方式落后、责任划分不清，出现问题后，极易产生冲突；传统的结算对账方式岗位多、流程多、系统建设不完善、信息化落后，影响了工作效率；业务流程和财务之间的数据是隔离的，财务部通过数据抽取、分析，展现的都是事后分析，财务没有对业务形成洞察力和控制力。因此，数字化会计时代需要立足核心企业，构建订单协同、合同协同、物流协同、发票协同、结算对账协同的供应链综合服务平台，将计划、采购、生产、分销、服务等活动紧密衔接在一起，实现企业内部产供销、业财税一体化；通过社会化协同，将上游企业与下游企业涉及的供应商、生产商、分销商，以及电商、物流服务商等企业间的商流、物流、信息流、资金流形成一体化运作；通过开放的生态融合服务，为企业提供更多供应链服务，从而不断提升企业供应链管理水平，保证供应链稳定，实现敏捷供应、高效协同。

3. 库存管理

随着企业业务不断发展，多组织、跨区域库存管理问题日益增多，如库存动态掌握不及时、存占用不合理、全局库存难掌握等，如何更好地管理并及时掌握库存动态是企业库存管理者需要思考的问题。企业的存货管理系统需要与采购系统、销售系统、生产系统、财务系统等建立密切联系，互相传递、共享信息，打破不同系统间的"信息孤岛"，构建起信息、数据间的关联关系。企业存货有两种来源：一是外部采购，二是内部生产。存货入库时，采用选定的物品编码方案对入库物品进行编码，并把编码信息写入电子标签。考虑到标签成本，为了方便电子标签的回收，一般采用悬挂的方式把标签固定到物品上。如果不回收，则可以采用粘贴方式固定。基于此，可实现批量录入资产，只需要用 RFID 设备自动扫描入库，就可以将存货的入库信息同步更新到后台，从而提升入库效率。销售部门和生产部门领用存货时也能批量出库，自动生成出库信息，并更新存货总量。借助存货电子标签，能实时监控存货的数量及位置，实现企业库存全局透明可视、合理分布、整体调配。每次存货出库，RPA 财务机器人都会根据出库信息自动计算存货成本，按照预设好的规则进行成本分摊，并在系统中自动生成凭证记账。管理者可以在系统中同时查看所有仓库分布，实时查询安全库存、最高库存、最低库存、可用量，及时掌握库存现状。临近采购到货或超期未到货时，系统会及时发送预警消息，有效指导企业及时发现短缺物料，及时采购。通过多维度库龄分析和定期存货盘点，全景展示物料在库时长，避免出现产品滞销或者因被遗忘而出现大量的临期产品，有效指导采购政策。基于全局库存可视化，企业可以实时掌握产供销全局动态，及时制定采购、营销策略等。

三、数字化会计与账务处理

1. 数字化账务处理

数字化账务处理是人工智能技术在账务处理方面的应用,财务机器人是机器人流程自动化及机器学习智能化在财务领域的具体应用。财务机器人在 RPA 技术、机器学习技术基础上,针对财务的业务内容和流程特点,以自动化替代财务手工操作,辅助财务人员完成交易量大、重复性高、易于标准化的基础业务,从而优化财务流程,提高业务处理效率和质量,减少财务合规风险,使资源分配在更多的增值业务上,促进财务转型。随着越来越多的厂商相继推出财务机器人,财务机器人在企业层面得到不断推广和应用。这主要是基于企业变革的内生驱动因素、RPA 技术与财务业务特点相吻合的客观基础,以及财务共享服务中心大量出现的良好运行环境。

在数字化变革的时代背景下,企业需要从庞大、混杂的数据中高效筛选有效数据并利用数据创造价值。财务是企业天然的大数据中心,是企业数字化变革的有力切入点,而在传统财务工作模式中,数据获取难度大、处理效率较低,难以匹配企业经营发展、管理决策过程中的数据需求。财务机器人是企业顺应数字化变革,更好地发挥财务大数据中心作用的有效工具和手段,通过在财务工作中应用人工智能技术,财务工作效率大幅提升、企业数据信息安全可控,保障了企业业务发展和管理决策中的数据需求,为财务变革与转型奠定了数据基础。另外,财务机器人模拟人类操作和基于明确规则的判断,能够将财务人员从简单重复的低附加值工作中解放出来,不但降低了此类工作中投入的人力成本,而且使财务人员转而从事更具创造性、更有价值的工作。财务人员不再是简单的记账人员,而是参与到经营和业务中,为财务变革与转型提供组织基础,为企业发展提供有效支撑。

RPA 技术适用于具有清晰定义和重复的确定性过程,即适用于大量既定规则的交易活动。财务是一个强规则领域,在业务流程中存在大量重复的工作需要手工完成,这些工作的业务特点与 RPA 技术的应用条件高度匹配。同时,在原本耗费大量人力资源和时间成本且人工操作出错率较高的业务流程中应用财务机器人,能够形成规模经济,最大限度地实现企业财务流程高效运转和财务运行成本降低。机器学习可以在企业的财务工作中,基于企业的数据不断学习获得更优模型,对于高效处理业务、简化工作流程具有重大意义。

2. 数字化会计信息

一个完整的会计流程贯穿整个业务过程,并在此基础上进一步延伸。企业可能发生采购、销售、员工报销等一系列业务,业务发生就伴随着数据的产生,这便是数据的源头。业务发生导致数据产生,由数据采集平台进行数据采集。采集到的数据在会计处理平台中进行进一步加工,包括自动记账及一些简单的指标计算分析,如简单的绩效管理、信用管理、质量管理。经过加工的会计信息在财务后台形成财务报表、电子会计档案等,实现真正的财务信息共享,为业务过程提供数据参考,为管理决策提供信息支持。

财务共享服务的数字化转型是企业财务数字化转型的起点,目标是利用数字技术,通过连接、共生、协同、平台等理念,针对来自企业内外部的大量、完整、多类型、异构数据,运用数据采集、数据加工、数据挖掘、算法、模型等方法进行数据的加工与管理,释放数据价值,进行数据可视化展示，推动企业数据中心的建设以带动整个财务数字化转型，充分发挥管理会计的信息决策功能。

财务共享服务的数字化转型强调通过技术应用，实现效率提升、信息系统整合及数据服务能力提升等。从信息系统整合的角度来看，财务共享服务的数字化转型体现为财务共享服务中心与ERP系统的有效对接。在此过程中，自然要发挥财务的服务职能，真正深入业务过程、熟悉管理流程，为业务过程提供数据参考，为管理决策提供信息支持。要将财务共享服务中心视作企业的大数据中心，至少是管理会计的数据决策中心。

3. 数字化资产管理

在账务处理过程中记录了大量信息，如固定资产的折旧使用情况、无形资产的摊销情况等。将这些信息进行规整，将资产数据化、可视化，从而实现资产管理数字化。对企业来说，资产管理非常重要，特别是在一些资产密集型行业，它直接关系到生产和服务的连续性、产品和服务的质量成本、人员安全和环境影响，甚至决定着企业的生存。现代企业资产的种类和数量在不断增加、变化，科学技术也在不断进步。然而，大多数企业仍然使用传统的资产管理方法，导致效率、稳定性和安全性低下。

随着资产管理环境和业务流程的快速发展，数字化资产管理成为必然。资产管理数字化可以实现企业对资产预算、计划、采购、台账、使用、维保、缺陷、安全、租赁、报废处置及备品备件等进行全生命周期管理。支持资产运行状态自动监测及数据分析，通过状态数据采集，根据监测技术标准，自动分析确定资产需要进行保养、维修，还是润滑等维保措施，开创了以消缺管理为源头的智能驱动维修、保养、润滑管理的新模式。在线地图的实时查询应用及二维码的存储，将资产管理可视化。结合多元化的KPI图形展示，为用户提供科学、智能的资产管理监管平台，实现资产的高效监管、科学评估及正确分析。

4. 数字化会计档案

电子会计档案是通过数字设备及环境形成，依赖计算机和网络阅读、处理、传输和以数码形式存储于磁带、磁盘、光盘等载体，具有保存和利用价值并归档的会计数据、元数据、读取平台等会计材料。电子会计档案主要有电子报表、电子账簿、电子凭证、会计软件及操作说明和其他一些如银行对账单等电子会计资料，是反映和记录一个单位经济发展的重要依据和史料。

电子会计档案具有高效的共享性。电子会计档案信息是数字化的，传递速度快，建档归档流程方便高效。通过规范组织流程、业务活动、归档格式、管理流程、保管方案等，实现利用数据库集中管理和共享，可方便快捷地不受时间和空间的限制实现会计信息的查阅利用，也可以促进电子会计档案的深度挖掘和开发，相关人员还可以通过网络对电子会计档案信息进行分析，建立决策数据模型和决策方案，充分发挥电子会计档案在经济建设中的重要作用。

会计档案数字化意味着电子会计资料归档时可以仅归档电子的，无须输出纸质载体归档。会计档案数字化有利于降低会计档案管理成本、优化会计核算流程，也符合国家倡导的科学、绿色发展要求。及时规范电子会计凭证的报销、入账、归档是会计工作和档案工作适应电子商务、电子政务发展的需要，对于规范单位基础会计工作，推行电子文件电子化单套制归档，实现会计凭证报销、入账、归档全流程电子化等具有重要意义。同时，由于电子会计档案信息是数字化的，其安全性要求高。电子会计档案是由计算机会计核算系统生成的电子数据，这些数字信息的处理、保存、利用等对软硬件系统环境的依赖性很强，而且电子会计数据容易被破坏、修改后不留痕迹、难恢复，其所处网络环境安全隐患多。要针对电子会计档案数字化管理特征、不同的财务软件、不同的电子会计档案版本，分析电子会计档案管理中存在的安全隐患，采取有效管理措施确保电子会计档案的安全和凭证作用。